人と文化の探究⑩

今西錦司伝

「すみわけ」から自然学へ

斎藤清明著

ミネルヴァ書房

今西錦司伝――「すみわけ」から自然学へ　目次

今西錦司交流図

家　族

祖父・(二代目)平兵衛
父・平三郎　母・千賀
妻・園子(洋画家，鹿子木孟郎の長女)
長男・武奈太郎(船長)ら二男二女

今西　錦司

友人・同級生

桑原武夫
西堀栄三郎（妹婿）
四手井綱彦（妹婿）
渡辺　漸（三高山岳部）
貝塚茂樹
下村寅太郎

指導教官

湯浅八郎
（京大農学部）
川村多実二
（理学部大学院）

ライバル

ダーウィン
クレメンツ
槇　有恒
大島亮吉

AACK・旅行部

郡場　寛
木原　均
田中喜左衛門
高橋健治
四手井綱英
伊藤　愿
加藤泰安
今西寿雄
樋口敬二

同時代の学者

宮地伝三郎
上野益三
三木　茂
徳田御稔
渋谷寿夫
鹿野忠雄
岡　正雄
篠田　統
山崎正武
並河　功
沼田　真
小原秀雄

直弟子

中尾佐助　川喜田二郎
梅棹忠夫　藤田和夫
吉良竜夫　伴　豊
和崎洋一　川村俊蔵
伊谷純一郎　河合雅雄
徳田喜三郎

昆虫学者

可児藤吉　森下正明
岩田久二雄　内田俊郎
柴谷篤弘　安江安宣
坂上昭一　日高敏隆
伊藤嘉昭　御勢久右衛門
小田柿進二　井上民二

京大人文研（共同研究）

藤岡喜愛　上山春平　米山俊直
谷　泰　石毛直道　松原正毅
佐々木高明　加藤秀俊　河端政一
岩田慶治　飯沼二郎　角山　栄
小松左京　藤枝　晃（西北研究所から）

山　岳

加納一郎
水野祥太郎
田口二郎
渡辺兵力
谷　博
富川盛道

京大理学部（自然人類学）

池田次郎　田中二郎　西田利貞
石田英実　加納隆至　豊島顕達
掛谷　誠　黒田末寿　山極寿一
パメラ・アスキス

京大山岳部・探検部

斎藤惇生　酒井敏明
岩坪五郎　高村泰雄
本多勝一　荻野和彦
米本昌平　瀬戸口烈司
松林公蔵　福井勝義
松沢哲郎

その他

石田英一郎　田中清玄　中曽根康弘
ハイエク　山口昌男　川勝平太
吉本隆明　司馬遼太郎　秋野不矩

今西錦司交流図

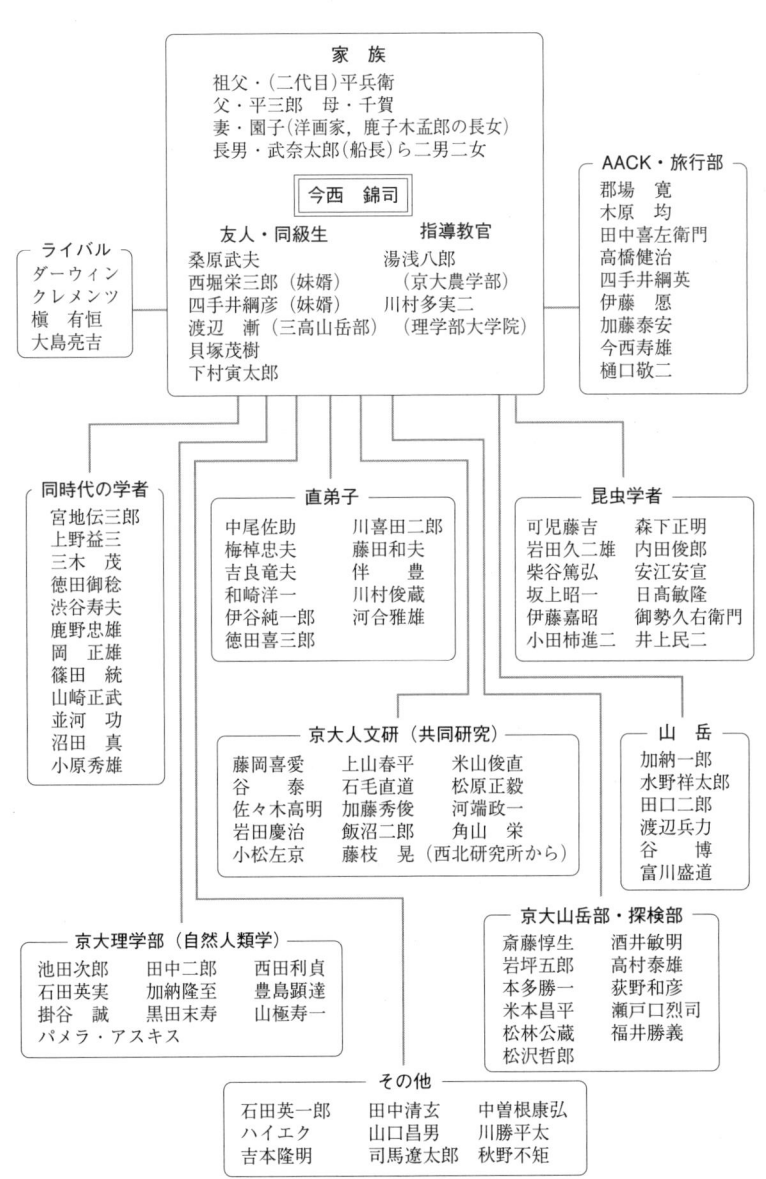

序章　自然学の提唱

1　自然とはなにか問うてきた

洛北セミナー

「私はこの長い一生のあいだになにをしてきた、そしてなにをのこしてゆくのか、ということを問いかえしてみると、いろいろのことをしてきたけれども、終始一貫して、私は自然とはなにかという問題を、問いつづけてきたように思われる」。

「私の求めていたものは自然学なのであった」。

「ここにおいて、いままで私のやってきたことすべてをひっくるめて、これに自然学という名前を与えることにしたのである」。

今西錦司は一九八三年二月二六日、師弟ともいえる親しい学者たちとの「洛北セミナー」で、「自然学の提唱」の原稿を読みあげ、自分の学問は「自然学」であると言いきった。このとき、今西は八一歳になっていた。

「私がこの年になって、こういう表題で、一文を草することになるとは、私自身もまったく予期せぬことであった」と口を切り、自らの自然観から語りはじめた。進化を論じ、ついには自然科学との訣別にいたった、と述べた。

そうして、これまでの自らの学問をふり返ったうえで結んだのが、冒頭に掲げたことばである。

この会合は今西たちが毎年、一月（または二月）の最終の土、日曜日に、京都市街を見おろす比叡山ホテルで泊り込みで催していて、この年で七回目だった。おもな顔ぶれは、今西が京都大学人文科学研究所で主宰した共同研究班のメンバーであった。

洛北セミナーで発表する今西（筆者撮影）

今西は一九六五年三月末で京大を定年退職し、共同研究班はその直後に人文研助教授になった梅棹忠夫（一九二〇～二〇一〇）が新たに組織しなおした。その梅棹も教授になり、さらに一九七四年には国立民族学博物館初代館長に就任して人文研を離れていた。

今西が人文研の現役のころの共同研究会における議論を再開しようと、以前の研究班員のほかに後輩や門下生にも声をかけて、退職から一〇年後の一九七五年一月に、今西を中心とするセミナーがはじまったのである。(1)

この第七回「洛北セミナー」の討論のテーマは、自然学（発表者、今西錦司）とスピーシス論（同、中尾佐助）だった。上山春平、谷泰、米山俊直が世話人になって、森下正明、中尾佐助、川喜田二郎、吉良竜夫、藤田和夫、和崎洋一、藤岡喜愛、伊谷純一郎、河合雅雄、飯沼二郎、岩田慶治、河端政一、阪本寧男、本多勝一、パメラ・アスキスらが参加した（今や、その大半が鬼籍に入られた）。

今西が読みあげた原稿は、出席者の多くが関係している「京都大学人類学研究会」（通称、近衛ロンド）が編集している『季刊人類学』に寄稿する予定の「自然学の提唱」であった。「進化論研究の締めくくりとして」という副題がついていた(2)。

自然観とはなにか

今西は、長年にわたって進化論に取りくんできたが、晩年になって、自らの進化論がいつまでも未完成であってはならない、もうこの辺で画竜点睛ということをやっておきたい、といった。そのことが、「自然学の提唱」とどのような関係にあるのか。「それについてはですね、自然観とはなにかということから説きおこしたいということです」と、次のように話していった。

洛北セミナーで上山春平と今西（筆者撮影）

ひとはそれぞれに自然観というものをもっているであろうが、客観的でなければ学問的に取り扱うことができない。一九四一年出版の『生物の世界』は私の学問の原典であるかのように評価されている。その序文に「この小著は、私の自画像である」と書いた。これは「私の自然観」といってもよい。自然では大きすぎるので、自然の一部である生物の世界を取り扱った、私の自然観の一部である私の生物観なのである。しかし、生物観ではとおりが悪いというので、その頃は生物学者をもって任じていたから、自画像という言葉をえらんだのであろう。

自然では大きすぎて、とても学問の対象とならないから、その中から生物的自然を取りだし、これに社会学的手法を用いて解明しようというのが、当時の私の抱いていた学問的野心であった。これが実って『生物社会の論理』(一九四九年)となる。その序文で「本書の底流には、いわば生物的自然観の論理づけともいうべき問題に対する、わたくしの関心が動いている。物理学者が物質を通じて自然観・世界観を論ずるとき、生物学者は生物を通じて、もっと積極的に、彼の自然観・世界観を展開すべきではなかろうか」と書いておいた。これは今世紀初頭の自然科学の風潮に対する抗議であった。

いまごろはライフサイエンスなどという言葉とともに、生物学もようやく見直されつつあるが、遺伝子とかDNAとかいった極微の世界を通じて、どんな自然観が生まれてくるのか。一生、実験室を出ない学者もいる。動物や植物の自然のままな姿など見たことのない高名な学者もいる。そんな連中の自然観と、生涯をフィールドで過ごしてきた私の自然観とをいっしょにされてはかなうものか、との底流かどうか知らぬが、どこかにくすぶっている。自然科学などなくったって自然は存在する。自然科学なんてえらそうな顔をしても、自然の一部しか知ることができない。自然を細分して、その分野の専門家になったところで、それは部分自然の専門家にすぎない。部分自然の他に全体自然があるということを、学校教育では教えてくれない。私に全体自然のあるということを教えてくれたのは、山と探検であった。

「ここまでは前書きみたいなものです」といって立ち上がり、ボードに「生物的自然の三重構造」と書いた。

自然というものは客観的な認識の対象にならないものだろうか。すくなくとも私自身は、全体自然もまた客観的認識の対象になるとおもい、そういう研究をしている私自身は、一個の自然科学者であるという姿勢を崩さないでやってきた。

全体自然はさておき、生物的自然(たんに自然と私がいう場合はこの生物的自然をさす。動物や植物のまったくいない自然というものは、私には考えられない。ここが物理学者と私のちがうところである)は、でたらめなものではない。秩序があり、それ自身にそなわった構造がある。それは三段構えの構造であって、『生物の世界』に明記してある。この四十年間で、私の生物的自然にたいするこの見解は、微動だにしていない。

三重構造というのは、種個体―種社会―生物全体社会である。この三つの構造単位のあいだは、全体と部分という関係で結ばれている。生物全体社会の構成単位は種社会であり、種社会の構成単位は種個体であるというように。逆にいうなら種個体のすべてで種社会が成立し、種社会のすべてによって生物全体社会が成立している。生物の種類がいかに多くとも、この三重構造の体系外にはみだして存在するようなものはいない。この構造の把握こそ、生物的自然認識の出発点であり、同時に客観的自然観の出発点でもある。

さらに、「創生の神話」とボードに書いて、話をつづけた。

その昔むかしに、最初の生物が地球上のどこかに発生し、この生物が分化発展して、今日の繁栄にいたったことは、『生物の世界』で繰りかえしふれてある。この創生のアイデアをダーウィンから受けついだのだが、彼の進化のセオリーには反対である。

生物的自然の三重構造のうちで、種個体と種社会とは、生物のできるはじまりにおいて同時に成立したものでなければならず、そのための仮説を「創生の神話」と呼んでおきたい。私の進化論でみなさんを困らせているのは、進化は個体からはじまるのでなくて、種社会を形成している種個体の全体が変わるべきときがきたらみな一斉に変わる、というところにあるらしい。この説明に、まだ仮説である「創生の神話」を援用しているのである。

変わるべきときがきたら、この種社会の成員である種個体が全部みな、同時に一斉に変わることによって、種社会そのものもまた変わってゆく、と考えていったいどこが悪いであろうか。これは創生の神話が、何億年たっても引きつがれている、というだけのことにすぎない。

進化と進化論

今西は進化について、「それは歴史である」と次のようにいった。

生物全体社会の成立は、この地上に最初に現れた生物が、分化発展して二種類に別れたときにはじまり、その後は種個体と種社会と生物全体社会が、歩調を合わせて発展してきたとしか考えられない。それが生物的自然の発展であり、成長であり、また進化であって、時間にすれば三二億年、一応の生物が出そろった古生代からでも五億年を閲している。その間にこの三者のうち、いちばん寿命が短い個体はもちろん、種社会のうちにも寿命がきて消えていったものがあったであろう。ただ生物全体社会だけは種社会の興亡にもかかわらず、まだ寿命を保っている。生物的自然とは不老不死の、不死身の一大怪物である。

そして、この一大怪物が、それを構成する個体の生死や種社会の栄枯盛衰を伴いつつ変化してきた何億年もの歴史を指して、われわれはこれを生物的自然の進化というのである。

私はいま進化を歴史といった。この何億年にわたる進化史のどの一断面をとってみても、そこに現れる諸現象はすべて進化の結果であり、それが原因となって次の結果を生んでいくのだから、一原因が一結果を生むという自然科学的通念は通用しない。それが、歴史というものであり、歴史には要因論は場ちがいなのである。

しかるにダーウィン以来、進化の要因論に惑わされた人のいかに多いことか。進化を自然科学の対象に値すると考えるならば、まず要因を見いだそうとするのもよい。しかし、進化を歴史と見る立場は、もはや自然科学と訣別するべき立場なのである。

進化論とは私にとってなんであるのか。ひところは、進化論は私の学問の終着駅とかいって、定年後の十年余りを、ダーウィンはじめ、ラマルクなど諸家の進化論を検討し、進化論の遍歴に打ち込んできた（『ダーウィン論』一九七七年、『自然と進化』一九七八年、『主体性の進化論』一九八〇年、など）。進化論をうまくこなせるかどうかが、長年温めてきた客観的自然観の試金石になると考えたからである。

しかし、この壮大な進化の事実、歴史的事実をまえにして、私の口をついて出た言葉は、進化は変わるべくして変わってゆく、であった。自然科学者を廃業したものの言葉として、味わってもらいたい。

科学者廃業宣言

今西は、進化を自然科学の対象ではなく、歴史とみるようになった。「一大ドラマである進化と対面した私は、いさぎよく自然科学と訣別することになった」というのである。そうして、「変わるべくして変わる」とまで言いきった。

ダーウィンにたいする長いあいだの対抗についても、あらためて『種の起原』を読んで、ダーウィンの進化論と自分の進化論とのあいだにはどこにも矛盾するところがないことを発見した。問題はダーウィニズムすなわち彼の進化理論にたいする反対なのであった。その自然淘汰説の前提となっているダーウィンの自然観なのであり、この自然を生存競争の場とみなしていることにたいする不満なのだった。

そして、次のように要約する。

ダーウィンも自分も進化は分化であるという点では一致しながら、ダーウィンは競争と選択に走り、自分は棲みわけをとった。どちらが正しいかは検証できない。この二つは二つのちがった進化論として、認めてゆきたいものである、と。

つづいて、自然学の提唱へと結んでいった。

「長い過去をふりかえるとき、私が学問をつづけてきたことは、確かなのであるけれども、ではいったい何学を志向してきたのであろうか。若いころは昆虫学をやっていた。生態学もなにほどかかじっている。五十近くになってから人文科学にうつり、蒙古の遊牧民と触れ、アフリカにあっては、ゴリラやチンパンジーを観察した。七十を過ぎてから進化論を手がけ、いまそのしめくくりをしている」。

「私はこの長い一生のあいだになにをしてきた、そしてなにをのこしてゆくのか、ということを問いかえしてみると、終始一貫して、私は自然とはなにかという問題を、問いつづけてきたように思われる。それも、何々学とかいうような部分自然ではなく、つねに全体自然というものを追い求めてきたような気がする。私の求めていたものは自然学なのであった。自然を理解しようとする学問であり、自然観の学問であると定義してもよいかもしれない」。

未完成に終わったが山岳学というものを志したのも、そういうことだった。そして、いままで自分がやってきたことすべてをひっくるめて、これに自然学という名前をつける。現在の自分は「生態学者でも人類学者でもなくて、自然学者の今西錦司である」と結んだ。ほぼ二時間近く、話しつづけた。

弟子たちと論議

「無礼なこともいいましたが、きょうはまな板の上にのせられた鯉のようにおとなしくしております」と、今西がことばをつぎ、上山春平（一九二一～二〇一二）の司会で討論にはいった。

まず、森下正明（一九一三～一九九七）がコメントした。京大農学部昆虫学教室での今西の八年後輩で、参加者のなかで最も古くから今西とつきあっている。今回の今西の話のなかで、「『生物の世界』の構想にあたって貴重な助言をくれた友人の一人なのに、その論文を見ても生物的自然の三重構造が出てこない」と今西にいわれていた。

森下は「いや、今西さんには若い頃から基本的に影響をうけているんです。とくに社会論については。しかし、私が個体群（ポピュレーション）というのは、今西さんが定性的にいっているものを定量的に扱うためなんです。だから、今西さんとはあんまりちがわんのですがね」と穏やかに話した。

続いて川喜田二郎（一九二〇～二〇〇九）が、「今西さん、べつに自然科学者やめんでも、ええんや」と大声でいった。中学生時代から今西に私淑している熱血漢の川喜田は、自然学に同意を示したのである。

その後は、例によって自由な発言があい次ぎ、にぎやかな論議になった。

「進化というものに、今西さんは価値を認めてるのですか」(飯沼二郎)との問いに、今西は「いや、たんなる変化でよろしい」。

「それでも、人間は立つべくして立った、しゃべるべくしてしゃべったというからには、進んで行く方向を意識してるということになって、進歩も考えてるんちがいますか」(伊谷純一郎)には、今西は「そら、方向というのは、認めますけど」といった。

「棲みわけという共存ばかりいわはるけど、共存と競争はウラ・オモテの関係とちがいますか」(森下)と聞かれると、今西は「そういう意見も出るやろと、おもてたんや。けどね、僕は棲みわけばかり見てきたんや。経験の問題ですな、これは。長い間やってきたけど、競争している場面を見てない。あったら、見せてほしいもんや」と切り返した。

森下は「(『生物の世界』のころに)可児(藤吉)君と競争について論議したことがあった。competition には相手がいる。struggle はひとりでもできる」というと、伊谷は「森下さんは、生物は努力しないと進化しない。今西さんは、努力せんでも進化する」と解説してみせた。すると、河合雅雄が「棲みわけには相手がいる」と原猿類を例にして続けた。

吉良竜夫は「基本的に今西さんの考えは理解しやすい。私は植物屋ですから competition が進化をおこしたとは見えにくい」といった。

「最初のところで、一つのものが二つに別れるというのは、わかりにくいですな」と聞かれたときには、今西はとくに答えなかったが、「きょう二つ神話をだしたけど、創生のとダーウィンのと。どっちが、よりええかな」と、逆に問いかけたりもした。

洛北セミナーの参加者集合
(前列右から伊谷，森下，吉良，川喜田，和崎，後列右から藤岡，中尾，上山，今西，河端，谷，米山，阪本，一人あいて，松原，本多，筆者撮影)

これには、森下が「まだ今西流だけの考えにまで、悟りきれんのです」と応えていたが、どうやらそれが、おおかたの感想のようであった。

このようにして、今西は長年親しく付き合ってきた学者たちに、「自然学の提唱」を語った。このころは、今西はまだ登山もつづけていたのだが、かたわらで聞いていて、遺言のようにもおもった。

この原稿が『季刊人類学』に載ったのは半年余り後のことで、今西の「科学者廃業宣言」だと新聞にも紹介され、話題になる。その一年後（一九八四年一〇月）に、そのままの表題で今西の第八随筆集となって刊行された。

なお、洛北セミナーはこのあと三年続き、一九八七年一月に休会の通知が出される。今西は目が悪くなっており、見えなくては食べるものがうまくない、との理由だった。その年は、今西の論文「群れ生活者たち」（一九八七年）を議論することになっていた。(3)

2　求めていた、自然学

進化論の締めくくり

この洛北セミナーでの発表の際にも「進化論研究の締めくくりとして」という副題がついていたように、今西は長年、進化論に取りくんできた。

ふり返ってみると、今西は『生物の世界』（一九四一年）で、はやくも論じている。同書は自画像と称した自らの自然観をつづった、最初の理論的著作であるが、その最終第五章（五「歴史について」）においてであった。この本の中心になっている社会論（第四章）を書きあげた余力で、一気に書き下ろした。「ある程度まで自信のもてる未完成」として。

生物の世界の歴史を、中生代の爬虫類の繁栄と滅亡や、それにつづく哺乳類の時代などを例にとって話をすすめるなかで、「種の起原」が進化論の中心問題になってくるとして、次のように書いている。

「そしてできるならば私の世界観が立脚する進化論と、現在伝統的に正統視せられている進化論との、基礎的な相違を明らかにすることによって、この小著の結論に代えたいのである」。

そうして、飼育動植物の人為淘汰を例にして、ダーウィンが自然状態でも同じように気まぐれな無方向な変異のなかで生存競争という篩《ふるい》によって適者が残るといった、自然淘汰説に疑問をはさんでいる。

「しかし自然における変異ははたして気まぐれとか無方向なものであるだろうか。もしくはあってよいだろうか」と、論をすすめる。そして、進化の問題を全面的に論じるためには別に一冊の書としての内容が要求されるとしたうえで、最後に記した。

「私はただ私の立場から、いまなお進化論の正統的学説と認められている自然淘汰説を相手どって、それに対する不承服を宣言した」と。

このように、『生物の世界』においてダーウィニズムに対して反旗を掲げていたのだが、「しかしこれははなはだ性急な、不用意なものであったかも知れぬ」と、同書でも記しているように、ダーウィンをかなり気にはしていた。遺書のつもりだったという『生物の世界』を、戦争が終わってから科学書らしく書き改め、『生物社会の論理』として一九四九年に出版する。その内容は、「棲みわけ」にもとづいて生物社会学を展開させたものである。

生物の世界を、いろいろな種社会の「棲みわけ」をとおして成りたった、複雑で高次な社会とみなして、生物の全体社会を社会構造論的に解明しようとした。しかし、社会構造論を考えているとき、どのようにして種社会が「棲みわけ」るようになったのか、という歴史の問題で頭を悩ませたという。それは、つまり進化の問題であったのだが、『生物社会の論理』では進化論については、まだふれる余力はなかった。

その後、京都大学の理学部から人文科学研究所に移っても、現役の第一線で仕事をしていたから、進化論について書くことはなかったが、『生物の世界』で述べた進化についての基本的な考え方は、かわることはなかったという。そして、『生物の世界』のときも、その後にも、自分の意見に賛成してくれる人はあらわれなかったと、こぼしていた。

ついに、京大を定年になる前年に、「進化の理論について――正統派進化論への疑義」を、人文科学研究所の紀要『人文学報』第二〇巻（一九六四年）に発表する。

「私にいわせるならば、進化という大問題が、そうあっさりと解決されてしまうはずのものでもないし、逆にいうなら、未解決なところが多いからこそ、私はいまでも進化という問題に、一方ならぬ興味を抱いているのである」と記した。

正統派と今西がいうのは、ダーウィンが進化の要因とした自然淘汰を、その後の遺伝学の発展でわかってきた突然変異によって説明するものである。最も広くうけ入れられている進化論をさしている。それに対して今西は、その突然変異と自然淘汰という二本柱を攻撃した。

「ここに二つの進化論がある。その一つは、ランダムな突然変異に基礎をおいた進化論であり、これがいわゆる正統派進化論である。もう一つは、方向性をもった突然変異に基礎をおいた進化論であって、私が二〇年以上まえから、主張してきたものである」として、両者には二つの重要なちがいが含まれていると主張する。

その一つは、正統派は個体間にはたらく自然淘汰をもってこなければならないが、今西のは「それ自身のうちに理論的な完結性をもっている」という主張であり、もう一つは正統派は個体の変化から種の起原や生物の進化を説明しようとするのにたいし、今西の進化論は「種」の立場から説明するのだ、と。つまり、進化とは、はじめから種レベルでおこる現象だというのである。

そして、これだけ大きなちがいがあるのだから、簡単に統合されることはない。まだどちらも証拠固めは十分でない、といって自信たっぷりだった。

「本稿はまだ不十分で、いわば覚書程度の未定稿にとどまるが、機会をえてまた書かねばならぬと思っている」ともいっている。それでも、進化論について論じるのは、『生物の世界』以来久しぶりのことだった。

やがて、今西の進化論は、生物の主体性の進化論となっていく。そうして、「自然学」があらわれる。

今西自然学

洛北セミナーでの「自然学の提唱」のころ、今西は「自然学の会」と名づけた勉強会をもっていた。日本と欧米との霊長類学のちがいを知りたいとカナダから京都にやってきた若い女性人類学者パメラ・アスキス（一九五一〜）を支援するための会でもあった。理学部人類進化論講座の大学院生や、教授の伊谷純一郎（一九二六〜二〇〇一）、助教授の西田利貞（一九四一〜二〇一一）、そして人文研の教授、上山春平などと、月一回ほど京大で開いていた。

筆者も数回、参加させてもらった。そのとき、「自然学という名の本はあるか」と今西からたずねられたことがあった。本屋を何軒かまわったりして、道教関係で「タオ自然学」というのを見つけて報告すると、今西は「そうか」といったきりだった。内容についてはまったく聞かなかった。

ところで、「自然学」ということに、今西が言及しはじめたのはいつだろうか。『増補版今西錦司全集』(4)の索引で調べてみると、『自然と進化』(一九七八年)に収録されている「自然について」のなかに出てくる。これが、「自然学」の初出のようだ。

この「自然について」は、一九七五年六月一一日に神戸市の兵庫県民会館で今西がおこなった講演の記録である。自然の「開発か保全か」という問題についてコメントするにあたって、まず自然とはなにかということから語りはじめている。そこでは、自然の見方についてふれているのだが、生態学的な見方にたいして次のように述べている。

「今日の生態学者は、生態学というものは自然科学の中にはいっているというつもりでやっておりますので、どうしても自然というものが、うまく把握できておらない。そういう点で私は、今日の生態学の在り方にはかならずしも満足しているものではなくて、むしろ、生態学こそ自然科学とは独立して、自然学というか、もう少し大きな視野から、総合的に自然をみる見方に進んでもらわなければいけないのではないか、などとも考えたりしております」(『全集』第一一巻)。

「自然学」が出てくるのは、この一ヵ所だけだが、「大きな視野から、総合的に自然をみる見方」との趣旨で用いられている。

同じく一九七五年九月に、「『今西自然学』について」が、環太平洋民族文化保存研究会『象形』第一号に載っている。この文章はのちに、『自然学の提唱』(一九八四年)の冒頭に収録される(『全集』第一三巻)。今西へのインタビューをもとにした文章だが、冒頭に柳田国男(一八七五～一九六二)と西田幾多郎(一八七〇～一九四五)から影響を受けたことを述べたあと、次のように言いきっている。

この頃ジャーナリズムが「今西学」という言葉を使いよるけど、西田さんでも「西田哲学」と、ちゃんと哲学という字がついているやないか、そな「今西学」では何の学問かわからへん。これはね「今西自然学」といったらええのですよ。そういったらその中に生物学も人類学もみな含まれてくる。

この文章には今西自然学という見出しがあるように、今西ははっきりと述べている。

「それでは、自然学というのは、いったい大学のどこに講座があるのかといったら、どこにもないんです」。

「結局ぼく自身がやろうとしていた自然学というものが、大学にはどこにもないので、最後まで放浪しとったということなんや」。

「ぼくのいう自然学というのは、自然科学と社会科学と人文科学とを分ける、今の学問のシステムにおさまらんところが生じてくる」。

「今日の科学が取りあつかいうる現象というのはいわば氷山の一角ですよ」。

「では氷山全体を論ずる立場というものがどこかにあるであろうかというに、それは現在の科学の方法論からはたとえ逸脱しても、もう一度今日の科学の母胎ともいうべき自然学に立ちもどる外はないのではないか。自然学とはなにかそういう全体の統合原理を秘めたもののように考えられないであろうか」。

今西が大学で学んだ生態学についてもふれている。「この生態学という学問が、なにかぼくが漠然と考えていた自然学であるかのように思えたんやね」。「しかしそのうちに、この生態学では生物的自然を把握するのにさえ、なおかつ不充分であるということを感ずるようになった。つまり、生態学では動植物から人間までも含めた全体の、統合原理として不充分やということです」。

最後に、進化論について言及する。これから、進化論の仕上げをするのだ、と。進化論の完成は、自らの「自然学」の完成である。そのための第一着手としてダーウィンの『種の起原』を原書でこれから読むのだ、と語っている。

このように、今西は自ら「今西自然学」といい出したのだが、それは、「柳田民俗学」や「西田哲学」を意識していることはあきらかである。

とくに、柳田国男への想いは強かったようだ。今西は三高生時代に、柳田の『遠野物語』を古本で買って、暗記するほど読んだことがある。その本は文語体で、三〇番台という番号入りのものだった。『雪国の春』や『山の人生』なども愛読した。のちに「山へ登るなら、せめて柳田国男の『山の人生』ぐらいは、読んでおくべきだ」「『遠野物語』もまたあわせて読むべきであろう」。(「役に立った本」『自然と山と』一九六七年。『全集』第九巻、二六四頁)とすすめている。

柳田とは大学生時代に会ったこともあり、とっつきにくいこわいオッサンだったというが、今西は尊敬していた。その柳田が、日本民族は稲を携えて南方から渡ってきたという『海上の道』(一九六一年)を刊行した翌年に亡くなった。そして、その学問は、「柳田民俗学」といわれている。

今西もこのころから、「今西自然学」ということばを意識したにちがいない。有終の美として。今西は文化勲章の受章者に内定したときの記者会見(自宅、一九七九年一〇月一七日)で、「(柳田のように)『海上の道』を書くまでは、ボクも死ねん」と語ったのを、筆者は司会をしながらメモしている。

柳田の仕事の量は膨大なものだ、しかし、柳田には一貫した理論体系はみあたらないようだが、自分には理論の一貫性があるとも、今西はいっている。だから、自信をもって、「今西自然学」と名のることにしたのだろう。

『自然学の提唱』まで

こうして、今西は一九七五年には「自然学」を語りはじめていた。自らの「自然観」を強く意識したかたちをとりながら。

このころ、ちょうど前年からの『今西錦司全集』全一〇巻（講談社）が一九七五年六月に完結していた。また、雑誌『アニマ』（平凡社）で一九七四年四月号から一年間の『連載対談・今西錦司の世界』が、同年六月に『座談今西錦司の世界』（平凡社）として刊行されていた。まさに、自らの歩みをまとめる、節目の仕事をしたばかりだった。

これらの作業をするなかで、今西は自らの学問は「自然学」であるとの意識をもったのであろう。

ところが、その後しばらく、一九八二年までおよそ八年間も、今西は「自然学」に言及することはなかった。第六随筆集の『自然と進化』では、先に紹介した一九七五年の講演の一ヵ所だけであり、その後の第七随筆集『人類の周辺』（一九八一年）には「自然学」は登場しない。つづく『ダーウィン論』（一九七七年）や『主体性の進化論』（一九八〇年）にも。

この間、今西はもっぱら進化論に取りくんでいたのだった。その精進が実ったのが、『ダーウィン論』や『主体性の進化論』であった。

また、今西は一九七八年八月一三日に奈良県の大峰山系の釈迦ヶ岳に登頂して、念願ともいうべき日本一千山登頂を達成していた。

さらに、一九七九年一一月三日には文化勲章を授かり、学者としての栄誉の頂にも立っていた。

こうした経緯からして、一九八三年の「進化論研究の締めくくりとして」の「自然学の提唱」は、満を持してのものであったことがわかる。

『自然学の展開』へ

『自然学の提唱』につづいて、三年後の『自然学の展開』（一九八七年）が第九随筆集となる。

「若くして生態学を学んだが成らず、中年に及んで山岳学を打ち立てようとするが、これも成功したとはいえない。いま八十歳になって私の提唱する自然学とはなんであるのか。それは自然を客観的に扱うことでなく、自然にたいして自己のうちに、自然の見方を確立することでなければならない」（『自然学の展開』）とする今西は、「このあとは、もう自然学一本でいくんや」と語った。

今西はまさに、「自然学の展開」をめざすつもりだった。

わが国が照葉樹林の極相だという見方にたいして、「私ほど日本の自然をよく見ているものは、あまりおらないだろうと自負している」といって疑問を提出し、新たに混合樹林という見方を出した「混合樹林考」（一九八五年）や「自然学から見たわが国の自然」（一九八六年）の筆をとる。

また、自己同一性（アイデンティティ）という考えも、社会学者の使うアイデンティティとはちがって、意識以前のものだとする「プロト・アイデンティティ（原帰属性）」説を出してくる。(5)

これについては、さらに「プロト・アイデンティティ論」（一九八三年）から「群れ生活者たち」へと展開させていった。

自然をとらえようとする、今西の思いは、尽きることをしらないようであった。もちろん、登山においても、そうだった。

一九八五年一一月三日、奈良県の白髪岳《しらひげ》（一三八七メートル）で一五〇〇山登頂を達成する。これは、七〇〇山（一九七三年一〇月一二日）から一二年間で八〇〇山、七〇歳を過ぎてから年平均で六六山の登頂という、まさに執念であった。

白髪岳頂上では「もう、こんなアホなことしやへん」といいながら、その後もあいかわらず、山登りはつづいた。東北や北陸へも、残した山に登りに出かけた。ほぼ登り尽くした関西の山では、最低限の山の高さにしていた標高四〇〇メートルを切ってもかまへん、車道が頂上までついていても結構なことやと、もうなりふりをかまわないかのような登りかただった。

それは、もはや「登るべき山」を求めるというよりも、生きている限りはいつまでも山に登りつづけるという、山の巡礼者であった。

ところが、一九八七年六月、『自然学の展開』が刊行された頃には、ほぼ視力を失っていた。その年末の一二月二〇日、神戸市と西宮市の境にある高丸山（三六六メートル）が最後の山登りとなる。

年が明けてからは、日本モンキーセンターにサルを見納めに出かけたほかは（京都大学人文科学研究所には前年の秋に訪れている）外出がなくなり、二月一七日に尿道閉塞のために入院する。

ひと月後に見舞いに伺うと、「そろそろ退院しよかとおもとんや」と、まだ山に登る意欲を示していた。三月後に、刊行となった今西錦司編『ヒマラヤへの道——京都大学学士山岳会の五十年』（中央公論社）を持参すると、ベッドに寝たまま本を手にとって、「ほう、立派なもんやな」。本の重さを確かめているかのようだった。

しかし、そのまま病院を出ることはなかった。自然を求めて生涯一登山家でありつづけたのに、山に近づくことはもちろん、執筆活動も止んでしまった。こうして、「自然学の提唱」から五年後、今西は入院して眠りに入ってしまった。

病院は自宅とは賀茂川をはさんですぐ上手の川べりにあり、三階の個室からは、少年のころから親しんだ北山を間近に見ることができるのだが、それもかなわず一九九二年六月一五日、大往生する。九〇歳だった。

注

（1）谷泰「洛北セミナーのこと」（『アニマ』一九九二年一〇月号）によると、今西は一九七三年五月末で岐阜大学長を退官して官職を離れたので、翌年の秋にセミナーの開催を呼びかけたという。

（2）筆者は今西の話を最前列で聞いた。『季刊人類学』には、その年九月発行の第一四巻第三号に掲載された。今西は同誌にはこのあと、「混合樹林考」（第一六巻第三号、一九八五年一〇月）、「『生物の世界』への回帰」（第一六巻第四号、一九八五年一二月)、「自然学の一つの展開」(第一七巻第三号、一九八六年九月)、「群れ生活者たち」(第一八巻第一号、一九八七年四月)と、自然学を提唱した後のおもな文章を発表していった。なお、同誌は一九八九年末、第二〇巻第四号をもって、二〇年間の活動を終えた。

(3) 谷泰「洛北セミナーのこと」(『アニマ』一九九二年一〇月号)。

(4) 『今西錦司全集』全一〇巻(講談社)は一九七四年から七五年にかけて刊行された。その時期までに公刊されていた今西錦司の主要な著作物を集成したものであった。この全集の完結後も今西の著作活動がつづき、おもに進化論や自然学についての著書を何冊も出していった。今西は一九九二年六月に逝去。元版一〇巻に三巻と別巻を増補した『増補版今西錦司全集』が一九九三年から九四年にかけて講談社から刊行された。編集委員は伊谷純一郎、上山春平、梅棹忠夫、川喜田二郎、吉良竜夫、桑原武夫、森下正明で、それぞれの巻の解題を執筆した。別巻は筆者が担当し、年譜、主要著作目録、総目次、登頂山名リストを収録した。索引は各巻ごとに巻末におさめられている。

なお本書では『増補版今西錦司全集』を『全集』と略して表記する。

(5) プロト・アイデンティティを最初に出したのは、『毎日新聞』一九八〇年一月一日付の正月特集で「サル・ヒト・文明」と題した、上山春平との対談の場だった。この企画、取材に筆者も加わった。

第一章　生物の世界

1　魑魅魍魎の世界へ

昆虫少年

今西錦司は、一九〇二（明治三五）年一月六日、京都は西陣の織物業、今西平三郎（三代目平兵衛）と千賀の長男として生まれた。

生家は屋号を「錦屋」といい、西陣の織元のなかではトップクラスだった。錦司という名前は、屋号からとられたもので、いずれは四代目今西平兵衛として家業を継ぐことが期待されていた。

この「錦屋」を興したのは錦司の祖父の二代目平兵衛（一八四九〜一九一九）で、錦司が中学生のころまで存命した。そして、家業に忙しい父よりも錦司と接触の機会が多かった。今西は「私の履歴書」（日本経済新聞に連載、一九七三年一月。『全集』第一〇巻）を、自らの生い立ちと祖父から影響を受けたことから書き始めている。

「パーソナリティーはごく幼児期に、本人が深く意識していない状態のもとでだいたいの輪郭ができるといわれている。そのときフロイトの同一化といった現象がともなうものとしたら、おそらく私の場合は祖父に同一化の対象を求めていたというように理解してもよいのでなかろうか」（「私の履歴書」）。

祖父の平兵衛は丁稚奉公にいって一からたたき上げた苦労人だったが、錦司の記憶によると商売人にしては気位の高い人物で、八の字髭をはやすなど、商家の武士といった風格があったという。その一方で、織物を研究するためにヨーロッパに出かけており、進取の気性に富んでいた。

西陣は古い歴史をもつ織物業の町だが、明治維新後には東京への遷都がおこなわれた影響などで苦難にみまわれた。京都府は盛況を取り戻そうと、西陣の職工をヨーロッパに派遣し、フランスから最新のジャカード機の導入や新しい紋織りの考案など、技術革新に取りくんだ。平兵衛も一八九〇（明治二三）年、イタリアのコモ市で開かれた絹織物博覧会に派遣され、フランス製織機にヒントを得て帰国。西陣で新ジャカードを考案した。この日本製の新ジャカードは旧ジャカードにとってかわって広がり、西陣の名を高めたといわれている。

平兵衛は西陣織物同業組合の初代頭取や京都商業会議所の役員を歴任し、京都市会議員や市参事会員もつとめた。錦司の長男で平兵衛のひ孫の今西武奈太郎が所蔵する肖像写真（一九〇二年撮影）を見ると、蝶ネクタイでフロックコート姿の偉丈夫である。その風貌がしのばれる。

祖父平兵衛は隠居後も「親旦那さん」として、「錦屋」の総大将であった。父平三郎は商売の実務を取り仕切っているとはいえ、何歳になっても「若旦那さん」だった。当時の西陣の織元は、一つの屋根の下に数十人もの人間が暮らしており、「錦屋」でも錦司が生まれたころは祖父母、両親、おば、おじ、番頭、丁稚、女子衆《おなごし》、飯炊き女、下男など、総勢三〇人もいた。そして、この大家族の中心に祖父がいた。

錦司は、この「錦屋」を相続する長男として育った。のちに登山や探検隊では常にリーダーをつとめることになるのも、この育ちが大いに関係してくる。

中学時代からの親友で、のちに錦司の妹美保子と結婚する西堀栄三郎（一九〇三〜一九八九）は、家業は同じ西陣の織物業（縮緬屋）だが、兄二人姉二人の五人兄弟の末っ子だった。西堀は自分とくらべて今西には、「長男のゆえか、兄貴らしさ、というものが備わっており、幼少の時からリーダーシップを心得ていた」と語っている。

今西も、「私の場合、リーダーの最高のモデルは祖父だった。祖父の態度を子供の時からいつも見てきている。それがいわばリーダーパーソナリティーの形成に役立っているのである」（同）という。

しかも、祖父と両親は、錦司が成人するまでに亡くなっている。母を中学三年のときに、その二年後に祖父を、そして大学にすすむ直前には父を。今西は肉親を失った悲しみを、「その衝撃を乗り越えてゆくために私の場合は猛烈に山登りを始め、それにエネルギーを集中するようになったのかもしれない」（同）と語るのみだが、きっと強く生きていくことをつちかったのだろう。

妹たちと一緒に（7歳，1909年）

今西は一人息子で、下には妹が三人いるだけだった。家業に忙しい父母といっしょに過ごす機会は少なく、もっぱら奉公人の手で育てられたが、そのなかで、自然に親しむ少年になっていった。

西陣の織元という騒々しい家だったが、京の町家にはかならず中庭というのがあった。錦司は座敷に続いたその庭で、ヒキガエルの棲み家やコオロギの隠れ場捜しに熱中することができた。また、家から三キロほど離れた上賀茂には、祖父が建てた離れの家があり、鯉が泳ぐ大きな池や雑草の生い茂る裏庭があった。祖父につれられ、同年輩の丁稚を伴って、よく上賀茂の家を訪れた。たんぼのあいだを流れる小川に沿った道だから、ドジョウやドンコ、ゴリなどをすくって遊んだ。

当時は、京の町外れにはいくらでも自然があった。朝早くから番頭や丁稚といっしょにクヌギの木の蜜に集まってくるカブト虫をとりにいったりした。そのうちに、庭に飛んでくる虫などを捕らえて収集するようになった。

西陣小学校の三、四年生のころには昆虫採集をはじめていたという。五年になって、赴任してきた昆虫好きの教師から標本を見せられ、いよいよ熱中していった。

「仕事に忙しい両親だったが、私の行動には気をつけていて、私が昆虫標本をつくるようになったことをひそかに喜んでくれ、捕虫網を買ってほしいとか参考書を買ってほしいとかいえば、いつも気前よく買ってくれたので、そういう点では私は伸び伸びとしたいことをして暮らすことができた」(同)。

西陣尋常小学生の今西

その昆虫採集のコレクションは、大学にすすんだときに昆虫学専攻の同輩を驚かせたほど立派なものだった。今西武奈太郎によれば、学名の札を付して美しく整然とピンで留められた桐の特注標本箱が二〇函ほどもあった。そのほかに十数段の曳き出し式の標本棚もあり、まさに今西少年の宝石箱だったという(これらの標本類は、後になって処分されたので、想像するしかないのは残念)。

そして、生涯とりつかれることになる世界を、子供心に感じている。

「小学生であったころ、ある夏の日に、私は友だちに誘われて、虫取りに出かけた。ついうかうかと歩いているうちに、道に迷ったわけでもないが、気がついたときには私たちは、家を遠く離れた広い林の中にいた。友だちも、ここへはまだ一度もきたことがないという。そこはもちろん、チミモウリョウ(魑魅魍魎)に満ちた世界の一角であるはずだし、私たちはみな心細かったにちがいない。しかし、そのとき私は、梢をもれて降りそそぐ日光に、明るく照らしだされた林の中を、あてどもなく歩きながら、そこにむしろ、その場の不安な状況とあえて矛盾するところのない、甘美なにものかのあることを発見した」（「探検十話」『私の自然観』、一九六五年。『全集』第九巻）。

「この経験は少なくとも、大人たちがこわいから行くな、というところだって、行ってみれば自分を受けいれてくれるなにものかがある、ということを私に教えたにちがいない。そうとすれば、この経験は、私の人生の最初の重要な方向づけであった。なんとなれば、私はその後、大人たちの住む世界と、この大人たちの恐れる世界との間を、繰りかえし往復しながら、私の一生をすごすことになるからである」（同）。

まだ自然とか山登りとかを意識する以前の子供のころであったが、今西は「育った環境から受ける影響というものは、いつまでも消えずに残るという説を、ある程度までは信用している」（同）のである。

このような感動が、自然への憧憬となっていき、やがて中学生のときに山登りをはじめる。自然のなかでもとくに山にとりつかれていくのである。高校生になるとアルピニズムに憑かれるようになり、若き登山家に成長していった。

そうした登山家としての成長はのちにふれることにして、この章ではすこし先にすすんで、昆虫少年が学問を志すあたりからを記したい。

農学部

今西は一九二五（大正一四）年四月、京都帝国大学農学部（農林生物学科）に入学する。

京都帝国大学は一八九七（明治三〇）年九月に創設されていた。まず理工科大学としてはじまり、つづいて法科大学や医科大学、文科大学などが設置され、総合大学として各学部がそろっていったが、農学部の設置はおそかった。一九二三（大正一二）年一一月に勅令によってでき、翌年開学した。今西は新設されたばかりの農学部の第二期目の入学生となった。

　農学部設置の準備はかなり前からおこなわれ、教官の人事（たとえば、理学部講師から農学部教授になる木原均は、そのために欧米に研究留学している）、建物の建設、付属演習林の調査などがすすんでいた。今西は第三高等学校に在学中に、山岳部の仲間と北山の奥深くに入った際に、芦生に演習林を設ける作業がおこなわれているのを見ている。

　三高を卒業する直前（一九二五年二月）に、今西の父平三郎はガンで亡くなっていた。家の商売は、父は病気になる前にやめていたが、病床で父は錦司にいった。「オレが生きていたらお前に好きなことをさせてやれるのだが、こうなっては仕方がない。何か金もうけに結びついた学問、たとえば林学でもやったらどうか」と（「私の履歴書」）。

京都帝国大学農学部の学生時代

　農学部には林学科があるほか農林生物学科があり、そこには昆虫学講座が設けられる。今西は農学部のなかで、父がすすめた林学科よりも農林生物学科を選び、昆虫学を専攻することになる。

　今西は三高から京都帝大に進む際、理学部（動物学科）にするか農学部にするかでも迷った。当時は入学試験などなくて、どちらにでも進めたのだが、今西には理学部は理屈っぽくて冷たいが、農学部は人間味はあって一種のロマンチシズムが感じられたという。新設まもない農学部に入れば先輩から頭を押さえられることもないだろうとおもったりもした。いっぽう三高の動物学の教師は、昆虫は理学部でもやれるといって、それとなく理学部の動物学科をすすめたという。

最終的に決心させたのは今西の山登りだった。動物学科には最初の夏に臨海実習があり、一回生は夏休みのはじめに二、三週間、和歌山県白浜にある臨海実験所で実習を受けねばならないことがわかった。それでは、その夏に計画していた登山が遅れてしまう。

この大学進学の年に、今西は三高山岳部の仲間、渡辺漸《すすむ》（東京帝大医学部に進学）と剣岳源治郎尾根の初登攀《とうはん》をねらい、大学が夏休みになるのを待ってすぐに出発する計画を立てていた。もし、臨海実習を受けている間に、誰かに初登攀されたら、どうする気か。「考える余地すらないことだと思って、私は山の呼ぶ声にしたがい、理学部をすてて農学部を選んだのである」（「わが道」『自然と山と』、一九六九年。『全集』第九巻）。そうして、夏休みの実習がない農学部に進んだおかげで首尾よく初登攀に成功する。

2　自然の研究を

生態学

農学部で昆虫学をやることになって、「私の山と私の昆虫学とは、案外早く結びついてしまった」（「わが道」）のだが、「私はこれから、死んだ生物ではなくて、生きた生物を研究しなければならない。また、そうすること以外に、私の山と昆虫学はどうにも、結ばれようがない、という前途に対する見通しのようなものが、ここではじめて胚胎した」（同）という。

昆虫学講座の初代教授には、その前年七月に湯浅八郎（一八九〇～一九八一）が就任していた。湯浅はアメリカで大学教育を受け、イリノイ州立博物局の昆虫技師をつとめていた。「葉蜂の幼虫分類」や「直翅目の形態研究」などの論文があり、京大での「昆虫学」講義はおもに形態学だったが、生態学についてもふれた。この当時のわが国の昆虫学は、まだ分類学や形態学が主流で、生態学は導入されはじめたばかりの新しい学問だった。湯浅はわが国

農林生物学科の教官学生と（前列右から３人目が今西，左隣に湯浅八郎教授）

での群集生態学の草分けともいわれる。[1]

『自然学の提唱』の冒頭に載せた「『今西自然学』について」（一九七五年）のなかで、今西は次のように記す。

「ぼくが大学にはいったころ、ようやく生態学という学問が言われだした。生態学というのは自然が人間のインフルエンス（影響）をある程度まで受けている、あるいは別の言い方をすれば、歴史の古いヨーロッパのようなところでは、もう一つ伸びが悪くて、むしろ生来の自然がふんだんに残っていたアメリカで急激に発達した学問なんです」。

「そういうわけでアメリカで育った生態学というものは、日本ではあまり知られていなかったんです。ぼくが京都大学で教えをうけた先生方のなかには、アメリカで生態学を学んでこられた方がおられたものだから、その講義を聴いて、この比較的新しい学問である生態学をやってみようという気になった。この生態学という学問が、なにかぼくが漠然と考えていた自然学であるかのように思えたんやね」。

生態学はアメリカで発展していったために、ヨーロッパの学問が主流だった当時の日本の大学ではあまり知られていなかったようだが、帝国大学出身でなくアメリカで学んだ湯浅によって京大農学部で紹介され、今西は惹かれていったのである。

じっさい、今西の学生時代のノート類が自宅に残っていて、受講した講義の内容がよくわかる。たとえば、一九二六年の今西が二回生のときの湯浅教授「Entomology（昆虫学）」を筆記したその丹念な記述ぶりは、今西が熱心に学んでいたことがうかがえる。

また今西は大学に入ってから読んだ、本多静六の『日本森林植物帯論』（第四版、一九二二年）からも刺激を受けている。生態学でいう「植物群落の遷移」という、生物的自然のダイナミックなとらえ方を知って、遷移説を唱える米国の生態学者たち、とくにフレデリック・E・クレメンツ（一八七四～一九四五）の信奉者になっていく。

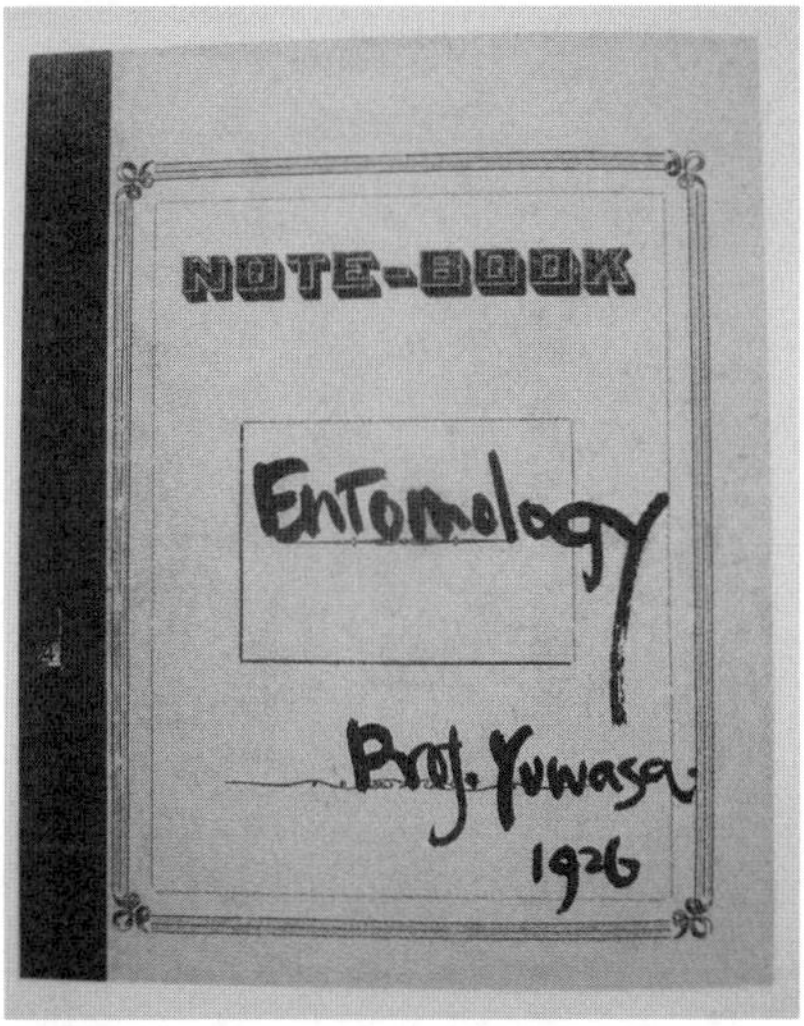

受講ノート（湯浅教授の「昆虫学」，1926年）

卒論は水生昆虫で

京都帝国大学の農学部は創設されたばかりだったから、今西ものびのびとやれたようだ。高校時代からひきつづいて、あいかわらず登山に熱中した。

やがて、卒業論文に取りかからねばならなくなったとき、困ってしまう。「書斎の文献学者になれない私は、実験室の研究にも、また向かないようにできていた」（『探検十話』）からである。そこで、「私はこのとき渓流に救いを求め」（同）ることになった。

大学最後の学年である三回生（当時の大学は三年間で卒業した）の夏は、剣岳での岩登りのために、剣沢の真砂沢でのキャンプや三ノ窓の岩小屋で二〇日間もの合宿生活を過ごした。のちに有名な岩場となる剣岳三ノ窓チンネ北壁の初登攀などをやったのち、渓流に入った。内蔵助平から黒部川に出て、源流までさかのぼった。そこから黒部五郎岳（二八三九メートル）から三俣蓮華、双六、槍、南岳（三〇三二メートル）などを縦走して上高地へ下り、さらに蒲田川側に越えて、左俣から笠ヶ岳（二八九七メートル）に登り、双六谷を下って金木戸川に抜けるという、長い沢歩きをつづけた。

その途中の渓流で採集した水生昆虫をもとにして、今西は「日本北アルプスの二、三渓流における水棲昆虫について」というテーマで卒業論文にとりかかった。登山の合間をぬって、というより、登山活動と昆虫採集を両立させ、黒部川などの渓流で、カゲロウなどの水生昆虫を採集してきたのだった。

ところが、いざ論文にまとめる段階になって、あわてた。というのも、採集してきた昆虫の種名がはっきりしないのだった。当時は、日本の昆虫はまだ、あらゆるグループにわたって分類が完成されていなかったのだが、水生昆虫は陸生昆虫にくらべると分類はできているはずだと、今西はみていた。採集品を同定してくれる専門家がいるだろうと期待していたのだった。

柴谷篤弘・谷田一三編『日本の水生昆虫』（東海大学出版会、一九八九年）によると、水生昆虫ということばは、生活史の全部または一部を水中ですごす昆虫の総称として使われているが、わが国での水生昆虫の研究は、淡水生物研究の創始者である京都帝国大学教授、川村多実二（一八八三〜一九六四）によって体系的にはじまった。のちに今西が講師として籍をおくことになる大津臨湖実験所の開設（一九一四年）や川村の『日本淡水生物学』の刊行（一九一八年）がその端緒になっている。そして、川村のもとには水生昆虫の幼虫に取りくんでいる研究者がいた。

しかし、カゲロウの分類は、ほかの昆虫にくらべ、研究が遅れていた。カゲロウの幼虫は、池や湖にすむ種類もいるが、今西が仕事の場にした渓流にはとくに多かった。だが、その分類は成虫を基準におこなわねばならないから、ほとんど手がつけられていなかった。

今西はなんとか、卒業論文をまとめたが、心細い内容だったという。卒論発表会には昆虫学だけでなく、遺伝学の教授木原均はじめ農林生物学科の他の講座の教官たちも聞いており、審査の際に話題になったそうだ。「私の同級生二人はいずれも、当時の高等専門学校の卒業生であったから、論文を書いた経験があり、彼らの論文のまとめ方にくらべると、私の論文が見劣りしたのであろう。論文発表会のあとで、審査の一先生から、『今西君はあれでいいかね』という質問が出た。そのとき私の指導教官が、『あれでよろしい』といってくださったので、その場がとおり、私は卒業できたのだ、といううわさを聞いたことがある」（『主体性の進化論』一九八〇年。『全集』第一二巻、二四六頁）。もっとも、今西の同級生二人は卒業論文を書いた経験があるほか、テーマが形態学と生理学で、教授や助教授から指導を受けやすかったようだ。

卒業論文は、少年時代から熱中してきた昆虫採集の経験を生かしたものであった。このとき今西は、昆虫をたんに分類学として、死んだ生物のように扱うのではなく、生きた生物として昆虫を調べようと意気ごんでいた。つまり、生態学をやろうとした。その決心をのちに次のように記している。

「大学にはいって、わたくしははじめて生態学なる新興の学問のあることを、知るようになった。そして、生態学こそはわたくしのやるべき学問だ、と考えるに至った。なんとなれば、いままでは山登りは山登り、昆虫採集は昆虫採集で、なんの結びつきもなかったが、生態学を媒介とすることにより、それが一つになる。山は単なる研究室の役目をはたすにとどまらないで、これからは山そのもの、自然そのものが、研究の対象となってくるからである」（「再版へのあとがき」『生物社会の論理』、一九五六年。『全集』第四巻）。

「わたしは谷ぞいの道を歩いていた。滝木の葉の上に、バッタが一匹とまっていた。そのとき思った――おれはいままで、昆虫をやたらに捕らえて、毒瓶で殺し、ピンでとめ、名前をしらべて喜んでいたが、この一匹のバッタが、この自然の中でいかに生きているかということについては、まるでなにも知らないではないか。これでは情けないと思ったのである。たまたま卒業論文には、なにをやろうかと迷っていたときだった。わたしは生態学をやろうと決心した」（「霊長類研究グループの立場」『動物の社会』『私の霊長類学』、一九五七年。『全集』第七巻）。

そして、どのような水生昆虫がどういうところに見いだされるのか、また、その場所でどんな他の昆虫といっしょにいるのかを、調べようとしたのだった。

3 カゲロウで理学博士

研究者の道

今西は京大農学部を卒業後、引きつづいて大学院に進む。卒業論文が因縁となった水生昆虫を研究テーマにし、すぐに農学部（昆虫学教室）から理学部（動物学教室）に移った。当時の理学部動物学教室第二講座（動物生理生態学）の教授には、わが国の淡水生物研究の創始者である川村多実二がいたからである。そのもとで、理学部付属大津臨湖実験所をおもな拠点にしてカゲロウ類の研究をはじめる。

大串龍一『日本の生態学——今西錦司とその周辺』（東海大学出版会、一九九二年）によると、京都大学の動物生態学は二つの中心をもって展開した。川村多実二にはじまる理学部動物学科の生理生態学講座と、湯浅八郎にはじまる農学部農林生物学科の昆虫学講座である。

理学部のほうは、研究対象は淡水生物と当初から幅広かったが、教授は川村から宮地伝三郎に引き継がれると（その後は森下正明に）、さらに広がっていく。農学部のほうは、湯浅が早くに退き（今西の卒業から七年後に同志社総長になって出る）、春川忠吉、内田俊郎と教授が代わるとともに、研究対象が絞られ、実験個体群生態学へと進んでいき、それを確立していく。内田のアズキゾウムシの密度効果の業績は世界的なものとなる。

今西は湯浅のもとの初期の昆虫学教室で学んでから、理学部に移っており、自らのテーマを求めて出て行ったことになる。すぐ後輩の岩田久二雄、可児藤吉、森下正明、渋谷寿夫も続き、親しい研究仲間となる。

今西は大学入学前に父を亡くしたから、若くして家を継いでおり、大学を卒業した一九二八年の暮れに二六歳で結婚する。妻園子は末妹千鶴子（のち四手井綱彦と結婚）の友人で、洋画家、鹿子木孟郎の長女だった。親友の西堀栄三郎はひと足先に二番目の妹美保子と結婚しており、今回の縁談をとりまとめてくれた。

翌二九年二月、陸軍幹部候補生として工兵第一六隊（京都市伏見区）に入営する。宇治川での鉄舟操練や架橋演習を連日のようにおこなって、一一月末に現役満期除隊となった。工兵曹長となり、予備役編入。二年後には工兵少尉に任官される。今西は、この軍歴があることから、赤紙（召集令状）を気にすることになる（『生物の世界』の序、『全集』第一巻。「私の履歴書」にも記している、『全集』第一〇巻）。

新婚時代

(右に西堀夫妻，左に四手井夫妻，ともに今西の妹と結婚，1931年)

家業は父が亡くなる前にやめていたが、借家からの収入でじゅうぶんに生計を立てられた。ところが、結婚後、借家人が家賃を供託したために家計に思わぬ打撃を受け、今西は煩わしさを避けるために、山に縁のある国立公園にでも就職しようかと考えたりもした。

これを聞いた義父の鹿子木が同じ岡山県出身の理学部教授、川村多実二に話したところ、学位をとるまでは就職しない方がいい、それなら理学部附属の大津臨湖実験所に講師で（もちろん無給だが）こないかと、すすめられた。そこで、今西は環境を一新させて、学問に打ちこむ決意をする。

一九三二年に、西陣から賀茂川（今西は加茂川と書く）べりの下鴨に引っ越すことにした。卒業論文以来取りくんでいるカゲロウの幼虫が生活している川の近くに住むのもなにかと便利がいいので。

下鴨には父が買っていた地所があり、そこに自分で二階建ての

妻園子と長男武奈太郎

住宅を設計し、出入りの大工に建てさせた。三人の妹は友人たちに嫁いでおり、住み慣れた西陣の家にはおじやおばを残し、妻園子と長男武奈太郎を連れて移ってきた。

新居の近くには、登山の先輩でもある田中喜左衛門（一八七七〜一九四三）の邸宅があった。田中は今西たちのヒマラヤ計画の後援者であり、この年の夏には、田中も同行して樺太に出かけていた。この後、いっそう親しく付き合うようになる（「田中さん」『山と探検』。『全集』第一巻）。

年末には理学部大学院を終え、研究嘱託（非常勤）になる。そして翌三三年三月末、理学部の講師（無給、常勤）に嘱託される。

そうして、カゲロウ類の分類や生態研究をすすめるなかで、やがてカゲロウ幼虫で「棲み分け」を発見する。

これを理論化した種社会論が、今西の学問のバックボーンとなっていくのだが、この「棲み分け」を今西が「発見」したのは、下鴨に移転した直後の一九三三年の初夏のことだったという（「渓流のヒラタカゲロウ」『日本山岳研究』、一九六九年。『全集』第八巻）。これについては、次章でふれる。

カゲロウ屋

今西には卒業論文の際にもわかったことだが、この当時は、野外で生態研究をすすめるためには、材料を判別するためにも、まず分類研究が不可欠だった。生態学をやるにしても、まだ分類学ができあがっていないことを知らされたのである。死んだ生物を相手にするような分類学から足を洗おうとしていた今西だが、あらためてまた、分類学をやることにする。

「そのとき私は、生態学を思い切るか、そうでなければ、もうやらないときめていた分類学を、生態学を成りたたせるために、みずからすすんで取りこむか、という岐路に立たされていたわけだが、私は回りみちを覚悟のうえで、後者をえらび、カゲロウの分類をやることにした」（「わが道」『全集』第九巻）。

そうして一時は、「カゲロウ屋に成り切って」（同）、分類研究からスタートする。もっとも、「分類学をくぐったことが、やがてわたくしの生態学を組みたてるための、強力な指針となって生きてくる」（「再版へのあとがき」『生物社会の論理』。『全集』第四巻）と、のちに述懐するのではあるが。

今西のカゲロウの分類研究は、まず一九三〇年に第一報が“Mayflies from Japanese Torrents I”（日本渓流産カゲロウ類 I）として、英文で『台湾博物学会会報』に出る。以後、一九四一年まで一〇の英文論文を『日本動物学年報』などに発表する。そのうち、第八報（一九三七年）まではカゲロウの各属の純粋な分類研究である。そのなかには、今西が命名した新種がいくつもあった（新種記載したタイプ標本は京大に保管されている）。

本格的な生態研究の成果がでるのはそれ以後になる。カゲロウの生態学的な研究は、まず『日本渓流産カゲロウ類　第九部』（英文）として、一九三八年に『日本動物学年報』に発表する。これには「カゲロウ幼虫の生活形と生活の場　1　序」という副題がつき、「棲み分け」をはじめて論じた。[2]

引きつづいて、学位論文の主論文としてまとめた第一〇報（一九四一年）となる。[3]

また、『満州・内蒙古並びに朝鮮の蜉蝣類』も一九四〇年に刊行された。川村教授や宮地伝三郎博士が収集した標本をもとに、カゲロウの幼虫についてを今西が記載した報告書である。「筆者として初めて蜉蝣目全般に亙る分類学的記述を試みる機会を得たのである」と冒頭に述べ、表題にある地域の二〇属五五種とともに、日本に産する近似種も含む、一〇〇ページ近い論文である。これは、谷田一三（大阪府立大教授）が今西の『採集日記　加茂川

1935』(二〇〇二年)の解説において、「東北アジアのカゲロウ分類研究の底本となった著作」、「今西カゲロウ学のひとつの終着点」と評価する(谷田一三「日本の水生昆虫学と今西カゲロウ学」)。

こうして、カゲロウの研究は一〇年間余りつづき、今西は「日本渓流におけるカゲロウ目の研究」で一九三九年一二月、京都帝国大学から理学博士を授与される。

学位論文は、その過程で「棲み分け」を発見したカゲロウ研究の集大成であるが、一〇部構成のうち八部までは分類研究である。「棲み分け」を論じたのは最後の論文においてであった。「ライフゾーン配置から示される生態的構造」と題していた。

しかし、どこまで理解されたか、今西は疑っている。のちに、「耳なれぬ理論に審査の先生方は、さぞかしお困りだったであろう」(「わが道」。『全集』第九巻、二九〇頁)と記すのである。

今西がカゲロウ研究で理学博士になったとき新聞は「登山家が博士に」と報じたことを、梅棹忠夫や吉良竜夫が覚えている(梅棹「ひとつの時代のおわり――今西錦司追悼」『梅棹忠夫著作集』第一六巻、中央公論社、一九九二年。吉良「今西ノートの背景」『採集日記 加茂川 1935』京都大学学術出版会、二〇〇二年)。「今西氏が博士に」という新聞もあり、なにか意外なことのように受け取られたという。それが当時の世間の評価であり、今西は学者というより、登山家として知られていた。

『採集日記 加茂川 1935』

「渓流昆虫をやり初めて以来もう今年は九年目だ。何んとして自分の仕事の覚つかなき事よ」と嘆息するなど、意外にも弱々しい姿をさらしている、カゲロウ屋のころの今西の手記がある。筆者たちが二〇〇二年に紹介した、今西錦司フィールドノート『採集日記 加茂川 1935』(編者代表・石田英実)である。

この『採集日記 加茂川 1935』は、一九三五年三月から同年七月にかけて、加茂川(今西は賀茂川や鴨川ではなく、このように表記している）で今西が単独で集中しておこなった、水生昆虫カゲロウ類の調査記録である。大学ノートで四分冊になっている。三月から各月分をそれぞれ一冊ごとに収め、四冊目は「June 洪水記」と表に記して七月二日の記録で終わっている。

表記は漢字とカナで、ノートの右頁だけを使って記入。左頁は空けていて注を記したり、虫のスケッチや地形図など図表を張りつけている。四冊を通しての頁も振っており、最終頁は一五四になっている（頁の付けまちがいがあり、全体で一五二頁となる）。四〇〇字換算でざっと三三〇枚ほどの分量。

このノートは、今西錦司生誕一〇〇周年記念事業の一環として京都大学総合博物館の特別展示「今西錦司の世界」（二〇〇一年一二月〜〇二年四月）の際に、今西家より出展されてその存在がわかったものである。

同展には、今西が自宅に残し、長男武奈太郎氏が保管している、学生時代の「昆虫学」などの受講ノートや、外国文献の読書録、高等蚕糸学校での講義録、論文の下書きやメモ、『草原行』の原稿、アフリカ調査のフィールドノートなどが展示された。未発表のものばかりで、武奈太郎氏によると、これまで誰にも調べさせたこともないとのことだった。

同展のプロデュースを博物館長から依頼されて担当した筆者が、出展品のなかで最も気になったのが、「採集日記　加茂川　1935」だった。すこしめくっただけでも、加茂川でのフィールドノートとわかった。ノートの片側にびっしりと書き込まれ、スケッチや地形図なども挿入されている。一九三五年の調査だから、ちょうどカゲロウ類の調査から「棲み分け」を発見したという時期ではないか。その経緯が記されているかもしれないとおもった。伊谷純一郎先生から「大切なものだから、コピーを取って調べるように」との助言もあり、二〇〇一年四月はじめにからノートを読みすすめながらワープロに打ち出しはじめた。

七月に入るとワープロ入力もはかどってきた。伊谷先生に報告しておかねばとご自宅に電話し、伊津子夫人にその旨を申し上げた。翌日の七月一〇日、入院中の伊谷先生から電話をいただいた。「私も今西先生の残されたものが気になっているのです。どうかよろしくお願いしますよ」と。

これが、伊谷先生との最後の会話になった。ひと月後、病状が悪化されたと聞いて京大病院に駆けつけた際、病棟の電話が目にとまった。この電話から掛けてこられたにちがいないとおもった。

今西の字は達筆といえる。読みやすい。また、文章にリズムがある。ただ、興に乗って一気に書きすすんでいった箇所もあり、当初はなかなか判読が難しいところもあった。

それでも読みすすむうち、やがて今西の息づかいが聞こえてくるようになった。たとえば、源流域まで調べて芹生峠を越えた際、「丹波側に来て初めて雪を見、また雪を踏んで心はとみに高揚するを覚えた。また空もすっかり晴れて芹生の山が美しかった」と記している（三月一八日）。中学生時代から京都の北山を熱心に歩き、登山家に成長していった姿が重なってきた。この三年後には「北山　一つの登山発達史」（一九三八年）を『京都一中山岳部報』に寄稿し、「北山は罪なるかな」という名句を発するのである。

伊谷先生の葬儀が済み、今西錦司生誕一〇〇年シンポジウム（その翌日、一〇月七日は京大法経一番教室で伊谷先生の追悼会）の前にはほぼ全部を終えることができた。

こうして、今西が初代教授をつとめた理学部自然人類学講座を引き継ぐ石田英実教授が編者代表となり、谷田一三大阪府立大教授が脚注とカゲロウ学の解説を、吉良竜夫先生が歴史的背景などを執筆。京都大学教育研究振興財団の学術出版助成を得て、京都大学学術出版会より刊行された。

このノートには、フィールド調査や思索に打ち込んでいる今西の素顔があらわれている。それは、ノートの最初の頁に「自分は『渓流生活者』としての自分を画こうと決心する。この採集記をつけ出す所以は、今まで記録をとらなかった自分はここに新しい一つの目的を意識して、その資料にまで供せんとするものに外ならない」と記されていることからも読み取れるだろう。

このノートを今西が記していたころ、カゲロウ研究は“Mayflies from Japanese Torrents”と題した論文として第一報以来、この一九三五年には第五報までになっていた。山岳研究も「剣沢の万年雪に就いて」（一九二九年）から、「日本北アルプスの森林限界について」（一九三五年）へと展開していた。着実に成果をあげていたのである。

それにもかかわらず、「この自分を何等かの形に表現して見たくなる。それは科学論文に於いて満たされるべき性質のものでない」と記したうえで、このノートを書きはじめている。その決意がうかがわれる。

意気ごみはたいへんなものだった。三月一二日にはじまって六月末に洪水で中断するまでに、三月に五回、四月に八回、五月に五回、六月に三回、フィールド調査に出ている。六月前半に梓川・上高地方面を調査したほかは、全力で加茂川と取りくんでいた。この年は好きな登山も少なかった。「今年一年くらい、遠出せずとも、また新しい山へ登ることができなくとも、それは辛抱しなければならない」と記しているのである。

しかも、このノートは調査の現場で記したフィールドノートそのものではない。その日の調査を終えた後、数日から半月ほどの内に記している。自宅や当時、無給講師としてつとめていた大津臨湖実験所で、データを整理しながらまとめている。

たんにデータを清書するだけでなく、それまでの調査なども検討し、見解も述べている。さらに後日、読み返しての追記もある。このようにして採集の現場と研究の過程がよくわかる内容である。

この手記は、カゲロウ屋に徹している今西の姿を彷彿させる「日記」形式の記録となっているのである。カゲロウの調査だけでなく、周囲の観察も興味深い。たとえば、日曜日に自宅近くの植物園付近の川筋を調査しながら、行楽客の観察も忘れていない。「人疲れ」したといいながらも（四月一五日記）。

また、今日でいうところの開発問題への発言もある。加茂川沿いの道路が広げられ、自動車が走るようになったことについて、「都会人に対しては山水が近づき易くなり、山村の人には都会が接近する事によって両者の便益が得られるならば、これに反対はない」としながらも、「もっと哲学的と云うか、自然と語り、mediate し、そして自然の云う言葉が充分解されねばならない」と、自然への理解を述べている。さらに、「自然の語る事を解し、自然と対話しようとする」今西にとって、「wild でなくとも primitive な undisturb な自然が必要」だという。ここでは、フランス留学帰りの友人（桑原武夫）が滞仏中は日本人と交際しなかった例も紹介している（四月二〇日記）。

微笑ましいのは、この日の調査に「叔母、家内、武奈公（長男、四歳半）を伴う」とあること。家から持参した五目ずしを谷で食べている。それでも家族は一足先にバスで帰宅させ、今西は一人で残って調べ、途中のヒノ谷では後輩の研究者、可児藤吉（一九〇八〜一九四四）とも会っている。

友人たちも登場する。中学以来の盟友の西堀栄三郎たち山仲間から比良に登ろうと誘われるが前夜遅かった（午前二時まで仲間が家に来ていた、つまり飲んでいた）ので行かなかったと記す。「朝早く起き、夜早くねて、常に心をすまし感受性を鋭くしていなければならぬ field ecologist である。否 field ecologist たらんと修業中のものである」と、付き合いが悪いといわれようと「ここで頑張る気がなければ field の玄人とはなれない筈である」と言い訳もする。それでも雨天になったので登山の彼らを気づかっている（四月二八日記）。

4 最初の著作

山岳学をめざして

しかし、カゲロウ屋といってもカゲロウ研究ひとすじというわけではなかった。当時の今西は、研究者としてはまだそれほどの成果をあげていなかったが、登山家としては名実ともに日本のリーダー格であった。そして、研究生活においても登山は切り離せないものだった。

大学院で水生昆虫のカゲロウを研究テーマにしていたのだが、今西が発表した最初の学術論文は、昆虫学おろか生態学とも関係はなかった。「剣沢の万年雪に就いて」（『地球』第一一巻）という、雪と氷河に関する、いわば地理学か地質学の分野の研究論文である。これは登山活動から生まれたものだった。

カゲロウ研究は翌三〇年に“Mayflies from Japanese Torrents I”（日本渓流産カゲロウ類　I）と題して英文で『台湾博物学会会報』に発表。以後、一九四一年まで一〇の英文論文を『日本動物学年報』などに発表していったことは、さきにふれておいたが、そのいっぽうで、「雪崩の見方に就いて」（『山岳』第二六年、一九三一年）、つづいて「日本アルプスの雪線に就いて」と「風成雪とその雪崩に関する考察」を一九三三年に『山岳』に発表するなど、カゲロウ研究とともに、山岳研究に取りくんでいる。さらに、山の植物についての「日本北アルプスの森林限界について」（『山岳』）や「垂直分布帯の別ち方に就いて」（『山岳』、一九三七年）がつづく。

この時代の今西は、「悠々としてカゲロウの研究をつづけつつ、一方ではヒマラヤ登山の研究や計画をやっていた」（「私の履歴書」）うえ、「山岳学」を構想していた。その意味で、研究と登山は、まさに表裏一体となっていた。

これら山岳に関する論文は約四〇年後に『日本山岳研究』（一九六九年）に収められるのだが、今西は自序に記している。「私はそのころ、山岳に傾倒していた」、「私にとっては、山に登り、山岳を研究することそれ自体が、自分の仕事であってほしかったのである」と。

今西は山岳に関係のある地質学や地理学といった研究よりも、むしろ山に住んでいる人たちに関心をもっていた。この人たちは、それなりに「山とはなにか」ということを心得ており、その人たちの個別的な知識を系統化や総合化をしようとおもった。

また、「私には、小学生時代からの昆虫採集などをとおして、次第にその魅力にとらわれていった自然というものがあり、山は、この自然の一つのまとまりを現した姿であり、自然の一つの代表である、といった受けとめ方があったことを、否定するわけにはいかない」（『日本山岳研究』自序、『全集』第八巻）という、自然そのものとしての山岳学をめざしていた。

カゲロウ屋にも徹していた、山岳研究の時代の今西はまた、ＡＡＣＫ（京都学士山岳会）を結成してヒマラヤ登山計画にも取りくんでいた。月刊山岳雑誌『ケルン』に、「ヒマラヤ登山の目標」（一九三六年）や「学術的に見たるヒマラヤ登山」（一九三七年）を発表するのもこのころである。

二〇代の後半から三〇代いっぱいの今西は、無給の講師の身分であったが、籍をおいていた帝国大学の学問分野の専門枠を破って、自由に自分がやりたい研究に邁進していた。本人にいわせると、「気力体力ともにいちばん充実していたとき」で、「八面六臂《び》（八つの顔と六本のひじ）の活躍」だった。

そうして、若き登山家今西が構想した「山岳学」は、晩年にいたって「自然学」となるのである。

『生物の世界』（一九四一年）

理学博士の学位を受けた一九三九（昭和一四）年に、今西は、学内に設置された興亜民族生活科学研究所の所員となる。理学部からの出向のようなものだったが、ここではじめて一人前の俸給をもらうようになった。博士というので助教授並の給料だった。

このころ今西は理学部の大津臨湖実験所から動物学教室第二講座（川村教授）の講師に配置換えにもなっており、興亜民族生活科学研究所への出向にも川村多実二教授の推薦があったと、記している。

そして、学位をとった勢いというのか、今西はたてつづけに二冊の本を著した。三八歳にして最初の著作となった『山岳省察』（一九四〇年）と、翌年の『生物の世界』である。

二つの本は、ともに京都の弘文堂からの出版であった。弘文堂は、大正年間に河上肇の『貧乏物語』で大いに当てていた。京都帝国大学の法学部や経済学部の教授の著作の出版など、社会科学や経済学の分野からはじまり、西田幾多郎や田辺元の門下生などの哲学や中国史といった人文科学にも手を広げており、京都の代表的な出版社だった。昭和のはじめには東京へも進出し、昭和一〇年代には、一冊五〇銭の新書版の「教養文庫」シリーズを出していた。おもに京都の大学の文学部を中心とする新進、中堅の研究者が執筆していたが、理科系でも、今西と同じ理学部動物学教室の市川衛が当時、世界的にも類書のなかった『実験発生学』を書くなど、意欲的なシリーズだった。

京都の小児科医、松田道雄（一九〇八〜一九九八）の最初の著作『結核』も、この教養文庫の一冊として出ていた。(4)

『山岳省察』は今西が三〇歳以降に執筆した登山に関するエッセイ集である。冒頭に「私は今でも信じている。登山の正統派なるものは、初登山を求める人たちを措いてまたほかにない」と書き出している「初登山に寄す」（一九三二年）を掲げ、「回顧と展望」（一九四〇年）で締めくくっている。この、初登山を鼓舞する今西の文章は、若い登山者に影響を与えており、いまや日本の山岳書の古典となっている。

「生物の世界」執筆のころ
（京都・三嶋亭で，鹿野忠雄の博士論文提出祝賀会。右から今西，安江安宣，鹿野，徳田御稔，可児藤吉，森下正明，1940年12月）

『山岳省察』は寄稿した文章を集めたものだが、『生物の世界』は書き下ろしである。一九四一（昭和一六）年四月三〇日付で刊行された。『山岳省察』が凝った造本だったのにくらべ、『生物の世界』は新書版のシリーズの一冊だったから、ごく普通の装丁で、口絵写真もなく地味な本だった。

『生物の世界』は、五つの章からなっていて、それぞれの章には、「相似と相異」、「構造について」、「環境について」、「社会について」、「歴史について」という標題がつけられている。

中心をなすのは第四章の社会論で、「第一章ないし第三章は、第四章を導くためのいわば序論」として書かれ、第五章は、「社会論の延長」として、「第四章を書きあげた余力を駆って、一気に書き下した」という。それで、社会論の第四章を中心とすれば、「前者の方はまだ自信のもてない未完成、後者の方はすでにある程度まで自信のもてる未完成」、としている。

第一章「相似と相異」では、まず「この世界が混沌とした、でたらめなものでなくて、一定の構造もしくは秩序を有し、それによって一定の機能を発揮しているものと見る」という、今西の世界観があらわれる。地球が太陽から分離して周囲を回っているうちに「一大豪華客船に船客を満載している」状態になったのだが、「地球自身の成長過程において、そのある部分は船の材料になり、船となっていった。残りの部分はその船に乗る船客となっていった」のであって、「船が先でも船客が先でもない。船も船客も元来一つのものが分化したのである」と、たとえている。「無生物といい生物というも、あるいは動物といい植物というも、そのもとを糺せばみな同じ一つのものに由来するというところに、それらのものの間の根本関係を認めようというのである」。

この観点と関連して、「直感的にものをその関係において把握する」という、今西の認識論が展開される。それは、「類推」と今西が名づけた認識方法であり、「類推ということを奪われた生物学は、ふたたび惨めな機械主義へかえるより途《みち》はないのである。類推の合理化こそは新しい生物学の生命であるとまでいい得るであろう」と、自らの学問のあり方を、あたかも宣言しているようである。

第二章「構造について」と第三章「環境について」では、第一章でいう「一つのものに由来する」との考えを、生物と環境の立場から検討している。

さて、第一章から第三章まで、いわば哲学的な内容から、いよいよ「棲み分け」にもとづく生物学的理論が、第四章「社会について」と第五章「歴史について」で展開される。この本の大半を占め、まさに本論である。すでに今西の「棲み分け」を知っている読者には、この本の中心部分は息もつかせずにいっきに読めることだろう。

ここでは、第四章は「棲み分け」や「種社会」、「同位社会」を基本的なタームにして、「生物の世界は一つの構造をもった世界である」ことを生物の社会からかなり詳しく論じ、第五章では「種の主体性」をもとに、ダーウィン以来の進化論に挑戦していることを指摘しておくだけにとどめる。

遺書を越えて

『生物の世界』は、今西が遺書のつもりで書いた、ということになっている。「カゲロウの研究がほぼ一段落ついたころ、戦争はいよいよ激しくなり、私にはいつ〝赤紙〟が来るかわからない状態だった。それで、いままでにしてきた学問をなんらかの形でまとめておこうと思うようになった。私はいわば遺書のつもりで『生物の世界』を書いたのである」(「私の履歴書」)。

というのも、さきにふれたように、今西は予備役の陸軍工兵少尉だったからである。

徴兵検査に合格したとき、今西は志願を聞かれ、「山が好きやから、山砲へ」と答えた。だが、山砲隊は台湾にしかないので京都の師団の工兵隊に、大学卒業の翌一九二九年、幹部候補生として入隊した。一〇ヵ月後に曹長で除隊になり、その後、工兵少尉に任官していた。そんな経歴だから、赤紙の召集令状を気にしていたというのだ。(5)

一九三七(昭和一二)年七月七日の蘆溝橋事件をきっかけに日本軍が中国に攻め入り、日中戦争になっていた。たしかに、応召の覚悟を迫られていたのだろう。その経緯を、『生物の世界』の序に、次のように書いている。

「今度の事変がはじまって以来、私にはいつ何時国のために命を捧げるべきときが来ないにも限らなかった。私は子供のときから自然が好きであったし、大学卒業後もいまに至るまで生物学を通して自然に親しんできた。まだこれというほどの業績ものこしていないし、やるべきことはいくらでもあるのだが、私の命がもしこれまでのものだとしたら、私はせめてこの国の一隅に、こんな生物学者も存在していたということを、なにかの形で残したいと願った。それも急いでやれることでなければ間に合わない。この目的に適うものとしては、自画像をかき残すより他にはあるまいと思ったのである」。

応召になるかもしれない、だから「こんな生物学者も存在していた」となにかの形で残しておきたい。そんな今西の思いは、たしかに強いものだっただろう。

この時代は、今西だけでなく、だれもがそう思わざるをえない状況にあった。じっさい、今西のよき研究仲間だった可児藤吉や探検家を志した門弟の京大文学部学生の伴豊は、まもなく戦死する。

そのような時代だから、今西は自分とおなじように「遺書」を書くことを友人にもすすめている。農学部のすぐ後輩の昆虫学者、岩田久二雄（一九〇六～一九九三、のちに神戸大学教授）が、女学校や中学校の教員をしながらまとめた学位論文を、審査に先立って印刷するのにあたって、今西は労をとったうえ、今西の口添えで岩田が一九四二年に海南島へ、木原生物学研究所の支所を設けるために赴任することになったとき、出発前に「思い残しのないように書いておけ」と、執筆をすすめた。あわただしいなかで岩田が書き上げた『自然観察者の手記』は、出版は三年後になるが、のちに「日本のファーブル昆虫記」ともいわれる名著である。

『生物の世界』は遺書になってもいいつもりで、まとめあげた、今西の自画像というべき著作である。山登りや、さらに探検もからみあわせて学問をつくりあげてきた今西の、「こんな生物学者もいたのだ」との、せめてもの存在を示しておこう、との気迫が感じられるであろう。また、『生物の世界』といっても、「相似と相違」、「構造について」、「環境について」、「社会について」、「歴史について」といった章だてで、具体的な生物の名前はほとんど登場しない。理論的な著作であり、そこには、今西の学問の基層となる思想がこめられている。

ところで、『生物の世界』はほんとうに今西の「遺書」なのだろうか。この書を読むたびにおもうのは、遺書のつもりにしては堂々としていて、自己主張が強いということである。弱気なところがまったくなくて、表現がじつに積極的である。

「学問的野人」と、『生物の世界』の序のなかで自らを位置づけた今西にとって、自らの立場を宣言した、積極的な著書であったはずである。

「この小著を、私は科学論文あるいは科学書のつもりで書いたのではない。それはそこから私の科学論文が生まれ出ずるべき源泉であり、その意味でそれは私自身であり、私の自画像である」と、『生物の世界』の序を書きはじめていることからも、その自信がうかがえないだろうか。

そして、その自画像というのも、「だから実に乱暴に、計画も何も樹てずに書きなぐっていった。その乱暴さに対して、哲学者は認識という言葉の誤用を指摘し、社会学者はまた共同体とか文化とかいう言葉の乱用を憤るかも知れないが、それは恐らく私にいままで画の心得がなかったせいであろう。しかし、たとえ、画法があっていなくても、その画が私という学問的野人を正しく描き出しているならば、それで私は本懐である」と、まるで、居直っているかのような感さえする。

とはいうものの、帝国大学での専門分野にとらわれずに「山岳学」をやるなど、かねてからいくら「学問的野人」を自負していても、学位がなくては、一人前の学者と認知されないというつらさもあっただろう。その学位を、自らの足でかせいだデータと提唱したセオリーでとったのである。

こうして、れっきとした学者として認められたばかりの今西が、いっきに書き上げたのが『生物の世界』である。だから、『生物の世界』は遺書になってもいいという、消極的なものではなかったはずである。ひとりの学者としての「独立宣言」をしたかったのでは、なかったろうか。戦争で死んでたまるか、これからなのだ。今西のそんな思いが、伝わってくるようである。やがて『生物の世界』は、「そこから私の科学論文が生まれ出ずるべき源泉」だと、文字通りに、そのように展開される。「私の自画像」ともいうように、それは今西の自然観であり、晩年に唱える「自然学」へとつらなっていくのである。

注

（1）今西の京都帝国大学農学部での指導教官だった湯浅八郎は、昆虫学者（理学博士）というよりは、クリスチャンのリベラリストとして、よく知られる。父の湯浅治郎は同志社理事・群馬県会議長・衆議院議員をつとめた実業家・政治家、母の初子は徳富蘇峰と蘆花兄弟の姉である。湯浅家は当時の日本ではまだ珍しいクリスチャン・ホームだった。八郎は東京で生まれ、少年期は主として京都で過ごした。同志社普通学校を卒業し、一八歳で米国に渡った。カリフォルニア州の開拓農場で三年間働いた後、カンザス農科大学に入学。イリノイ大学大学院に進んでPh.D.（博士号）を取得した。

一九二四年、新設の京都帝国大学農学部教授に招聘されて帰国。当時としてはリベラルな教育者で、今西も自由な学生生活を過ごせたようだ。京大の滝川事件（一九三三年）では、湯浅は農学部評議員として法学部の立場を支持し、その思想的立場を明らかにした。一九三五年、同志社総長に推薦され、京大を辞職して第一〇代総長に就任する。キリスト教系教育機関にたいする圧力が強まるなか、難局に対処。新島襄以来の同志社独自の教学精神を貫こうとするが、二年後に辞任する。

一九三九年に再び渡米。戦後に帰国し、同志社第一二代総長の後、国際基督教大学初代総長に就任。同大学の礎を築き、退任後も長く同大学理事長の職にあった。

（2） K. Imanishi, "Mayflies from Japanese Torrents IX. Life forms and life zone of mayfly nymphs. I. Introduction."『日本動物学彙報』（Ann. Zoo. Jap.）Vol. 17, pp. 23-36 (1938).

（3） K. Imanishi, "Mayflies from Japanese Torrents X. Life forms and life zone of mayfly nymphs. II. Ecological strucure illustrated by life zone arrangement."『京都帝国大学理学部紀要』（Mem. Coll. Sci. Kyoto Imperial U.）Ser. B. vol. 14, pp. 1-35 (1941).

（4）『生物の世界』は教養文庫の第八八冊、松田道雄の『結核』は第四六冊目だった。松田は京大小児科の医局を出て京都府の西ノ京健康相談所で小児結核に取りくんでいた。「一日に自分ほどたくさん患者をみている人間はないという自信があった。相談所から帰ってきて夜にかいた。アームチェアの肘かけの上に板をわたし、背はうしろにもたらせっきりで、手だけうごかせばいいような格好で二五〇枚かいた」（『私の読んだ本』）。この『結核』は文部省の推薦図書にもなり、二年ほどで三万部もでたという。

（5） 友人の哲学者、下村寅太郎も『全集』第一巻の月報（第四号）の「処女作の頃」で記している。「支那事変が深刻になって来た頃のことである。或る日、今西君が一冊の草稿を携え、これを読んでくれ、そしてよいと思ったら出版の世話をしてくれ、俺も何時召集されるか分らぬ、これは遺書のつもりで書いた、と。これが処女作『生物の世界』（弘文堂、教養文庫、昭和一六年）である」。なお、下村には『山岳省察』の出版もすすめられていた（同書の「自序」）。

第二章　すみわけ

1　このように用いた

『生物の世界』の「すみわけ」

「すみわけ」ということばは、棲み分け、棲みわけ、住み分け、住みわけ、すみ分け、などとも表記されるが、筆者は最もシンプルな「すみわけ」を用いることにする。今西のいう「棲み分け」（『生物の世界』での表記）や「棲みわけ」（『生物社会の論理』での表記）と、まったく同じ意味としてである。

さて、今西が「すみわけ」ということばを最初に使ったのは、『生物の世界』（弘文堂、一九四一年）においてであった。

同書は「一　相似と相異」「二　構造について」「三　環境について」「四　社会について」「五　歴史について」という五章から成っているが、今西は序において「この小著の中心をなす部分は、第四章に当たる社会論である」と記す。そして、「すみわけ」が登場するのは、この章なのである。まず、「住み分ける」や「棲み分ける」のことばを次のように用いている。なお、以下の頁の表記は、初版本のものである。

『生物の世界』
（弘文堂の教養文庫，初版，1941年）

生活内容を同じうするといふことは、環境的にみれば同じ環境を要求してゐるといふことである。それでもし同一の環境条件が連続してゐる場合を考へたならば、一つの環境を共有するといふことが許されないとしても、同じ内容を持つものが相集まつてきて、その連続した環境を住み分けるといふことは、当然予想されていいことなのではあるまいか。（九〇頁）

もつとわかり易い言葉を用ふるとすれば、要するに同一地域といつても、その地域を棲み分けることによつて、いはばお互いの間の縄張り協定がすでに出来上がつてゐるようにも考へられる。（一一二頁）

この初出と二回目は、「住み分ける」と「棲み分ける」とあるように、動詞として用いられていることに注目しておきたい。

三回目になると、「棲み分け」と書かれている。名詞として初めての登場である。

異なった種類のものの間の棲み分け、或ひは縄張りといったことを基礎的に考へてみるためには、やはりこれを種の分化の余り進まないもっと類縁の近しい間柄に求めてみなければならない。（一一一頁）

ところが、その次には「棲み分けること」、つづいて「棲み分けせざるを得ない」と、動名詞にして使っている。

またこの二つの社会はその地域内を棲み分けることによって、相対立し乍らしかも両立することを許されるに至るであろう。（一一二頁）

このように相対立し、従つて棲み分けせざるを得ないような社会のことを私は生物の同位社会と名づけたのである。（一一二頁）

そして、これ以降は、名詞としての用い方が圧倒的に多くなっていく。順次、見ていこう。

相容れないといってもそれはお互いに相容れるための棲み分けに必要な相容れなさである。（一一三頁）

然るに棲み分けの隣り同志が、系統の異なった別の生物といふことになると、その関係は最早平衡ではなくなつてきて、その結果はあらゆる意味においての摩擦と紛擾とを残すのみとなる。（一一三頁）

それならばバッタのように小さな黄羊の一種がゐたらバッタと同位社会を形成するために、早速棲み分けでもしなくてはならなかったであろうか。（一一七頁）

勿論類縁の近いものほど、その生活形が似てゐて明確な棲み分けをするといふのは原則的である。特にその環境が比較的に単調な場合ほどこの棲み分けが顕著に現はれる。（一一九頁）

しかしこの植物社会が重複してゐない、ただ一層しか存在してゐないという環境の単調さが、ここに棲む動物の棲み分けをして勢ひ平面的にならざるを得ぬようにして了つた。従ってこういふ環境に即応した棲み分けは屡々見事な帯状の配列となって現はれてゐるのである。海の底に棲む動物などにも同じような理由でやはり帯状の棲み分けが認められる。（一一九頁）

植物にこそ最も屡々模範的な帯状の棲み分けが認められるのであり、一方では渓流や海岸にすむ動物の中には、押し流される危険を冒してまで積極的に活動して餌を求めるといふよりも、寧ろ水流や浪によつて運ばれてきた餌をとるように適応したものが多いから、従ってこの固着化が動物の植物化を意味し、その結果としてやはりこれらの動物に植物に見られるような模範的な帯状の棲み分けが一層顕著に現はれるようになったともいへよう。（一一九〜一二〇頁）

これらの水棲動物に対して多くの陸棲のものの棲み分けは、その複雑な植物社会の構造に応じて、棲み分けを必ずしも平面的に限定する必要がない。（一二〇頁）

寧ろ灌木の葉を食う昆虫と喬木の葉を食う昆虫との相違は、人間につく条虫と犬につく条虫との相違に近いものであって、それらはともに棲み分けすることによって並立する同位社会的現象と解すべきものでなければならないと思はれる。（一二〇頁）

ところで類縁が遠く生活形のそれほどよく似てゐないもの同志だと、お互いに割合に近接して棲んでゐるため、一見したところでは、それらはお互いに混在し、棲み分けをしてゐないかのような観を呈する場合も多いのであるが、しかしその生活形の相違はたとへばその餌の相違であるとか、或ひはその餌のとり方、すなはちその活動のし方の相違であるとか、その他のいろいろな点を通して反映してゐるので、お互ひにその生活内容従ってその棲んでゐる世界はやはり違ふのである。（二二〇～二二一頁）

たとへばお互ひに生活形の酷似した、力の等しいもの同志であると、この平衡を得るためにはどうしても棲み分けによる一種の空間的対立より解決の道がないといつたけれども、生活形も異なり、また力も等しくないもの同志にあつては、一方がつねに他に対して優位を占め、他はつねに一方に席を譲るようにすることによつても、一種の別な平衡が保たれるであろう。（二二一頁）

同じ食物を求める動物はお互いに時間的に棲み分けてゐる場合が少なくないのであって、樹液に集まる蝶や蠅は強力なスズメバチのおらぬ隙間を窺つてその液をなめるのである。こうした時間的棲み分けがさらに昼と夜との棲み分けにもなる。時間的棲み分けの一種と考へられる季節的棲み分けといふのは寧ろもつと生活形の匹敵した、従つて同時的存在のためにはどうしてもお互ひの混在を回避しなければならないようなもの同志が、同一場所を季節的に分割してゐる場合が多いのである。（二二二頁）

一方では彼等はお互いに同一場所を棲み分けた、一つの生活形共同体をつくってゐるといふことが出来るのであり（二二三頁）

このように、第四章「社会について」において、今西は「棲み分ける」にはじまって、「棲み分けること」や「棲み分けせざるを得ない」、そして「棲み分け」、さらに「棲み分けてゐる場合」などと、さまざまに「すみわけ」

を表現している。この章については序において「その部分は私自身の仕事と直接の関係を有し、相当苦しんでゐるだけに、書いておきたいことも多く、書いてゐるうちには、ついまだよく解つてゐないことまで筆が走つて了ふのであったが、未完成さは未完成さのままに現すのが自画像であろう」とも記している。じっさい、「すみわけ」について、よく思考をめぐらしているのである。そして、同章の後半において、次のようにいう。

私はこの仮説を簡単化するために地球上をどこでも平等と考へたが、地球上が不平等ならこそ棲み分けが可能となり、そこに同位社会の成立も見たのであった。(一三〇頁)

尤も食ふものと食はれるものとの分離といふのも、やはりこれを一種の棲み分けとして解釈出来るのであるけれども、それが一次的な相互対立的非混在的な同位社会と異なる点は、この機能を遂行するためにはどうしてもはじめから両種の混在を予想しなければならないところにあり、従ってその棲み分けが元来は一つの同位社会の生成発展といふことにあつても、導くところは結局はじめから同位複合社会の構成といふことになつて了ふのである。(一三二頁)

かくして自らに対立すべき同位種と棲み分けを行ってゐるといふ点では、どこまでも種自身に具はつた全体性、従ってその主体性を認める他ないのである。(一四六頁)

寧ろ種としての分布地域内を自律的に棲み分けてゐるものと考へられるから、この場合は却つて連続の不連続といふことが出来る。(一四六頁)

そしてそのような位相の現はれとは、もともといろいろな同位社会における種の棲み分けに根拠を持つものであり、この棲み分けがどの同位社会をとつてみても厳密に同じように行はれてゐるのでない限り、一つの類型的な生物共同体がそれ自体として一つの血縁共同体のように形態的な完結性を示し得ないであらうことは、同位複合社会の場合と同様であらうと思ふ。（一四九頁）

最初の理論的著作

以上が、『生物の世界』にあらわれる「すみわけ」のすべてである。

まず最初に「住（棲）み分ける」と、動詞として用いられている他は、ほとんどが「棲み分け」という名詞になっている。わずかに「棲み分けすること」（一二〇頁）や「棲み分けてゐる場合が」（一二二頁）、「棲み分けた」（一二三頁）、「棲み分けてゐるものと」（一四六頁の後）いうのが、動名詞的に用いられ、例外となっている。

『生物の世界』における「すみわけ」のすべての事例の引用は、わずらわしい作業ではあるが、同書は今西が書き下ろした理論的著作の最初のものであり、きわめて重要な著作と考えるからである。

なお、『生物の世界』初版での初出（九〇頁）は「住み分ける」となっている。しかし、他の箇所ではすべて「棲み分け」である。この、初出の「住み分ける」は復刻版にあたる講談社文庫（一九七二年）ではそのままだったが、『今西錦司全集』（第一巻、一九七四年）では「棲み分ける」と直されている。

この点において興味深いのは、『生物の世界』の英訳本である。[1]

カナダの人類学者パメラ・アスキスらによって、丁寧な解説を付けて二〇〇二年に刊行されたものだが、「すみわけ」について、初出と二回目の動詞としての「すみわけ」の訳語には、habitat segregation を用いていない。初出の「その連続した環境を住み分けるといふことは」を「live separately in that continuous environment」に、二回目の「その地域を棲み分けることによつて」を「by segregating their niches」にしている。そして、その次に名詞としてあらわれる「棲み分け」で初めて「habitat segregation」と訳している。よく意味をつかまえての英訳である。

2 見つけ、表現する

発見

それでは、この「すみわけ」を今西はどのようにしておもいついたのだろうか。つまり、今西のいう「棲み分け」について、その「すみわけ」という生物現象の発見から、「棲み分け」という用語を唱えるにいたるまでの過程は、どうだったのかということである。

まず、「すみわけ」を発見した経緯について。

このことを、今西が最初に文章にしたのは、『日本山岳研究』（一九六九年）においてであった（『全集』第八巻）。「渓流のヒラタカゲロウ」と題して、同書のために書き下ろしたものである。

一九三三年の初夏のある日、いつものように加茂川へ採集に出かけ、「いままで気づいていなかったことを発見した」と、次のような記述している。

「その日もいつものように流れに入って、水底の石をひっくり返し、その石にくっついているカゲロウの幼虫を採集していた。その季節にはヒラタカゲロウ類はいつも四種類を採集できたが、このとき突然、この四種が川の中にでたらめにばらまかれているのではなく、一定の順序をもって分布していることに気づいた」。

「この四種は他のヒラタカゲロウ類にくらべて大型で、形態的にも似ており、いずれも川の中にころがっている比較的大きな、表面がすべすべした石に付着している。ところが、四種のうちエクディオラス・ヨシダエは川岸に近い流れの最も弱いところにおり、もうすこし流れが速くなると姿を消して、代わりにエペオラス・ラティフォリウムが出てくる。さらに流れが速くなると、今度はエペオラス・カーバチュラスの世界である。最後に流心部の流れの最も速いところで採集すると、そこからはエペオラス・ウエノイしか出てこない。つまり、この四種のヒラタカゲロウは岸から流れの中心に向かって、流速に対応して、きれいに生息場所を異にしているのである」。

これが、「すみわけ」という現象に気づいてから三六年後にして、初めて公にした「発見」のいきさつである。「私の履歴書」（一九七三年）でも次のように記す。

　下鴨の家に移った後、一九三三年に私は「棲みわけ」を発見するが、それは「種社会の発見」であったといってもよい。

なお、一九七六年一一月一六日に岩波市民講座で「自然と進化」と題して講演し、『自然と進化』（一九七八年）に収められるが、そのなかでも「すみわけ」にふれて、「それで思い出すのは、一九三二年の夏のある日のことでございますが」と、発見を一年前の一九三二年夏にしている（『全集』第一一巻）。

しかし、今西は一九三二年七月から九月にかけては北海道から樺太に出かけており、夏に加茂川での調査はできたかどうか、疑問である。

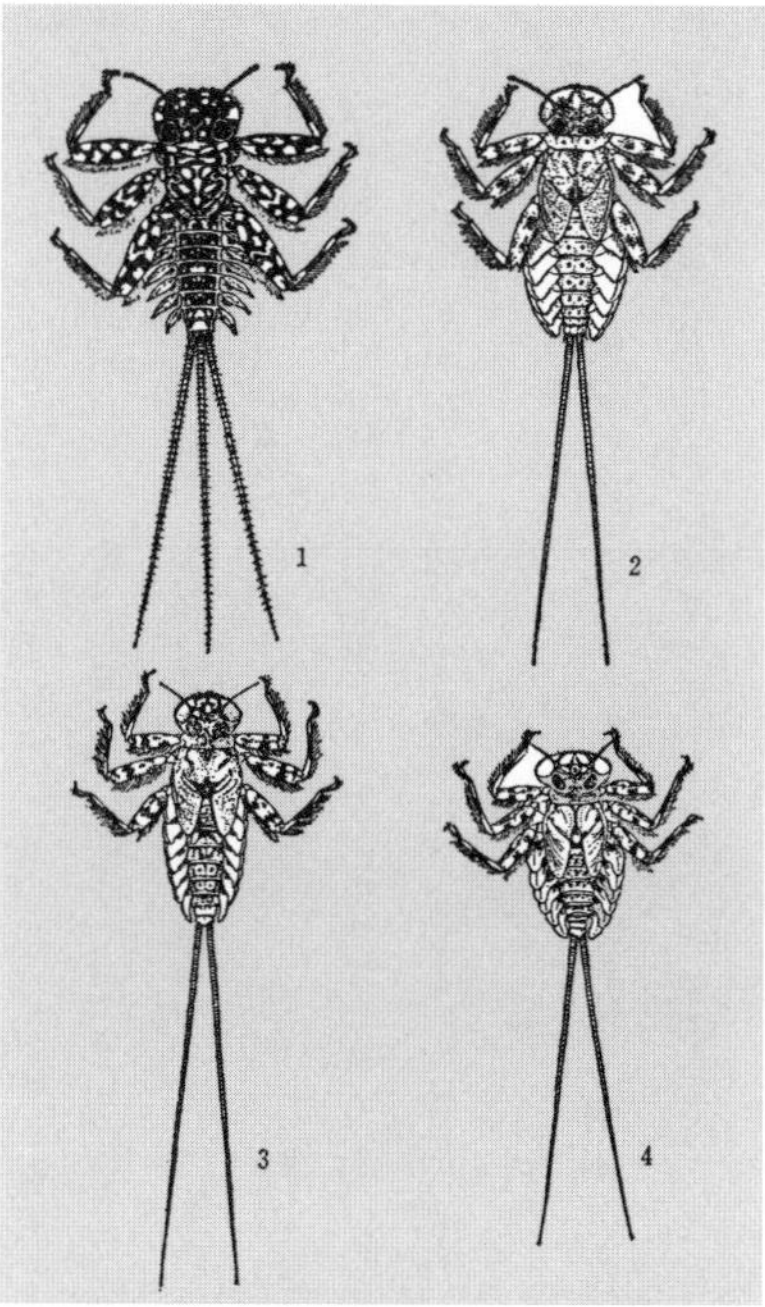

流速に応じて棲みわけるカゲロウ幼虫
（岸辺の緩流部から流心の急流部にかけて，
1　シロタニガワカゲロウ Ecdyonurus yoshidae,
2　エルモンヒラタカゲロウ Epeorus latifolium,
3　ユミモンヒラタカゲロウ Ep. curvatulus,
4　ウエノヒラタカゲロウ Ep. uenoi
の順に分布。今西錦司『生物社会の論理』〔『全集』第4巻，講談社，1993年〕）

また、西陣の生家から加茂川べりの下鴨に家を建てて転居したのは一九三二年秋のことだった。このことから、「一九三三年のある日」のほうが正しいとみるべきだろう。

さらに、今西が文章として「すみわけ」について最終的にふれた文章も紹介しておこう。それは生存中の最後の著書『自然学の展開』(一九八七年)の「カゲロウから進化論まで」においてであった。次のように記している。

「カゲロウの分類について研究しているころですが、家の近くを流れる加茂川で、そこに棲む四種類のヒラタカゲロウの幼虫が、流速のちがいに対応して、みごとな棲みわけをしているのを発見した」。

「棲みわけという現象を説明するために私がつくりあげたのが、種社会という理論です。私の理論体系の中心になるもので、私の理論を研究するには、まずこの種社会という概念をはっきりつかんでほしいといっているんです」。

「私が昆虫の棲みわけで発見したのは、同じ種の個体がある地域内に集中しているということです。種とは自然において、ある空間内に集まってひとつの地域社会をつくっている。そういう具体的な存在を種社会と呼んだわけです」。

「生物の世界は、いろいろな種社会の棲みわけをとおして成り立っている。これを逆にしていえば、どんな生物にも社会があるということなんです。この理論を発表したのは、もう四十年も前のことで、当時はなかなか認めてくれる人がいなかったが、いまでは、私の汎社会論は、高校の教科書などにも書かれるほどに浸透しています」。

記　載

いっぽう今西は、「すみわけ」を「habitat segregation」という英語で、『生物の世界』の三年前に用いている。学術論文として、一九三八年に『日本動物学彙報』掲載の今西の『日本渓流産カゲロウ類　第九部』(英文)においてである。(2)

ここでは、カゲロウ幼虫の生態を論じた際に、初めて「habitat segregation」という用語を使っている。つづく、『日本渓流産カゲロウ類　第一〇部』(英文、一九四一年)でも、同様に使用する。(3)

これらの論文においては、流速に応じたヒラタカゲロウ類の川のなかの配置を「habitat segregation」と表現しているのであるが、『生物の世界』においてはカゲロウそのものの「すみわけ」にはほとんどふれてはいない。これは、『生物の世界』においては、個別の生物そのものの名がきわめて少ないということもあって、カゲロウだけではなく、むしろ、より一般化した生物の「すみわけ」として用いているといえるだろう。

「habitat segregation」を用いた二つの論文は、一九三〇年に発表の第一論文以来のカゲロウ研究を一〇部構成にした学位申請論文の中核となったものである。第一報から第八報（一九三七年）までは分類の研究であったが、「生活形とライフゾーン」との副題をつけた第九報（一九三八年）において、「habitat segregation」として初めて「すみわけ」にふれるのである。そして一九三九年一二月、「日本渓流におけるカゲロウ目の研究」で京都帝国大学から理学博士を授与される。

しかし、今西はこの原著論文には「すみわけ」の資料をほとんど示していない。学位論文の締めくくりとした『日本渓流産カゲロウ類　第一〇部「生活形とライフゾーン　Ⅱ　ライフゾーン配置から示される生態的構造」』（英文）においても、「加茂川の下鴨に四月から一〇月にいけば、その配置はいつでも容易に見られる」と記しているのみである。

しかも、さきに引用した『日本山岳研究』「渓流のヒラタカゲロウ」では、次のように割りきっていう。「いままでにだれもこういう現象が存在するということを、報告したものがなかったのだから、私はここに、あえて発見という字を使うのである。ところで発見というものは、山登りでたとえてみれば初登頂のようなもので、ほんとうの初登頂が一回きりのものであるように、発見もほんとうは一回きりのものなのだ」。

そのうえ、「すみわけ」発見は直感的なものだったと、今西はたびたび書いたり話したりしている。たとえば、『自然学の提唱』「カゲロウ幼虫から自然学へ」（『全集』第一三巻）に次のように記す。

ノート「採集日記　加茂川　1935」

そのうちに、ついに転機がやってきた。ある日突然に。それは毎日のようにそこへ採集に出かけていた京都加茂川で、その日なんの前ぶれもなく、私がそこにすむ四種類のヒラタカゲロウの幼虫の棲みわけを、発見したことを指すのである。もすこし詳しくいうなら、四種類のヒラタカゲロウの「種社会」の棲みわけの発見なのである。発見といえば湯川秀樹博士の中間子理論にしても、ワトソンとクリックによる遺伝子の二重螺旋構造にしても、それらはそれぞれの学者が、おそらくさんざんに考えあぐねた上での発見であったであろう。そういう発見にくらべたら、この私の種社会の発見は、まったく棚ぼたであったといえる。しかし、まったく棚ぼたといってしまったのでは、厳粛なるべき学問の世界にたいして、申し訳ないような気がしないでもない。私一流の解釈で、直観の賜ものだといってみたところで、みなさんの納得はえられないだろう。

このように、今西は、その「すみわけ」を「発見」するまでの地道なフィールド調査をあまり語らなかった。そのために、その「発見」物語は、まるで神話のようでさえある。

いつ「発見」したのか

今西はカゲロウのフィールド調査をほとんど一人でおこなっていたから、その研究のありさまがよくわからなかったのだが、今西の没後、カゲロウ研究の記録がみつかった。それが、先に紹介した『採集日記　加茂川　1935』である。[4]

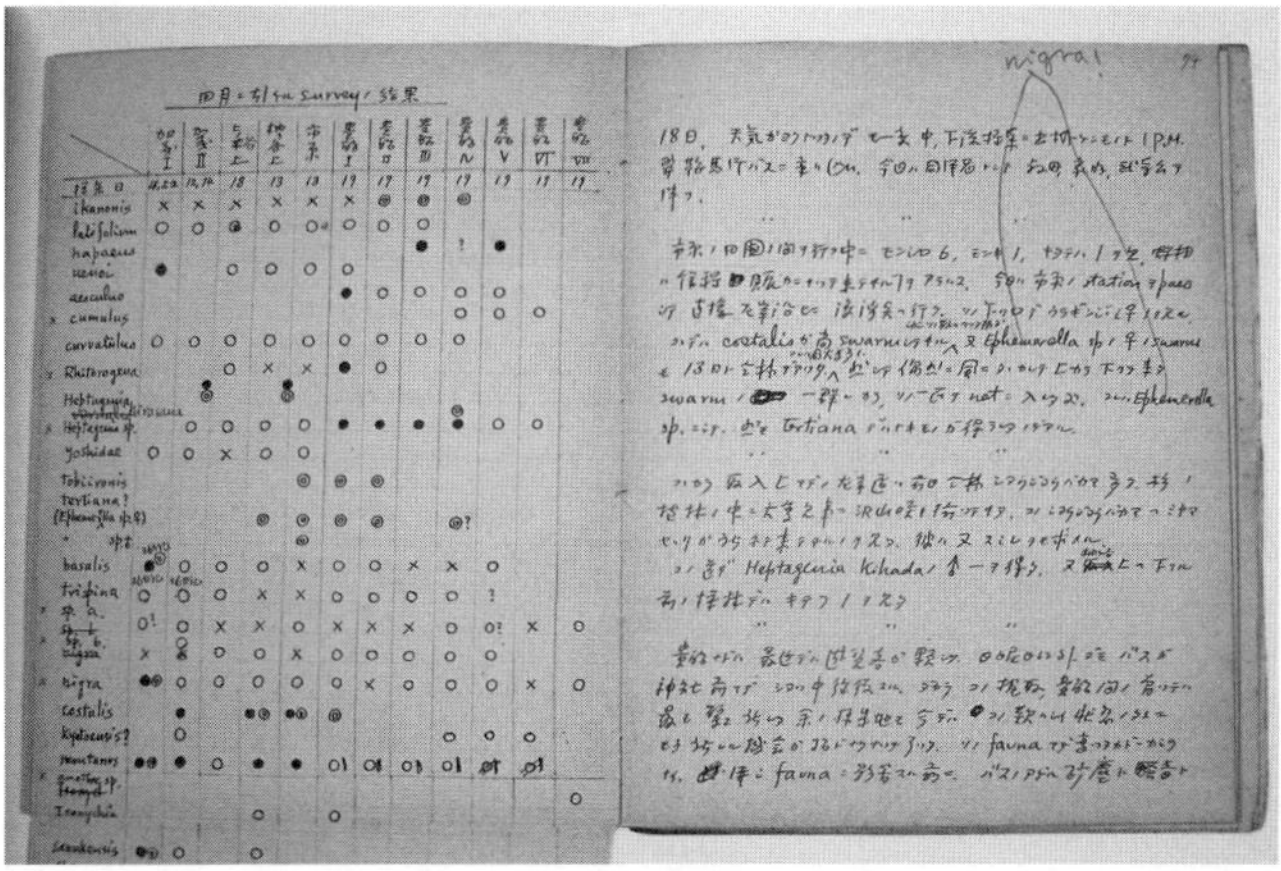

ノートの記載ページ

一九三五年三月から同年七月にかけて、今西が加茂川で集中しておこなった水生昆虫カゲロウ類の調査が、四冊のノートの片側にびっしりと漢字とカナで記録されている。注も付いていて、虫のスケッチや地形図なども挿入された、丁寧な観察ぶりがうかがえる、まさにフィールドノートである。

このノートを解読し、ワープロで文字化する作業をしながら、生き生きとした描写や記録から、筆者にも今西のカゲロウ調査への入れこみようがよくわかった。また、その孤軍奮闘する姿には、僭越ながら同情さえも感じたのである。それほど徹底した、孤独なフィールドワークだった。

そして、解読作業をすすめるうち、「すみわけ」発見については今西がいう「一九三三年初夏」がほんとうだったのかと、疑問が生じた。

この「採集日記」は、今西のいう一九三三年初夏の「すみわけ」発見から二年後に記述されたものであるが、「すみわけ」ということばは出てこないのである。

もちろん、「すみわけ」の現象は詳細に描かれている。このノートを読めば、カゲロウ幼虫が「すみわけ」ていることがよくわかるのである。「すみわけ」のもとになる川の各地点の流れの速さにも注目して、流速をどのように観察すべきかという検討もされている。それにもかかわらず、「すみわけ」ということばだけでなく、それに類する表現も見あたらなかった。

つまり、「すみわけ」の現象には気づいていることは確かなのだが、「すみわけ」ということばには、この一九三五年の時点では至っていないようなのだ。

この矛盾について、このノートを読んだ谷田一三（大阪府立大教授）も気づいている。そして、次のように推論する。

「今西さんが学位論文の中心をなす『カゲロウ幼虫の生活型とライフゾーン』の草稿をまとめるなかで、一九三三年初夏の観察が、まさに今西さんの頭脳のなかで再発見されたのではないだろうか[5]」。

今西の「すみわけ」発見は、このノートを書いた一九三五年と、学位論文の第一〇部「ライフゾーン配置から示される生態的構造」を投稿した一九三九年の間ではないかというのである。

3　理論にする

発見をことばに

今西はフィールドワークは徹底的におこないながらこの間、思索を深めていたにちがいない。この「すみわけ」という事実を前にして、理論でどう説明すべきかと。

「私の発見したヒラタカゲロウの棲みわけも、ひとつの事実である。だから、この事実を説明する理論がなくてはならない」（『わが道』『全集』第九巻）といっているように、今西は考えつづけていたのだろう。

先にふれた『日本山岳研究』「渓流のヒラタカゲロウ」でも、今西は「私はこの（一九三三年初夏の）発見を契機とし、また出発点として、やがて私の「棲みわけ理論」をつくりあげてゆくのだが、」と述べているように。

今西は学生の頃から、生態学を熱心に学んでいたことはさきにふれておいた。京大農学部の昆虫学の初代教授、湯浅八郎に学び、「その講義を聴いて、この比較的新しい学問である生態学をやってみようという気になった」と。(6)

そうして、受講したノート類が自宅に残っていて、その丹念な記述ぶりは、今西が熱心に生態学を学んでいたことがわかるのである。

また、今西の「生態学文献抄録帳」と題する二冊の文献ノート（一は一九三五～一九三九、二は一九四〇～一九四五）が自宅に残されている。これを見ても、今西は欧米の生態学の文献をたんねんに調べていることがわかる。

このころ、今西は京都高等蚕糸専門学校（現在・京都工芸繊維大学）の講師を頼まれていて、「動物生態学」などを講義している（一九三四年の「動物生態学」講義ノート三冊が、自宅に残されている）。京都一中山岳部の後輩でもある昆虫学者の安江安宣（一九一四～一九九八）は、一九三七（昭和一二）年度の今西の動物学特別講義を受講しており、「講義内容は、動物生態学、昆虫分類学、進化学にわたる広汎な特論で、後年先生が著された幾多の名著の片鱗をしのばせるものであった」という（安江安宣『今西さんを想う』私家版、一九九二年）。

今西は理論を出そうとするとともに、フィールドワークも精力的につづけている。加茂川（鴨川）のカゲロウの分布をさらに上流まで調べ、その分布をモデルにして、日本アルプスの渓流も調べる。北海道や当時日本領だった南樺太にも出かけていった。並行して日本アルプスの森林限界や植物の垂直分布帯の研究もおこない、ここでも森林の「すみわけ」を見いだしている。

こうして、昆虫採集に熱中した少年時代からの自然観察や、カゲロウの研究、さらに山岳研究の積み重ねのうえに今西が打ち出したのが「種社会」だった。

生物全体を社会とみると、それを構成する実在的な単位は「種社会」であり、これが基本社会であるとした。「すみわけ」とは同じ種に属する個体がある地域内に集中している現象であり、種はある一つの空間内にその種に属する個体が集まることによって一つの地域社会をつくりだしている、と考える。そして、その具体的な種の存在を「種社会」と呼ぶことにする。いわゆる分類学で使われる「種」と、今西のいう実体としての「種」との混同を避けるために、「種社会」（英語で specia、スペシア）という用語も提唱する。

四種類のヒラタカゲロウの幼虫の場合、「すみわけ」を通して互いに対立し、また補うことによって、相似た生活の場を確保し、維持しつづけ、一つの社会を形成しているとした。つまり、「すみわけ」というのは「種社会のすみわけ」ということになる。

こうして、今西は「すみわけ」を通して「種社会」をみつけた。そのときに、「すみわけ」はことばになったのではないだろうか。それを、自らの最初の学術書である『生物の世界』において用いたのである。まず、動詞として、そして名詞として。

やがて、『生物社会の論理』（一九四九年）において、「棲みわけ原理」を唱え、「棲みわけ」を学術用語として主張する。(7)

棲みわけ原理

戦後の一九四九年に、『生物の世界』を引き継ぐかたちで、今西の『生物社会の論理』（毎日新聞社、『全集』第四巻）が刊行される。序には、次のように記されている。

「戦争がはじまったとき、軍籍のあったわたくしは、どうせ助かるまいと考えた。それで、遺書にするつもりで、〝生物の世界〟一篇を書いた。

戦争がすんだ。わたくしはまだ生きていた。これからのわたくしは、なにをしたらよいであろうか。あの遺書のつもりで書いた〝生物の世界〟の内容を、もうすこし科学書らしく書き改めてみる、ということも、生きている以上は、是非ともしておかねばならない仕事の一つのように思われた」。

しかも、「生物学者は生物を通じて、もっと積極的に、彼の自然観・世界観を展開すべきでなかろうか。それは『生物の世界』以来の関心である。そしてこの関心を伝えるべく、本書の表題にも、あえて〝論理〟という言葉が使われるのである」と、自信をもって書いている。

今西は、『生物の世界』を刊行した後、戦中にかけて三回の海外調査をおこなっている。一九四一年のポナペ島、四二年の大興安嶺、そして四四〜四五年のモンゴル調査である。これら学術探検と戦後にかけての思索をへて、『生物の世界』を継いだ理論書として『生物社会の論理』が成ったのである。そうして、同書において、「すみわけ」を「棲みわけ原理」として次のように定義する。

「種はそれぞれに、ちがった生活の場を確保し、ちがった生活の場の上に成立している。あるいは、種はお互いに生活の場を棲みわけ habitat segregation ている、ということになる」。

ここでは、「棲みわけている」と動詞として使っていることばのうち、「棲みわけ」という体言の部分をゴシックにして「habitat segregation」をルビを振るように当てて用いている。

『生物の世界』では、まず最初に「住（棲）み分ける」と、動詞として使っていたのだが、『生物社会の論理』においては、動詞的な使い方なのに、体言としての「すみわけ」を明確に主張しているといえよう。

『生物の世界』は縦書きだったが、この『生物社会の論理』は横組みである。図版も一一枚も添えられていて、科学書らしい体裁となっている。

内容も、まず第一章で分類学や生物地理学、生態学などの「学史的素描」をする。いかにも科学書らしい書き出しであるが、それはまた今西自身の勉強の軌跡でもある。第二章「新しき出発」では、「種の具体的なあり方」から「棲みわけ」、「同位社会」やその二系列などを紹介しているが、その内容構成をみれば今西の研究の発展をたどることができる。『生物の世界』の社会論が学術的に装い新たになったものである。第三章は「再構成」と題して、「棲みわけ」原理を展開し、「複合同位社会」から「階級社会」までも論じている。最後の第四章「体系づけ」では、植物生態学における米国のF・E・クレメンツの遷移学説を批判し、「すみわけ」をとおして共存しているという多極相説に立ったうえで、地球規模の生態系にまで記述が及ぶ。

この『生物社会の論理』では、カゲロウ幼虫や日本アルプス森林の垂直分布の研究のほか、モンゴルや北太平洋ポナペ島、大興安嶺の学術探検で得たデータが示され、科学的により説得力をもって記述されている。『生物の世界』の中核をなす「社会について」を、自らの資料で裏付けして展開しているわけだ。ここに、カゲロウ幼虫の「すみわけ」を観察してから展開された、今西の理論をみることができよう。

『生物社会の論理』は、『生物の世界』の中心をなす「社会について」を、自らの資料で裏付けして展開した、今西の「生物社会論」である。カゲロウの「すみわけ」発見から出発した今西の理論のできあがった姿を、『生物社会の論理』にみることができる。

そして、「再版へのあとがき」(一九五六年)において、次のように強調する。

「生物はそれぞれの適応をとげ、生物社会は――多極相説をとるかぎり――いずれも極相として、安定している。棲みわけをとおして共存している」。

「生物的自然とは、混沌とした、血なまぐさい生存競争の修羅場ではなくて、かくのごとくすでにできあがり、体系をととのえ、秩序をそなえた、生物の社会のあつまりである」。

『生物社会の論理』は、その生物観にもとづいて、生物的自然を社会学的手法で解明しようとしたものであり、「私の著書『生物の世界』および『生物社会の論理』は、……私の半生にわたる研究の、要約であるということができる」(「わが道」)というように、今西の代表的な著作となる。

それはまた、「すみわけ」の発見が、今西のたゆまざる観察と理論構成によって、ついに全地球的な生物社会の構造論まで展開したものである。そこには、調和に満ちた生物的自然が姿をみせている。それはまた、今西の自然観である。

注

(1) K. Imanishi : *A Japanese View of Nature—The World of Living Things*, P. J. Asquith, H. Kawakatsu, S. Yagi, H. Takasaki (transl), P. J. Asquith (Edited and Introduced), London and New York, Routledge Curzon (2002).

(2) K. Imanishi, "Mayflies from Japanese Torrents IX. Life forms and life zone of mayfly nymphs. I. Introduction," 『日本動物学彙報』 Ann. Zoo. Jap. vol. 17, pp. 23-36 (1938).

(3) K. Imanishi, "Mayflies from Japanese Torrents X. Life forms and life zone of mayfly nymphs. II. Ecological structure illustrated by life zone arrangement," 『京都帝国大学理学部紀要』 Mem. Coll. Sci. Kyoto Imp. Univ. Ser. B. vol. 14, pp. 1-35 (1941).

(4) 二〇〇二年一二月、今西錦司『採集日記　加茂川　1935』石田英実編として京都大学学術出版会から刊行。

(5) 前掲書、今西錦司『採集日記　加茂川　1935』の解説。

(6) 今西錦司『自然学の提唱』講談社、一九七五年。

(7) 森下正明は『全集』第四巻の解題で次のように記す。

ここで一言述べておく必要があるのは、「棲みわけ」現象の発見は、「棲みわけ原理」の確立のための最も重要な第一歩であることはまちがいないにしても、「現象」が「原理」にまで高められるためには、その間にもう一つの重要な概念によって媒介されることが必要であった。それは「生活形」という概念であった。……

こうして今西さんはカゲロウ幼虫の生活の場の分析をとおしての生活形分析に成功し、さらに一般的な生物社会構造論、すなわち生物的自然の構造は具体的な社会単位である種のうち、いくつかの類縁的形態的に相似た種が、相似た生活の場を棲みわけることにより、一つの生活形社会——同位社会——を構成すること、そして相似た生活形社会同士はさらに生活史のずれなどを通して同一地域に重複することによって複合同位社会を構成するといった包括的な理論を確立する。

第三章　初登山

1　生涯にわたる山登り

愛宕山にはじまる

今西は自らの登山を記録した『千五百山のしおり』（私家版、一九八六年。『全集』別巻）のなかで、「愛宕山　九二四メートル　一九一五年五月二日」と記している。この『しおり』は、今西の一五〇〇山登頂祝賀会（京都ホテル、一九八六年四月一二日）において招待客に配ったもので、登頂した一五〇八を数える山が載っていて、愛宕山がいちばん古い日付となっている。今西は、最初の登山としているのが愛宕山なのである。[1][2]

愛宕山登山は、京都府立京都第一中学校の一年生のときで、今西は一三歳だった。西陣小学校を卒業し、いったん高等小学校に一年通ったのち、一九一五（大正四）年に京都一中にすすんでいた。

入学してまもなく、学校行事の愛宕山遠足があった。愛宕山は京の町のすぐ近くにそびえ、日々眺めており、山上には愛宕神社がある。比叡山（八四八メートル）とともに、京の人々の参拝が盛んだった。比叡山の無動寺の弁天さんに月参りしていた父につれられて錦司も比叡山にははやくから登っており、愛宕山へも店の者につれられて参ったという。

家族揃って
（京都一中入学のころ）

この遠足で今西は、真っ先に頂上についた。ワイワイいいながら一緒に登りだした同級生たちは、ひとりふたりと、次々に遅れていき、最後には誰も一緒に歩いていないのに気づいて、今西自身おどろいてしまった。小学校時代は体は弱いほうで、運動にも興味はもっていなかったが、「そのとき初めて体に自身がついたのだろう」（「私の履歴書」）という。

愛宕山一番乗りにつづいてすぐに、京都一中から銀閣寺往復のマラソンで六着になった。そして、その秋の運動会では練習を積んで出場し、みごと一着になる。それ以来、足に自信をもち、中学や高校での長距離競走によく参加することになる。第三高等学校では入学後すぐに陸上部に入っている。山岳部をつくるのは、その後のことである。

のちに三高山岳部で仲間になる桑原武夫（一九〇四～一九八八）は、今西が運動会の銀閣寺往復マラソンで一等になったのを覚えている（桑原「今西錦司論序説」[3]）。

錦林小学校生徒だった桑原は京都帝大教授の父につれられ貴賓席で見ていた。スタート前にどの子が一等になるかを父と当てあいをした際、桑原は「あの水色のパンツ」と答えた。やがて、さっそうと決勝点に飛び込んだのは、やせ型の脚の形のよい、水色のパンツだった。「一等、今西錦司！」。桑原が今西の名を知ったのは、これが最初だった。

二年後に同じ中学に入学した桑原は、毎学期ごとに掲示される成績順位でいつも第二位にある今西の名が、いっそう印象的なものになる。やがて、三高では同学年となる（今西は一年浪人して三高に入り、さらに二年生で留年したので）。

今西が『千五百山のしおり』に記している二番目の登山は、翌一六年の富士山である。京都一中二年生の夏休みに、山岳部主催の団体登山に参加したもの。このとき、日本アルプス（乗鞍岳、焼岳、白馬岳）にするか富士山かで迷った様子が今西の日記からうかがわれるが結局、富士山のグループに加わった。

この日記は、和紙綴りで「日誌」と題して、一九一六（大正五）年七月一八日から八月三一日まで、毎日、毛筆で認められている。裏表紙に「二年級乙組　今西錦司」とあり、夏休みの宿題として提出したものとおもわれる。(4)

七月二二日、岩森先生に引率された生徒六人は午前六時過ぎ汽車で京都駅を出発。その日は御殿場の駅前の宿屋に泊まった。以下日誌を引用すると、

「二十三日　日曜　快晴　起床三時、金剛杖を手に草鞋ばき、先づ浅間神社に詣ず（本社ニアラズ）。此の時、東天漸く白み、富士は紅に染みて、雲の影は更に見えぬ。裾野を、先生は馬に我等は徒歩でズンズン進み行く程に、四十九連隊の兵営がある。太郎坊から、段々に木が減って行く。溶岩ばかりの道をグサグサと電光形に進む。一合行っては一休、で、二合目で昼食した。六合目位から岩も出てくる。少々疲れても来る。七合目で宝永山の噴火口を見た。胸突八町も無事に抜けて、七時頃遂に頂上に着した。夜は四十五度（華氏）の中で、震へて寝た」。

初々しい山行であった。このときも、今西は誰よりもはやく登りきっている。また、富士登山とともに、この日誌には昆虫採集についての記述が多い。

「一九日……午後今宮金閣方面は昆虫採集に出た。船岡山からそろそろ暑くなって来て、紙屋川の畔まで来るともうこらえられぬ。真っ裸になって、飛び込んだ。それからここそこと雑木林をあさり、野を抜けて、金閣寺山麓に出で、おおいに、獲る所があろうと、北へ北へと進んだのに、思いきやまた一頭だに獲ずしてついに帰途についた。本日採集品中、最も立派なのは、オオムラサキ雌、ハラビロトンボ等十数頭であった」。

富士登山より帰宅した二五日も、「夕方アブラゼミをとった」などと。

京都一中の団体登山

今西が登山をはじめたのには、京都一中に山好きの教師がいて、団体登山などで影響を受けたからだろう。

日本山岳会（当初はたんに山岳会と名乗った）が一九〇五（明治三八）年に創立されて以後、明治の終わりから大正初めにかけて、登山の普及とともに各地に山岳会がつくられた。そのなかには、学校の教師が指導したのも多かった。明治の初めに創立され、わが国最古の中学校とされる京都府立京都第一中学校[5]でも、博物・地理担当教師の金井千仭（一八七九～一九四七）が一九一五（大正四）年七月、生徒ら一三人を引率して御岳・槍ヶ岳登山をする。

京都一中の最初の日本アルプス行になるが、これは一中の五年生数人が、北隣にある三高の山岳会が日本アルプス夏期登山をするのに参加を申し込んだところ断られたので、一中だけで行こうと金井先生に相談して実現したものだという。このころ、中学生の夏期登山でも珍しいのか、日本山岳会の『山岳』第一〇年第二号（大正四年一二月）の雑録に「京都一中山岳会団体旅行概報」として紹介されている。

初めて日本アルプス登山
（前列右から３人目が今西，右隣西堀，1918年）

一行は木曽福島から黒沢口より二四日、御岳に登って頂上で一泊。王滝口に下り、松本、島々、徳本峠、上高地より赤沢岩小屋に泊まり、二八日に槍ヶ岳に登っている。

「関西の中学特に洛陽の青年を率いて日本アルプス旅行殊に第一回の登山は余りに大なるものよりむしろ平易なるを選んだのである。天候の順調なるのと思いの外健脚の勇士であったのとで大成功を以て終りを告げた次第である」とある。(6)

翌一六年七月には日本アルプス（乗鞍岳、焼岳、白馬岳）と富士山への二パーティーが出て、二年生の今西は富士山登山に参加したのだった。

これらが契機となって、一九一七（大正六）年九月、二学期のはじまりとともに山岳部が正式に独立する。(7)『山岳』などでみるかぎり、当時、中学校で山岳部があったのは東京高等師範学校附属中学校だけで、京都一中はそれに次ぐ古い創部のようだ。山岳部創設記念に、槍ヶ岳登山の際に見た慶応のアルパイン型天幕を注文し、その秋の連休に比叡山の山頂で張った。そこでキャンプファイアーを楽しんだのはよかったが、ときならぬ山頂の火に京都市民は驚いたという（『京一中洛北高校百年史』一九七二年）。

今西は中学四年のときに同級生たちと「青葉会」を結成し、その仲間たちと山登りをするので、山岳部には入らなかったが、一八年七月、金井につれられて今西らは、燕岳から大天井岳、常念岳、槍ヶ岳、前穂高岳へと縦走した。わらじに脚絆《きゃはん》、金剛杖といったいでたち。槍の横の雪渓でゴザを敷いてすべったら、スピードが出て目をまわしたという。のどかな、いわば前近代的登山といったおもむきだった。

「この（金井）先生はいい人で、コセコセしたようなところが全然なかった。四年のとき日本アルプスへ連れて行ってもらったが、先生も生徒もみなバラバラに登り、一緒には歩かなかった。一緒になるのは弁当を食べるときぐらいだった。……金井先生の全く放任された形の登山を経験したことが山への魅力を倍加させたのかもしれない」（「私の履歴書」）。

金井は長野県出身で、東京高等師範学校を出て一九〇七（明治四〇）年に京都一中に赴任。敗戦直後の一九四六年まで長く、同校につとめた。博物学、地理学を担当。今西の長男武奈太郎も教えを受けている。

北山の箕裏岳で（西堀，井街と，1919年２月）

母の千賀は一九一七（大正六）年八月一九日、中学三年のときに、流産で急逝する。今西は一五歳だった。妹の紗綾子（一四歳）、美保子（一〇歳）、千鶴子（八歳）が残された。この年の山登りは、七月一八日の比叡山だけだったが、翌年から一気に増えていく。「今西錦司が山に引き込まれた最大の動機は母の死だった」と今西武奈太郎はいう。そうして、この一九一八年、中学四年生の今西たちは北山を発見する。

北山の発見

京のまんなかを流れる鴨川にかかる橋、たとえば三条大橋や、その上流の二条大橋、荒神橋、どの橋からでもいい、川上をながめる。

なだらかに、まるで波がうねるように、遠く連なる山なみがみえる。これが、北山である。

北山の山なみは一〇〇〇メートルを越えず、群を抜いているとりたてて高い山もない。ヤブ山ばかりだが、今西たちをはぐくんだ「ふるさとの山」となる。

この北山を山登りの対象とするのは、今西たちが初めてだった。もちろん、北山の山なみは、京の町から誰の目にもふれていた。そのたたずまいや山の眺めは、現在の姿もほとんど変わっていない。しかし、目に映っているだけで、それに登ろうとする人は、この当時、まだ皆無だった。休日ともなれば京都のみならず関西各地からの登山者が訪れる現在から、とても信じられないことだが、これは日本の高山が明治の後半から登山の対象となる以前と同じようなことだった。

山登りに関心をもちだすまで、今西は京都で高い山といえば、比叡山と愛宕山だけだと思っていた。ところが、地図を見て驚いた。比叡山よりも高い桟敷ヶ岳（八九五メートル）という山や、愛宕山よりも高い地蔵山（九四七メートル）という山が、載っているではないか。中学校の宿題で、二万分の一の地図を一万分の一に直すために、日露戦争に従軍した予備陸軍中尉の父がもっている陸軍陸地測量部の地図を見ていて、気づいたのだった。学校の図書館でも「京都名所図絵」を調べていたら、比叡山より高い桟敷ヶ岳がでてくる。

この桟敷ヶ岳は、いったいどの山だろう。西陣の自宅から吉田にあった中学校への行き帰りに、いつも渡る荒神橋の上からながめてみた。

地図の山と橋から見える実際の山とをいちいち照合していくと、お目当ての桟敷ヶ岳が見えるではないか。いままで注意していなかったというだけで、その山は京都の西北すみに、いつでもちゃんとその上半身をのぞかせていた。

そして、連なる山なみの北山には、比叡山や愛宕山とはなにかちがったおもむきがあるように思えるのだった。

それまでにもこれらの山なみは目には映っていた。しかし、登ってみようなどとは思わなかったのである。このとき初めて、北山を登山の対象と

「北山の発見」を語る（1978年）

して認識したことになる。

京都一中四年生の今西や西堀たちが北山に登りはじめる。これを、今西は「北山の発見」という。その思い出を、六〇年後の一九七八年、京都府山岳連盟創立三〇周年記念式典（京都会館、六月一一日）に初代会長として招かれた際に、今西は「山とわが人生」と題した記念講演で語った。

比叡山と愛宕山を子供のころから見て暮らしてきたと話を切り出すや、演壇の黒板にまず、「北山の発見　１９１８」と書いたのである。

鴨川に架かる荒神橋から、はじめて北山を山として眺め、登山の対象としてとらえ、北山にわけ入っていったことを、懐かしむようにゆっくりと語っていった。

「北山は、とくに目立った山がない。そのために、誰も山登りの対象として、今まで気のついた人がいなかった。われわれが、初めて山登りの対象として北山を選ぶようになった」。

北山といえば、京都で登山に関わるものにとっては「北山からヒマラヤへ」といわれるように、原点ともいうべき存在である。今西は、自分たちこそ北山のパイオニアであると、京都の山岳関係者がそろった前で明言したのだった。この講演を聴いていて、筆者は北山と今西の出会いの意味の大きさをおもった。

もちろん、この当時、北山でも陸地測量部の測量は他の地域と同様にすでにおこなわれていた。はるか昔から若狭と京をつなぐ道が北山の峠を越えていたし、炭焼きの通う山道は北山のいたるところにあっただろう。それに、京の町なかから北山はずっと見えていた。しかし、北山で登山をしようというのは、おそらく今西たちが最初であった。

さらに、北山は「ひじょうにつらなっていて、連山になっている。その向こうに何があるのか、憧れというか、誘惑を投げかけている山なのです」、そして「北山の向こうに何があるか、未知の領域に惹かれて、そこに入って見たいという気持ち」が、その後の生き方に影響をおよぼしたと語った。未知に憧れるということは探検になり、最初の山登りをはじめたところが、そういう登山にも探検にも通じる両方の性格をもっていた、と。

この、北山の発見は、新しい世界の幕開けだった。のちに、今西は記す。

「この私こそは北山から巣立ったものである。私と北山とこそは切っても切り離すことができない。遠征の夢にも私の魂は北山をさまようであろう。……

夕日が射して濃い陰影のついた北山を、加茂川のほとりに立って眺めるとき、その北山は中学生であった私を、はじめて山に誘い入れたときと、同じ迫力をもって、いまも私の心に迫ってくるのである。すると私はやはり心の奥になにかしら不安に似たものを感じ、それがしだいにひろがって行くと、もうすべてのことがつまらなく、ただただ遠い彼方の見知らぬ国々に渡って、人知らぬ自然の中へ分け入ってみたいという願望に閉ざされてしまうのである。北山は罪なるかな」（「北山・一つの登山発達史」『山岳省察』。『全集』第一巻）。

青葉会

北山を発見するころ、今西は山好きな同級生たちで「青葉会」というグループをつくっている。京都一中に山岳部ができたといっても、ボートやラグビーなど伝統ある部にくらべてまだ実績はなく、組織として山行をするものではなかった。そんな山岳部とは関係なしに、同好の仲間が集まったのである。

「中学時代、同級生一〇人で山城三十山というものを設定し、土・日曜を利用しては盛んに山に登った」と、今西は「私の履歴書」にも記しているが、仲間はその同人誌『青葉』の執筆者によると、次の九名である。今西、井街謙、金井重雄、河郁尚夫、川上虎雄、冨岡益五郎、西堀栄三郎、三雲祥之助、山本吉之助。

会章や、「時天高く馬肥ゆる　戊午《ぼうご》の秋の霜月に　一夜の闇も晴れわたり　光もしきる青葉会」などと、会の歌もつくった（作詞、曲、山本吉之助）。その歌詞に「戊午の秋の霜月に」とあり、会の結成は一九一八（大正七）年一一月、中学四年生の秋のことだった。高山植物のコマクサの花を図案化したバッジを胸につけ、少年らしい意気にもえる。

同人誌『青葉』は、会結成の翌春、一九年三月に創刊し、第三号まで刊行された。本文は謄写版刷り。表紙やカット、挿絵は各人が描いている。第一号は、奥付に陽春三月一日発行とある。七六頁。説苑、記事、研究、文芸の四部に分かれる。説苑は富岡益五郎の「自然」が冒頭を飾り、最初に「我々が今主旨として居る所は高嶺に攀ぢ以て自然に親しむと云ふのでその手段として数多くの山を踏破する定めである」と、会の目的を掲げている。記事欄には今西の「金毘羅山の夕暮」と「箕裏嶽登山記」など。(8)

『青葉』第三号は、一二〇頁。奥付がないが、同号には三雲が英文で「山城三十山」の紹介をしており、当初の三〇山名がわかる。また、最高峰三国岳の登山記を三雲と富岡がそれぞれ執筆している。三雲と富岡は八月三〇日の早朝、今西宅に集合し、三人で歩いて北上。初日は原地新田泊まり。翌日、久多に至り、村役場の世話で案内人を雇い、夕方に登頂できた。久多に泊まり、三日目は武奈ヶ岳に登頂後、琵琶湖畔に下って船で浜大津に渡って帰洛した。「山城三十山」では異例の泊まりがけ、それも三日がかりの登山だった。久多の案内人は陸軍が三国岳に三角点設置した際に雇われた七〇歳ほどの老人で、それ以来も誰も登っていないという。「僕等は開闢以来、第二回目の三国岳登山者である」と記している。

山城三十山

青葉会の仲間たちと地図を広げて山城国（京都府の前身に当たり、現在の府中、南部地域）の名前のついた山を調べる。山名のついた一番高い山は、当時、三国岳（九五九メートル）だったから、三国岳から高い順に三〇山を選んだ。これを、「山城三十山」と称することにする。(9)

青葉会では、山城三十山を誰が先に登れるかを競った。ヤブをこいで一生懸命に登る。しかし、登ってみると、どこが頂上かわからない山が多い。北山にはとくに顕著な頂がないから、登ったといっても本当に頂上に立ったかがはっきりしない。そこで、三角点を頂上の目印にすることになった。登って三角点を見つけると、必ず名前を書いた紙を空き缶や瓶にいれて置いてくる。ちょうど宝塚少女歌劇が人気を博してきたころだったので、大江文子や藤原浅茅といったスターの名前を書く連中もいた。「おお、大江文子が来とるな」と、それだけで誰がきているのかがわかり、楽しんだ。

このころの北山には山道というのはほとんどなくて、ヤブ山ばかり。頂上に登っても展望がよくない。まるで三角点を見つけにいくようなものだった。これが、生涯にわたって今西と三角点が結びつく、きっかけとなる。

地図には、山の名がついていないのもある。そんな山には、花背（八三七メートル）とか魚谷（八一六メートル）とか陸軍測量部のつけた三角点の符牒で呼びあったりした。さらに皆子山（九七一・五メートル）、高谷山（八一三メートル）など、地元の人にたずねて、自分たちで名前をつけていったものもある。

登山の服装といえば中学の制服（夏は白服）に、紺の脚絆をつけ、足袋《たび》にわらじばき。ヤブこぎでズボンの膝が破れて、まるで半ズボンのようになって帰ってくることもあった。

まだ交通の発達していないころである。バスもなく、家からわらじがけで山に向かって歩いた。日帰りでも、やっと日暮れに間にあうありさまだし、今なら日帰りできる三国岳も、ふもとに泊まったりして三日がかりで頂上にたった。しかも地元で案内人を雇った。そのじいさんが若いころ測量部の仕事で三角点をかつぎあげたことがあり、大いに助かったという。こんな近郊の山でも案内を頼んだ、まさに開拓時代だった。

「山城三十山」登山がはじまったのは、中学四年生の秋からであった。今西の山行を、『千五百山のしおり』でたどってみると、ちょうどこのころから登山の数が急にふえているのが、よくわかる。

一九一五年は愛宕山、一六年は富士山、一七年は比叡山と一山ずつであったのが、一八年七月の日本アルプス（金井先生に引率され、燕岳、大天井岳、常念岳、槍ヶ岳、前穂高岳）、八月の青葉山（京都府北部、六九九メートル）のあとは、山城三十山に集中している。この青葉山から「青葉会」と名づけた。

伊吹山頂で（中央に今西，1919年）

九月二二日、洛西の小塩山（六四〇メートル）を手はじめに、一〇月二六日、山科の音羽山（五九三メートル）、一一月にはいると六日、洛北の城山（四七九メートル）、七日、大文字山（四六六メートル）、一二日、沢山（五一六メートル）、一六日、烏ヶ岳（のち無名、四八二メートル）、一七日、瓢箪崩山（五三二メートル）、金毘羅山（五七二メートル）とひっきりなしだ。一二月は二四日、十三石山（四九五メートル）、二七日、無名（南庄越、六八一メートル）、水井山（七九四メートル）と続く。市内の近い山から始まり、郊外へと広がっている。日曜日などを利用して熱心に挑んでいたことがわかる。

翌一九年になっても、ますます熱心になり、四月、伊吹山（一三七七メートル）、七月、木曽駒ヶ岳（二九五六メートル）、宝剣岳（二九三三メートル）、九月の武奈ヶ岳（一二一四メートル）を除けば、二三山も京都近郊で登っている、熱のいれようだ。

これが一九二〇年、京都一中から第三高等学校への受験期になると、わずか二山に減っている。今西は中学での席次はいつも二位をくだることはなかったが、三高入試には合格せず、一年間浪人する。そして、この年はさすがに山行きを慎んで、今西の人生でも山に登らなかった例外的な年となった。

青葉会では、「山城三十山」を数人ずつで手分けし、かつ個人で競争しながら登り、最高峰の三国岳には一九一九（大正八）年八月三一日、今西らが登頂する。青葉会としての三十山登山の完成も、会結成の一年後のことであ

京都一中で（前列左から４人目が今西，旧制三高浪人中）

る。一九年九月二三日、河郁と三雲が三ヶ岳、鷲峯山に登頂して、「青葉会万歳」を唱えた。だが、会員のうち中学時代に三十山すべてに登った者はいなかったという。

今西も京都一中五年生の一九年秋には二十八山まで登っていたが、残り二山は三年後まで持ち越される。一年浪人して三高に入学し、二年生になっていた二二年一〇月一日、西堀栄三郎とともに三ケ岳と鷲峯山に登る。これで、やっと三十山を完成する。すでにその夏には薬師岳の金作谷を初下降するなど登山界にデビューしていたのだが、初志を貫徹するのを忘れなかった。

今西の最初の著作『山岳省察』（一九四〇年）の冒頭の「初登山に寄す」（執筆は一九三二年）に次のように記している。「（青葉会の）仲間が四散した後も、私は登り残した山を一人でこくめいに拾って登った。友だちより早く登ったという満足を差し引いて、標石を見いだしたときの喜びに変わりはなかった」。

「山城三十山」は、最初は高い順にいちおう選んだのだったが、三角点のある山だけに選び直すなど、修正していった[10]。

その経緯を、今西は中学卒業から十数年後、京都帝大理学部講師になったころに京都一中山岳部の部報『嶺』第二号（一九三四年）に「山城三十山の修正と拡張など」と題して寄稿している。

そして、この「山城三十山」は京都一中山岳部の後輩たちに受け継がれていった。今西のころには入っていなかった京都府の最高峰、皆子山や峯床（九七〇メートル）が加わるなどの修正も加えられる。また、山登りのスタイルも同じように伝統となり、「ジャンジャンする」ということばができる。道もない北山のピークをめざしてヤブこぎをしていった今西たちの伝統を受け継いだことばである。山だけでなく、峠も目標にする。「山城三十山二十峠」と名づけて、峠歩きもおこたらなかった。これは、山なみがつづき、その向こうに何かがありそうな誘惑を投げかけてくる北山ならではの登山スタイルであった。

のちに、今西は八四歳になった一九八六年、自らが音頭をとって日本山岳会の京都支部をつくる。そして、今西が入院中のころ、この京都支部の企画として「山城三十山」山行が一九九一年六月から毎月おこなわれる。今西が逝去したのち、九三年六月に完登。これをもとにして、日本山岳会京都支部編著『山城三十山』（ナカニシヤ出版、一九九四年）が刊行され、筆者は登山史と皆子山を執筆した。

この際に参考にしたのは、京都府立一中山岳部の『山城三十山記』であった。上編（大橋秀一郎編）は一九三四年、下編（梅棹忠夫編）は一九三五年発行で、今西たちの伝統が受け継がれていたのである。

また、同支部によって、今西のレリーフが、没して二年後の一九九四年六月、北山に設置された。場所は、京都一中山岳部時代からの山小屋「北山荘」の近くである。

2　学生アルピニスト

『山岳』デビュー

日本山岳会の『山岳』第一七年第二号（一九二四年二月発行）に、今西の「薬師岳の新登路」と題する投稿が載った。第三高等学校三年生で二二歳の今西にとって、書いたものが初めて活字になった、記念すべき文章である。[11]

立山連峰の南のはしに雄大な山容をもつ越中国の名山、薬師岳（二九二六メートル）に、一九二二年夏、二〇歳で三高二年の今西と一年の西堀栄三郎が、地元富山県大山村の案内人、宮本金作らとともに新しい登路（じっさいは降りたのだが）をさぐった際の報告である。このルートをとった登山者としての初めての記録だが、『山岳』のなかでは「本欄」ではなく、「雑録」(12)の項に収められている。見開きでわずか二ページ、四〇〇字詰め原稿用紙にすると四枚ほどの短い紀行である。

「薬師岳の登路について今迄に知られてゐるものは左の三であると思ふ。

一、太郎兵衛平より　二、五色ケ原より　三、岩井谷より

薬師岳の東側は黒部川の奥廊下に当るから、この方面からの登山者は、大抵薬師沢を遡って太郎兵衛平へ出た。吾々は薬師と赤牛とを連絡して、太郎兵衛平と薬師沢との間に、もう一つ黒部上流の横断線を見つけたいと思ってゐた。今夏（大正一一年）薬師のカールを下って此目的を果たすことができたので、次に其概要を記すことにした」

とのまえがきのあと、すぐに

「薬師岳の東面には四のカールが並んでいる。吾吾が降りたのは其中で最も大きい即ち薬師の絶頂の真北にあるカールであった」と、単刀直入に記録をつづっている。

氷河の残した圏谷であるカールに降り立ち、その下につづく雪渓を、ぐんぐんくだっていった。ところどころクレバス（割れ目）があらわれたが、雪の斜面がつづいていたから難なく通過でき、黒部川の本流にであうまで、頂上から三時間ほどですんだ。

このあと、黒部を渡って上流に向い、赤牛側から落ちてくる最初の谷に

薬師岳のカール（圏谷）（西堀撮影，1922年８月）

はいって野営。翌日、一つ南の谷へ越したのち、尾根に取り付いて午後三時半に赤牛岳の頂上に達した。「赤牛の西側面の谷は、どれも非常にいいが（但落口は悪いらしい）、黒部川へ出てからひまどる故、この谷を上下するのが最も得策であらう。黒部川から赤牛の頂上まで約九時間は懸ると見なければならぬ」と結んだのち、薬師岳とは無関係だが、つづけてその夏に通過した御前沢のことも書いている。

御前沢は立山の雄山カールから黒部に落ちる谷で、この夏、今西たちは薬師岳から赤牛岳に登ったのち、東沢を下って再び黒部の本流に出て、さらに、御前沢から立山に登っている。まさに、谷から山へ、谷から山へという、意欲的な山行だった。

ある意味で、この時代の先端をいく登山でもあった。当時、わが国の登山界は、雪山登山や岩登りといった近代アルピニズムがはじまろうとしていたばかりだった。まだ、黒部などの未知の谷を探ることが注目され、「尾根の時代」から「谷の時代」ともいわれていたからである。

明治末の日本山岳会の設立（当時は、たんに山岳会という名称。一九〇五年）のころから大正初期までの登山は、現在でいう夏山シーズンの山登りだった。地元の案内人を雇って各地の高峰に登路が開拓され、峰から峰へ稜線をむすんでの縦走がもっぱらだった。やがて、その開拓時代がひととおり終わり、次に渓谷が注目されだしていた。

今西たちは、この登山界の趨勢を、当時唯一の登山情報誌でもあった『山岳』を読んで知った。おそまきながら日本アルプスの縦走登山をはじめたばかりだったが、「京都近傍のヤブ山で、四年ばかりの修業をつんだのち、私は黒部川へ出かけた。ようやく功名心がきざしてきて、人跡未到といわれる場所を、踏破してみたくなったのである」（「探検十話」『私の自然観』。『全集』一〇巻）という、登山界へのデビューであった。

今西たちが下った谷には、当時、名前がついていなかった。黒部川の開拓者である冠松次郎（一八八三～一九七〇）は仮に「カアルの沢」としていた。やがて、宮本金作が初下降から五年後に、狭心症で倒れて働き盛りの五五歳で亡くなると、その名がつけられ、「金作谷」と呼ばれる。[13]

今西はこの黒部行によって、「黒部の主」といわれる冠松次郎や、京都の山の先輩である田中喜左衛門（一八七六～一九四三）らには遅れたが、その開拓者の末席に名を連ねることになる。しかも、岩登りや雪山でなくて、沢歩きでデビューしたことは、今西の前途を指し示しているようだ。登頂ということを別にすると、沢歩きそのものは、登山というよりも探検により近い行為であるともいえるのだから。

初めて活字になった「薬師岳の新登路」の黒部行は、二〇歳の今西が、前人未踏派へ名乗りをあげた踏査的な山行であった。

アルピニズム

一年間浪人したのち、一九二一（大正一〇）年四月、今西は第三高等学校（理科甲類）に入学する。そして、陸上部に入る。

西堀はさらに浪人して翌年の入学になるが、今西は二年生で留年したから同学年になり、いっしょに山岳部をつくることになる。今西、西堀とともに「三高山岳部の三羽ガラス」のひとりに数えられる高橋健治（一九〇三～一九四七）は京都第三中学校から、また京都一中からは桑原武夫や四手井綱彦が入学し、山岳部に集まってくる。

今西は入学したその年七月、青葉会の仲間の西堀（浪人中）、河郁尚夫（三高生、のち在学中に病死する）の三人で、初めてテントをつくって、農鳥岳（三〇二六メートル）、間ノ岳（三一八九メートル）、北岳（三一九二メートル）、そして仙丈岳（三〇三三メートル）を縦走した。

この山行は日本山岳会の創立者のひとり小島烏水（一八七三～一九四八）の影響を受けている。小島の『日本アルプス』（一九一〇年）第一巻に出ているルートをたどり、自分たちで計画を立て、地元の案内人を雇った。「山城三十山」の延長のつもりで日本アルプスに出かけたのだった。

今西たちは本格的な登山を教えてくれる先輩とか指導者をもたなかった。自分たちで、みようみまねで学んで

三高山岳部の創設のころ（右列上から４人目が今西）

いった。『日本アルプス』のほか、『山岳』のバックナンバーを買い求めて、日本各地の山の勉強をする。『山岳』を読むには地図もいるので、今西の父の地図だけでは足りず、寺町二条の大黒屋にかよって集めた。

『山岳』は、京都一中山岳部が指導教官の金井を代表者として日本山岳会に入っていたので、すでに今西たちは金井先生の家で読んだりしていた。そのとき、今西は日本山岳会に入りたい、と手紙を出してみた。返事は、紹介者が二人いる、すぐに受けつけられない、『山岳』をみたいなら本屋で求めなさい、だった。今西は、そんな会には入れてもらわんでもいい、と反抗心をおこす。今西の入会は、大学卒業後の一九二九年になる。会員番号は千番台になっていた。

今西らが山城三十山や日本アルプスに登っているころ、今西より八歳上の槇有恒（一八九四〜一九八九）は、慶応を卒業後にアメリカ、イギリスを経てスイスに遊学中で、盛んにアルプスの登攀をしていた。

そして、今西が三高に入学したこの一九二一年の九月、アイガー東尾根を初登攀する。このニュースはスイスから外電で伝わり、新聞に大きく出た。驚いた今西はその新聞を切り抜き、ていねいにスクラップしたという。また、世界の登山界をみると、この年の春に、エベレストをめざしてイギリスが最初の隊を送っていた。

槇は年末に帰国し、日本の登山界にも学生を中心にして、岩登りさらに雪山へという新しい機運、アルピニズムがおこってくる。しかし、まだ日本アルプスの開拓時代の名残りというべき「尾根から谷の時代」で、冠松次郎らが黒部をさぐっていた。これは、日本的な登山スタイルであるとともに、近代アルピニズムへの過渡期だった。今西たちも尾根から谷をめざし、三高に入学した翌夏に薬師岳の金作谷を初下降したのだった。

京都一中のころ、今西は登山ばかりだったが、すでにスキーをはじめていた青葉会の仲間がいた。西堀や藤江永次たちだった。藤江はいちばんはやく三年生ごろからはじめ、四年になるとさそわれて西堀もやりだす。藤江の兄が慶応の学生だったので、慶応が毎年冬に合宿する関温泉に出かけていた。二人は今西に何度もすすめたものだが、「雪の上をすべるのが何がおもしろい。オレは山登りや」と受けつけなかった。

今西がスキーをはじめるのは、西堀より二年遅れ、三高二年生の一九二二年冬になる。慶応の大島亮吉らがスキーで白馬岳に登る計画との新聞記事をみて、「スキーはやっぱり登山のためのものか」と知ったからである。

西堀らが中学時代から関温泉に出かけ、慶応などと交流していたことは意味がある。すでに近代アルピニズムをとり入れつつあった、東京勢の先進グループの息吹を感じているからだ。京都近郊のヤブ山をはい回っていたが、井の中の蛙ではなかった。

スキーを青葉会に導入した藤江は、京都一中から北大予科にすすんだが、学生時代にスキー事故がもとで亡くなる。青葉会から北大に進学したのが三人もいた。今西もあこがれたが、長男なので断念していた。

今西は一九二二年一二月、西堀につれられ関温泉に行く。そこで、いきなり二本杖のスキーをはじめた。その当時はまだ一本杖で、リリエンフェルトという普通の靴でもはけるスキー締具の時代だったのだが、西堀は「どうせやるのなら新式のから」とすすめ、はじめからフィット・フェルトをはいた。

すでに、先駆者によってスキーを使っての積雪期の日本アルプスへの登山がはじまっていた。明治から大正にかけての日本山岳会のメンバーたちにかわって、学生アルピニストたちが先頭にたち、いっきに雪山を、岩登りを、めざした。

慶応パーティーは一九二〇年三月に白馬岳に挑んで山頂手前であきらめたが、翌年四月に登頂。その年二月に早稲田パーティーも大雪渓から試登する。またアイガーの成功をひっさげて、槇はその年の師走に帰国。翌一九二二年三月、慶応、学習院混成パーティーは槍ヶ岳を、スキー、アイゼン、ピッケル、ザイルを使って積雪期の初登頂。同時期に三田幸夫ら慶応パーティーが剣岳に、早稲田パーティーも乗鞍岳にと、スキー登山、積雪期初登頂の新しい時代が幕を開ける。岩登りも、その夏から、槇の指導のもと、涸沢で本格的に始まる。関西では神戸のＲＣＣが一九二四年に活動を開始した。

この東京の学生たちを中心とする新たなアルピニズムの胎動を、今西たちは、スキーを学びにいった関温泉で知る。

今西たち三高グループは、関温泉でいつも朝日屋に泊まっていたが、慶応や明治もそこを定宿としていた。学習院と四高も別の宿だが同じく関温泉にやってきていた。若い者どうしのスキー合宿である。おのずと一致した意欲をかもしだす雰囲気がただよう。帰国したばかりの槇の姿もあった。

同じ宿でも、今西たちには慶応はちょっと怖そうだし、向こうもお高くとまっているようだったので、明治の連中と仲良くなった。そのリーダーから、耳学問で新たなアルピニズムを教わった。

「わらじばきの登山はもう古い。まず金剛杖をピッケルに替えてアイゼンというものをはかないかん。それからザイルも要る」などと。今西たちは「これはなんとかせんならん。負けとられん。そんな道具を手にいれよう」と、真剣になった。

わが国の登山用具専門店の草分けになる「好日山荘」を二年後に開くことになる西岡一雄（一八八六～一九六四）が当時、大阪のマリア運動具店につとめていた。三高を中退した先輩だった。「こういうもんをそろえんならんのや、なんとかしてくれ」と頼みこんだ。「店に並べると他の連中に先に買われるかもしれん。店に出す前に渡そう」。特別の取りはからいで、今西と西堀が大阪の倉庫へ出かけていった。船からハシケで川べりの倉庫に運んできた荷物がほどかれ、ピッケル、アイゼン、ザイルというアルピニストの三つ道具を手に入れる。

これを、さっそく使用する。一九二二年の冬にスキーをはじめたと思うと、もう、二三年の春にはザイルを結んで雪山に登っている。関温泉の裏にある神奈山（一九〇九メートル）に、明治のメンバーと、九合目付近までスキーで登り、そこから三つ道具を使って積雪期の初登山となる。

二シーズン目の二四年春には、今西、西堀、高橋が立山に登り、彼らとして初の積雪期三〇〇〇メートル登頂となる。このときさらに剣岳をめざしたが悪天で、はばまれるが、めざましい進歩である。そして二五年春、西堀や四手井、桑原武夫たちが北岳の積雪期初登頂をやってのける。このように三高グループは、慶応や早稲田といった東京のグループに追いつこうとアルピニズムに邁進していった。

前穂高で
（左から２人目が今西，右に西堀，1924年）

こうした日本のアルピニズムについて、今西は登山史を世界史に照応させて、第一次世界大戦の終わりをもって日本の近代登山が幕開けたとしている。これは、日本山岳会会長をつとめていた一九七六年、『山岳』第七〇年記念号に載せた「私における登山の変遷」のなかでふれたものである。大戦による好況で蓄積した日本の富の一部が近代登山を育成したのだという。

「なにしろ当時は、ピッケルもアイゼンもみな外国製品を買わねばならなかったし、また冬山は日数がかかり、それだけ人夫衆に払う賃金もかかさんだ。つまり近代登山には金がかかった、ということである。したがって、一九二〇年代に勃興したわが国近代登山の担い手たちのほとんどが、親のすね齧《かじ》りの学生で、金と暇とにめぐまれた連中であったということも、これである程度まではうなずけるのである」（『自然と進化』。『全集』第一一巻）。

このアルピニズムに熱中している最中の一九二五年二月に、今西は父平三郎を亡くしている。三高を卒業する直前であった。

中学三年での母の死によって「猛烈に山登りをはじめ」た今西だが、父も山登りに理解を示してくれていた。一九二三年四月に三高山岳部を創設して間もない同月二六日、山陰の大山に、父と西堀の三人で登っている。夜行列車で京都を発って、また夜行で帰るという強行軍で、三角点から最高点まで往復五〇分は西堀と二人でカンジキをつけていった。

これが、今西にとって父といっしょのたった一回の登山となった。父はそれから二年足らずのち、行年四九歳で逝った。

三高山岳部

三高には山岳会という同好会が、今西が入学する前からあった。日本山岳会創立メンバー小島烏水の弟、栄（三高では野球部で活躍）や、のちに労農党代議士となり暗殺される山本宣治も加わって一〇年前にできていた。しかし、山行そのものはさほど活発でなかった。夏のシーズンに北アルプス縦走や比良登山といった程度で、とりたてて記録に残るものはない。当時の夏山開拓時代のなごりを追従していたにすぎなかった。

これが、今西たちによってしっかりとした組織に再編成される。三高山岳部の誕生である。そのいぶきを、『山岳省察』の冒頭の「初登山に寄す」に書いている。

「俄然アルピニズムとかいうものが台頭した。雪の山、岩の山、初登山は若きアルピニストの合言葉となった。私はためらった。しかし変装せねばならなくなった。草鞋《わらじ》はトリコニーをうった重々しい靴に、スキー、クランポン。仲間は再び集まった、こんどは結束して、それが新装した山岳部で」。

三高では一九二二年は、校長排斥の学生ストなどで学内は大騒ぎだったが、翌年の新学期とともに山岳部が発足する。野球部や水上（ボート）部などと同じように嶽水会（運動部も文化部も含んだ学校公認の生徒会のような組織）に入る。このとき今西、西堀、高橋、桑原、四手井、渡辺漸ら二年生が中心メンバーだった。

有志の「会」から、学校の認めた正式な「部」になったという名称の変更だけでなく、中身もガラッと変わる。山岳部には、同志的なまとまりがあった。部創設の意気ごみに燃えていた。

三高山岳部ルームで（中央最奥が今西）

校長に頼みこんで、校門わきの小使い部屋をもらって山岳部のルームとする。壁には部員名と一年三六五日の日付を記した表を張りつける。山に登った日は印をつける。怠けていれば、すぐわかる。年末には、成績順位がつき、一八〇何日とか、二〇〇日をこえる豪の者もいた。休暇の日数より多いが、放課後に北山に出かけて翌朝に山から登校すれば印がついた。留年もやむなし、とする者もいれば、進学に最低限必要な出席日数だけを計算して、残りはすべて山に費やす者もいた。山に行かない日は、必ず日暮れまでルームに詰めて、山岳書の輪読や体操をやってきたえる。慶応の大島亮吉がとなえる、「山岳部はひとつの精神団体である」との意気ごみだった。

「山は自分にとって真剣なものである。又絶へざる美の連続である。山にある時自分は理想の中に浸る。その理想生活の破壊者に対して極力反抗する。我々のパーティとは単にある山に登ると云ふ共通の目的さえあればすぐにも成立するものであらうか」。

『三高山岳部報告』第三号（一九二五年二月）に、今西は「感想」と題してパーティー論を述べる。グループに未知の者を入れることをきらい、「ロープは何時もパーティの結合の真偽に対して最後の断定を持つものである。そして喜んで我々が生命を倶にし得る友を持つと云ふことは人生にとつてどんなに幸福なことであらうか。

マウンテニアーのより高きに登らんとする尽きぬ憧れは遂に実現されずには已まない。登山の新しい道はかくして絶えず開かれつつある。ロックを登らずにいられなくなったらロックに行く。こうした結果は自己の力のみを以てしては到底不可能なる登攀に余りに屢々《しばしば》我々は導かれることであらう。自分とロープに結ばれる友達を持たないマウンテニアーは可哀そうである」。

グループの信条を語り、さらに自分ひとりで友と離れて山を感じる思いを述べながら、結ぶ。

「自分と同じ心で限りなく山を愛している友達を見出したことがどんなに喜ばしいことであるかを知つたなら、山岳部はその最上の務めを果したのである」。

これは一九二四年一一月、新雪の甲斐駒より帰って、すぐに書いたものである。(14)

また、その時代を、八年後にふり返って今西は記す。

「KEIO、WASEDA、それらにさきんじて初登山へ、私の山に再び人間的な影が濃くなっていった。ヤングのマウンテンクラフト、ニーベルのクレッテルン、一生懸命だ。技術に自信ができてやっとかちえた仲間のスキー初登山が北岳、間ノ岳、仙丈岳。初登攀がその夏の剣源治郎尾根、……」(「初登山に寄す」『山岳省察』、一九三二年。『全集』第一巻)。

わが国第二の高峰、北岳の積雪期初登頂は一九二五年三月二二日、西堀をリーダーに、四手井、桑原、多田政忠の四人の三高山岳部員によって成し遂げられる。慶応や早稲田に追いつけ、と団結してきた三高山岳部の最初の大きな成果だった。

この山行は、前年秋、新雪の甲斐駒ヶ岳(二九六六メートル)に今西、西堀、四手井らが登ったときに野呂川にできたばかりの北沢小屋を見つけたのがきっかけだった。これを利用して白根三山を、と今西が計画を立てたのだが、父が亡くなる不幸があって参加できなかった。今西にかわって、西堀がリーダーとなった。
三高山岳部の初期の主な山行で、今西が加わったのは次のとおりである（京都帝大時代を含む）。

一九二四（大正一三）年三月、立山スキー登山（今西、西堀、高橋）
五月、木曽御岳（今西、西堀、高橋、四手井、渡辺）
十月、甲斐駒（今西、西堀、四手井、渡辺）
一九二五（大正一四）年七月、剣岳源治郎尾根初登攀（今西、渡辺）
十月、穂高ジャンダルム、北尾根（今西、西堀、奥、四手井、高橋）
一九二六（大正一五）年一月、美濃横山岳（今西、奥、酒戸、相良）、スキー登山で雪崩にあう。
三月、黒部東沢合宿、黒岳、赤牛、野口五郎、三ツ岳、烏帽子岳の積雪期初登頂（西堀、今西、奥、渡辺、酒戸、細野、多田）
六月、毛勝越（今西、四手井）
七月、剣岳東面合宿（リーダー高橋）
七月、穂高・奥又白初登攀（今西、奥、酒戸、上林、井上）、北尾根四・五のコルより涸沢へグリセード中に井上、上林、今西がクレバスに落ち、井上死亡。
一九二七（昭和二）年六月、南駒ヶ岳（今西、山本、酒戸）
八月、剣岳東面、三ノ窓チンネ、クレオパトラニードル初登攀（高橋、西堀、今西など）

高峰への山行のほかに、美濃や鈴鹿、それに北山などのヤブ山にも多くの足跡をしるしている。『三高山岳部報告』第一号（一九二三年）は今西・西堀・佐島敬愛の踏査による大台ヶ原の北俣川（吉野川源流）の水源略図である。

五号まで毎号、今西の加茂川水源略図や鈴鹿略図、比良地図などワンダリングの報告が載っている。

このワンダリングは、のちに一般の登山ブームがおこって流行する漂泊趣味や低山趣味といったものと、かたちこそ似ているようだがその精神がちがう。未知なるものを憧れ求める積極的な意思がある。はるかに連なる山なみの北山から生まれ出たものであり、のちに今西が登山だけでなく探検にも踏みこんでいく原動力となる。

岩登りにも励んだ。わが国の登山史に残る登攀記録をうちたてるのは、今西が大学にすすんでからだが、三高時代から、ウインスロープ・ヤングの『マウンテン・クラフト』を熱心に読んでいる。(15)

今西は毎日、教科書と一緒にカバンに入れてヤングの本を持ち歩いた。詩人でもあるヤングの原文はなかなかむつかしく、いくら字引きをひいてもわかりにくいが、本がバラバラになるぐらいまで読んで、あるとき、とつぜん悟ったという。バランス・クライミングの根本をつかんだのだ。まさに、「読書百遍、意おのずから通ず」だった。

それは、「足に頼れ、軽くかつ確実に登れ、ホールドは低く、あらかじめ求めて、必ずそれに従え、岩からできるだけ体を離し、筋肉よりバランスに頼れ、動作は連続的で、穏やかに滑らかに、リズムを得ることにつとめよ」だった。これにより、岩登りの原則を会得する。(16)

京都一中の青葉会のころには、山岳修行ための紫陽道人の『山岳旅行の秘訣』をバイブルのように持ち歩いていたのだが、数年にして、すっかりアルピニズムに染まっている。なんという変わりよう。

山に関しては教師にも誰にも負けないという意気ごみ、そして研究熱心さ。そうして、今西たち三高山岳部は日本の近代アルピニズムの勃興期に活躍していった。

また、それがたんにスポーツ・アルピニズムで終わらずに、アカデミックな面ももっていた。これが、のちに今西たちが結成するＡＡＣＫ（京都学士山岳会）のアルピニズムとアカデミズムを両立させた活動にもつながっていく。

京都帝大旅行部

今西は三高から京都帝大にすすむ際、その夏の剣岳源治郎尾根の初登攀を渡辺漸とねらって、当初に志望した理学部（動物学科）ではなくて農学部（農林生物学科）を選んだことは、さきにふれた。そして、首尾よく成功する。

この源治郎尾根は剣岳山頂から十字形に出ている四つの尾根の一つである。うち別山、大窓、早月尾根の三本にはすでに登路がついている。源治郎尾根のみ未踏だった。今西と渡辺は梅雨が明けるのを待ちかねるように出発した。そのときのクライムの印象を、「初登山に寄す」に記し、最初の著作『山岳省察』の冒頭に収録している。

「なにしろそのころの馬力だけはすばらしいものであった。立山川からはいって別山乗越に月の沈むのを見て、剣沢の小屋へ着いたのが午前二時、まだ梅雨が抜け切らぬ七月の初めで、小屋の中はおおかた雪がはいっていて、その夜は雪の上にねた。最初のうちは偵察を兼ねて、平蔵から源治郎第二峰の、頂上寄りのコルに登ってそれから頂上に達し、雨のあがったある日、こんどは源治郎の二峰を極めて再び頂上に登った。ケルンを積んだこともアプザイレンをしたことも覚えているが、なんだかこの日の初登攀の感激というものよりも、久恋いの剣の頂上を踏んだ前日のほうが喜びは大きかった」（『全集』第一巻）。

尾根の末端から取りつき、ハイマツまじりの岩稜をよじ登り、ザイルも二峰の下りに一回使っただけの登りっぷりで、七時間がかりで頂上に達した。首尾よく初登攀を成し遂げる。この登山の記録は、渡辺漸が『山岳』第二一年第一号（一九二七年三月）の巻頭に「剣岳新登路とハツ峯」と題して発表。源治郎尾根だけでなく、剣岳への登路を詳しく紹介した。

このとき二人が使った剣沢の小屋は前年夏、大阪毎日新聞社の寄付で建ったもので、その小屋づくりの大工の棟梁が芦峅寺の佐伯源治郎だった。源治郎は小屋を建てた記念に剣岳頂上にも祠をまつろうと平蔵谷を登った。その途中で右手の雪渓に入って尾根の上部に取りついて頂上に出た。

今西、渡辺が長次郎谷と平蔵谷にはさまれたこの尾根を登って剣沢小屋にもどってきたとき、関温泉でのスキー

黒部合宿記念
（三高・京大パーティー，左から２人目が今西，1926年）

合宿で顔なじみの馬場忠三郎ら明治大学パーティーと出会った。二人は馬場らに初登攀のルートを説明しながら、尾根に名前がないか、とたずねた。馬場は、あの尾根は、源治郎がルートをまちがって上部の一部に最初の足跡をしるしているから「源治郎尾根」としたらと答えた。そうして、渡辺が『山岳』への発表に際して「源治郎尾根」の名称を用いたことで、その名で呼ばれるようになる。

ところで、今西は一九二五年四月、西堀や高橋、四手井、桑原らとともに京都帝国大学に入学したが、このとき、京大には山岳部はなく、旅行部という、名前も内容も優雅なクラブがあるだけだった。大学公認の学友会所属の学生団体であり、今西たちが入学する一〇年ほど前にできていた。

今西たちが入学するまで、京大にはアルピニズムをめざすパイオニアがいなかった。三高時代にアルピニズムの洗礼をうけて先鋭的な山行をやってきた今西たちは、旅行部に目もくれなかった。もっぱら三高山岳部のルームに入りびたって、仲間や三高の後輩たちと雪山や岩登りに熱をあげた。

画期的だったのは、黒部東沢の積雪期合宿である。北アルプスの奥深く、黒部川の源流に連なる黒岳（水晶岳、二九七七メートル）や赤牛、野口五郎などの山々は当時はあまりにもアプローチが長く、積雪期に誰も登ろうともしなかったころ、一九二六（大正一五）年三月、今西たちの三高・京大パーティーは周到な計画で挑む。まず、黒部の支流の東沢へ一〇日がかりで入って雪中にベースキャンプを設ける。そこからスキーやアイゼンを使って周囲の山々に放射状に次々とアタック、ものの見事に登頂してしまう。

しかも、この山行はスケールは小さいとはいえ、まるでヒマラヤ登山を予想させるものだった。ベースキャンプまでの長いアプローチや四人の人夫を雇っての食糧補給のためのトランスポート、いたるところで待ち受ける雪崩への慎重な対策ぶり。まだヒマラヤ行など思いつく前だったが、無意識のうちに感じとっていたかのようだ。

そのうち、旅行部を立て直すことになり、今西や西堀らが旅行部に乗りこんだ。西堀は大正一五（一九二六）年度の旅行部委員、翌年度には総務となる。

旅行部という名称はそのままにし、登山を中心にして、組織替えをおこなった。三つの班にわけ、まず、三高山岳部ＯＢを中心とした山岳班。これには他高校の山岳部出身の熱心なのも加える。次にスキー班、もっぱらスキーばかりだが、優秀なのは山岳班にも引っぱりこむ。そして従来の旅行部のような遠足班。もちろん、活発なのは山岳班である。

このとき、スキー班から山岳班に引き抜いたなかに弘前高校出身の宮崎武夫（一九〇五～一九四五）がいる。事務的な才能もあり、マネジャー役として今西の片腕として活躍し、のちのヒマラヤ計画や白頭山登山、内蒙古調査隊に参加する。

この京都帝国大学旅行部山岳班がのちにＡＡＣＫ（京都学士山岳会）の母体となるのだが、今西たちは三高山岳部に旅行部を加えたというだけでなく大学という大きな組織を利用して、より幅の広いアルピニズムをくり広げていく。

三高・京大パーティーはその後しばらく、剣岳の岩場に熱心に取りくんだ。毎年夏、真砂沢出合にキャンプを張って合宿し、剣をロック・ガーデンのように登り、次々に新ルートを開拓していった。源治郎尾根のフェイスや八ツ峰など多くの記録があるが、なかでも圧巻は三ノ窓チンネの初登攀。一九二七（昭和二）年八月、高度差三〇〇メートルの岩壁を、トップ高橋、ミドル西堀、ラスト今西という技量のそろった最強メンバーで、岩にピトンひとつ打たずに登りきった（この大学生最後の夏休み、剣岳での二〇日間の夏山合宿を終えてから黒部川を源流まで歩き、さらに上高地から蒲田川や金木戸川へ越えた。長い沢歩きのなかで水生昆虫を採集し、それを卒業論文にしたことはさきにふれた）。

遭　難

剣岳だけでなく、穂高にも北岳にもと、初登攀をめざして挑んだが、一九二六年七月、遭難事故をおこした。前穂高奥又白を初登攀したものの、涸沢への帰路、クレバスに落ち一人が死亡、今西も重傷を負ったのだ。

このとき、京都帝大二回生の今西をリーダーにした、酒戸弥二郎、奥貞雄、井上金三、上林明の三高山岳部パーティーは梓川の下又白谷の出合にキャンプし、前穂高岳の又白側の登攀をねらった。雨にたたられていたが三一日、回復したので早朝、出発。奥又白に入った。前穂高とその北尾根に囲まれた静かな、未踏の谷を登り、この日の目的の偵察を済ませた。北尾根の第四と第五ピークのコルに達したのは、午後一時五〇分。天候は悪化し、霧におおわれ小雨も降り出したが、ここから涸沢の雪渓をグリセードで下ることにした。しかし、その途中、上林と井上がほぼ同時にクレバスに滑落、最後尾の今西も避けきれずに落ちた。酒戸と奥の二人で、重傷を負った三人を確保し、酒戸が上高地まで救援を求めた。早暁に救援隊が到着したが、三高山岳部部員井上金三は間もなく死亡した。今西も重傷だったが、無事に救出された。三高山岳部にとって最初の犠牲者を出した遭難だった。

今西は肋骨骨折や骨盤挫折などで松本の病院に入院。京都から長妹の紗綾子が看病に駆けつけた。秋には帰洛し（紗綾子は一一月に結婚する）、自宅で療養する。その年はほとんど登山しなかった。そして、この療養中に、「病中立志」と「蟹の家」と題する文章を認めている。(17)

「遭難以来今日で五十日目だ。一日一日と目立って身体の回復していった間は、この回復感が一つの刺激となって、たとえ病床に臥する身であってもその生活はけっして退屈なものではなかった。が、この頃はどうだ。……無為そのものの生活である。……」。

「蟹の家」は、祖父のことをしのんだりしている。

「……虫を捕える度に可哀そうだから逃がしてやれと口癖のように自分を戒めた祖父の言葉が慕われる。祖父はそのくせ動物がたいへん好きで、ちいさい時にはおたまじゃくしまで捕りに行って手水鉢へ飼っておいたそうだ。この間も（病中の所在無さに）縁側へ出て何気なく庭を見ていると、一匹の蟹が歩いて行くのだ。きっと祖父が生きていた頃、自分が海水浴から取って帰った来たのを祖父が庭へ放ってやったものだろう。もうかれこれ十年近くもなろう。……」。

赤い枠の原稿用紙に記したこの二編をこよりで綴じ、表紙に「1926　秋」と赤インクで記して未発表のまま自宅に残されていた。今西の繊細な感情が吐露されている。

また、今西は療養中に「芹生峠付近」を執筆し、『三高山岳部報告』第五号（一九二七年一月一日発行）に載った。「眼をジットつぶると小倉の服を着た中学生の姿にかへる。寒風の吹きすさむ荒神橋の上に立って居る。下鴨の森の上には雪を戴いた水源の山々が夕日に輝く。森のもと、加茂の流れの静かな淀みには銀色の倒影がうつる。驚異の眼を以って山を見始めた頃、その頃学校の帰りに幾度この橋上に足を止めたことか。そして二万分の一図を手にして水源の山々を一つ一つ同定（アイデンティファイ）していった喜び、その頃からもう何年たっただろう。一中から三高、三高から大学と学校は変った。学校の往来に通る橋も荒神橋から出町橋にと変った。けれどもこれらの橋上から眺むる北山（加茂川水源の山々のことを我々は単に北山と呼んでゐる。京都をめぐる山々を大体方角によって三つに分ち、東山、西山、北山と呼ぶのが一般都人には最もよく通ずるのである。）の姿に僕の寄する愛情が変らう筈はない。どんなに急ぐ日でも僕は北山を見た。曇って山の見えない日は悲しい」。

松本の病院でも、今西の心に帰ってきたのは北山だった。ベッドから立てるようになって病院の窓から槍ヶ岳の穂先を見つめているときにも、北山を思い出していた。

「それにつけても僕の心には故郷の山が恋しかった。故郷の山がこんなに慕はしいものになって僕の心に帰って来たことはまだ曾ってあったことがない。また頂に立つ様になるまでにせめて一文を草してこれらの山々に感謝の意を表したいと思いたったのである」。

また、「芹生峠を越えると丹波路である。……加茂川の水が無くなる処まで行ってあそこに見える山を越え、そのまだ奥に続く山の丹波へ行ってみたい」など、美しい文章である。「母を失った頃の若い感傷的な心はアラインゲーエン（単独行）によって山を求め」などと、山への情熱の裏にあるものも示唆される。

文章の末尾には、石川啄木の「ふるさとの山に向ひて　言ふことなし　ふるさとの山はありがたきかな」の歌に励まされて筆をとったことも記している。

この「芹生峠付近」には、北山への限りない思いがこめられていて、今西の山登りの原点というべきものが、読み取ることができる。今西が執筆した北山についての紀行や案内のなかで、最も長編であり、北山歩きの基本的な文献ともいえる。

後輩の三高や京都一中の山岳部員たちのバイブルにもなった。安江安宣のようにノートに書き写して北山を歩いたという部員もいる(18)。

この『三高山岳部報告』第五号は、大正から昭和にかわったその日、一九二六（昭和元）年一二月二五日の印刷で、発行は年が明けた正月。時代の変わり目にふさわしく、内容も豊富で、巻頭は西堀栄三郎・奥貞雄による「春の東沢」である。三高・京大パーティーが黒部川の支流、東沢で雪中にベースキャンプを設けて、黒岳はじめ、赤牛岳、野口五郎岳、三ツ岳、烏帽子岳への積雪期初登頂の記録となっている。また、妙高々原での春スキー合宿、高橋健治による剣岳八峰・源次郎尾根での岩登りの記録、四手井綱彦が翻訳したW・ヤングの「ロック・クライミング」が掲載されている。このような華々しい山行記録とともに、今西の「芹生峠付近」が載っている。そして、前穂高で遭難死した井上金三の追悼号でもあった。

『初登山——今西錦司初期山岳著作集』

今西は少年時代から、山行記録など自らの山登りに関する文章を、たんねんに書いている。このうち、三〇歳代のものは最初の著書『山岳省察』になったのをはじめ、その後に書かれたものも、『山と探検』（一九五〇年）などに収録されている。そして、それらは現在、『全集』や文庫、単行本で読むことができる。しかし、三〇歳代以前に書かれたもの、つまり学生アルピニストとして活躍した第一線の登山家の時代のものは、今となってはほとんど見ることができない。当時の『三高山岳部報告』には、今西の執筆したものが掲載されているが、この『三高山岳部報告』そのものも現在では入手がきわめて困難である。

『今西錦司全集』全一〇巻（講談社）が一九七四年に刊行される際に、今西は「全集の刊行にあたって」（一九七三年九月二五日）のなかで、「全集ということになれば、二〇歳代で書いたものも、このさい掘りだしてこなければならないであろう」と述べている。だが、二〇歳代以前に書かれたものを復刻される機会は、ついになかった。

亡くなって一年後の夏、筆者が増補版『全集』別巻の年譜をまとめていた際に、長男の武奈太郎氏から、「家を整理してましたら、こんなものが出てきました」と、未発表の原稿類を見せていただいた。第三高等学校生だった二〇歳すぎのものだった。三高に山岳部を創設する前後の山行記録が、手書きの原稿のまま残っていたのである。四八〇字詰め原稿用紙で七二枚、目次も付け、写真も五枚はさみ、完全原稿そのもの。黒部の源流、金作谷の初下降時の記録なども含まれている。『三高山岳部報告』に掲載するつもりだったのか、それとも記録として整理しただけだったのか、今となっては定かではない。しかし、山行の記録をきちんとまとめておく姿勢は、後にエクスペディションなどを率いるようになって、その報告書は戦災などの困難に出会っても必ず出すという、確固としたリーダーの原点を彷彿させる。また、筆まめであり、原稿をていねいに仕上げている。若くから、文筆の基本を身につけていたようだ。

このほか、武奈太郎氏から京都一中時代の同人誌『青葉』など、ＡＡＣＫ（京都大学学士山岳会）の国際登山探検文献センターからは所蔵の『三高山岳部ルーム日記』や『三高山岳部報告』などの提供を得て、今西の中学、高校、大学時代、さらに卒業間もないころまで、一五歳から二九歳までの山岳についての文章を、いちおう揃えることができた。

これを、今西錦司『初登山――今西錦司初期山岳著作集』（斎藤清明編、ナカニシヤ出版、一九九四年）として刊行することができた。ちょうど、『増補版今西錦司全集』（全一三巻と別巻、講談社）の完結に間に合った。『初登山』としたのは、もちろん『山岳省察』の冒頭にある「初登山に寄す」に依ったものである。「初登山」を求める、若き日の文章に、山に登りつづけた今西の原点を知ることができる。

注

（1）『全集』別巻では、その後に登頂したのを加えて一五五二山を収録している。

（2）今西は、「日本千山登頂祝賀会」（京都ホテル、一九七八年九月二八日）で『一千山のしおり』を配布したのをはじめ、『千三百山のしおり』（一九八二年）と、『千四百山のしおり』（一九八四年）を、いずれも私家版でつくった。『千五百山のしおり』が最終的なものとなったが、どの『しおり』においても愛宕山が最も古い日付である。

（3）今西錦司博士還暦記念論文集『人間――人類学的研究』（中央公論社、一九六六年）

（4）『初登山――今西錦司初期山岳著作集』（ナカニシヤ出版、一九九四年）に収録。

（5）最初は京都府中学。一九一八（大正七）年に京都府立京都第一中学校と改称。一九四八（昭和二三）年、京都府立洛北高校になる。

（6）この京都一中最初の団体登山には一年生だった今西は参加していないが、最上級生の加納一郎（一八九八～一九七七）が加わっている。加納は京都一中から北大予科にすすみ、のち極地研究家、探検ジャーナリストの草分けとして知られる。晩年の著『わが雪と氷の回想』（一九六九年）に次のように記す。

「叡山と愛宕山しかしらなかった少年にとって、日本アルプスの万年雪とハイマツは強烈な印象となって、その山心は、のちにたとい登れぬ体となっても、終生つきまとった。この良師にめぐりあったことは、わたしにとっては、なによりのしあわせであった」。

（7）山岳部の発足は、その二年前の一五年夏の団体登山となっている（『京一中洛北高校百年史』一九七二年）。

（8）ほかには井街謙「山と自由」、孤幽（川上虎雄）「山岳に対する古来の思想」、河邨尚夫「梅干主義」、西堀栄三郎「石炭を生ぜし植物及び時代」が載っている。研究欄では河邨「荒神橋より見たる北山連山」が載る。また、今西は文芸欄に創作「鏡世界」を八頁にわたって掲載している。

（9）この「山城三十山」には、北山だけでなく京都の東山や西山も南部の山も含まれていた。しかも、地図に載っていて標高がついてさえあれば、三角点のあるなしにかかわらず、その高い順に三〇選んだものだった。当初は天ケ岳、大悲山、烏ケ岳、高雄山も入っていた（これらは最終的には、愛宕山、横高山、鷲峯山、御林山に代えられる）。

また、三〇の山の選定は一度に決まったものではなく、実行上の不都合からしばしば変更した。三角点のない山は登ってもつまらないということにもなり、結局は三角点があって且つ地図上に山名の記入された山を選ぶことになる。高さも初めは四五〇メートル以上だったのを四〇〇メートルまで引き下げたりもした。

『青葉』第二号は、夏休みに編集、刊行された。九〇頁。

（10）今西たちが京都一中を卒業する一九二〇（大正九）年には、次のようになっていた（現在の五万分の一地図に分けて示す）。〔北小松〕三国岳、〔京都東北部〕比叡山、横高山、大文字山、瓢箪崩山、金毘羅山、水井山、貴船山、箕裏岳、〔京都西北部〕愛宕山、城山、沢山、十三石山、桟敷ヶ岳、地蔵山、半国高山、朝日峯、峯山、〔京都東南部〕音羽山、千頭ヶ岳、高塚山、喜撰山、大峯山、〔京都西南部〕ポンポン山、釈迦岳、〔奈良〕三上山、大焼山、御林山、三ヶ岳、鷲峯山

（11）『初登山──今西錦司初期山岳著作集』（ナカニシヤ出版、一九九四年）に収録。

（12）薬師岳には信仰の対象として古くから登られていた。明治になると、まず地図作成のために農商務省や陸地測量部の技師たちが踏破し、大正二年には黒部源流一帯の五万分の一の地図が発行される。しかし、趣味としての登山は、明治四〇年八月、城川範之らが有峰から案内人と登ったのがはじめて。つづいて、日本山岳会のメンバーがこの未踏の地に入りだした。明治四二年夏に田部重治と辻本満丸がそれぞれ別に、有峰─真川─太郎兵衛平のコースから登っている（『太郎平小屋三〇周年記念誌』一九八五年）。

田部はその紀行文を慶応山岳部の『登高行』第五年（一九二四年）に載せており、それを今西も読んでいる。また、今

西がふれた登路のうち、二つめの五色ヶ原からのは稜線伝いに北からくるコースで、現在ではポピュラーな縦走コースになっている。三つめの岩井谷は真川の支谷で、冠松次郎が大正五年夏に遡って薬師岳に立っている。

(13) 宮本金作（一八七三～一九二七）は、富山県大山村の山案内人。同村出身で剣岳に長次郎谷の名を残している宇治長次郎（一八七四～一九四五）の右腕として活躍した。行動的で勇ましく、難局には自ら当り、古武士的だったといわれている。冠松次郎らの黒部川探索に、長次郎ら大山村の仲間と案内をつとめており、この金作の名を黒部川に残すことに今西や西堀も異存がなく、冠が命名する。なお、今西たちの金作谷初下降の翌年、冠は金作を伴って今西たちと同じコースを黒部川から赤牛岳へ登っている。

(14) 『初登山――今西錦司初期山岳著作集』ナカニシヤ出版、一九九四年)。

(15) 今西「岩登り」『自然と山と』、一九六六年。『全集』第九巻、二五九～二六一頁。

(16) この『マウンテン・クラフト』第四章、ロック・クライミングを、四手井綱彦は、『三高山岳部報告』第五号（一九二七年二月）に抄訳する。また、第四号には、渡辺漸がママリの「ツムットリッヂよりマッターホルン」を訳出している。これも今西にママリを教わったからだという。彼らが、いかに新たなアルピニズムを吸収しようと熱心だったかがわかる。

(17) 『初登山――今西錦司初期山岳著作集』（ナカニシヤ出版、一九九四年）に収録。

(18) 『今西錦司全集』にもこれだけは収録されると期待した関係者もいたが、ついに復刻されなかった。そこで、その抜粋を、拙著『京の北山ものがたり』（松籟社、一九九二年）に、註と地図は省略して収録した。また、『初登山――今西錦司初期山岳著作集』（ナカニシヤ出版、一九九四年）には全文を収録した。

第四章　山岳省察

1　ヒマラヤ登るべし

雪山讃歌

一九二六年夏の遭難で三高山岳部最初の犠牲者を出したが、翌二七年には、今西・西堀・高橋による剣岳三ノ窓チンネや、高橋らの北岳バットレスの初登攀などと、今西たち三高・京大グループは雪山や岩登りに、「初登山」をかかげて行動していった。

このように、慶応、早稲田など東京勢に追いつけ追い越せと励んだのだが、今西たちは京大に入学した一九二五年にショックを受けていた。夏に剣岳源治郎尾根を登って、東京勢の鼻をあかしたと思ったら、同じ夏に槇をリーダーとする慶応・学習院合同隊がカナダ遠征し、アルバータ（三六一九メートル）に初登攀した。追いついたと思ったら、また引き離される。それならもう、アルプスとかカナダとかいうまい、これからはヒマラヤだ、との気持ちが出てくる。そのためには、まずは、世界の屋根といわれるヒマラヤについての勉強である。ヒマラヤを、いや、世界の山を知るには、どうしても外国の山岳図書が必要となる。

そのとき、神戸で貿易商会を経営していた西堀の兄が、外人が山岳図書の蔵書を売りに出しているのを知らせて

京都帝大旅行部員たち（前列中央が今西，右に木原部長，西堀，左に桑原）

くれた。約二〇〇冊近くもあったというその蔵書には、たいていのめぼしい本がそろっていた。

その外国人は、日本で唯一の西洋人の山岳会Kobe Goat Mountain Club（KGMC）を一九一〇（明治四三）年に神戸でつくり、会誌『Inaka』を主宰していたH・E・ドーントであった。日本人会員も参加して、六甲山を中心によく登っていた。日本の山岳界への外国人の寄与については、山岳会創設の機運をつくったW・ウエストンの功績も大きい。ウエストンはよく知られているが、ドーントの功績も大きい。ウエストンが発掘した日本アルプスの知識を西洋人だけでなく日本人にも伝え、岩登りの先鞭をつけたのがドーントだった。藤木九三らのRCCはその影響を受けて一九二四年に結成される。いまも、六甲のドント岩にその名残をとどめている。そのドーントが一九二四年に離日する際に蔵書を処分したのだった。

旅行部は、その購入費用を大学図書館長、新村出（文学部教授、『広辞苑』編者）の好意で、図書館の予算から出してもらい、入手する。

これらの本は大学図書館の印を押して旅行部ルームに保管し、部員たちのバイブルとなった。今西は『アルパイン・ジャーナル』（英国山岳会）を第一巻から順番に借り出しては、

秩父宮殿下来訪時の記念（後列中央が今西，1928年11月）

鉛筆で書き入れをしながらていねいに読破し、世界の山と登山の趨勢をつかんでいった。

旅行部ではさらに、丸善を通したり、また直接に外国の本屋からカタログを取り寄せたりして、着々とライブラリーを充実させる。ヨーロッパ登山の古典をはじめ、『アルパイン・ジャーナル』や『アルペン』（スイス山岳会）などが完全なセットで揃っているのは日本では他に例をみなかったといわれるほどだった。これら蔵書は一九二七年には、一〇〇〇冊にもなっていた。

一九二八（昭和三）年一一月、昭和天皇の即位式が京都でおこなわれた。この御大典で入洛中の秩父宮殿下は一七日、京大グラウンドでのラクビーなど陸上運動会を観戦したあと、農学部会議室を借りて陳列した、旅行部の蔵書をご覧になった。このとき、モーニング姿の旅行部長木原均や今西、西堀、桑原が案内をした。

この御大典を祝う学友会記念事業として、旅行部はヒュッテの建設を提案する。総工費四五〇〇円で、うち二五〇〇円は旅行部が後援会をつくって寄付を集め、残り二〇〇〇円を学友会の基本金からだしてもらうことが認められる。旅行部では高橋や伊藤愿《すなお》らが中心になって、建設計画をすすめ、新潟県当局と交渉をして、約三〇〇〇坪の土地の提供を受けた。シラカバに囲まれ、すぐ近くにはスキーゲレンデにうってつけの斜面がある。なによりも人里から遠く、ヒュッテレーベンを満喫できそうな適地であった。一一月一六日に完成し、『京都帝国大学新聞』に、「日本一のモダーン山小屋」と紹介された。木造二階建て、スイス風の山小屋である。

笹ヶ峰ヒュッテ
（戦後に撮影，1999年に解体，新築される以前）

　大学の所有ではなく、名義は高橋健治になっており、旅行部とOBで管理していった。高橋は京都の大きな古木屋の息子で、資金の調達はじめ建設の中心になって奔走した。一九四七年に高橋が亡くなるとローゼ未亡人の名義となったが、修理のために大学から費用を出してもらう際に、京都大学に移管される。

　この笹ヶ峰ヒュッテは、戦後に改修され、さらに一九九九年に建て替えられた。かつての姿をしのばせる設計である。そして、その昔の落成時に記念に植えたヤナギは、新ヒュッテの建物をしのぐ高さで立っていて、歳月をしのばせる。

　建て替えになる前のこと、半世紀ぶりにヒュッテを訪れた今西は、「吾レ笹ヶ峰ニ帰リキヌ　茫々五十年　再会期シ難シ　山ヨヒュッテヨ健在ナレ　一九八〇・七・二二」と色紙に記した。

　「雪山讃歌」として知られる三高山岳部歌もこのころ、スキー合宿で生まれる。三高の英語の授業で覚えていたアメリカ民謡「オー　マイダーリン　クレメンタイン（愛しのクレメンタイン）」の節に作詞したもので、「雪よ岩よ我等が宿り　俺達あ町には住めないからに」を西堀がつくり、あとは三高・京大グループが思い思いにつけたという。[1]

AACK結成

このように、旅行部は今西たちが加わってから、「ようまあ、あれだけやったものだ」とのちに今西が述懐するほど、目ざましい活動だった。

そして、一九三一年、今西たちはアカデミッシェル・アルペン・クルプ・キョウト（AACK）を結成する。今西は三年前に卒業して理学部大学院にすすんでいたが、この年に出た *Im Kampf um den Himalaja*（パウル・バウアー著『ヒマラヤに挑戦して』）に感動してのことだった。[2]

伊藤訳のバウアー著『ヒマラヤに挑戦して』
（黒百合社，1931年）

同書は、一九二九年七〜一〇月のポスト・モンスーンにカンチェンジュンガ（八五九八メートル）をめざした、ドイツ隊の記録である。ミュンヘンのアカデミッシェル・アルペン・フェラインの会員を中心に第一次世界大戦後の苦しいなかで準備を進め、七四〇〇メートルまで達したのち、天候の悪化で撤退した様子が、バウアーの筆で生き生きと描かれている。

しかも、この本には、ドイツ人らしい几帳面さで、記録のほかに食糧、装備、写真、エクスペディションの準備の記載、さらに経費まで公開されていた。そして、その経費はわずか四万三四二マルクにすぎなかった。一マルクを五〇銭として二万円余りである。「二万円あったら、ヒマラヤに行ける」。今西たちは驚いた。

バウアーの本の第一章は「ヒマラヤ行の決心」である。一九二二年、大戦後の破産時代にミュンヘン郊外の谷間で、たき火を囲みながら、バウアーたちが決心したのだった。

今西たちも決心する。それまでは漠然と考えていた海外遠征

（たとえば、カムチャツカはどうだろうとか）が、ヒマラヤとなって目前にあらわれたのである。

伊藤は甲南高校のころから岩登りで活躍し、一九二九年に京大法学部に入学。今西や西堀、桑原らの卒業から一年後の旅行部で活躍する。この翻訳は今西からすすめられたものだという。同書の「訳者のことば」は、次のようにはじまる。

「亜細亜の地、『世界の屋根』と呼ばれるヒマラヤは、今なほ処女地、ここに聳立する二万呎以上の高峯は、千座を超ゆるにもかかはらず、その頂を究められたものは漸く二十あまり、未だ三十にはならない。七十有余座を算へる二万四千呎以上の高峯に至っては、その頂に人類の足跡を印したもの、僅かに二座にすぎない。未だ人間の触感を知らない高峯が、斯くも夥しく蟠居している『ヒマラヤ』は、パイオニヤーの精神を承け継ぎ、若い意欲に燃えた登山者にとって、大きな魅力である」。

つづけて、「ヒマラヤに憧れ、経済的に窮乏し切ったドイツからあらゆる障害を踏み越えて、敢然、ヒマラヤン・エキスペディションを企て、……長年の固い友情を力とし、一糸乱れぬ統制のもとに、困苦欠乏に耐へ、七千メートルの高所に真摯な努力を捧げ、世界の登山史上比類少しと云はれたほどの壮烈な奮闘を続けた」。

伊藤によると、ドイツ隊のこの報告書は、「我々の世界を無限に押し広げ」、簡素な登攀記のほかに、食糧、装備、写真などのエキスペディションの準備についての記載もあり、とくにその経費の公開は、「我々に取って何物かを暗示せずには措かない」。この書は「如何にしてヒマラヤン・エキスペディションを為すべきか、を教える、親切をきはめた新しいテキスト・ブック、注意深く読まなければならぬ貴重な文献である」と訳出した目的を述べる。

そして檄をとばす。

「今や各国は競って年毎にヒマラヤ遠征隊を派遣するに至った。この秋に当って、我国の登山者は何を為すべき乎。……亜細亜の盟主を以て自任する我国の第一線に立つべき登山者は何を考えているのか、空虚なるイデオロギーを捨て、懶怠退嬰の重圧を排して、日本の若き登山者よ、世界の舞台に進出せよ！」

アカデミッシェル・アルペン・クルプ（AAC）という名称は、スイスのベルンやチューリッヒなどで使われていた。ヒマラヤへの遠征こそはないが、優秀な人材をかかえて活躍しているのを、今西らは『アルパイン・ジャーナル』などで知っており、そのようなクラブをつくりたい、と考えていた。京都帝国大学と名のらずに単にKIOTO（京都）としたのは、ヨーロッパの例にならったのではあるが、大学とは関係なしに、同志ならば、という趣旨であった。メンバーも当初は今西、西堀、桑原、四手井、宮崎、細野、伊藤ら二十数人だけだった。

AACKは、ヒマラヤを目的としたクラブであった。京都帝国大学旅行部やそのOBの会ではなくて、ヒマラヤ遠征をになう実行団体として、AACKは設立された。

これには、今西の強い意志がはたらいていた。今西は山に行く計画を立てるときも、山に入ってルート・ファインディングするときも、また、危険に遭遇したときも、いつも強い決断力をもって行動した、と西堀は語っている。AACKの結成にあたっても、そうだった。いつも計画的で、しかも独創性に富む今西の気質がよくあらわれている。

AACKの創立発会式は、一九三一（昭和六）年五月二四日、京大の同窓会館ともいうべき東山近衛東入ルの楽友会館で開かれた。[3]

ヒマラヤ遠征計画

AACKはヒマラヤ登山の目標を、カブルー（七三三八メートル）に決める。カンチェンジュンガのすぐ南にあり、バウアーたちも当初は目標にした山である。『ヒマラヤに挑戦して』を研究し、初めてのヒマラヤ行でも登れそうなのを選んだ。

旅行部長で植物学者の理学部教授郡場寛や、古くからの日本山岳会員で氷河の研究もしている名誉教授小川琢治

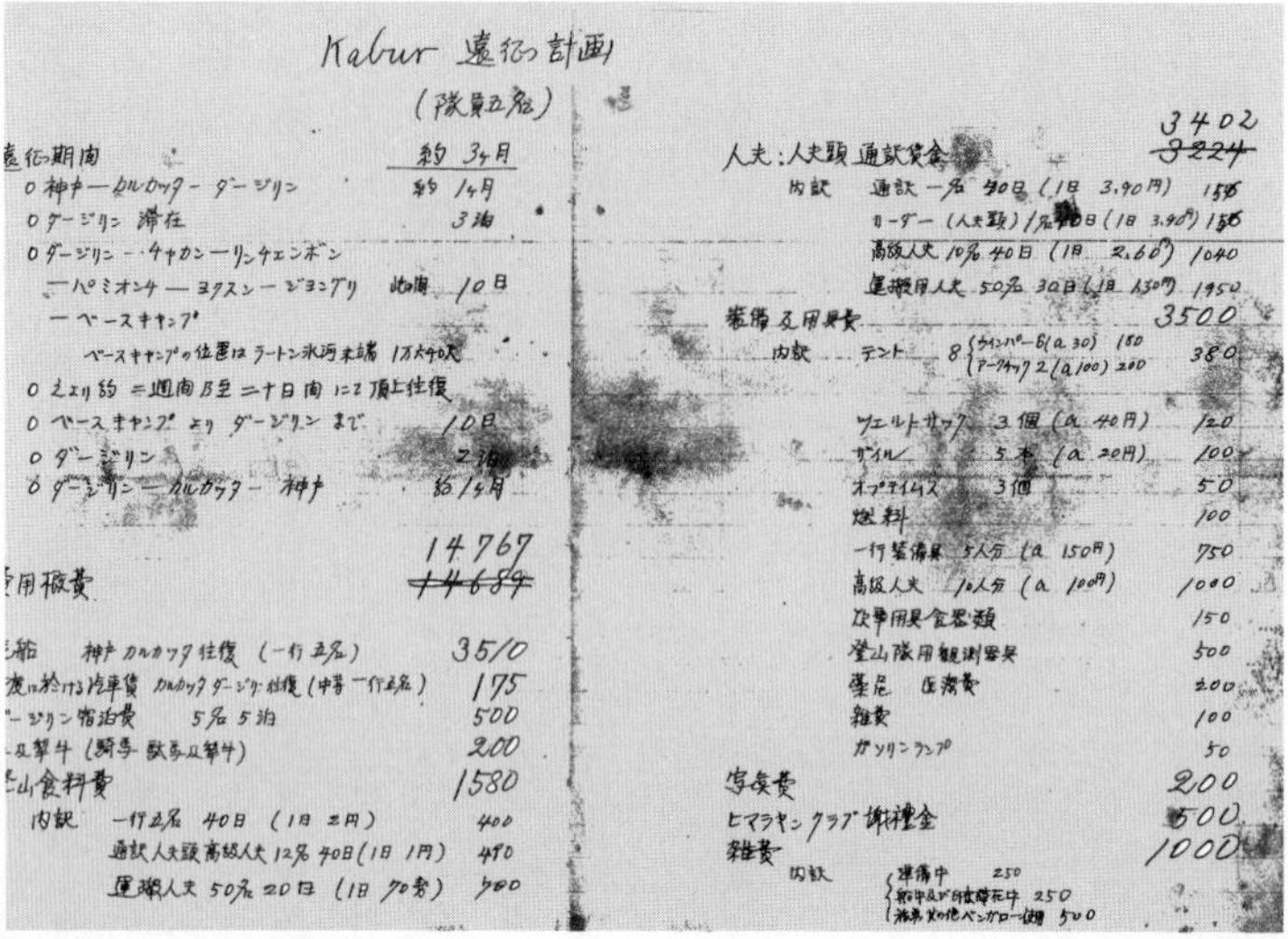
Kabur 遠征計画
（隊員五名）
遠征期間　約3ヶ月
○神戸—カルカッタ—ダージリン　約1ヶ月
○ダージリン 滞在　3泊
○ダージリン—ギャカン—リンチェンポン
—パミオンチ—ヨクスン—ジョングリ　此間 10日
—ベースキャンプ
ベースキャンプの位置はラートン氷河末端 1万7千尺
○之より約二週間乃至二十日間にて頂上往復
○ベースキャンプよりダージリンまで　10日
○ダージリン　2泊
○ダージリン—カルカッタ—神戸　約1ヶ月

費用概算		14767 ~~14689~~
船	神戸カルカッタ往復（一行五名）	3510
度に於ける汽車賃	カルカッタダージリン往復（中等 一行五名）	175
ージリン宿泊費	5名 5泊	500
及犂牛（騎馬 駄馬及犂牛）		200
山食料費		1580
内訳	一行五名 40日（1日 2円）	400
	通訳人夫頭高級人夫 12名 40日（1日 1円）	480
	運搬人夫 50名 20日（1日 70銭）	700
人夫：人夫頭 通訳賃金		3402 ~~3224~~
内訳	通訳 一名 40日（1日 3.90円）	156
	リーダー（人夫頭）1名 40日（1日 3.90円）	156
	高級人夫 10名 40日（1日 2.60）	1040
	運搬用人夫 50名 30日（1日 1.30円）	1950
装備及用具費		3500
内訳	テント 8 { ウィンパー6（a 30） 180 / アークティック2（a 100） 200 }	380
	ツェルトザック 3個（a 40円）	120
	ザイル 5本（a 20円）	100
	オプティムス 3個	50
	燃料	100
	一行装備具 5人分（a 150円）	750
	高級人夫 10人分（a 100円）	1000
	炊事用具食器類	150
	登山隊用観測器具	500
	薬品 医療費	200
	雑費	100
	ガソリンランプ	50
写真費		200
ヒマラヤン クラブ 謝礼金		500
雑費		1000
内訳	準備中 250 / 船中及び附帯諸雑費 250 / 雑費其の他バンガロー使用 500	

カブルー計画書

らが、この計画を支持してくれた。小川の紹介状を手に、今西と西堀は大阪朝日を訪れた。慶応・学習院のアルバータ遠征は東京日日・大阪毎日の後援だから、対抗心である。編集局長上野精一はこの話に乗ってくれた。

遠征資金もインドと取引のある岸本商店からの援助も得られる見込みができたうえ、京都の登山界の長老でAACKの名誉会員である田中喜左衛門が当座の資金に三〇〇〇円を寄付してくれた。これを留守本部長となる桑原武夫が住友銀行京都店に預け入れた。[4]

ヨーロッパのアルプスで腕をみがいている高橋健治や奥貞雄にも、「バウアー隊の装備一式送れ」と指示する。

訓練にも精を出し、ポーラーメソッド（極地法）登山を、はじめて用いてみた。一九三一年暮れから正月にかけて、富士大沢口冬季登山でわが国最初のポーラーメソッドによる登山をおこなったのである。

八〇〇〇メートルもあるヒマラヤの高峰を征服するためには、その途中にいくつものキャンプを建設しなければならない。それは外国隊のヒマラヤ遠征の記録を読んで、日本でのこれまでの登山方法とはちがうことを知ったのである。新しい登山方法は、南極でアムンゼンが極点到達のために実施した前進方法をとって、ポーラーメソッドといわれている。この方法を日本で初めて、京大パーティーが試みる。

今西、西堀、伊藤愿ら一〇人が一二月二六日と二八日の二隊に分かれて富士駅から入山。トラックと馬で荷を運んだのち、まず一四五〇メートルに第一キャンプ。さらに日を追って頂上まで合計四つのキャンプを設置。隊を三つに分け、登頂隊やサポート隊になって行動し、キャンプ間を各隊が順を追ってリレー式で登った。山頂での四日間のテント生活や、伊藤による頂上の雪洞で羽毛入り寝袋を利用した三日間の露営など、勇気のいる、新しい体験だった(5)。

この、カブルー遠征計画書が、今西のもとに残されていた。AACKの五〇年史(今西錦司編『ヒマラヤへの道』中央公論社、一九八八年)を筆者が執筆するにあたって、関連資料を今西から託されたが、そのなかにペン書きの一枚の計画書があった。それによると、隊員五名で、遠征期間は約三カ月。神戸―カルカッタ―ダージリンに一カ月。ダージリンに三泊し、ベースキャンプまで、さらに一〇日間をみる。ベースキャンプの位置はラートン氷河末端一万六千尺。ここから二週間から二〇日間で頂上往復の予定である。

費用の概算も計一万四七六七円。神戸・カルカッタ往復五人で三五一〇円にはじまり、カルカッタ・ダージリン往復中等一七五円、ダージリン宿泊費五名五泊で五〇〇円などの旅費、登山食糧費には隊員のほか、通訳、人夫頭(サーダー)、高級人夫(シェルパ)、それに運搬人夫(ポーター)も加えて計一五八〇円。シェルパや通訳の賃金は合計で約三四〇〇円のほか、その調達などに世話になるダージリンのヒマラヤン・クラブへの謝礼金五〇〇円も忘れていない。テントは八張り(ウインパー型六、アークチック型二)、観測器具など装備用具費計三五〇〇円に写真費二〇〇円、そして雑費に計一〇〇〇円をみている。

バウアーの報告書にならったものだろう。おもいのほか費用を安く見込んでいたようだが、果たしてこの程度で済んだかどうか。実現しなかったから、それはわからない。

ここまで準備をととのえ、ヒマラヤを目前にしたはずなのに、その直前の一九三一年九月に勃発した満州事変の

カブルー遠望
(中央右の高峰はカンチェンジュンガ，その左にカブルー，筆者撮影，2013年)

余波でつぶれてしまったからだ。スポンサーがおりてしまったのである。カブルーは三年後の一九三五年、インド在住のC・R・クックが初登頂する。

カブルー遠望

カブルー（七三三八メートル）と、その側にそびえるヤルン・カン（八五〇五メートル）を眺めるためにインドのシッキムへ、この本を執筆中に出かけてきた（二〇一三年二月）。AACK結成時に登ろうとした山と、AACKが一九七三年初登頂した最も高い山を、いちどは見ておきたかったのである。[6]

紅茶の山地として有名なインド東北部のダージリンは、ヒマラヤの麓にあって、かつてはヒマラヤ登山の基地だった。そのダージリンのタイガー・ヒルはカンチェンジュンガ山群の展望でよく知られているが、シッキムはそれよりも北よりにある（つまり、山群に近い）から、もっとよく見えるはず。入域許可をとってシッキムを訪ね、チベット仏教の聖地でもあるケチェパリ湖まで行ってみた。

女神の足形をしているという湖に参って、その近くのゲストハウスに泊まった。尾根すじに建っていて、まるで山小屋のようだ。晴れていれば、すばらしい展望だろう。だが、あいにく、霧につつまれ、終日ずっと悪天だった。

帰路、ダージリンに向かう途中に晴れ、山なみが朝の光に輝いた。山道を往く乗合ジープから、カンチェンジュンガ山群の峰々が、高く、くっきりと見えた。ただ、ヤルン・カンは、カンチの主峰や南峰の後ろがわになっていて、車中からははっきりしなかった。それでも、存在感があった。

ダージリンでは展望のいい宿をとって、夜明けを待った。六時過ぎ、雲が赤く輝きだし、ピークが光った。ほどなく雲が退くと、カンチェンジュンガ山群は予想したよりも高くそびえていた。主峰、南峰とその東面に陽が当たる。ヤルン・カンのほうは日陰になっている。それでも、ほの暗い稜線に吸い込まれそうになった。

すぐ左手には、カブルー。まっ白な山容。堂々としている。カンチェンジュンガと一〇〇〇メートル余りもの高度差があるとは見えない。

AACKが一九三一年の結成時に翌年のカブルー遠征を計画したのは、カンチェンジュンガに挑んだ『ヒマラヤに挑戦して』のバウアー隊（ドイツ）も、まず登ろうとしたのが、カンチのすぐ南にあるカブルーだったからだった。おそらく、今西らAACK創立メンバーにとって、その本には写真の出ていないカブルーの様子を、あれこれ想像するしかなかったことだろう。

もし、満州事変が勃発せず、カブルー遠征が実現していたらどうだったろう。登頂できたかもしれない。日本隊として最初のヒマラヤ初登頂となって。じっさい、三年後に登られているのだから。

樺太行

ヒマラヤ計画が挫折したために、予定していた一九三二年夏、今西たちは樺太に出かけた。メンバーは今西、西堀、高橋、カブルー計画の資金を出した田中喜左衛門と、南アルプスの案内人、竹沢長衛の五人。創設されたばかりの北大理学部に京都から移っていた四手井綱彦も加わった。

ヒマラヤの夢破れたAACKの強者たちだったが、山ばかりが目標というわけではない。今西にとって、学問的に生物の分布ということに興味があった。動物地理学でいうブラキストン線（津軽海峡）や八田線（宗谷海峡）をこえてみたいという前からの思いをこのついでに果たそう、というつもりだった。

それに当時は外地という国内であった樺太だが、陸地測量部の地図が入手できない地域だった。同じ外地といっても、住む人もほとんどなく、案内人もない。朝鮮や台湾の山登りでは望めないような、山登りの本質的な欲求、初登山を満足させてくれるかもしれない、との望みもあった。

当時のソ連国境は北緯五〇度のライン。その近くになら、まだ誰も登ってない山があるだろうと、とくに計画も立てずに出かけた。

まず、京大の演習林を足がかりにしたが、そう目ぼしい山がないので、シスカから東北山脈をめざすことにする。ツンドラを三日がかりで横断して麓に達し、ヤブ蚊の襲撃にがまんしながら米倉山と沖見山という一〇〇〇メートル前後のピークに登ったが、そこにはすでに一等三角点があった。山がいくつも連なるが、地図もないから、さっぱり山の名がわからない。国境近くに、一三〇〇メートル余りの、山脈の最高峰とおぼしき山を認めたが、それには登れなかった。

山から谷に下って、幌内川に沿って歩くが内地の谷とはまったくちがっていた。水は赤黒く濁ってせせらぎひとつみせず、その水ぎわまで丈高い草がおい茂るといったぐあいで、途中で出合う支流もソ連領から流れてくるのだが、その奥にどんな山があるのやらわからなかった。沢を下って四日目になって、やっと幌内の平原に出たあたり、といっても一面の樹海のなかの丘で最後の食糧を平らげる。さあ、このあとどうなるか、何日かかるのか、と悲壮な決意をするが、間もなく孵化場にたどりついてあっけない幕となる。

この見知らぬ自然のなかを、地図もないところを歩くのは、まさしく探検であった。西堀はハンド・レベルと歩度計、磁石を使って簡易測量しながら、ルートマップを作ったりもした。

たいした山登りはできなかったが、この樺太行で、今西ははじめて探検らしい経験を味わった。自然環境が日本の内地とまるでちがい、アイヌやオロッコという人々にも出会った。

白頭山遠征隊員
（BCで，全員の前列中央が今西，右上に西堀，前列左端に高橋）

「蛇行する川の流れに沿いながら、今日はどこまで行けるやら、当てもなくさまより歩いていたときに、私は少年のころ虫取りに行って、林の中をさまよっていたときのあの甘美なあるものを、いつかふたたび発見していたのである」（「探検十話」『私の自然観』。『全集』第九巻、九三頁）[7]。

白頭山遠征

今西らの樺太行と同時期に、三高・京大と同志社の山岳部の学生たちが、千島列島へ登山に出かけている。いわゆる遠征登山のはじまりである。

このころには、学生たちが主流となって繰り広げられてきた日本の近代アルピニズムは、その積雪期初登山の時代が終わろうとしていた。すでに、バリエーションの時代と移っていたが、そのようなアルピニズムにあき足らない連中が、まだあまり知られていない、外地の山をめざしたのだった。

その秋、ＡＡＣＫは楽友会館で総会を開いた。学術講演などアカデミックな雰囲気だった。高橋は帰国とともにＡＡＣＫの総務に迎えられ、ヨーロッパ遊学で得たアルプスなど地質学界の新しい傾向を報告する。また、農学部大学院生の細野重雄（旅行部を昭和五年卒）は、鈴鹿山系の自然と民俗についての研究を発表。これを「鈴鹿、その自然と歴史について」と題して『RCC報告』第五号（昭和七年）に載せ、AACK報告の貢献第一号とした。会長は旅行部長でもある農学部教授木原均で、会員は現役の旅行部員も含めて、一九三二年一一月現在で四九名。

翌一九三三年五月、AACK第二回総会が楽友会館で開かれた。木原、今西、高橋、西堀ら一五人と、旅行部の学生が出席し、AACKと旅行部の関係が論議され、互いに別の組織であるとの認識になって、AACKの事務所を会員の自宅にうつした。これはのちに、今西の自宅にうつる。

今西はこの総会で、毎月一回集まりをもとうと提案する。毎月一五日夜、寺町二条カギヤの二階で、と決まる。これには、AACKがヒマラヤの目標を失って、OBのクラブ的な集まりに堕しかねないのを防ごう、との意味をこめていた。

そのころ、目を外に向けつつあった現役の旅行部員は、朝鮮の最高峰で当時の満州との国境にある白頭山（二七四四メートル）を、話題にするようになった。

白頭山（長白山）は、夏にはとりたてていうほどの山ではない。しかし白頭山一帯の朝鮮と満州の国境地帯では、朝鮮の独立を企図するパルチザンと集団的強盗団である匪賊が入り乱れて活動していた。このため警備隊が演習のために、白頭山に登るときに、同行するかたちで民間の登山隊が登るだけだった。ましてや冬には記録がない。人跡の絶えた原野の彼方にゆったりした山容をもつ。何日たってもなかなか山がみえない広がり。厳寒の地である。しかも、冬は坑日パルチザンが出没する治安の悪さも聞く。これこそ極地法がうってつけではないか、エクスペディションがやれる。

白頭山の冬季初登頂だけでなく、学術研究もやろう。エクスペディションにふさわしく、科学的探検登山と名のることも検討したが「遠征」という名称で落ち着く。しかも、登山には直接には関係ない学術調査の機具も含めた科学的装備と、統制ある組織でことにあたることにする。

ＡＡＣＫと京大旅行部の現役が一体となった「京都帝国大学白頭山遠征隊」となる。隊長は今西錦司。それに西堀栄三郎、高橋健治という、「三羽ガラス」がそろい、元気いっぱいの現役まで一三人の隊員に、後援の大阪朝日から藤木九三と東京朝日から一人、さらに立山の案内人、佐伯宗作ら日本アルプスの代表的な山案内も配していた。

まさに遠征隊と呼ぶにふさわしい。もし当時ヒマラヤ行が実現していたら、名を連ねるはずの顔ぶれだった。

一九三四年一二月に、隊長の今西ら五人の先発につづいて西堀らが京都を出発した。京都駅では盛大な見送り。小川琢治博士から「送同人踏雪登白頭山」の漢詩を贈られた。

年末に、山麓の恵山鎮出発に際して今西は、ベースキャンプ設立までのそれぞれの部署を発表する。今西らの本部のほか、偵察班、架設班（西堀ら）、輸送班（高橋ら）、通信班（藤木ら）。町の広場で、手に手に日の丸の小旗をもった人たちや守備隊の見送りを受ける。登山隊一九人と人夫一六人に加えて守備隊一三人、警官八人の総勢五六人の大部隊である。

二つの偵察隊が出る。偵察班と西堀の架設班で、偵察の結果、西堀は、歩きやすいことから、う回ルートをとることを主張する。しかし、今西は、行程の短いルートをとることを決め、翌日からの前進準備を命じた。

大晦日には、今西の発案で、全員そろって忘年会をやろうと偵察班も戻らせる。兵隊も警察官もまじえて、にぎやかな宴会となった。

一月三日、ベース・キャンプ（ＢＣ）への荷物の輸送など予備備工作がすべて終わり、いよいよ登攀にかかる。今西は部隊の編制替えを発表した。

旅行部の現役を中心とする第一突撃隊（七人）は、四日ＢＣ出発し、第一キャンプ（Ｃ１）、第二キャンプ（Ｃ２）を架設して、白頭山の最高点の大正峰（二七四三メートル）に登る。今西をリーダーとする第二突撃隊（西堀、高橋ら五人）は、六日出発し、第一次隊を援護しつつ前進し、天池の調査と第三高峰の層岩（二七三七メートル）に登る。宮崎武夫リーダーの第三突撃隊（六人）は、七日出発し、前進部隊の援護をしつつ、C2より第二高峰の白岩（二七四一メートル）を往復する、と。

第一突撃隊は白頭山の最高点に真っ先に登るが、ほかの隊もそれぞれ頂上部の最奥に入ったり、頂上で滞在するなど、バラエティーに富んだ登山ができ、なかなかの人員配置である。詳細な行動表が各隊に伝えられ、今西は注意を与えた。

二日後、第一隊のリーダー奥貞雄が両足の小指に凍傷を負うと、今西と交代する。文字通り今西が先頭にたった。強風のなか二二〇〇メートル地点にC2を建設して泊まる。明日の登頂はもはや疑いなし。というので持ちあげたラム酒で前祝いをやった。ところが並みいる連中は今西以下みな酒豪ばかり、とことん飲まないとおさまらない。とうとう前祝いは午前二時ごろまでつづいた。

翌朝、C2は遠くからひびくラッパの音に起こされた。テントを出てみると、なんと、向こうの稜線を守備隊の一行が一列縦隊になって登ってくる。何日か前にBCで別れたが、どこをどう通ったのか、たぶん雪の少ない夏道ぞいに徒歩で登ってきたにちがいない。地元の軍隊の名誉にかけて、自分たちも冬の白頭山に登ろうというのだろう。苦労して登ってきて、やっと登山隊のテントを見つけたうれしさにラッパを吹いたのだった。

テントはびっくり。たいへんな鳴りもの入りのエクスペディションで乗りこんできて、あと一歩でむざむざと地元に先をこされては、たまらない。今西たちは二日酔いをものともせずと飛び起きた。

急いで登り、わずか二時間で大正峰に登頂。手製の日章旗を岩にしばりつけ、万歳を叫ぶ。登攀そのものの苦労は少なかったが、連日にわたる偵察や輸送、架設など新しい極地法の試みが成功した喜びは大きい。天池に張りつめた氷はじつに美しく神秘的だった。

その後、第二高峰の白岩、第三高峰の層岩に登頂し、大臙脂峰、間白山へも足跡をしるした。すべてスムーズにおこない、みごとな成功だった。今西はＣ２にキャンプキーパーとして五晩とどまるなど、大活躍だった。

『朝日新聞』には、「登山界空前の快挙、厳冬の白頭山征服」（一九三四年一二月一二日付）にはじまり、藤木ら特派員電で、遂一その行動が報道される。「ポーラーメソッド」が、一般にも知られることになる。

その年のうちに『白頭山　京都帝国大学白頭山遠征隊報告』（梓書房、一九三五年）が出る。小川琢治の序に次いで二部の本文と付録からなる。第一部は、まず今西が「白頭山遠征について」とエクスペディションの意味をかたり、西堀が「準備について」、宮崎武夫は行動記録。第二部は学術報告であり、今西は動物を担当した。

白頭山遠征時に村で干魚を求める今西

白頭山は登るのにむつかしい山ではないが、このときはじめて極地法を全面的にとり入れるとともに、テントをはじめ装備、食糧などに新しい方式を採用した。日本の登山技術は、このエクスペディションをきっかけに、新たな展開をする。

「なにゆえ冬季の白頭山に遠征を試みたのか。この無造作な問いがしばしばわれわれを悩ます。われわれにしてみれば白頭山を試みなくてはならなかったから、というのが正直なところである」。

今西は報告書で、この遠征隊の母胎となった自分たちのグループの意識に立って、白頭山遠征について記す。

「この冬季白頭山登山の主眼とするところはどこにあったか。ある者はその冬季初登頂を第一に考え、またある者は酷寒に対する諸研究を、また他のある者は輸送、人夫の操縦など遠征登山の根本問題を重視するといった個人的差異はあったであろう。しかし遠征隊全体としての目的を考えるとき、これらの諸項はすべてその中に含まれてしまうはずである。遠征隊という形式のもとに、白頭山を対象として終始統制ある活動をなしえたのであるならば、隊員の分担任務のいかんを超えて、そこに各人の総和の上に、なおプラス・アルファーとして現わさるべきものが当然あらねばならぬ。そしてわれわれはそれを実感することができるのである」。

「いまではビッグ・クライムといえばだれしもヒマラヤを想像するほどに、ヒマラヤは世界の登山家の注目の的となっているに違いないが、われわれはいたずらに流行を追い、功名を求める者であってはならない。ヒマラヤも白頭山も、山へ登る者にとってはともに一つのステップにすぎぬ。ただより高き段階として、われわれもいつかはヒマラヤの頂にまで立ちたいのである。……白頭山でなくてはならなくなったゆえにわれわれが白頭山遠征を決行せるごとく、ヒマラヤでなくてはならなくなった場合には、ヒマラヤを文句なしに断行するのみである」。

「白頭山遠征はこの意味においても、まことに貴い経験であった。そして私としては、遠征はやはり、私の登山を達成せしめていく上において、最高の鍛錬を与えてくれる登山形式であると信じるのである」と結ぶ。

K2登山計画

白頭山遠征は、名実ともにととのったエクスペディションであった。ヒマラヤにこそ行けなかったが、当時の外地遠征のビッグ・イベントといえよう。そしてAACKの最初のエクスペディションとなった。

ところが翌一九三六（昭和一一）年一月三〇日、『毎日新聞』に立教大のヒマラヤ計画が発表される。「千古の雪と氷に閉ざされている世界の屋根ヒマラヤへ、立教大学山岳部が本社後援のもとに今夏登攀することになった」、と。

立教大隊も、バウアー著『ヒマラヤに挑戦して』に刺激され、計画したのだった。今西たちAACKにも、ふたたびヒマラヤ熱がもちあがる。

今西はこの年のはじめ、水生昆虫の調査のために冬の満州東部をまわったあと、帰りに北京でカブルー計画の中

Ｋ２遠征を決めたＡＡＣＫ総会
（前列左から２人目が今西，右に田中，木原，西堀，桑原，1936年６月）

心だった伊藤愿に話をもちかける。

　今西の要請を受けて帰国した伊藤を迎えて、ＡＡＣＫの総会が四月に開かれる。現役の加藤泰安らもまじえ、ＡＡＣＫ第二次ヒマラヤ遠征計画を打ち出す。目標は、世界第二位の高峰、Ｋ２（八六一一メートル）。翌一九三七年にエクスペディションを予定する。

　いきなり、ヒマラヤのジャイアントである。六〇〇〇メートル級の立教大隊のナンダコット（六八六一メートル）とはわけがちがうが、もともと今西は「ヒマラヤ・ジャイアント論」をかかげていた。

　加藤泰安が旅行部に入ったとき、今西に聞かれ、カラコラムに行きたいと答えたことがある。どの山だ、との問いに「七三〇〇メートルほどで、バルトロ・カンリはどうです」と、加藤はふっかけた。しかし、今西の「なんや、どうしてお前は八〇〇〇メートルの山をねらわんのか」に、加藤は度肝を抜かれたという。

　イギリス隊のエベレストがなかなか成功せず、まだ八〇〇〇メートルの山はどこも登られていない。カメットやカブルー、そしてナンダ・デヴィといった七〇〇〇メートル級の高峰がやっと登られたころである。

今西は「ヒマラヤ登山の目標」を月刊の山岳雑誌『ケルン』(一九三六年八月号)に書く。日本からヒマラヤ遠征を試みる場合の目標の山について、資金と入国許可の得やすさをまず条件としてあげたうえで、

「せっかくヒマラヤまで出かけるのなら、なにも二流、三流どころの前山を看板にかかげずとも、玉砕主義をとってまっこうから大物にとっ組んで行ったらどんなものだろう」。

「インドに住まっている人はともかくとして、外国から遠征するような場合に、アルプス級の前山の初登山をめざしていたのでは、わざわざヒマラヤを選んでヒマラヤまで出かける意義がなくなってしまう」と、ヨーロッパの連中がエベレストとかカンチェンジュンガ、ナンガパルバットのジャイアンツをめざしているのに、なぜ日本が八〇〇〇メートルをやらないか、とぶちあげる。

「日本の三千メートルとアルプスの四千メートルの差、千メートルがヒマラヤの七千メートル、八千メートルに至るまで取り返すことの出来ぬスタートの差となって我々日本人を悩ますであろうという説の如きは、むしろ了解し難しとする」。

ヨーロッパの山は四〇〇〇メートル級で、日本の三〇〇〇メートル級とくらべ一〇〇〇メートルの差があるが、高度順化ができないほどの致命的な差はない。日本の山にはヨーロッパのような氷河はないが、ヒマラヤの山は大きいからやさしいルートを見つければいい。高度のアクロバット技術は不要だ。尾根を行けば氷河技術も、そうむつかしくない。登れるはずである。

エベレストはイギリスがずっと前から手をつけているから、敬意を表して、ねらうのはやめておこう。次の高峰K2はアブルッジ公以来、三〇年間、どこも手をつけていない。

K2を目標に計画の検討がはじまる。この計画の最中、秩父宮殿下が京都に来られたとき、京大のヒマラヤ計画をたずねられた。加藤が今西から受け売りのジャイアント論を一席ぶって、K2とお答えすると、さすがの山好きの宮様も驚かれたという。

世界第二の高峰

ヒマラヤK2目ざし

勇躍の京大山岳部

隊長木原均博士以下の數氏

愈よ入國許可を申請

昨年十月五日午後二時五十五分、本社後援、立教大學ヒマラヤ登山隊が二万二千五百卅尺のヒマラヤの尾峰ナンダ・コットを征服して日本最初のヒマラヤ遠征隊に輝かしい記録をとゞめて以來、いまや日本山岳界の希望はアルピニズムからヒマライズムへと移るに至つた—この時に當り京大山岳部によつてカラコルム・ヒマラヤの八千㍍級—世界第二の高峰K2(標高八六一一㍍)を盟主とするバルトル氷河を圍む山岳登攀の快擧が企てられるに至つたのである

京大山岳部では昨年七月同部先發隊伊藤愿氏をカルカッタに派遣し英領インド、カシミール地方入國手續きおよび登山準備などにつき慎重調査中であつたが、數日前同地方から同志の西堀榮三郎博士あて手續き開始方を促して來たので、これに力を得た同部では農學部教授木原均博士を登山隊長の名義とし外務省に英領入國手續きを申請、十八日同省文化事業部から正式に在京英國大使館へ交渉を開始した、隊員は木原隊長以下西堀博士、淺井東一氏、今西錦司氏ほか六名乃至十名の豫定であるが、入國許可申請が各國から殺到し、しかもその許可は順番におりることとなつてゐるので本年度即ち昭和十二年度は到底許可がおりず、明十三年度入國許可の出るのを待つて日本を出發、日本の第二次ヒマラヤ征服隊としていよく來年ヒマラヤの八千㍍級征服を目指し勇躍出發することとなつた、

同地方は人夫、食料品などの關係からわづかに年一回の登山隊入國を許可してゐるので、もし來年京大山岳部が入國を許可され、ヒマラヤのバルトル氷河を圍む山々を征服するとすれば一昨年ナンガ・パルバット攻撃に敗れたドイツのバウアー博士一行の再び合戰ともなり、本社後援の立教大學ナンダ・コット征服隊についで世界山岳界に、その絶頂を誇り、日本山岳界のために第二の栄冠を輝かすわけである

世界第二の高峰K2の隣の第三キャンプ附近

Ｋ２遠征計画を伝える『大阪毎日新聞』記事（1937年１月19日付）

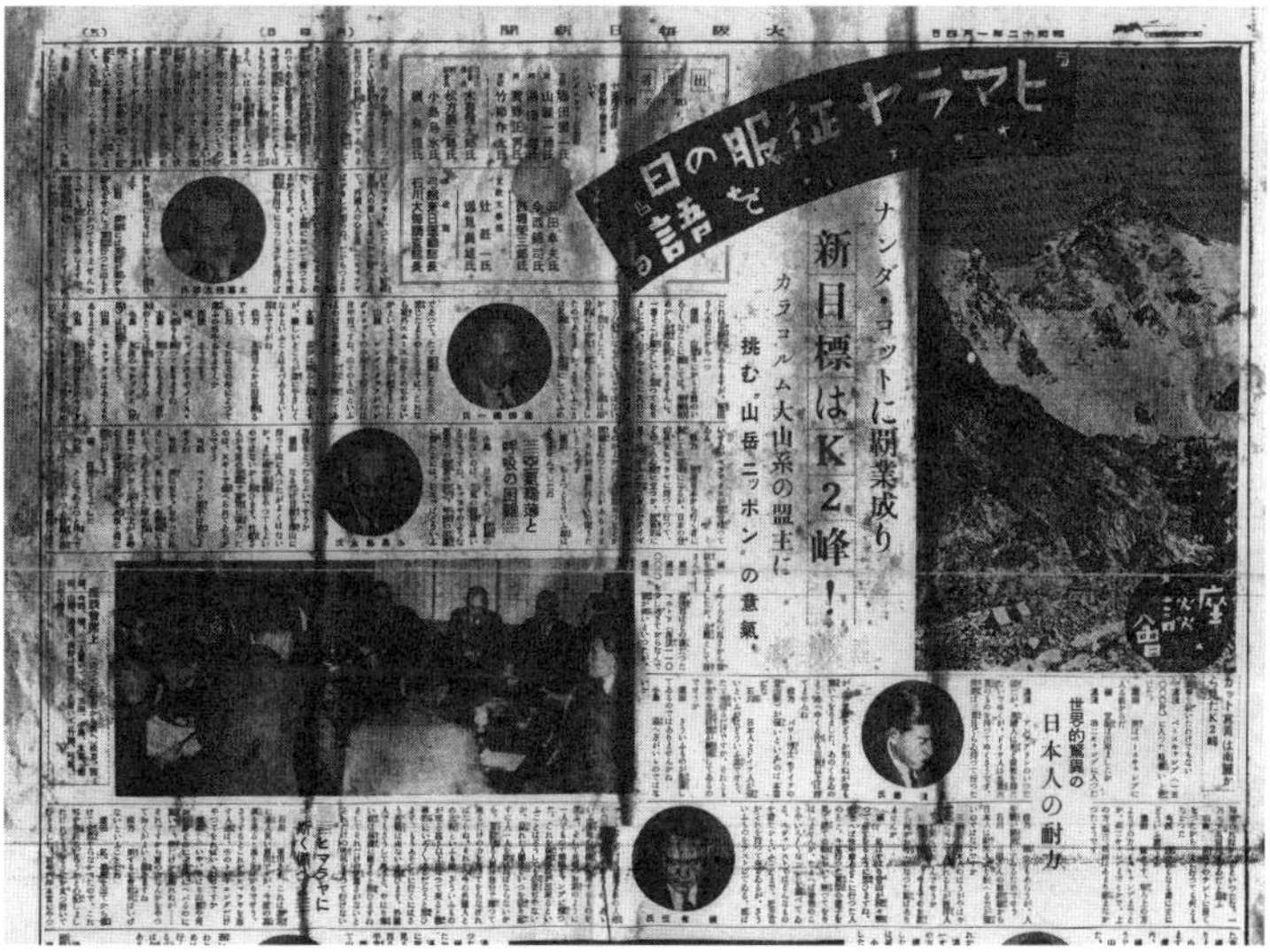

大阪毎日新聞

ヒマラヤ征服の日を語る

ナンダ・コットに覇業成り

新目標はK2峰！

カラコルム大山系の盟主に

挑む"山岳ニッポン"の意氣

座談會

世界的驚異の日本人の耐力

ヒマラヤに

立教大ヒマラヤ隊員を囲む座談会に今西らも出席し，抱負を語った『大阪毎日新聞』記事（1937年１月４日付）

準備がすすみ、北京から呼び戻した伊藤愿を一九三六年夏にインドへ偵察に送った。ちょうど立教大隊のと同じころだった。インドで伊藤はK2登山の下調べや許可を取るために奔走した。

一九三七（昭和一二）年一月一九日付『大阪毎日新聞』に「世界第二の高峰　ヒマラヤK2目ざし　勇躍の京大山岳部　隊長木原均博士以下の数氏　愈よ入国許可を申請」との見出しがおどった。隊員は木原以下、西堀、浅井、今西ほか六名ないし一〇名の予定で、明一三年度入国許可を待って出発……と記事にある。

隊員一〇人、タイガー（高所ポーター）三五人として総額一一万九一五五円の「カラコラム遠征費用概算（原案）」もつくる。この原案も、今西は晩年まで大切に保存していて、筆者に手渡してくれた。

それによると、隊員を二〇人、タイガーを二五人の場合は一三万三三七五円、アスコールとバルトロ間に二〇日余計かかった場合は一二万六三七五円、さらにその両者が加わった場合は一四万七五円などと、計算している。

一九三七年の『ヒマラヤン・ジャーナル』にも「一九三八年にヒマラヤへ遠征予定の隊は、ドイツのカンチェンジュンガ、フランスのガッシャブルムⅠ、日本のカラコラム……」と載った。しかし、許可はついに出なかった。

たとえ、許可がきていても、ヒマラヤ遠征は無理だっただろう。

その年、一九三七年七月七日、蘆溝橋で日中両軍が衝突し、日中戦争の発端となる。間もなく日本軍が中国に攻め入る。この戦争がヒマラヤへの夢を断ち切ってしまう。

立教大隊はその前年（一九三六年）一〇月四日、ナンダコット登頂に成功した。日本から戦前唯一のヒマラヤ登山である。AACKだけでなく、ヒマラヤ登山を計画していたグループはいくつもあっただろうが、戦前には立教大を除いてどこも実現できなかった。

ポーラーメソッドを実験し、白頭山遠征をおこない、ヒマラヤ行きのトップを走っていたはずの今西たちAACKだが、戦争が終わるまで、ついにヒマラヤに行けなかった。満州事変と日中戦争にはばまれてしまい、立教大はその間隙をぬって行けた、ともいえるだろう。

こうして、ヒマラヤをめざして結成したＡＡＣＫは、一九三八年夏に蒙古自動車旅行を担った後は、実質的な活動を終えた。再開は戦後になる。

『山岳省察』（一九四〇年）

今西は最初の著作として『山岳省察』を、一九四〇（昭和一五）年六月五日付で、京都の弘文堂から刊行する。文章は一九三二年（三〇歳）から四〇年（三八歳）まで、三〇歳代に雑誌などに発表したものを集めた、山に関する随筆集である。第一線で活躍してきた登山家としてのまとめといえよう。

瀟洒なフランス装幀。表紙は、山のデッサンをバックに力強く、山岳省察の四文字を二列に配している。口絵写真が四葉もある。樺太の東北山脈の樹海、モンゴルの草原を行く幌馬車、冬の白頭山遠征のポーラーテント、そしてカラコラムの氷河。すでに踏査した地と、行けなかった世界第二の高峰Ｋ２があるところである。

冒頭に「私は今でも信じている。登山の正統派なるものは、初登山を求める人たちを措いてまたほかにない」と書き出している「初登山に寄す」（一九三二年）を掲げている。この文章は、どれだけ多くの若きアルピニストを鼓舞したことだろう。

山とスキーについて、ヒマラヤや白頭山遠征についてなど先鋭的な論もあれば、「飛騨の四日」「北海道の冬を訪ねて」「山城三十山」「樺太の山の思い出」など山旅やワンダリング的なものもある。北山の発見や青葉会を回想する「北山・一つの登山発達史」（一九三八年）は、ふるさと北山への讃歌となっている。

最後の「回顧と展望」（一九四〇年）は、モンゴルの砂漠を望遠鏡であくことなく眺めているところで終わる。「よし来年はどうあってもこの砂の海に乗り出さねばならぬ。砂漠の船——駱駝にのって。これならば老兵にかっこうなスポーツじゃなかろうか」。

冒頭の先鋭的な「初登山」と、砂漠のラクダの旅。今西にとっては矛盾はしない。むしろ、このように展開することこそ、今西の本領なのだろう。

2　山とはなんであるのか

万年雪の調査から

「日本北アルプス二、三渓流にて採集せる水棲昆虫について」を卒業論文にして大学院にすすんだ今西が、最初の学術論文にしたのは、理学部地質学教室が編集していた『地球』に発表した「剣沢の万年雪に就いて」（『地球』第一一巻、一九二九年）であったことは、第一章の「山岳学をめざして」でふれておいた。その内容は、秋になっても万年雪が剣沢に存在することを現地で見つけ、自らの三年間の夏の観察データとともに、氷河との関連で論じたものだった。

大学院時代の最初の学術論文は、専攻した生物学に関するものではなく、自らの登山活動のなかで調査した雪氷に関するものであったことは、今西のフィールド科学への強い志向があらわれている（専門のカゲロウについての最初の研究報告は翌一九三〇年の「Mayflies from Japanese Torrents I」となる）。

山岳研究はさらに、「雪崩の見方に就いて」（一九三一年）や「日本アルプスの雪線に就いて」「風成雪とその雪崩に関する考察」（ともに一九三三年）、「日本北アルプスの森林限界について」（一九三五年）、「垂直分布帯の別ち方に就いて」（一九三七年）を、日本山岳会の『山岳』に次々に発表していった。

また、「分布の研究方法に就いて」（一九三三年）や、「生物群聚と生物社会」（一九三六年）、「群聚分類と群聚分析」（一九三七年）といった理論的な論文も発表する（この三編は思索社版『生物社会の論理』一九七一年に収録される）。

まず、「剣沢の万年雪に就いて」について。

今西は大学に入った一九二五年夏に源治郎尾根を初登攀して以来、仲間たちと岩登りのために剣岳とその周辺を、よく訪れていた。卒論の材料を集めるために渓流をさぐった一九二七年夏には剣岳東面の代表的な岩場、三ノ窓チンネを高橋健治、西堀栄三郎とのザイル・パーティーで初登攀。大学院にすすんだ翌二八年にも、一〇月中旬から一一月はじめにかけて、高橋らと剣岳を訪れた。

このとき、剣沢に秋になっても多量の万年雪が存在することを見つけた。これに、一九二五年から三年間の夏の観察データも参考にし、氷河問題との関連で論じたのである。

それまで、地理学者たちによって日本アルプスの残雪状態が話題になり、氷河問題との関連で論議されてきたが、論議の材料になったのは、おもに夏の残雪の観察だったとして、今西は「氷河問題を論ずる地理学者や地質学者の多くは、剣沢にどんなに多量の氷雪が残存し、かつ越年してゆくかということを知らない」としたうえで、山好きの連中ならよく知っているという残雪の状態を、詳しく記録した。

次に、その残雪の性質を調べたところ、夏とは状態がちがい、いちじるしく氷化したものであることがわかった。その際、雪渓の空洞のあいているところから中に入って調べたが、雪渓の真っ暗なトンネルの底を、水がとうとうと流れていた。雪渓の底では、年々歳々尽きるところなく氷がつくられ、融けていることを知ったのだった。

さらに、これは氷河でなかろうか、と疑ってみた。しかし、氷河であると断定するのをためらった。いかに氷化していようとも、この氷化した万年雪の可動性を認めることができなかったからである。

そして、剣沢の氷河地形について論じる。剣沢にも別山のカールが以前から知られているが、カールの地形だけで氷河の存在を規定する学界の傾向には賛成せず、日本アルプスのカールの原因を万年雪の作用だとする小島烏水の考えに感心したうえで、剣沢の氷雪史についての仮説を提出する。

「……別山のカールは、日本アルプスの約二五〇〇メートル以上の他の地域で万年雪によってカールが形成されたのと同様につくられた。剣岳でも二五〇〇メートル以上に万年雪が作用していたはずだが、なんらかの事情でカール形成がおこなわれなかったか、または、いったん作られたカールがその後の変遷によって原形を破壊されてしまった。剣沢に氷河があったとするならば、別山のカールの形成とは独立に発育した懸垂氷河だったはずだ。今日見る剣沢の氷雪は衰退期にあるが、過去の剣沢の万年雪の分布は現在残っている分布に近い」、と。

かつて小島が日本アルプスで氷河を見つけられずに嘆いた言葉を引用し、もじって、「日本アルプスで、この滅亡期の万年雪の残骸を物色してこれを獲たのである」と結ぶ。若々しい論文である。

そこには、今西の強烈なアマチュアリズムがあふれている。今西は、京都帝国大学に地理学（文学部）と地質学（理学部）の講座を開いた小川琢治（一八七〇〜一九四一、貝塚茂樹、湯川秀樹らの父）の教えも受けているのだが、その学生ではなかった。いわば独学で氷雪や氷河の問題に取りくんだのだった。

秋まで融解せずにのこった莫大な量の万年雪が、表面の一部を除いてもはや雪ではなく、完全に氷化しているのを確認したとき、これは氷河ではないかと疑った。日本アルプスにもかつての氷期に氷河が存在したと地形学者や地質学者がいっているのを知っていたからである。そこで、自分の目で見たものを、確かめようと論じたのである。仮説まで提唱する。また、専門家たちに剣沢の実地観察を促すなど、自信にあふれている。

日本に氷河が現存するかどうかは、いまなお論議がつづいている。今西が気づいた剣沢の上部の別山乗越下にのこる万年雪を、三〇余年後に氷河に見立てる見解もあらわれる（今西「四十年の回顧」『日本山岳研究』、一九六九年。『全集』八巻）。

雪崩についての研究でも、今西はアマチュアリズムをおおいに発揮する。

雪崩は、雪山に登るものにとって、最も気をつけねばならない自然現象である。日本の近代アルピニズムのパイオニアの大島亮吉はいち早く雪崩の研究に取りくんでいるし、三高山岳部でも桑原武夫がフランス語の文献を翻訳するなど、よく論議されていた。

今西も積雪期登山のために雪崩に関心をもったが、それはまず書物からの知識だった。ところが、一九二六年一月、滋賀県の横山岳（一一三二メートル）のスキー登山で、今西たちのパーティーが雪崩にあった。一行四人のうち一人が埋まって、今西は救助を求めて麓の集落へ駆け下った。

無事に助かったが、この遭難で、大島の雪崩研究を不注意に読んでいたことを悟り、今西ははじめて眼を開いた。生きた眼で雪崩を、いや雪崩れんとする雪を、看破するより外に道はない、と。

時々刻々に変化する山の状態に応じていくためには、全身をあげて当たらねばならない。これは研究的態度というよりも、もっと直接的なもの、おそらく戦闘の第一線に立つものの心構えでもあった。

雪山に出かけたときには、たえず雪崩に注意をはらい、その観察をおろそかにしないように心がけた。そのなかでも、立山温泉に滞在していたときに目撃した、天狗平からの大雪崩に強烈な印象を受ける。雪の降りやんだ翌日の快晴の日に、降った雪の落ち着くのを待っていたときに発生した雪崩だった。これは、今西が見た雪崩のなかでもっとも大きなもので、生涯にわたって脳裏を去らない、と一九六九年に出した『日本山岳研究』にも記している。そして、この天狗平での目撃など、自分の眼で見た雪崩の観察をもとに、平素どのように雪崩に対して注意をはらわねばならないかという立場から書いたのが、「雪崩の見方に就いて」（『山岳』第二六年、一九三一年）である。

このなかで、今西は雪崩についての文献を調べたが、天狗平のような雪崩についての記載や分類をしたものはなかったとする。そして、登山者にとって注意しなければならないのは新雪雪崩であるとしたうえで、新雪雪崩を第一次と第二次の雪崩に分けるという、独自の見解を提唱した。

「……雪の降っている最中に発生する普通の新雪雪崩を、第一次の雪崩に、雪が降りやんだ直後に日射をうけたり気温の急激な上昇にあったりして発生する新雪雪崩を、第二次の雪崩に定義する。天狗平でみた巨大な雪崩は「第二次の雪崩」であり、日本アルプスでの大きな雪崩はたいていこの種類で、登山者にとってすべての雪崩のなかでもっとも恐ろしいものだ」、と。

このあとさらに、「日本アルプスの雪線に就いて」と「風成雪とその雪崩に関する考察」を一九三三年に『山岳』に発表するなど、カゲロウの研究をつづけながら、山岳研究をすすめていった。

山岳学へ

つづいて、今西は山の植物にも取りくみ、日本アルプスの森林限界や植物の垂直分布帯の研究に手を染める。このころ、今西はすでに、三〇歳代になっていた。理学部動物学科の大学院から理学部附属大津臨湖実験所の講師（無給）になり、あいかわらずカゲロウに打ち込んでいた時代である。「日本北アルプスの森林限界について」（『山岳』）や「垂直分布帯の別ち方に就いて」（『山岳』）をまとめる作業に集中している。

今西が大学時代に本多静六の『日本森林植物帯論』に感銘したことはさきにふれたが、それ以前から日本アルプスの森林にも関心をもっていた。ことに、一九二二年夏に西堀栄三郎らと薬師岳の金作谷から黒部川をさぐった際の入山路にとった、有峰から太郎兵衛平にかけての深々とした森林に、目をみはっていた。(8)

本多からの影響もあって、あらためて一九三四年六月に、有峰から峠を越えて真川から太郎兵衛平、上ノ岳（二六六一メートル）にかけての主要樹種の垂直分布を調べた。ブナとオオシラビソが高度約一五〇〇メートルで、見事に接続している（つまり、一五〇〇メートルを境にして「棲みわけ」している）のを確認したのをはじめ、剣岳の早月尾根や烏帽子岳のブナ立て尾根、乗鞍岳、御岳など、北アルプスの各地で三年間ほど、垂直分布帯の資料を集めた。まるで、北アルプスに入り浸りになったようだった。尾根から谷、谷から尾根へと連続して歩いたり、ブナの紅葉がわかる秋にもう一度あらためて調査するなど、文字通り足でかせいだ調査だった。そして、論文にするのに心血を注いだという。

今西は、主要な樹種の分布帯についての資料をできるだけ多く集めることに努力したうえで、指標分布帯による、ひとつの尺度としての垂直分布帯を、「垂直分布の別ち方に就いて」のなかで次のように定義している。

「……高山地帯と亜高山地帯との境界は森林限界とする。次に亜高山地帯と山地帯については、オオシラビソまたはシラビソの分布帯がブナまたはウラジロモミの分布帯に接続するところが境界。そして、オオシラビソ―ブナという裏日本型配列とシラビソ―ウラジロモミの表日本型配列のふたつを区別する。さらに、山地帯の下限界をブナまたはウラジロモミの分布下限をもって定める。また、ブナの分布下限に接続する常緑カシ類の分布地域に対して、新たに亜山地帯との名称を提案する」、と。

つまり、モミの分布している範囲が亜山地帯、ブナまたはウラジロモミは山地帯、シラビソまたはオオシラビソの亜高山地帯という、じつに、すっきりした垂直分布帯論である。このセオリーについて今西はのちに次のように説明している。

「私の立場は、ひらの登山者、あるいは一介の山岳研究者として、山に登っているとき、どのようにしたら、いま自分はまだ山地帯にいるのだとか、あるいはもう亜高山地帯にはいっているのだとかいうことを、自分自身はもとより、またそれを、一般登山者にもはっきりとわからすことができるであろうか、ということを問題にしていた。だから私の場合には、山に生えたすべての木本植物をしらべたりする必要は、はじめからなかったわけだが、それでも相当な努力を払って、景観として一般登山者の目にはいってくるような、日本アルプスでは珍しくない何種類かの樹木については、その分布上限および分布下限を、正確に押さえて歩いたつもりであり、それは本文を見ていただけでば、わかることだとおもう」（「四十年の回顧」）。

このようにすっきりしたセオリーではあるが、じつは、今西の精力的な調査にもかかわらず、今西が最初に見た、あの有峰から薬師に登る途中で出くわすような、ブナ林と針葉樹との見事な接続は二度とふたたび出くわすことはなかった（「生態学と自然学のあいだ」）。

しかも、ブナと針葉樹のみごとな接続についても、事実は次のようだった。

「私の歩いた有峰―真川―太郎兵衛平という尾根道では、山地帯と亜高山帯という二つの分布帯が、あまりにも見事に一線を画して続いていたことに強く印象づけられたといったほうがいい。しかしこの点については一言を要する。というのは本当は一線を画して続いていたのではなかったからである。私がフィールドノートから転写した『日本山岳研究』（今西、一九六九年）の一五三頁表二一を見てもらいたい。ブナと針葉樹とが接続するのは高さにして約一五〇〇メートル地点なのだが、一二〇〇メートルをすぎたあたりのブナの林の中に、一本の見知らぬ針葉樹が生えていて、私の注意をひいた。肌の青白い喬木だった。登りには同定できなかったこの木は、帰りに同じ場所を通ったとき、それが一本のオオシラビソの孤立樹であることをたしかめたので、今でも調査表にこのことを記入しているのである。すなわちわたしはこの一本のオオシラビソの孤立樹を無視することによって、ブナ林と針葉樹とが一線をもって接続しているように見なそうとしたのである。縮尺度の法則をもってすれば、一本のオオシラビソぐらいは無視しても大過ないかもしれない。しかし自然のリアリティはやはりリアリティとして存在する。……それよりもこの一本のオオシラビソを無視することによって、私は山地帯のブナ林を理想化したのである。またこれが類型化ということにほかならない」(今西「自然学の一つの展開」『自然学の展開』、一九八六年。『全集』第一三巻)。

このような大胆な理想化ないし類型化が今西の垂直分布帯の研究にはいたるところにみられるが、「自然を自然のまま把握したのでは、それはまだ類型になっていない。類型とは、そのままでは複雑すぎて、われわれの理解に不便な与えられたままの自然を、われわれ自身が簡単化すると同時に、理想化したものをいう。類型化とはその意味において、一種のモデル化であるかもしれない」(「四十年の回顧」)という主張である。

そのために、かなり思い切った類型化もやったわけだが、「私の目的は、垂直分布をもってきて、それをそのまま山岳の地域区分に当てはめようとすることだからであり、したがって、そのためには一つの分布帯と、それに接続する他の分布帯とが、切れずにつづいていてくれなくては困るからである」(同)と、説明する。

今西は、周辺部を切りすてることによって、類型化を試みたのであるが、有峯から真川へ越える峠の途中に出てくるブナ林と針葉樹の接続こそは、

「この見事な自然の創作を、単なる偶然の所産とみなしてよいであろうか。……私はこの見事さこそ、人間が試みたつたない類型化でなくて、自然がみずからの手によって試みた類型化であり、理想化である、と考えるのである。……この貴重なモデルと対比することによって、われわれは、まだ理想的というところまで至っていない多く

の事例を、理想化することができる、すなわち類型化できる、ということである。……私にしてみれば、まれなケースであっても、万事が理想的にゆくならば、同属の種と種のあいだにみられる棲みわけと同じように、山地帯を代表するブナ林と亜高山地帯を代表する針葉樹とが、きれいに棲みわけするものであることを、実例をもって知ることができたから、これを重視し、これを一種の高次の棲みわけとみることにとって私の生物社会学の体系内にとりこみ、垂直分布帯というのもまた、生物社会にひろくみられる社会秩序あるいは社会構造の、一つの現れである、というように把握して入ったのである」(同)。

しかも、「じつをいうなら、私はさきにのべたような手続きをとって、調査をすすめたのではなく、まずはじめに、こういった理想的なケースにぶつかって、自然に対する驚異の目を開き、それからこれをモデルとして、他の山々の垂直分布も調べてみよう、ということになったのである」(同)とし、これは「なにも垂直分布の研究に限られたことではなくて、例えば、天狗平から出た巨大な第二次の雪崩を目撃したことによって、私の雪崩の研究が軌道に乗りだしたり、あるいは初夏の加茂川で四種類のヒラタカゲロウの棲みわけを発見したことから、棲みわけ研究の第一歩が踏みだされた、というようなこととも相通ずるところのある、私にとっての個性的な、学問以前の問題なのであるのかもしれない」(同)とまで、言いきっている。今西の学問観が躍如している。

『日本山岳研究』

今西は約四〇年後にまとめた『日本山岳研究』において、往時をしのんで自序に記している。

「本書を出版することによって、また一つ、私の若いころにたてておいた計画が、実現する」と書きだし、「私はそのころ、山岳に傾倒していた。いまだって、山は私にとって、なくてはならないものの一つであるにちがいないけれども、いまは仕事の余暇と結びついた山であり、そうであればまた、趣味としての山であるともいわれるであろう。しかし、そのころの私は、あまりにも山に傾倒していたから、趣味などということでは、どうしても満足しきれないものがあった。私にとっては、山に登り、山岳を研究することそれ自体が、自分の仕事であってほしかったのである」とつづける（今西『日本山岳研究』自序。『全集』第八巻）。

それほど、山に熱をあげていたのである。けれども、山に関係のある地質学などを専攻し、その学問を手段にしようという気持ちはなかった。

「私には、小学生時代からの昆虫採集などをとおして、次第にその魅力にとらわれていった自然というものがあり、山は、この自然の一つのまとまりを現した姿であり、自然の一つの代表である、といった受けとめ方があったことを、否定するわけにゆかない」（同）のであって、専門的な学問の立場から研究するのでは、今西の考えるような、まとまった自然そのものとしての山を、研究することにはならなかった。

今西は山に住んでいる人たちに、心をひかれていた。この人たちは、それなりに「山とはなんであるか」ということも心得ており、その山人たちの個別的な知識を系統化や総合化をしようと考えていた。

今西の意図した「山岳学」は、雪崩にしろ、植物帯やあるいはカゲロウの幼虫であろうと、つねにその背後に、「山とはなんであるか」、もっと丁寧にいえば、「山とはわれわれによって、どのようなものとして認められるべきであるか」といった、共通した主題がひそんでいなくてはならなかった。

「山岳学」の建設をめざして、今西なりに、道順をたてて、仕事をすすめていった。

「それゆえ、戦争のために方向変換を余儀なくされていなかったとしたら、カゲロウの仕事から、イワナ・アマゴの仕事にうつり、そこでひと夏を黒部川ですごすような釣師の生活とも触れ、つぎにはシカやクマを追う猟師の仲間にはいる予定であった。それから私も彼らとともに、彼らの妻子がすむ村にくだって、彼らをとりまく山村の生活を調べ終わったころには、私も相当年とるが、私の山岳研究もそのころには一冊の本として、ようやくその体裁をととのえるに至るであろう、と考えていたのである」（同）という、決意だった。

もっとも、戦争のためだけではなく、今西の探検への方向変換などもあって、「山岳学」は壮大な未完に終わることになる。

「しかるに、事、志とちがって、山岳研究に関するかぎり、私はいまだに、イワナ・アマゴの段階で停滞している。それも余業として細々とやっているにすぎない。シカ・クマや山村の人間までは、残念ながらいまとなっては、もはや手ののばしようがないであろう。ただ、方向転換を余儀なくされたとはいっても、その後の私は、シカ・クマに代わるものとして、ウマ・サル・類人猿といったものを手がけることができたし、また猟師の住むような山奥の村を、対象とすることはできなかったかもしれないが、日本を遠くはなれたところで、いろいろな狩猟民族や遊牧民族とも生活をともにすることができたのであるから、方向転換によって研究の場は変わったことは事実であるけれども、対象になったものを考えたならば、はじめにたてた道順を、忠実に守ったといってもよさそうである」(『日本山岳研究』の自序)。

山岳学は成らなかったものの、その延長としてさまざまな研究をやってきたと、胸を張っているようである。

「それにしても、専門化をたてまえとするアカデミズムの中に身をおきながら、山岳学を志したり、方向変換にもひるまないで、予定した道順をとおすことができたというのは、おそらく私に旺盛なアマチュア精神があったからであろう。私がこの未完におわった山岳研究を、あえて一冊の本にするゆえんのなかには、現在の社会情勢のもとにあって、次第に窒息しつつあるかにみえるアマチュア精神の蘇生にたいし、なんらかの寄与するところがあってほしいという願いが含まれている。書名も考えるところあって、若き日にその完成された姿を描きつつ名づけた『日本山岳研究』を、未完成ながらそのまま用いることにした」(同)。

しかも、「私は本書を、私がいままでに登ってきた、わが国の五〇〇の山山に捧げる」(同)という。この『日本山岳研究』(中央公論社)は、今西の「五〇〇山登頂」(一九六八年九月一五日、北山の無名峰で達成)記念の刊行でもあった。

注

（1）この歌が戦後に男性ボーカル「ダークダックス」によって広まった。そこで、「西堀栄三郎ほか作詞」ということを認めてもらい、社団法人日本音楽著作権協会から著作権がＡＡＣＫ（社団法人京都大学学士山岳会）に信託されたのは、一九六〇年のことだった。以来、毎年、ＡＡＣＫは著作権収入を得ている（二〇一二年度は約五〇万円）。

（2）旅行部員の伊藤愿（一九〇八～一九五六）が翻訳し、『ヒマラヤに挑戦して』と題して同年一二月一日付で黒百合社から刊行された。一九九二年に、中公文庫（中央公論社）になる。

（3）ＡＡＣＫ創立発会式とその後の簡単な経過は、翌一九三二年一一月発行の会報第一号に載っている。創立時に関する部分は次のとおりである。

クラブの創立発会式は昭和六年五月二十四日、楽友会館に於て開催されました。その他六年度では六月十五日、於奥清、郡場前部長の送別会が行はれて居ります。

なほ七月十三日、九月十八日、十二月二十二日、夫々臨時の集会が為され、主としてヒマラヤ・エクスペデイシヨンに関する事項が討議されて居ります。昭和七年度に於ては一月十四日、於伊勢長、新年宴会を催し極めて盛会でありました。その他、郡場先生、高橋健治氏、奥貞雄氏、のそれぞれ帰朝歓迎会が開かれて居ります。

山端相模屋で行はれた高橋氏歓迎会の席上、氏は「欧州登山界と本クラブの使命に就いて」と題され約一時間に亘り熱弁を振はれました。今後本クラブに対する氏の新寄与に関しては会員一同の大いに期待する所であります。また楽友会館に於ての秋期総会で氏は欧州地質学界の新傾向に関し専門的な研究を発表されました。

なほ此席上に於て田中喜左衛門氏を満場一致を以て本クラブ名誉会員に推薦致すことになりましたから、此段御知らせ申し上げます。また会員細野重雄氏の鈴鹿山系に就いての趣味豊かな土俗学の立場からみたお話も此席上に於て為されたものであります。最後に小川、槇山両教授が此会合に御出席下さいました事は会員一同深く悦びとする所であります。

（4）桑原は『全集』第三巻の「解題」で、この経緯を述べたうえで、次のように記す。

私はその現金を握って住友銀行へ預けに行ったが、「京大ヒマラヤ遠征隊」という名義を怪しんで、窓口で聞き返された。そのときの喜びはいまも忘れない。

（5）一日でも往復できるという富士山に、多くの人間と日数をかける京大パーティーの試みは、異様な目でみられたが、すぐに伊藤愿はその内容を「ポーラ・メソドに依る富士登山」と題して『アサヒ・スポーツ』（一九三二年二月一日号と二月一五日号の二回）に発表した。京都帝大旅行部総務、伊藤愿の名で「厳冬に雪中幕営を試みつつ敢行した、ポーラ・メソドに依る富士登山――大沢側の新ルート」との見出し。日記風の記述のなかに挺身隊、掩護隊といった呼び名がおどり、任務分担やキャンプの設営、雪中露営など具体的に描かれ、「計画は上々首尾で予定通り好都合に遂行された」と記す。

今西は、この新登山法と推進役の伊藤について、「新しい形式が極地法でなければならぬことは自分達にも良くわかっていた。しかし、如何に実現するか、これについての具体案を示して実行に移したのは、誰であろう、伊藤愿だった。自分達が愿から教えられたところはまことに多い」と、述懐している。

また、『山岳』第二七年第二号の雑録にも遠山富太郎が「富士大沢口冬季登山」と題して発表した。これには今西による天候その他の項目も載せてある。この遠山の寄稿が、『山岳』からの抜き刷りとして、『ＡＡＣＫ報告』貢献第一号となった。

（6）ＡＡＣＫ隊（西堀栄三郎隊長）は一九七三年五月一四日、カンチェンジュンガ山群のヤルン・カン（旧名はカンチェンジュンガ西峰）に初登頂する。当時、未踏の世界最高峰だった。また、日本人が初登頂した山でも最高峰となった。しかし、登頂隊員の一人が帰路に遭難した。隊の帰国後の報告・反省会に出席した今西は、八五〇〇メートルの山を甘く見ていたのではないかと、きびしい指摘をする。

（7）筆者は一九九〇年末から正月にかけて、樺太への国立民族学博物館の調査チームに同行した。その際、九一年一月一日に北緯五〇度線（かっての日ソ国境）を南から越えた。今西たちが五八年前に歩いた付近である。一面に樹林の低い山なみがつづいていた。

（8）「一九二二年の八月、私は西堀栄三郎と二人で、人夫四名を伴い、水須から東笠をこえて有峰に入った。……翌日は有峰から真川をこえ、森林をうがって、太郎兵衛平にキャンプした。……このルートは私にとってもよほど気に入ったものとみえ、普通なら同じ山へは二度と登らぬという方針を厳しく守っている私であるにもかかわらず、このルートだけは例外的な扱いをして、一九三一年と一九三四年の二回にわたり再訪しているのである。では、なにが私をそれほどまで魅了したのであろう。それは有峰から太郎兵衛平に至る道が、真川へ越える峠の途中に出てくる、ブナ林と針葉樹との、あるいはもうすこし専門的にいえば、山地帯と亜高山帯とのあの見事な接続である。私が垂直分布帯の研究をはじめようと思うに至ったそもそものきっかけも、ここでこの山地帯と亜高山帯との見事な接続を見たからであった」（今西「生態学と自然学とのあいだ」『自然学の展開』、一九八七年。『全集』第一三巻）。

第五章　山と探検

1　登山から探検へ

最初のモンゴル行

一九三八年夏、ＡＡＣＫ会長で農学部教授の木原均（一八九三〜一九八六）を隊長にした総勢一三人の京都帝国大学内蒙古学術調査隊は、張家口からトラックを連ねて八月末から一カ月余り、東は熱河から北はダブス・ノール、西は百霊廟まで、広く内モンゴルをまわった。全行程は五〇〇〇キロにのぼった。

この自動車旅行は、京大を出て満州航空に入社したばかりの旅行部ＯＢの加藤泰安がかぎつけてきた軍の内蒙古調査に、ＡＡＣＫを中心とする京大の学術調査隊が便乗させてもらったものだった。今西にとって最初のモンゴル行となる。

この年は今西たちにしてみれば、木原を隊長にしてヒマラヤに行くはずであった。世界第二の高峰Ｋ２をめざして、交渉のために伊藤愿をインドに派遣したが、実現できず、そのヒマラヤの腹いせの感もあった。

遠征登山という気持ちが抜けきれずに、陰山山脈という三〇〇〇メートル級の山もあるらしいと、ピッケルも持ちこんでいた。ところが、いくら走っても草原ばかり。モンゴルにきて、山登りなどとの了見はいかにまちがっているか、今西にはすぐにわかった。

けれども、山のないモンゴルに来て、今西は後悔しなかった。見渡す限り、人ひとりいない大草原である。山では味わえない印象を受ける。なんとすばらしい自然ではないか。探検をやれと、自然がささやくようであった。

今西は草地でクオドラード（方形）の枠を広げて草の種類や数を調べるなど、調査にも余念がなかった。この調査で今西は、草原を構成する草の種類によって三つの類型にわける。シバムギモドキやノゲナガハネガヤによって代表される禾本《かほん》草原、ヨモギ類の多いヨモギ草原、そしてニラ草原、というぐあいに。これらが円環的に配されていて、その類型づけの意義を説く。「類型づけのできていない類型は類型とは認めがたい」と。今西の得意の定義である。

この調査隊の成果は、「内蒙古の生物学的調査」と題して『植物及動物』誌に翌年連載されるが、今西はその「序説」と「森林樹種の分布」を書き、木原均編の『内蒙古の生物学的調査』（養賢堂、一九四〇年）に収められる。このとき今西は「序説」を率先して書き、隊員たちに分担分の執筆を促している（梅棹忠夫「解題」『全集』第二巻）。

今西たちのＡＡＣＫは、ヒマラヤ登山を目的に結成されたものの、ヒマラヤ行きは実現できそうになかった。今西はそれにかわって、探検に転じていく。

一九三二年夏の南樺太東北山脈では、標高一〇〇〇メートルほどの山しかなく、たいした山登りはできなかったが、今西は西堀や高橋、四手井、そして後援者の田中喜左衛門とともに地図のないところを歩いた。はじめて探検らしい経験を味わった。

つづいて、学術探検的な登山を意図した「京都帝国大学白頭山遠征隊」を成功させた。そして、第二次ヒマラヤ計画に代わってのモンゴルの自動車旅行。

白頭山は登山だったが、モンゴルでは探検になり、山の低さを補ってなお余りのある、未知な、広大な草原があった。

その帰途、立ち寄った北京にＡＡＣＫの中心メンバーが集まったとき、今西はこれからは探検だと、はっきり意識する。

ヒマラヤをめざす今西たちのＡＡＣＫとしての活動は、この内モンゴル行で、戦前においては事実上、終わる。今西はＡＡＣＫ事務局を自宅に置くなどして、その活動を維持してきたが、戦雲によってヒマラヤ登山をあきらめざるを得なくなった。

それでも、戦後に、ヒマラヤ行を実現する。わが国からの先陣を切って。

京都探検地理学会

登山のためのＡＡＣＫは開店休業状態になったが、今西は探検のための新たな組織を立ち上げる。京都探検地理学会である。京大に探検グループをつくり、そこに登山グループも含めて、学術探検を推進していくつもりだった。京都探検地理学会は、一九三八（昭和一三）年一二月末に、今西のほか生物学の徳田御稔や森下正明らの野外研究者、東洋学の水野清一や藤枝晃らも加わって初会合をおこない、明けて三九年一月に第一回例会を催し、活発な例会活動がはじまる。このプロモーターも今西であった。

設立の経緯を、今西は次のように記している（今西錦司「三ヶ年の回顧」『京都探検地理学会年報』三号、一九四二年、一～六頁）。

「昭和十三年十二月二日に、日本生物地理学会の十周年記念講演会が、東大の動物学教室で開かれた。その年の夏から秋にかけて、木原教授の驥尾について内蒙古を旅行してきた私は、この会に招かれて内蒙古旅行談を試みる光栄に浴した。そのときは熱河学術調査団長の故徳永博士もまだお元気でいられて、晩餐会の席上で、私は徳永博士、中井博士、蜂須賀侯爵、高橋基生氏、鹿野忠雄氏、岡田一夫氏などという、東京における知名の探検家に紹介された。

たまたまこの会に京都から徳田御稔君が出てをられた。そしてわれわれ二人とも東京における学術探検熱の頗る旺盛なことを知って、これはどうしても京都にも京大を中心として、学術探検の母胎となるような会を興す必要があると感じた。帰学後早速同志とはかり、諸教授の賛同を得て、十二月二十六日に最初の打合せ会を開いた。出席者は十七名であった」。

この楽友会館での発起人会には、今西のほか京都帝大理学部教授の槇山次郎（地質学）、助教授の北村四郎（植物学）、講師の三木茂（同）、山崎正武（動物学）、徳田御稔（同）、大学院の可児藤吉（同）、文学部教授の小牧実繁（地理学）、農学部副手の森下正明（昆虫学）、図書館嘱託の江実（言語学）、東方文化研究所の水野清一（考古学）、長広敏雄（同）、藤枝晃（東洋学）らが出席した。会名については、京都生物地理学会や京都綜合地理学会、京都帝大学術探検地理学会などのほか、くだけたところでは藤枝が提案した「砂漠と島の会」まで出たが、投票の結果、『京都探検地理学会」と決まった。

会長には東洋史学者で京都帝大総長の羽田亨、幹事長には槇山が、幹事には今西のほかに生物学や地理学、地質学などの教授が名を連ねた。幹事長はのちに木原均、そして今西がなる。

会の目的に、学術探検の実行を掲げ、会員の入会に際しては厳選するという精鋭主義をとることにした。毎月例会をもつことにし、新年の一月三一日に第一回例会。文学部助教授の泉井久之助が「ミクロネシアの言語」を、農学部教授の木原均が「栽培植物の分布、特に小麦について」を講演した。

二月には西本願寺の大谷探検隊員だった吉川小一郎が「新疆探検旅行の思い出」を、四月にはチベットに長年滞在した青木文教の「西蔵の話」を聞いた。かれらは、京都における「探検」の先駆者たちだった。今西たちはそれを引き継ごうとした。

三月の例会では「今年度探検計画の打合せ」を行い、夏には北支蒙疆の調査計画を立て、外務省文化事業部に当たったが、成立しなかった。

例会では、文科と理科の話をなるべく交互にしようと、今西は講師の人選にも苦労する。チベットで長年暮らしてきた多田等観ら、学外の探検家の話も聞いていく。

発会とともに、イランへの学術調査隊計画を立てた。翌四〇年の紀元二六〇〇年を期して、京都探検地理学会の初仕事として。ＡＡＣＫや旅行部が実働部隊を担うはずであった。

イラン学術親善使節派遣とうたい、隊長には小麦の起源地を探している木原を。そして今西や宮崎が中心になって、東洋考古学の水野清一、地質学の槇山次郎らの文化、地質、生物の学術班を設ける。さらに旅行部学生五人から成る山岳班がデマベンド（五六七〇メートル）の登頂を計画した。

この計画に備えるために、旅行部員が総出で四〇年春、富士山で、超短波無電による空地連絡のテストを、毎日新聞社の飛行機も協力しておこなった。しかし、イラン計画はきびしい国際情勢のなかで立ち消えになる。ほかにも、ニューギニア探検計画などを考えるが、太平洋戦争直前の緊張した情勢のなかで、実現は難しかった。

いっぽう、今西の後輩にあたる京都帝大旅行部や三高山岳部では、探検熱が高まっていた。旅行部ではそれ以前から、日本から外地に出かけるという遠征登山に積極的だった。「京都帝国大学白頭山遠征隊」に今西に誘われて参加した加藤泰安（経済学部学生）を隊長に、白頭山のちょうど一年後に大興安嶺の最高峰（一八三五メートル）に冬季初登頂。一九三八年夏は鈴木信らが内モンゴルへ、一九三九年には周布光兼、中尾佐助らは小興安嶺の横断、四〇年春には富士山で無電テストを行ったのち、夏には中尾らが北朝鮮の狼林山脈に、などと。

その同じ四〇年夏に、三高山岳部の梅棹忠夫、藤田和夫、伴豊の三人は、北朝鮮の山々の総まくりというワンダリングを企てたうえ、白頭山から北面の密林地帯に入り、スンガリー水源をさぐって満州にあらわれた。川喜田二郎も満州側の調査にまじって西から白頭山を訪れる。第二松花江の源流を確認した梅棹らは、これを同年一一月の京都探検地理学会月例会で梅棹が「白頭山を越えて満州国へ」と題して発表した。この例会では中尾佐助も同年夏の朝鮮北部山地での農業調査や狼林山脈登山をもとに「火田民の生活」を報告している。

このころ、エクスペディションは、スポーツ的な遠征登山からしだいに学術探検へと重点がうつっていく。その冬には、京都探検地理学会の学生会員による樺太踏査隊（藤本武隊長、今西寿雄、中尾佐助、梅棹忠夫ら）が組織され、南極など極地を想定した犬ゾリ旅行の訓練もおこなった。これは白瀬中尉の南極探検で犬ゾリを使って以来、二十年余ぶりの探検における犬ゾリの使用だった。ポロナイのツンドラに犬ゾリと超短波無電機の性能テストをおこない、厳寒期の探検技術をみがいた。

そして、一九四一年夏、今西が隊長となって、探検地理学会としての初の調査隊がポナペ島に出かける。大陸ではなくて、南洋の島になったが、当時、ポナペ島は日本の委任統治下にあった。あまり探検という感じはしなかったが、ニューギニアやボルネオへの、とりあえず、足ならしのつもりであった。

その前に、京都探検地理学会を組織して間もなくの一九三九年夏、今西はヘルメットに半ズボンという、探検家のいでたちで京都駅を出発。北京を経て、内モンゴルに向かった。森下とともに、張家口からは馬車に身を託して北へ、草原をめざした。

草原行

前年に続いての今西二回目のモンゴル行は、興亜民族生活科学研究所からの派遣となった。というのは、今西は一九三九年六月、同研究所の所員に嘱託（常勤）されたからである。

同研究所は大東亜省の所管で、京都帝大に設置され、所長は医学部長もつとめた衛生学の戸田正三教授（戦後に、金沢大学学長）。事務は医学部内だが、所員はそれぞれの研究室で仕事をした。この設立にあたって、医学関係のほかに生物学者も要るので、動物学で今西が、植物学では理学部講師の三木茂（一九〇一～一九七四）が所員になった。(1)

今西にとっては京都高等蚕糸学校での講師（非常勤）をべつとして、はじめて給料をもらえる待遇になった。それまでの生計は、もっぱら借家からの家賃収入だった。一二月には理学博士を授与されたから、助教授なみの給料だったという。理学部講師（無給、常勤）は非常勤となる。

今西は助手として森下正明を採った。森下は、農学部副手は無給なので立命館で教えていたが、これを機に立命館をやめた。ところが、研究所の助手の給料は立命館の半分ほどに減ったという。

所員になった今西と森下は、さっそくモンゴル調査のプランを立てた。というより、今西たちは現地調査がやれるというので、所員になったという。「とにかく急いで、でっち上げのプランをつくって、二人で出かけよう、となった」と森下は語っている。二人は七月末から三ヵ月余り、内モンゴル調査に出かけた。

この調査旅行の主題目は、「内蒙古に認められる牧野の大類型を設定することと、設定された牧野の類型的な相違に応じて、その上にたつ人間の生活様式――この場合ならば牧畜様式――にも、はたして相違が見いだされるかどうかを確かめることにあった」（「遊牧論」『遊牧論そのほか』。『全集』第二巻）(2)。

豪雨のため北京から張家口への鉄道が不通になり、北京でかなり足止めをくって、日本人と中国人の生活様式の比較をやった。というより、今西の関心が、植物や動物の生態学から人間にも広がってきていて、試みたのだった。たとえば、北京に来ても畳に執着する日本人と椅子やテーブルに親しんでいる中国人のちがいを論じた。服装の調査のため、公園の行きつけの料理屋の道に面したテーブルに陣取って、夕方にそぞろ歩きをする中国人を観察した。これも、もっぱら支那服の婦人ばかりを観察し、髷を結いパッチをはいたクラシック・スタイルと、断髪にしてパッチをはかないモダーン・スタイルとに類別して、その移り変わりを予測したりする。

鉄道が開通し、やっと張家口入りし、蒙疆学院にやっかいになる。奥地入りするための準備に走り回ったが、肝心の足がない。京都からもってきた調査用の装備や現地であつらえた「京大」のネーム入りの天幕や食糧など、けっこう荷物がある。汽車公司にトラック一台を申し込んだが、空き車はないと断られた。興亜院（のちの大東亜省）の嘱託といっても、勝手にやってこられてはいちいちお世話できかねますと、冷たいものだった。今西は肩書をもたない、単独調査の悲哀を味わった。しかたなしに、馬車を雇ってトボトボと張家口から北へ向かった。行けるところまでいこうと。

張北で青年学校の世話になり、学生の一六歳のモンゴル人少年プレライン・ジャムソを通訳として紹介してもらった。彼の生家は正白旗にあるので、彼の案内でまず、北にある正白旗に向かった。

しかし奥地までは行けなかった。結局、目的としたグンシャンダーク砂丘越えは果たせず、漢人の開拓地帯を経て蒙人地帯に少し入った程度で引き返すことになる。

この三ヵ月間の旅は、『草原行』と題して戦後の一九四七年に刊行される（『全集』第二巻）。四一年春に稿を起こしたが、南（ポナペ島）へ北（大興安嶺）へと、調査旅行や探検で忙しく、四四年に西北研究所に赴任して三度目のモンゴル調査に出発する三日前に、やっと脱稿させたものである。

草原行（張家口を出て最初の野営地，1939年）

「その目的を充分に遂げることができなかった」（『草原行』あとがき）と率直に記すが、五年後の脱稿のうえ出版はさらに遅れて敗戦後になっても、「根本的なものの見方に関しては、第二次と第三次とで、あるいはこれらの旅行をした戦争中と戦後の今日とで、変わるようなところはないはずである」という、自信があらわれている。
調査の報告書を、どんなに遅れてもかならず出版するのが、今西の鉄則となる。大陸に出かけても、張家口の研究所や調査行の旅先で、あるいは敗戦で避難した北京で書きためた原稿は、何よりも大切にして京都に持ちかえった。しかも、戦後の紙不足の中でなかなか出版できず、今西が帰国後最初に出した『草原行』は福井県武生の府中書院発行である。武生の女学校の教師をしたことのある友人の昆虫学者、岩田久二雄の世話でやっと日の目をみたものだった。つづいて、第三次モンゴル調査のものが『遊牧論そのほか』として翌一九四八年、大阪の秋田屋から出る。さらに、単行本には盛りきれない調査報告の論文を載せるために、藤枝晃らとはかつて自然史学会をつくり、学術雑誌『自然と文化』を発行する。

2 同志・門弟たちと

森下正明と可児藤吉

森下正明（一九一三〜一九九七）は、「草原行」につづいて、ポナペ島調査や大興安嶺探検では副隊長をつとめることになる。森下は今西の弟分とか、「今西学校の師範代」ともいわれるが、山仲間ではない。農学部昆虫学教室で今西の八年後輩の研究者である。

今西より一一歳年下であるが、今西と二〇歳ほど年齢が離れた梅棹忠夫や吉良竜夫ら学生たちとの間にあって、両者を結びつける貴重な役割を果たしていく。また、西北研究所の創設準備にもあたり、研究所の主任（理系）もつとめた。今西の戦中の「探検」時代に、ずっと行動をともにした同志であった。

西北研究所在職中に現地召集を受け、山西省で従軍する。敗戦、召集解除後に天津までたどりついて、張家口から引き揚げてきていた今西らと合流し、日本に引き揚げることができた。

戦後、京都の高校教師から九州大学助教授を経て京都大学理学部教授（動物生理・生態学講座）に迎えられ、定年までつとめた。アリの生態研究で知られ、生態学に数学的な処理方法を導入した世界的な動物生態学者として知られる。(3)

今西とともに三高山岳部や京都帝大旅行部で活躍した山仲間は、卒業後にヒマラヤ登山のためにアカデミッシェル・アルペン・クルプ・キョウト（京都学士山岳会、ＡＡＣＫ）を結成した。だが、結成三ヵ月後におきた満州事変のためにヒマラヤ行を実現できず、そのメンバーで朝鮮・白頭山へ冬季エクスペディションをおこなったものの、その後のヒマラヤ計画もうまくいかず、西堀栄三郎が東京に去るなど、仲間は分散しはじめる。それら山仲間に代わって今西と行動をともにするようになったのが森下だった。

森下が入学したころ、今西は理学部附属大津臨湖実験所の講師をしていたが、卒業した農学部昆虫学研究室にも嘱託として籍があった。どちらも無給のポストで、居候の研究員のような立場だった。そして、農学部の研究室には、今西はあまり姿を見せなかったが、机と本立てだけはあった。学生としてその研究室に身をおくようになった森下は、今西の本立てに、昆虫の本が一冊も見あたらないのに驚いた。当時、今西はカゲロウの幼虫の研究に打ちこんでいると聞いていたのに、本立てには植物や地理の本ばかりだった。不思議におもい、どんな人間なのかと、ひかれていった。

やがて二年先輩の可児や今西らと山歩きをするようになって、森下はアリを材料とした垂直分布帯を明らかにしたくなる。今西の日本アルプスの森林限界や植物の垂直分布帯の研究に影響を受けたからであった。「可児さんと出かけるときは、渓流沿いでは私が一服している間可児さんが忙しく、尾根道では私がアリ探しをしている間可児さんは適当な所で腰を下ろしてスケッチなどしているといった具合であった」（森下正明「戦前・戦中の昆虫研究室と私」森下正明研究記念館HP）。

そして、「その頃今西さんの提案で昆虫学研究室の若手全員で西賀茂の動物相の調査をしたことがある。河原、クヌギ林とか、松林とか各種植生の場所に一〇数個の方形区を作り、月に一回その方形区にいた虫を採取記録するという仕事を一年を通しておこなった。しかし、調査をしても昆虫以外のいろいろの小動物や、昆虫でも幼虫類が多く、なかなか名前がわからない。それがこの共同研究をまとめることができなかった大きい理由でもあったが、その当時としては大へん野心的な仕事であったといえる。それにたとえ形にはあらわれなくても、私たち初心者にとってはこの体験によって得たものは極めて大きかった」（同）。

今西との付きあいは、森下が大学を卒業する一九三五年ころから頻繁になる。森下は無給の副手として研究室にのこり、立命館商業学校の教師をつとめながら研究をつづけることができた。アリの生態研究とくに垂直分布をテーマに取りくみ、今西は加茂川でカゲロウ幼虫の「棲みわけ」をみつけて「種社会」論にしつつあった。また、山岳研究は、山岳地帯の植物分布帯の研究にも手を広げていた。ともに無給の地位に甘んじながら、やりたい研究に打ちこんでいた。

農学部での指導教授の湯浅八郎が、一九三五年に同志社総長に就任して、京大を辞職する。後任を選ぶにあたって、こんなエピソードがあったと森下はいう。

「全国のあちこちに散らばっていた昆虫出身の先輩諸兄に集まってもらって後任教授に誰がよいか討論し、最後にはわれわれ新米まで含めて投票したが、その結果今西さんが最高点になった。そこでこの結果を教室の主任教授に誰かが持って行ったように思う。この時代は今と違って若い連中がいろいろ言っても通る時代ではなかったが、投票までやったのは画期的なことだったと思う。しかし予想したことではあったがわれわれの希望はかなえられず春川忠吉教授が就任されることとなった」(同)。

可児・森下らと
(右から今西，長男武奈太郎，森下，可児，左端は鹿野忠雄)

自由に学問をやろうという今西の姿勢は、当時の帝国大学では異端ないきかたのようであったが、ひとり我が道をゆく態度を貫き、その学問の同志もいた。農学部の後輩、可児藤吉（一九〇八～一九四四、戦死）もそのひとりだった。

可児は、今西の提唱した「棲みわけ」を、より具体的に検証し、内容を深めた、わが国の生態学のパイオニアである。水生昆虫の生態を徹底的に調べ、京都の貴船川には可児がひっくり返さなかった石はない、との伝説が今も研究者に伝えられている。

可児は今西と同様に、農学部で昆虫を専攻したのち理学部動物学科の大学院に進んだ。研究のかたわら、一九四二年初め、大興安嶺探検の先発隊として満州国に赴き、治安部（軍事部）との交渉にあたった。三月に交代するが、可児の青年研究者らしい誠実な人柄は、当初は乗り気でない治安部など当局を説得していった。可児は大興安嶺探検隊そのものには加わらなかったが、隊の成立の功労者であった。

大興安嶺探検の二年後に召集され、サイパン島で戦死する。三六歳だった。しかし、森下とともに、今西の学問の初期の共同建設者ともいえるだろう。

のちに今西は可児を追悼し、『人間以前の社会』（岩波新書、一九五一年）の序で、次のように記している。「わたくしは本書を、サイパンで戦死した一人の友人にささげる。可児藤吉――かれのように熱烈な批判と、誠実な助言とを惜しまなかったひとを、わたくしはふたたび見いだしうるであろうか。かれなくして、いまわたくしの学問の道はさびしい」（今西錦司『人間以前の社会』『全集』第五巻）。

森下もいう。「彼はよい人柄で、真面目であり、絵を書くのが上手で、非常に丹念な仕事をされた模範的な研究者であったと思う。その当時でもすでに川の生態学を彼ほど深く研究した人は世界でも恐らく数少なかったであろう。全く惜しい人をなくしたものである」（森下正明「戦前・戦中の昆虫研究室と私」森下正明研究記念館HP）(4)

戦後、森下が中心となって可児の生態学論文集が整理され、『木曾王瀧川昆蟲誌』（木曽教育会、一九五二年）として刊行される。これをもとに、さらに残りの原稿や既発表論文も加えて『可児藤吉全集』（全一巻、思索社、一九七〇年）となる。

ベンゼン核

京都帝大の旅行部は活発だったが、一九四一年四月、所属する学友会は戦時にはふさわしくないと同学会に改組され、旅行部も内容の変更を大学当局に命じられる。部員たちは名誉ある旅行部の伝統を守ろうと、部長を辞任した木原均とともに退部し、京都探検地理学会に学生会員として大量に入会する（今西錦司「三ヶ年の回顧」『京都探検地理学会年報』三号）。そして、三高山岳部から梅棹たちがやってくる。

一九四〇年代に入って京都で探検の原動力となるのは、四一年に京大にすすんだ梅棹たちである。梅棹、川喜田、吉良、藤田、伴の五人は、三高時代から探検を志し、結束していた。化学結合で最も強いというベンゼン核にちなんで、自らをベンゼン核グループと誇った。ベンゼン核は六角形であり、その結びつきの強さの象徴として彼らが選んだ名前だったが、五人では一人足りない。その一人に師とあおぐ今西を、ひそかにあてていた。

その六年前の一九三五年はじめ、京都帝大白頭山遠征隊が、日本の登山、探検に新しいエポックをつくって京都に帰ってきた。隊長の今西はじめ西堀、奥貞雄、谷博の四人は京都一中の卒業生であった。一中では、四人の先輩を招いて講演会がひらかれた。梅棹と川喜田はこのとき中学四年生の山岳部員であった。講堂に集まった一〇〇人の少年たちは、先輩たちの熱のこもった講演と記録映画に胸をおどらせた。

その感銘ぶりはのちに明らかになる。梅棹、川喜田に加えて土倉九三、江原真之、加藤醇三の五人が、北部大興安嶺縦断の隊員になるのだから。

梅棹は、先輩たちの話の内容は少しもおぼえていないが、上映された記録映画のすばらしさに、心をふかくとらえられる。梅棹の一生は、おおかたこのときにきまってしまったという。「自分も、こんなことをやろう」と。

三高山岳部では、大阪から吉良や藤田、そして伴らが加わり、アルピニストとしての訓練を受けながら、はやくから探検にあこがれる。年に一〇〇日も山に登るという熱の入れようで、落第も当たり前のことだった。山のかたわら図書館からジオグラフィカル・ジャーナルを借り出し、講義をそっちのけで、特徴のある青い表紙を一冊一冊くっていった。こんなものを借り出すのは他にはおらず、彼らはもうひとかどの探検家を気どっていた。

上級にすすむころには、もう内地の山登りでは満足できなかった。あらゆる機会をつかまえて外地へ国外へとエクスペディションを試みる。川喜田は、一中の先輩である安江安宣とはやくも一九三八年夏、北硫黄島を訪れ、ベンゼン核の行動の幕を切った。

そのころ学生登山界の外地遠征熱はまだ残っていたが、北山や日本アルプスのワンダリングのつもりで外地の山々に出かけていく。

一九四〇年夏、梅棹、藤田、伴の北朝鮮行がそうだった。小さな携帯テント一枚で、白頭山に向かった。消息を半月近くも絶って、京都で心配する吉良を驚かせたのは、満州の長春からのたよりだった。白頭山の頂上近くで航空写真測量の極秘地図を見た三人は、それを紙きれにすきうつして抗日パルチザンが活動する白頭山北面の密林地帯に入った。この航空写真の修正地図にある、白頭山の火口湖天池から三道白河沿いに人跡未踏のコースをたどる。黒々とした樹海のなかを倒木に悩みながらすすむ。地図がまったく当てにならなかった。太陽を目印に、がむしゃらに歩く。予想もしない危地においこまれる。六日間の不安な旅ののち、夏の学生服がボロボロの霜ふり服すがたにかわってあらわれ、満州側の警備隊員をおどろかす。じつは、彼らが地図を信じて下ったのは三道白河ではなく、二道白河であった。こうして白頭山天池から流れる松花江（スンガリー）の水源が谷ひとすじちがう二道白河であるとの発見となった。

白頭山から帰って、探検地理学会のお歴々を前に高校生が地図上の訂正をするという光栄に浴する。

「日本は、探検の伝統の確立という点ではイギリスよりも決定的におくれている。だが、かれらのやったことは、われわれにだってできる。日本に、若い探検家のグループをつくること。そして、探検の伝統を確立すること。幸いなことに、京都には、若手の乗取るべき大学人の探検クラブがあった。それは、京都探検地理学会といった」。

「理学部の動物教室のうらの小さな建物が、われわれ学会のジュニア・メンバーのクラブ・ハウスにあてがわれた。

ここを根じろに、われわれは、いよいよ探検地理学会の乗取りにのりだした」（今西錦司編『大興安嶺探検』一九五二年）。

探検への情熱を抑えがたくなった梅棹たちは、今西の門をたたいた。二〇歳近くも年長で、雲の上の人でもある今西を、家が近くの川喜田が仲介して、五人組のたまり場である京大農学部前のうどん屋の二階にきてもらった。がらんとした部屋で五人は、探検への情熱を訴え、今西は無愛想に、これを聞いた。

「わたしたちはそこにあつまって、今西にきてもらった。そこで盟約が成立して、以後、今西はわたしたちの学生探検家のグループのリーダーをひきうけることになる」（梅棹忠夫「ひとつの時代のおわり──今西錦司追悼」『梅棹忠夫著作集』第一六巻、中央公論社、一九九二年）。

今西を師と仰ぎ、リーダーにいだく。五人は一九四一（昭和一六）年、京大生として顔をそろえる。いずれも野外の研究者をめざして、吉良は農学部で園芸・植物生態学を、梅棹は理学部で動物学を、藤田は地質学を、川喜田と伴は文学部で地理学を専攻する。

ポナペ島

今西は一九四一年四月に『生物の世界』を書き下ろし出版した。そして同年夏、今西を隊長とする京都探検地理学会の最初の調査隊が、日本の委任統治領であったミクロネシアのポナペ島に派遣される。今西のほか、森下、中尾佐助（農学部学生）、吉良（同）、川喜田（文学部学生）、梅棹（理学部学生）らであった。

京都探検地理学会は設立後、いくつか調査計画を立てたが実現にいたらず、「取り敢えず行ける処として」（今西錦司「三ヶ年の回顧」『京都探検地理学会年報』三号）としての派遣だった。隊員の一〇名のうち、七名が学生で、その教育と訓練も意図していた。太平洋戦争直前という緊張した時期で、横浜を出帆した直後に学生の海外旅行禁止令が出て、さらにポナペ島滞在中には大学生の卒業期三カ月繰り上げが発表されている。

ヤルート島で現地の人たちと
（後列中央背広姿が今西，その右に梅棹，吉良，中尾）

この調査は、学会幹事の木原均（農学部教授）がミクロネシアの島々でサトウキビの育種と遺伝学研究に手を染めていたことから実現した。サトウキビ栽培などで進出していた日本企業、南洋興発の協力も得たが、滞在期間が延びたことで費用がかさみ、木原や今西があわてたことを、学生たちは知らなかった（今西錦司編著『ポナペ島――生態学的研究』一九四四年）。

一行は七月一三日、日本郵船の南洋航路、パラオ丸で横浜を出発。パラオ、トラックを経て、ポナペに着いたが、そのままパラオ丸でクサイ、そして航路の終点、つまり大日本帝国の末端のヤルートまでいって、再び航路を引き返してパラオで下船したのは八月九日だった。隊員のうち浅井辰郎（満州国建国大学）と京都帝大法学部学生の池田敏夫、秋山忠義、松森富夫は、そのまま、内地に帰る。一ヵ月後の便が欠航することになり、次は二ヵ月も先で、それまで滞在する余裕はなかった。

結局、ポナペには、今西錦司、森下正明、そして学生の中尾佐助、吉良竜夫、梅棹忠夫、川喜田二郎の六人が九月二四日まで約二ヵ月間滞在。調査活動をおこなった。一〇月八日に横浜に帰着した。

このメンバーは、いずれも、その後、学術探検に活躍する面々であり、「今西山脈」の核ともなる。ベンゼン核のうち、藤田と伴は、同じころ、初志を貫いて大陸に渡っていた。藤田は京大地磁気測量隊に加わって満州へ、伴は単身、モンゴルへ。

ポナペ島は学生たちの実力テストでもあり、じっくり「訓練」される。島に着くまで船上で毎日四時間ごとに気象観測。隊長を除く九人が二人ずつ組になっておこなう。毎朝、起床と同時に甲板でのラジオ体操。船中での読書はもちろん、乗りあわせた、京大農学部助教授・西山市三（遺伝学）や文学部助教授・泉井久之助（言語学）などから特別のレクチャーを受けたりする。

ポナペ島での調査
（手前から梅棹，川喜田，今西，中尾，吉良）

島々をまわったのちポナペ島に落ち着くと、植物調査しながら、島の最高峰ナヌカワート（七八七メートル）に登る。島の中央に立つと、どちらを向いてもサンゴ礁にくだける太平洋の波が白い線となってみえるというポナペ島の狭さであったが、学術調査のフィールドとしては決して不十分な狭さではなかった。

雨がよく降る。滝のように。どこもかしこも、じくじくする密林である。着ているものは、汗もまじって、いつも、しめりきっている。持っていったテントも張りようがないので、島民に仮小屋をつくってもらう。頂上の直下にあるという岩小屋を、何度も探しあぐねて、やっと見つける。

そこだけが、乾いていた。まるで砂漠の旅行者がオアシスを見つけたような、うれしさだった。岩小屋には、石焼きの石や、前にはタロイモもうわっていた。岩小屋の主のコウモリを追っ払って、四晩も泊まりこんで、調査や登山に使う。雨の音や島民の歌が次第になじんだものになっていく。

山を下ると、海岸の島民の村に住み込む。森林から島民の生活へ、と熱帯の自然と人間生活に目を向ける。生態学と社会学的な立場から、ポナペの人と自然を追求する。

純粋な島民だけの村オネ、島民と日本人が混住する村レイタオ、移住してきた日本人の農村春木村、そして日本人の多くが住む町コロニア、この四つの特色のある地点を、生態観察し、比較する。

こんな小さな島でも、六人の四五日間の滞在だけでは、荷が重すぎるほどであった。若い隊員たちは、初めてのフィールドワークに熱心に取りくむ。

今西は三九歳。前年にカゲロウ幼虫の研究で理学博士の学位をとっている。そして、最初の理論的な著作『生物の世界』を書き上げたばかり。学者として脂ののりきった今西を囲む、長期間の共同生活である。

大いに議論がたたかわされる。今西のいう同位社会や複合同位社会の認識論とか。今西は隊長の裃をぬいで加わってくる。のちに、すぐれた学者となっていく中尾や梅棹、川喜田、吉良たちの生態学への開眼の時期でもあった。何時間も何日もかけて、とことん煙突議論をやる。それまでに蓄えた知識や考えが、さらけ出され、試される。

この三カ月間は、ポナペ島の自然（とくに森林を中心に生物）と「暮らし」を生態学的に調査した。梅棹が「わたしはここで生態学におけるフィールド・ワークのありかたをみっちりとたたきこまれた」（梅棹忠夫「ひとつの時代のおわり――今西錦司追悼」『梅棹忠夫著作集』第一六巻、中央公論社、一九九二年）と記すように、今西から学術探検家としての実地訓練を受けた。

『ポナペ島――生態学的研究』

報告書づくりでも、吉良や梅棹たちはきたえられた。今西の編集のもとに、吉良が「生物」、森下が「島民」、浅井辰郎（京大文学部卒で、当時、満州建国大学研究生）が「日本人」、梅棹が「紀行」を分担し、四部から成る、今西錦司編著『ポナペ島――生態学的研究』（彰考書院）の原稿は、翌年の大興安嶺探検の前にできあがる。執筆にあたって、今西はきびしく指導した。吉良は、もとの原稿がかたちをとどめないほど朱を入れられたと、同書の復刻（講談社、一九七五年）の際に、「解説――復刻版へのあとがき」で思い出を記している。

今西は、『生物の世界』の「すみわけ」論をバックに、具体的な調査にもとづいて遷移説批判を強烈に打ち出していく。ポナペ島はマングローブが発達しているが、熱帯雨林は決して豊かでなかった。それでも森林を精力的に調べ、島民の生活にも迫る。まさに、生態学的研究であった[5]。

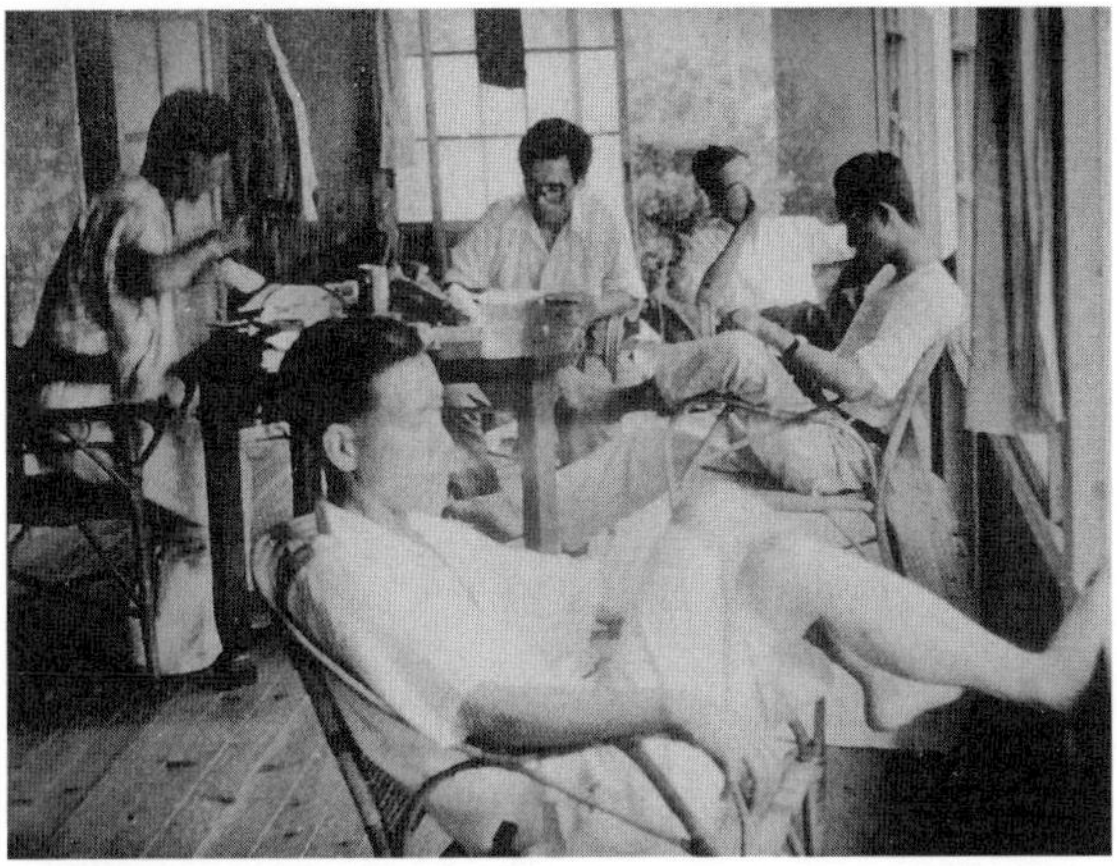

ポナペ島コロニアの隊本部で
（手前に今西，奥右から川喜田，中尾，吉良，梅棹）

しかし、あてにしていた出版社がつぶれてしまった。この難事に、文部省学術出版助成のあることを安江安宣が今西に知らせた。その助成を得て三年後の一九四四年一〇月に刊行になる。

この出版のときには、執筆者はほとんど大陸の西北研究所に行っており、内地に一人残った吉良がまとめにあたった。今西に代わって、あとがきも書く。

梅棹たちにとってポナペ島は、今西との盟約の「その第一回の契約履行であり、このグループの実力の瀬ぶみでもあった。三人は、この入門試験に合格した。ポナペ島の報告書つくりを機会に、われわれの学問的実力も、きびしくたたきあげられていった」（今西錦司編『大興安嶺探検』）。そして、大興安嶺探検という目標は、ポナペからの帰路の船中で話題になり、「秋冷えの横浜に上陸したとき、われわれの決心は半ばきまっていた」（同）のである。次のように記されている。

京都に帰って間もなく、今西はベンゼン核にいった。「わしは、やろうとおもう」

「やりますか、いよいよ」と梅棹。川喜田が問う、「目標は、ルートは」。今西は短く答える。「イキリ山をこえる。三河からモーホだ」

緯度にして三度以上ある。まず一〇〇〇キロとみて、三ヵ月かかる、と藤田は目算をたてる。「かなり手ごわいな。やれますか」と吉良。

「やれる！」今西は語気をつよめる。

「君たちがいる。そして、わしがいるではないか。われわれにやれなくて、だれがやるのだ」（今西錦司編『大興安嶺探検』毎日新聞社、八〜九頁）

大興安嶺探検隊が生まれたのである。


ところで、今西たちが訪れてから五五年後の一九九六年、筆者はポナペ島（現在、ポンペイ島と呼ばれる）を訪れた。今日では独立国になり、ミクロネシア連邦の首島だが、かつて内南洋とも呼ばれて大日本帝国の最前線でもあった面影があった。

その自然を観察しながら想像した。「すみわけ」を発見し、『生物の世界』を上梓したばかりで、まさに脂がのりきっていた、当時の今西の勇姿を。梅棹や吉良、川喜田たち「探検隊の見習い士官」も。初々しいフィールドワーク。ここから、大興安嶺探検へと飛躍していく、「今西学派」の原点になったのだ、と。

翌九七年二月二日には、ポナペ島調査隊員だった吉良、梅棹の二人を囲んでの座談会「夢のポナペ」をもった（『淡水生物』七三号、一九九八年）。森下は体調がすぐれなかったので、コメントを寄せてもらった。

3　探検の「自由の天地」

大興安嶺

太平洋戦争の開戦から半年後の一九四二年五月から七月にかけて、京都帝国大学講師、理学博士の今西が隊長をつとめる「大興安嶺探検隊」は、中国東北地方（当時の満州国）の北部大興安嶺の縦断に成功した。戦局の転換点となったミッドウェー海戦は、この探検の最中のことだった。

タイガと呼ばれる樹海が広がる森林地帯のなかを、地図の緯度にして三度半、約一〇〇〇キロの行程だった。本隊は今西隊長ら九名、地図の空白地帯に挑む支隊は川喜田二郎支隊長ら四名、補給にあたる漠河隊は森下正明副隊長ら八名で構成されていた。南からの今西たち本隊は、ロシア人のコサック馬を輸送にもちいて北上し、支隊も同行。北からは森下たちの漠河隊がトナカイを率いて南下した。

両隊は天測で位置を確かめながら、無線交信で連絡をとりつつ距離を縮めていった。支隊は途中で本隊と分かれ、ビストラ河源流の北部大興安嶺分水界の地図の白色地帯を突破。やがて、三隊はあらかじめ決めておいた地点で合流する。そして、全隊員が漠河隊のルートを戻り、アムール川の漠河に至って、探検を終えた。

大興安嶺という地名は、「帝国」の時代の日本人にとって、ゴビの沙漠や揚子江などとならんで、東アジア大陸のシンボルのひとつといえよう。『大興安嶺探検』の執筆者の吉良竜夫は、のちに同書を解説する際に次のように記している。

「いまの若い人たちにはピンとこないだろうが、日露戦争から太平洋戦争までの日本のアジア大陸進出時代には、大興安嶺は日本人の行動圏内の最大の秘境であり、真偽とりどりの冒険旅行の舞台として、その名はとくべつのひびきをもっていた」（梅棹忠夫編「砂漠と密林を越えて」〔文芸春秋『現代の冒険』第一巻、一九七〇年〕に収録の『大興安嶺探検』の吉良「作品解説」)。

吉良は探検の当時は農学部学生。のちに著名な植物生態学者となり、大興安嶺について、次のようにふり返っている。

「大興安嶺の北半分には、落葉樹であるカラマツ類の明るい林が一面に広がっています。そして、その下には永久凍土があり、地下一メートルくらい以下は年中凍結していて融けることがありません。これらの特徴は、バイカル湖以東の東シベリア内陸部と共通しており、北部大興安嶺は国境を越えて南下した東シベリアの一部分、延長だといえます。生態学的・地理学的にはたいへんおもしろい地域なのですが、出発前の今西さんがその点を重視していたかどうかはわかりません。しかし、ハルピンからハイラルを経てシベリアに通じる鉄道の北の北部大興安嶺は、ずっと以前から今西さんの重点目標のひとつであったようです。そこは、一〜二人の地理学者・民族学者と当時の満州の警察隊が奥深く入った記録があるほかは、ほとんど実情がわかっていませんでした。計画が進行するにつれて、その大部分はすでに航空測量が終わっていましたが、地上調査の不足でまだ地図はできず、おおまかな水系だけがわかっているという状況が明らかになってきました。そして、中央部には、まだ航空写真もない文字通りの白色地帯が残っていました。そこの突破が、今西さんの最大のねらいでした」(吉良竜夫「夜明け前のフィールドワーク」『エコソフィア』八号、二〇〇一年、三〜四頁)。

大興安嶺は、中国の内モンゴルから東北地方の最北部まで連なる長大な山系で、アムール川(黒竜江)の南の中国東北部を北北東から南南西に走っている。平均高度は約一〇〇〇メートル。とくに大きな山はないが、頂上部がまるい、晩壮年期の山々の無限とも思える山々の連なりである。山そのものが波のうねりのようで、山々の間は複雑に曲がりくねった広い谷によって網の目のように囲まれている。河川の谷には悪性の湿地が広がり、山々は頂まで針葉樹の密林におおわれ、外部からの交通をほとんど妨げていた。タイガと呼ばれるシベリアの森林に連なる樹海は、まさに字のごとく、樹林の海を航海しなければならない。

探検の対象となったのは、その最北部の「未知の領域」を含む地域であった。この北部大興安嶺の樹海は、南北が緯度にして三度半、東西が経度にして五度の広がりをもっていて、日本の北海道全域がすっぽり入ってしまう広さである。アムールやアルグンの河沿いを除いて、この山地の内部には集落といえるものはほとんどなく、そのなかで営まれている人間の生活といえば、北方ツングース系のオロチョンと呼ばれる少数民族が、狩猟を糧に暮らしているのみだった。

この地帯の「探検の歴史」は、『大興安嶺探検』によると、ロシアのシベリア進出とともにおこなわれてきた。北部大興安嶺についてはロシア人の人類学者シロコゴロフ夫妻のツングース族の調査（一九一五〜一九一七年）やドイツ人の地理学者プレチュケの調査（一九三二年）などがある。満州国ができてからは、日本人も手をつけはじめ、軍や警察、満鉄などの調査隊がそれぞれに踏破に挑んだ。しかし、横断はできたものの、縦断は成されていなかった。また、軍による三角測量や、満州航空会社よる航空写真測量もすすんでいたが、中央部には未撮影地帯が残されていた。

まだ縦断に成功したことのない、地図の空白地帯であることが、彼らをひきつけた。この、いわば地図の空白地帯を突破しようと、今西たち大興安嶺探検隊は計画した。

北部大興安嶺の地域は無人に近い原野にツングース系の狩猟民族オロチョンがわずかにいるだけで、満州国の軍隊にとってはいわば守るべき範囲の外にある。探検隊を成立させて出発するまでは軍の了解と援助がないとできないが、大興安嶺に入ってしまえば、そこはもう、探検の「自由の天地」だとかんがえた（今西錦司編『大興安嶺探検』）。

満州国治安部

そのためには、なによりも最初に軍の協力が必要であった。探検を計画した当初、これはきわめて難問とおもえたが、今西の中学時代の同級生、奥平定世（大阪商科大教授）や栗田義典（立命館大学生課長）の個人的なつながりから満州国治安部（のちの軍事部）の高級顧問の藤村謙少将を紹介され、道が開けていく。この経緯は、のちに今西は『大興安嶺探検』の「序」で、「探検隊は、じつに大勢の方々の支持をうけたのであるが、……この探検の育ての親というべき、藤村謙氏のお名前をしるすにとどめる」と、最大級の謝辞を記していることからもうかがえる。

このころ、西宮市に国防科学研究所という民間の団体ができ、奥平が関係していた。また、栗田は、その国防研究協会委員長。そうして、今西は国防科学研究所京都分室長・京都帝国大学講師理学博士の肩書きで隊長、森下は国防科学研究所員・京都帝国大学農学部副手農学博士で副隊長、京都帝大学生の川喜田、梅棹、藤田、伴、吉良も同所員として隊員に名を連ねて、最初の計画案が作られる。(6)

現地での交渉のために、先発隊員としてまず、伴豊（京大文学部学生）と川喜田二郎（同）が一九四一年暮れに満州に渡った。状況をさぐり、年が明けると可児藤吉（京大農学部講師）が加わり、交渉にあたった。

当初は乗り気でない治安部であったが、可児の青年研究者らしい誠実な人柄と伴らの学生ばなれした押しと粘りで交渉を重ねていった。軍部のいわゆるお役所仕事に対して、次から次に書類を作って対応していったという。

ついに、四月二三日には計画の最終案が治安部に承認される。今西たちの当初の案は、三河からガン河を遡ってモーホに達する本隊と、モーホから途中まで出迎える支援隊の二本立てだったが、本隊を送り届けるもうひとつの支援隊の検討や新たな航空写真測量資料の入手などから最終的に三隊に決まる。当初に治安部が示していた費用約一万円は、二万五〇〇〇円に増額されていた。

先発隊員たちはただちに、それぞれハイラル、ドラガチェンカ、漠河に赴き、現地で準備を整えた。本隊の到着まで、半月の余裕しかなかった。最前線にとんだ川喜田は現地の特務機関の無理解に悩まされながら孤軍奮闘する。本隊到着の二日前になって、やっとロシア人とそのコサック馬集めにかかり、本隊の着いた日に二週間の悪戦苦闘の末に準備を終える。

大興安嶺探検の出発前の隊員と軍関係者
（前列右から６人目が今西，右に１人おいて森下，1942年５月）

今西らは一九四二年五月三日京都を発ち、五日新京に到着。一二日、本隊員を乗せた二台のトラックがハイラルを出て、一四日にはドラガチェンカで壮行式。隊員一三人、ロシア人の馬夫八人、中国人の車夫二人、案内二人、駄馬二九頭、馬車五台の大部隊が北に向かって動き出し、探検が開始された。

この探検のころ、季刊『探検』が創刊される。日本で初の探検の専門誌で、山岳雑誌『ケルン』の名編集者として知られる加納一郎の編集である。今西はこの『探検』創刊号（一九四二年八月）の巻頭に「探検の前夜」を、あわただしいさなかに執筆して出発する。森下、吉良、梅棹も『ポナペ島』を書きあげる。

探検行

この探検の問題は輸送にあった。森林と湿地を六十余日も行くには、コサック馬でも限度がある。荷を減らすため缶詰など持たず、乾燥野菜にし、肉は魚などを釣って間にあわせ、馬のエサも野草である。軍から「馬糧がないから馬半分ぐらいは死ぬ」とおどかされたりもする。また、それまでの隊は夏に行って湿地帯と吸血性昆虫にやられている。そこで冬がすんで夏になる前の短い期間をねらった。

五月一四日、本隊はドラガチェンカの町を出発。六日目、シベリ

第一夜に泊まったロシア人農家（右が今西，1942年５月14日）

アに連なる大森林の一角にたどりつき、いよいよ馬車から馬に荷を移す。カラマツの林や谷をうずめる湿地に苦しめられる。もりあがったスゲ類の株の間に水をためた野地《やち》坊主には、馬が脚をとられて荷をひっくり返す。

心配した食糧は、シカの一種のノロを案内のオロチョンが、マス科の大きな魚タイメンをロシア人の車夫が釣りあげてくるなど、現地食のメドがつく。食糧は主食の米はあるが、大量の乾燥野菜を除けば、ワカメ、塩漬けイワシ、みそ程度しかなく、実質的な栄養食品は狩りと釣りに頼る方針があたったのだ。何もとれないときは塩イワシをしゃぶる〝興安嶺ランチ〟でがまんのときもあったけれど、これも探検の技術であった。

毎日の行進のうち、一日に二、三度は展望のきくところを選んで登る。そこから行進方向をスケッチにとり、航空写真に合わせて予定ルートを決める。こうして地勢のあらましを知り、航空写真がなくとも大勢を誤らなくする。この展望法を、一中、三高山岳部で親しんだ紫陽道人の『山岳旅行の秘訣』にちなんで、「紫陽道人」と名づけた。

地形はすばらしく雄大だった。三キロも四キロもある広い河谷のなかを自由に蛇行する川を遡る。いたるところに分流をつくり、主流をみない日もある広さであった。「紫陽道人」が大いに役立つのである。

一〇日ほどたったある日、思いがけない山があらわれた。頂は森林限界を抜き一五〇〇メートルはあろう。残雪をちりばめている。案内のオロチョンはナプタルダイと呼んだ。

登りたい、馬一匹貸してもらったら今夜中に必ず帰ってくる、と川喜田らは申し出る。が、今西は前途の長さを考えて、こんなところで手間どりたくない、と許さなかった。

この様子だと、いずれ、そのような立派な山はいくらでもあらわれる、とも予想したのだったが、その後はいくら進んでも、そんな立派な山はあらわれなかった。

やっと、一ヵ月後に文献にもでているオーコリドイ（一五三〇メートル）があらわれる。これには丸三日間をあてる。河畔の幕営地を午後に出発して小谷を遡り、夕飯をたいて悠々と食事をしたのち、おもむろに尾根にとりつく。この日は夏至だったが、長い日も暮れる。それでも今西は、まっくらのなかを先頭に立って、黙って登り続ける。

いつしか月は林のうえにでるが、気づかずに登る。ハイマツ帯になってやっと露営する。馬が登れなくなったからだ。森林限界の直下で、毛布の寝袋で寝て、翌朝、夜が明けるとともに二時間ほどで頂上に達する。

北国の夜のいちばん短い夏至の日に、大興安嶺を代表する高峰に夜討ちをかけて成功した。すばらしい登山だった。

頂上は、黒い石が敷きつめられていた。あふれるばかりの展望である。快晴だった。三六〇度の地平線がみな同じような山なみだが、一つひとつが個性をもっているようだった。

めいめいが熱心にスケッチに没頭する。たっぷり二時間、いや

支隊を送り出す前，ネクタイを締める今西
(1942年6月3日)

ガン河最後のキャンプ地

もっと長い時間たたずんで、探検の一つのクライマックスを楽しんだ。オーコリドイは探検にとっても登られねばならない山だった。

いっぽう、川喜田、梅棹、藤田、土倉はロシア人一人と馬五頭とともに六月三日、本隊と分かれる。大興安嶺の中心部の地図の空白部を、直線的に山場を乗り越え、乗り越え、しゃにむに進む。静まりかえった樹海のなかを、太陽の位置で緯度・経度を測りながら前進する。予定日数二〇日に対して食糧は二五日分。前途を考えて食糧制限をする。とにかく北方に進んでいることは確かだが、天測といってもどれだけの精度か、もうひとつ自信がもてなかったのだ。本当にまっすぐすすんでいるのか、わからない。

やっと航空写真で見おぼえのある二つの崖を見つけ、「合流予定地点近し」、とわかって大コンパをやる。食べすぎてゲロをはいても、まだ食べる。満腹してもまだ食いたい。食欲と満腹とがちがうことを知る。

やがて、合流地点に先着していた漠河隊がリスを追う銃声も聞こえる。六月二一日支隊は補給隊と出会う。本隊も支隊に遅れること一週間、基地と名づけた合流地点に到着した。ここはもうアムールの流れに注ぐ一つの源流である。

ここで本隊も支隊も驚いたのはテントのまわりをうろつくトナカイであった。補給の漠河隊が引きつれてきた

基地に集結した隊員たち（前列右から４人目が今西）

のだ。

大興安嶺の住民はツングース系の狩猟民族オロチョンである。このオロチョンに馬を使う一族とトナカイを飼う一族がいる。本隊は馬オロチョンに出会ったのち、必死でトナカイオロチョンを求めてきたのだが、とうとう出会わなかった。

これに対して漠河隊はトナカイオロチョンの雇い入れに成功して、三四頭のトナカイで荷を運んできたのだが、本隊を驚かそうと、無電連絡でもわざとトナカイは伏せておいたのだった。

本隊がドラガチェンカを出てからちょうど六四日目、薄やみの迫るころ、アムールの流れのほとり漠河《モーホ》に着き、長い探検行を終える。

学生が主力

帰国後すぐ、今西は「大興安嶺探検記」と題する手記を『毎日新聞』に寄せた（一九四二年八月八日〜一七日付）。

この大興安嶺探検隊の主力は学生であった。隊長の今西錦司（四〇歳）、副隊長の森下正明（二九歳、京大農学部副手）を除く一九名のうち、一〇名までもが学生なのだった。他は、軍の無線技師と測量隊、満州国政府の医官、満州航空社員、警察隊といった現地（満州国）で加わった隊員であった。

帰路，アムール川を下る船上で

学生は京都から隊の中心になって活動してきた、吉良竜夫（京大農学部）、梅棹忠夫（京大理学部）、藤田和夫（同）、伴豊（京大文学部）、川喜田二郎（同）、土倉九三（京都高等蚕糸学校）、江原真之（同）、加藤醇三（同）、小川武（大阪商科大）、川添宣行（立命館大）である。

やがて、吉良（植物生態学）や川喜田（文化人類学）、梅棹（民族学）、藤田（地質学）らは戦後、すぐれたフィールド科学者になっている（伴は大興安嶺探検の三年後にフィリピンで戦死）。

戦争はいよいよたけなわになる。探検地理学会も会員が各地に出かけるうち一九四三年一一月の第二一回例会を最後として、実質的な活動を終える。

一九四四年、蒙彊の張家口に西北研究所ができる。今西を所長に、藤枝、森下、中尾、梅棹と、一〇人ほどの所員のうち五人までが会員であった。

大興安嶺探検隊の成果は『探検』三号（一九四三年五月）にその半分近くをさいて紹介されるが、よく知られるようになるのは、戦後になってからである。

探検から一〇年後の一九五二年に、報告書が今西錦司編『大興安嶺探検——一九四二年探検隊報告』（毎日新聞社）として出版される。Ａ５判、本文五三四頁、巻頭の序文・目次・まえがき一四頁、巻末の索引一八頁、ほかに一六頁の写真プレート（巻頭）と折りたたみ地図が一枚ついていた。文部省の学術成果刊行助成金を得て、当時としては内容・装丁ともに立派なものである。

このとき、今西はマナスル偵察のためにヒマラヤに出かける年であった。学生たちの何人かは、ひとかどの学者になっていた。

全六章のうち、第一章から第五章までの四三六頁が紀行で、第六章が学術報告となっている。紀行には、植物や動物、地質地形、民族などの専門的な記述もあり、学術報告は次のとおり。「地形と地質」（藤田和夫）、「過去の気候」（藤田、川喜田二郎、吉良竜夫）、「落葉針葉樹林の生態学的位置づけ」（吉良）、「採集植物目録」（吉良）、「採集動物目録」（梅棹）、「農業北限線の問題」（川喜田）。紀行と学術調査がみごとにミックスされた名著といえよう。若々しく、探検の息吹に満ちた、それはまた、探検の「精神の記録」でもある。

なお、英文での学術的成果の概要は、米国の地理学雑誌 *Geographical Review*（vol. 40, pp. 236-253, 1950）に、今西が“Ecological Observation of the Great Khingan Expedition”と題して発表した。

戦後になって探検の成果が発表されたうえ、京都大学カラコラム・ヒンズークシ学術探検隊（一九五五年）をはじめとする、いわゆる京都学派のフィールド科学における華々しい活動とともに、大興安嶺探検隊はその原点として評価されていく。

『大興安嶺探検』はその後、一九七〇年に文藝春秋社『現代の冒険』シリーズに一部が収録され、一九七五年には完全復刻版が講談社から出る。一九九一年には朝日文庫になる。この文庫版には『大興安嶺探検』の後半九八頁を占める学術報告と索引が省略されているが、本多勝一による解説「輝ける青春の記録文学」がある。本多は「開拓者精神」「ロマンチシズム」「奇妙な『非国民』たち」「人生最良のとき」「仮説と創造」「『大興安嶺』を超えて」と章立てし、五〇頁にわたって執筆。「私たちの探検部誕生をうながすための身近なバイブル」「（探検の）手本だった」と記す。

4　軍を乗りこえて

探検隊と軍部

ふり返ってみると、大興安嶺探検には軍部の許可が必要で、その協力が不可欠であったことは、『大興安嶺探検』に記されている。軍部との交渉の様子も載っている。しかし、軍部にどのような報告をしたのかなど、当時の軍部との関係についてはわからない。『大興安嶺探検』の刊行は探検から一〇年後、もう戦後になってからのことだから、軍部との関係をできるだけふれないようにしたのだろうか。

今西は『大興安嶺探検』の序に「戦争はたけなわであった。えらい学者たちが、われもわれもと軍に便乗して、右往左往している。それを嘲るかのごとく、大興安嶺の学生は、軍を乗りこえ、軍のまもりの外に、自由の天地を求めていった」（今西錦司編『大興安嶺探検』）と記し、本文においても軍事行動とは関係ないことが強調される。

たとえば第一章の「探検の前夜」では、「国境にとらわれない、自由な眼でながめれば、つまり北部大興安嶺は、東シベリア山地の一部なのである。ひろいシベリアのなかには、このくらいの大きさの未開地は、あちらこちらにあるだろう。そのひとつが偶然にもとじられた国境のこちらがわにあった。しかも、軍事行動をゆるさない密林と湿地のおかげで、一九四二年当時にも、一種の空白地帯として、国境の緊張から解放されていた。この偶然がさいわいして、われわれは、そのなかにもぐりこんでおもうままにふるまい、シベリアの自然に接することができた」。続けて、「しかし、いまとなってみると、それはまことにみじかいチャンスであった。いまでは、満州は事実上のシベリアの一部となり、北部大興安嶺は、手のとどかない鉄のカーテンのむこうにかくれてしまった」（同）と結ぶ。まるで、探検隊と軍との関係もベールに隠れてしまったかのように。

もし、戦中に報告書が公刊されていたならば、その関係が記されていたことだろう。じっさい、『大興安嶺探検誌』として校了まぎわまで進んでいた。しかし、印刷にかかる直前に東京で空襲にあった。『大興安嶺探検誌』は、さきの『ポナペ島』とほぼ同時に、吉良が中心になって校正作業がすすんでいた。そして、『ポナペ島』はその空襲の前に刊行できたが、『大興安嶺探検誌』は原稿と組版の一切が焼失してしまった(7)。一九五二年刊行の『大興安嶺探検』は、戦後になって最初から改めて執筆され、その意味でたいへんな労作である。しかし、探検から刊行までに一〇年近い歳月が経過している。しかも、敗戦直後の執筆、出版である。探検時の今西たちと軍との関係を読み取りにくい。

マル秘報告書

探検直後の隊から軍部への報告書が明るみになったのは、今西錦司生誕一〇〇年を記念する京都大学総合博物館での特別企画展「今西錦司の世界」(二〇〇一年一二月～翌年四月)においてであった。今西の没後九年が経ていた。この展示に、『大興安嶺探検』の実質的な執筆・編集者の吉良から、「今西さんから預かっていた」と、提供されたのである(8)。

この今西錦司編『大興安嶺調査隊報告書』は、報告書表紙の裏には赤鉛筆でマル秘と記されていた。今西の筆跡である。

謄写版刷り、A４判二六八頁。折りたたみ地図(オロチョン移動分布図)が付いている。後記に「昭和一七年一二月二日　今西錦司記」とある。探検が終わったその年末までに作成、満州国治安部に提出したものとみられる。内容は、第一部「探検小史　行動」(執筆担当者、梅棹忠夫)、第二部「地形　地誌」(同、藤田和夫)、第三部「気象植生」(同、川喜田二郎)、第四部「民族」(同、小川武)、「後記」(同、今西錦司)となっている(9)。

今西の「後記」は、この探検隊を「治安部大興安嶺調査隊」と称し、その成立経過を次のように記している。

「大興安嶺の最高峰一七二八メートル峰に昭和一一年一月、京都帝国大学旅行部員(隊長加藤泰安・現在陸軍中尉山西省特務機関勤務）が登頂成功後は北部大興安嶺が目標となり、縦断が計画されたが、シナ事変のために実現の機を得ずに数年を経た」。つづいて次のように記す。

「しかるにたまたま本計画は国防科学研究所において認められるところとなり、所員を派してこれが実施に当たらしめるにつき、同研究所委員長栗田義典氏は昭和一七年二月渡満、満州国治安部高級顧問藤村謙少将に向ふところがあった。これよりさき一二月末、学生川喜田、伴の二君具体案を携って渡満し、三月には可児藤吉君らが渡満せる結果、本計画は治安部が主体となり、国防科学研究所員は委嘱されて調査任務に従事すべきことが略略決定した」。

ここには、国防科学研究所という、『大興安嶺探検』にはない組織名が登場する。今西たちはその所員として治安部から委嘱され、調査任務という名目で探検を行ったというのである。そして、「後記」は「本調査隊の母胎となった国防科学研究所の栗田義典・奥平定世・国本朝太郎の三氏に厚く感謝する次第である」と結ぶ。

隊としての「報告」について、今西は次のように記す。

「調査隊に與えられた任務としての兵用地誌に関しては、従来の経験に乏しいため、期待に背き概ね掻靴の感無きを得ないと思はれる。よってこの部分は調査隊に参加された陸地測量部の松本、佐藤二技手の専門的な報告書と併せ読まれんことをお願いしたい。憂慮されたるにも拘わらず、学生のみを以て組織せる支隊が、無事空白地帯を突破して、簡単乍ら実測図を作製し得たことは、この間にあって、いささか本調査隊の面目を施したものとしなければならない」。

学術的調査については、「この報告書を以て一つの中間報告と見なし、他日稿を改めて純学術的報告書を上梓する意図を有するものなることを諒とせられたいのである」。そして、

「とにかく計画の作製、現地交渉、先発隊員としての諸準備はじめ、行動期間中の諸資料の聚集より、帰学后の整理に至るまで、殆どその大部分は隊員として参加せる学生自身の積極的行為に待つものであった。本報告書の原

稿もまたかくして彼ら自らの手になるものである。経験の不足乃至は学問的水準の低さより来たる不備はまことに已むを得ない。思ふにこの不備を覚悟の上で乗り切った、彼等の烈々たる挺身的意欲の中にこそ本調査隊を貫く開拓者精神は躍如としているのである」。

今西の本領

このように今西は、隊のスポンサーである満州国治安部に向けた報告書をつくっていた。謄写版刷りの質素な体裁だが、探検を終えた四ヵ月後のことである。

その内容は、どちらかといえば簡潔で、すべて学生たちに分担執筆させた。隊の行動についての記述は軍隊の行進報告にならったものだが、その他の記述は学術的な報告となっている。

この報告書から、とくに今西の「後記」によって、当時の状況をかなり知ることができる。今西は、隊に与えられた任務の兵用地誌は期待に背くという。隊に同行した軍の測量技手の報告と併せ読むように、と書いている。その一方で、学生たちが空白地帯を突破したことを誇っている。学生たちが、この隊の準備から報告書づくりまでやったと、その活躍ぶりを強調するのである。

いずれにせよ、この報告書によって今西たちと軍部との関係は、明らかである。軍部からの与えられた任務があったのは確かである。それは、兵用地誌の作製だった。しかし、任務はあったものの、兵用地誌についてはそれほど調査はできていないという。付図のオロチョン移動分布図は、兵用地誌には役立つかもしれないが、軍事的には重要なものではない。また、隊の行進についての記述は、軍隊の報告書の体裁に整えただけという感は否めない。

それよりも、今西はこれから純学術的報告書をつくることを明言し、それについての諒解を求めている。この自信というべき、自分たちは学術探検隊であるという姿勢にこそ、今西の本領があらわれているのではないだろうか。

軍部への報告書においても学術報告を前面に打ち出し、しかも立派なものを後日つくるという今西の姿勢は、なかなかしたたかである。そして、戦後になったが一〇年後に出す『大興安嶺探検』では、たとえば「調査隊」を名称には用いずに「探検」で通したり、国防科学研究所を表に出さないなど、今西流を貫いている。こうした、この「報告書」と『大興安嶺探検』との相違には、今西の「帝国日本」への、さらには体制というものに対する冷めた見方があらわれているようである。

この「報告書」を吉良が今西から預かっていたのは、公式報告書執筆の参考にせよとのことだったのだろう。吉良から託された際に、いきさつなりをもっと詳しく聞いておけばよかった。そのうちに尋ねようとおもっていたのだが、二〇一一年七月一九日、筆者が大興安嶺の旅から帰った翌週に、吉良の訃報が届いた。

今西はすでに亡く、ベンゼン核の藤田、川喜田、梅棹もここ数年来相次いで去っていた。そして、吉良は探検隊の殿となって旅立った。

梅棹にも、担当した部分もあるので、亡くなられる半年ほど前に、この「報告書」を手渡した。「吉良先生がこんなの持ってましたよ。梅棹先生も行動記録を執筆してますね」とたずねたが、返事は、「覚えてないなあ」だった。

大興安嶺を再訪

大興安嶺の山中には、新中国の成立後、一九五〇年代から森林資源の開発のために鉄道が敷設された。内モンゴル自治区ハイラルの近くの牙克石《ヤクシ》から、北へ四四一キロ、満帰《マンコイ》まで。大興安嶺探検隊のコースと交差、並行して走っている。満帰は三隊の合流地（基地）に近い。

これを利用して、筆者は二〇一一年夏、大興安嶺探検隊の跡をたどってみた。

ハイラル発満帰行に乗車。ハイラルはホロンバイル草原にあり、牙克石から次第に山中に入る。根河で探検隊コースと交差する。ここには、大きな町ができていた。ガン河域からゆるやかに山越えし、ビストラヤ流域に入ってふたたび本隊コースと出会う。早朝のハイラル始発が夜に入って、終点の満帰に着いた。ここにも、マンコイ川との合流地に町ができていた。

高台から山なみと流域が一望でき、本隊と支隊のコースが手に取るようにわかった。オーコリドイも見えた。お花畑に蝶が舞い、川辺林にも入って隊の行跡をしのんだ。さらに、満帰からバスで漠河へ。黒竜江省に入ると地道になり、林間を抜けて四時間で着いた。アムールの川岸に達したのち、空路、ハルピンに戻る。列車で長春へ。かつての満州国の首都で治安部の壮大な旧址を訪ねた。

日記風に記すと

七月七日(木) 七時三一分 ハイラル発満帰行に乗る。八両編成で軟座なし。最後尾の寝台を取るが、核心部を通るから寝ておられない。牙克石 九時一五~二〇分 乗客が増える。列車は北に向かい、緑の山に入っていく。材木を満載した貨車とすれちがう。沿線に沼地が目立ち、お花畑も。一二時五〇分トンネル抜けてイトウリ流域へ。シラカバがふえ、やがて一面にカラマツ林、まさに樹海。開拓地もポツンとある。山中の「嶺南」で停車、乗務員も野いちご摘み。一三時四〇分 伊図里。大勢下車した。大きな町だ。一四時一〇~三〇分 伊図里河。さらに大きな町。すぐ西へ、線路が分かれ、道路が側を走る。沿線に蝶が舞う。お花畑の赤いのはエゾスカシユリか。根河一五時一五~三〇分。だだっ広い町。橋が架かる。ここから上流へ、探検隊は向かっていったのだ。かつては大興安嶺のまっただ中の無人の地が、今や開拓の中心地となっている。古い開拓農家が朽ち、新しい住宅が建ち並ぶ。

線路はさらに北へ、水系をゆるやかに越えていく。探検隊と次に出会うのはビストラヤ本流だ。金林 一六時四五分。本流の右岸に出たはずだが、流れは見えず、川辺林が広がる。金河 一七時三〇分。細い材木を積んだ貨車が停まっている。貯木場もあり、かなり伐採しているようだ。もう探検隊と併走しているはずで、オードコリイが見えないかと車窓から目をこらす。本流が木立の間に、蛇行してゆったり流れる。山麓に霧がわき、陽が傾いた。二〇時三〇分満帰。終点だ。

八日(金) 満帰に滞在。高台(八三二・五メートル)に登ると、すばらしい展望。町から山、川まで一望でき、大興安嶺の山なみを堪能した。南に遠く、先が尖って高くて風格あるのはオーコリドイだ。今西さんらは若かったから、夜討ちかけて仕留めたのだった。マンコイ川上流域もよく見える。当時は地図の空白地で、川喜田さんらの支隊が突破したのだった。北に向かうビストラヤ本流はやがて東に転じるが、本隊はしばらくは右岸に沿って下ったのち、森下隊との合流地に向かったのだ。高台からの下り、お花畑を楽しみ、蝶を追った。これらの生き物たちは探検時と変わらないはず。三輪車タクシーをチャーターし、川べりを走った。本流は広く、ゆたかな水量。岸辺に降り立つと、小さな虫にまとわりつかれた。さらにマンコイ川上流に向かおうとしたが、パンク。夕食は奮発して細鱗魚という川魚を注文した。今西さんが釣ったタイメンかもしれない。うまかった。

九日（土）　漠河行バスは一日一便。八時五分出発。ほぼ満員。漠河まで一三〇キロ。エベンキ族村の前を通過し、九時に省境。舗装がなくなりガタガタの地道。尻が痛くなる。単調な明るい森のなかを走る。対向車ほとんどなし。正午、漠河《チーリン》着。さらにアムール川の河岸まで八八キロ、タクシーで。工事中の舗装された道をぶっ飛ばす。なんと、北極村という観光地になっていた。ついに大興安嶺こえてアムールに来た。

一〇日（日）　大興安嶺純野生木耳やブルーベリーを土産に、空路、漠河からハルピンへ。北京から週末利用の「北極村」観光客などで満員。漠河古蓮机場　一五時四〇分発　ハルピン　一七時二〇分着。アムールは見えず、緑の樹海のみ。

一一日（月）　ハルピンから列車で長春へ。駅正面の春誼賓館（旧ヤマトホテル）は改修中。満州国の遺跡を巡った。探検隊のスポンサーだった治安部（一九四三年から軍事部と改称）の壮大な旧址は、吉林大学第一院という大きな病院として使われていた。建物はほぼそのままのようだが、患者もたくさんいて、にぎわっていた。

注

（1）　三木はこの所員時代の一九四一年、化石で見つかったスギ科の植物に新たにメタセコイアという属名をつけた。戦争直後に中国でその現生種の存在がわかり、「生きていた化石」として有名になった（斎藤清明『メタセコイア』中公新書、一九九五年）。

（2）「わたくしが、一九三九年ならびに一九四四年の、二度の調査旅行にえらんだ調査の主題目は」、とあるように、この「草原行」と西北研究所での「冬のモンゴル」の調査目的を述べている。

（3）一九六六年、森下が京大に迎えられた最初の講義を、筆者は受講した。学生、院生だけでなく教官たちも詰めかけて満室状態だった。森下は最晩年まで研究をつづけ、逝去の前年の一九九六年、『日本生態学会誌』に「種多様性指数値に対するサンプルの大きさの影響」を発表した。「森下正明研究記念館・エスパス百万遍」が、京都市左京区の京都大学北部構内近くの居宅跡に二〇〇八年に設置されている。

（4）可児の研究については、次のように述べている。「可児さんは初め医用昆虫学を志し、卒業論文の『ノミの触角について』から続いて川の中のブユの分布調査を行ったが、後にカゲロウやトビケラなど水棲昆虫全般の分布にまで研究の範囲を広げた。この当時の彼の悩みは川の上流から下流までの河川型の表現法についてであり、私も下流の上とか山地性平地流とか妙な表現法を助言したことをおぼえている。しかし可児さんは最終的にはA、B、Cの大文字と小文字の組み合わせで簡潔に河川型を表現する方法を立案した」。

（5）さらに、今西は次の著作『生物社会の論理』（一九四九年）において、ポナペ島のデータを示しながら「論理」を展開していく。

（6）国防科学研究所「北満大興安嶺地区調査計画案」が、戦死した伴豊の遺品としてAACKに保管されている。「昭和十六年十二月対英米宣戦之日」に認む、とあり、満州国治安部に出した計画案とみられる。隊長今西、副隊長森下ほか、隊員五名の名が載っていて、計七名での費用総額を九九五〇円計上している。

川喜田二郎によると、奥平から京都支部長をと依頼された今西は、「大興安嶺に行く金を出してくれるんなら、やってやる」と応えたという（京都大学総合博物館編・梅棹忠夫他著『フォト・ドキュメント　今西錦司』国際花と緑の博覧会記念協会、二〇〇二年）。

（7）吉良竜夫「解説――復刻版へのあとがき」（今西錦司編著『ポナペ島――生態学的研究』講談社、一九七五年）と梅棹忠夫「『大興安嶺探検』その後」『梅棹忠夫著作集』第一巻、中央公論社、一九九〇年）。

（8）吉良のもとには、探検隊の準備段階からのメモや、現地での交渉記録、隊の行動記録など、多くの資料も保存されていた。これらはＡＡＣＫと同博物館に託された。

（9）　梅棹はその著作類を丹念に目録にしているが、この文書は『梅棹忠夫著作目録（1934-2008）』（二〇〇九年）には載っていない。

第六章　草原行・遊牧論そのほか

1　辺境の研究者たち

西北研究所

今西錦司が所長をつとめ、梅棹忠夫らが所属した西北研究所は、太平洋戦争末期に蒙彊の張家口にあった。日本の敗戦まで、わずか一年半弱しか存在しなかったが、その間の冬のモンゴル調査などの成果は、戦後に大陸から帰国後、今西錦司『遊牧論そのほか』（一九四八年）や、梅棹忠夫「乳をめぐるモンゴルの生態」の一連の論文（梅棹忠夫著作集第二巻『モンゴル研究』一九九〇年に収録）などとして世に出る。

しかし、短命に終わった研究所については、戦後しばらくはほとんど記されることはなかった。そのため、どのような研究所だったのか、さまざまな憶測を呼んだようだ。

「あの時代に、あんなところに奇妙な研究集団があったということは、多少、伝説化してかたりつがれているようである」と、梅棹は一九九〇年になってふり返っている（梅棹忠夫「回想のモンゴル」『モンゴル研究』一九九〇年）。

幻の研究所などとうわさされていたようだが、当事者が研究所についてはじめて具体的に明らかにしたのは、藤枝晃・京大名誉教授の談話記録「西北研究所の思い出」（『奈良史学』第四号、一九八六年）であろう。

西北研究所員で主任だった藤枝が、原山煌（桃山学院大）と森田憲司（奈良大）の長年の依頼に応えたものである。そのインタビューに、筆者も同席させてもらった。また、一九八六年には引きつづいて、原山らと一緒に、西北研究所のスタッフであった中尾佐助、磯野誠一・富士子夫妻、梅棹忠夫にも話を聞いた。さらに、森下正明には筆者が単独でうかがった。

このころ、梅棹は眼を患って入院中であったが、よく思い出して語ってくれた。その後、梅棹は、その録音テープなどをもとに「回想のモンゴル」を書き下ろし、著作集第二巻『モンゴル研究』に収録した。

こうして、西北研究所について当時の関係者からの聞き書きが得られたので、筆者も『今西錦司——自然を求めて』（松籟社、一九八九年）では、今西の西北研究所時代を第一章にして執筆をはじめることができた。本書にも『今西錦司——自然を求めて』を用いているのだが、西北研究所については藤枝や梅棹たちへのインタビューに多くを負っていることをあらためて記しておきたい。

その拙著『今西錦司——自然を求めて』の冒頭（五〜八頁）で次のようなエピソードを記した。今西が研究所に赴任する直前の話で、筆者が一九八六年八月に桑原武夫を入院中の京大病院に見舞った際に聞いたものである。

一九四三（昭和一八）年、桑原は大阪高校教授から東北帝国大学法文学部助教授に転任することになった。「都落ち」（本人にはそんな悲壮感はなく、むしろ新天地への期待を抱いていたのだが）の桑原のために、京都の仲間たちが送別会を催した。仙台に赴任したのが一一月だったから送別会は一〇月のことで、たしか寒い日のことだった、と桑原は記憶している。その会場はどこだったのかなど、もう忘れてしまったが、ともかく最後に、桑原は今西錦司と二人だけになった。

歩いて帰るうちに、加茂川の葵橋の西のたもとまで来た。桑原の家は、西に一〇分足らずの相国寺のそばに、京都帝国大学教授だった亡き父、隲蔵《じつぞう》（一八七〇〜一九三一）の代から構えている。今西宅は、橋を渡ってすぐの下鴨西通りを北へほぼ同じ距離にある。西陣の織屋の長男の今西だが、学問に打ちこむために、下鴨に家を建て、西陣から妻子とともに移って一〇年余りになる。

夜も遅かったが、別れる前に二人は川原に座りこんだ。これからのことなど、いろいろ話がでたのだが、桑原が覚えているのは

「クワ、俺はやるぜ」という今西の言葉である。

この言葉の真意は、探検や山登りのためなら、「軍とでも手を結びまっせ」ということだと、桑原は察した。

今西はその前年、地図の空白地といわれた中国の北部大興安嶺を探検した。地図の緯度にして三度半、約一〇〇〇キロの南北縦断を、四〇歳の今西隊長のもと、二九歳の青年昆虫学者、森下正明副隊長のほかは、吉良竜夫、伴豊、川喜田二郎、梅棹忠夫、藤田和夫、土倉九三らの学生を率いて成しとげた。これは、地理学的探検の最後のものともいわれる本格的な学術探検だったが、満州国の治安部、つまり日本軍の許可を得なければならない探検行であった。

釣り（大興安嶺で）

大興安嶺は当時の満州国内だが、人跡まれな辺境であり、日本軍の守りの外にあった。今西や若き探検家たちは軍を乗り越え、探検の天地を求めていた。そして、戦争中にもかかわらず、彼らの目標は、次はモンゴルであり、さらに中央アジアだった。しかも、それを実現するためには手段を選べない時代であった。

今西は、桑原が反軍思想の持ち主であることを知っている。それなのに、なにも言い訳めいたことをいわなかった。

探検地理学会ルームで
（大興安嶺探検から帰って間もなく）

「そうか」。桑原も、短く答えたきりだった。戦争はたけなわだった。これが二人の生き別れになるかもしれん、と桑原は思った。それだけに、今西の言葉がきわめて鮮やかに残っている。

しかし、筆まめな桑原なのに、このことを書き残さずに一九八八年春、逝ってしまった。

筆者は桑原から今西のエピソードをよく聞いたのだが、「今西錦司の伝記は、ぼくにしか書けん。しかし、今西の生きているうちはいろいろと差しさわりがあるからなあ」、というのが桑原の口ぐせだった。

じっさい、桑原は師友のポートレートを集めた『人間素描』（一九六五年）でも、「私がいちばんたくさんデータを持っている」という今西にはふれてはいない。今西について書いたものは、『今西博士還暦記念論文集』（一九六六年）の序文「今西錦司論序説」や『今西錦司全集』（一九七四年）第三巻の「解題」ぐらいなものである。

所長就任

今西は、桑原を仙台に送って約半年後の一九四四年四月、当時の蒙古聯合自治政府の首都、張家口に設立された日本政府系の学術機関、西北研究所の所長に迎えられた。そして、日本の敗戦まで一年四カ月間、その任にあった。

西北とは西北中国を意味していることはいうまでもない。その西北研究所は、日本の傀儡政権である蒙古聯合自治政府の財団法人蒙古善隣協会に属していた。そして、同協会そのものも日本政府の大東亜省の全額助成団体だった。このように、西北研究所は「帝国日本」につらなる学術機関といえるだろう。

もともと同協会は、一九三四年東京に設立の財団法人善隣協会が、蒙古聯合自治政府が一九三七年に樹立された翌年、張家口に在外本部として設けたものである。一九四〇年に駐蒙軍の要請で、張家口本部が東京の「善隣協会」から分かれて「蒙彊法人　蒙古善隣協会」となり、陸軍中将を退役したばかりの土橋一次が理事長に就任する。このときに調査部が設けられていた。それを改組し、その予算枠でつくられたのが西北研究所である。

西北研へ赴任する直前に東方文化研究所（京都）前で
（前列中央が今西，左端に副所長石田英一郎，最前列は藤枝晃）

西北研究所の前身の調査部については、その活動の内容はよくわからないが、西北研究所の主任をつとめた藤枝晃が次のように語っている。

「旧調査部の役割とか仕事いうのは、僕らが行った時は、こっちも聞こうとせんし、そういうもん何も言おうともせなんだ。そういうの知ってね、得することは何もないんですわ。但し、善隣協会というものは、西北へ出るための謀略機関です。それでこの研究所も、西北研究所となってる」（「西北研究所の思い出――藤枝晃博士談話記録」『奈良史学』第四号、一九八六年）。

所長に就任した経緯について、今西は『善隣協会史』（一九八一年）のなかで、民族研究所（東京）の岡正雄が推薦したと考えると筋が通るとしたうえで、京都帝大にあった興亜民族生活科学研究所（一九四三年解散）の所員として大東亜省の禄をはんでいたことも関係あるかもしれないという。「いずれにしてもこの人事はひとの意表に出たものであったかも知れない」と、今西自身の反応を次のように記している。

「さて、当の私は、この人事にたいして、どのように反応したであろうか、もちろん国民の一人として、私も戦争はぜひ勝たなければと念じてはいたが、一方では戦争のために、学者がむざむざと殺されてもよいものだろうか、という心配があった。だから、日増しに生きぐるしくなる国内を逃れて、蒙古に疎開し、そこで学問に打ちこめるならば、その学問が戦争協力に役立とうと、あるいは戦争をこえて民族に役立とうと、それは現地にいってからゆっくりと考えたらよいことであって、とにかくこれは渡りに船だから、この船には乗らねばならない。そして、船の収容力のあるかぎり、一人でも多く、若い有望な学者を連れだささねばならない。そうはっきりとは、その頃のことだから、口には出さなかったにしても、この気持ちは連れだすほうにも、連れだされるほうにも、お互いに通じあっていたのではなかろうか」（今西錦司「蒙古思い出すままに」善隣会編『善隣協会史——内蒙古における文化活動』日本モンゴル協会、一九八一年、二〇九～二一〇頁。『自然と進化』、『全集』第一一巻）。

微妙な言い回しではあるが、今西には決意があったにちがいない。この機会を利用し、若い連中も連れてモンゴルの草原でフィールドワークをやろう、と。

また、今西は『座談　今西錦司の世界』（平凡社、一九七五年）では、次のように語っている。「西北研究所の前身として蒙古善隣協会があった。それを改組して、大東亜省の直轄研究所にしようということになったのや。だれが僕をこの西北研究所の所長に推薦したのかようわからんのやが」「なにしろ戦争中やろ。みんな筋を通した行動なんかしないで、右往左往しとるんや」。

そして、何をいちばんしようとおもって行ったのか。「まず基礎調査として、蒙古草原の生産量を調べ、草原の類型区分とその地理的位置づけをやろうとした。これはいちおう結論の出せるところまでやって報告も書いているが、いま読みかえしてもひじょうに力のこもった、よくできた報告やと自分では思うとる」。さらに、「もう一つはね、そのころ軍が西北に伸びていこうとしていたことや」「いずれは青海や西蔵にはいれる機会もつかめるかもわからんといった、はかない夢もいだいていたといえようか」（今西錦司他編『座談　今西錦司の世界』平凡社、一九七五年、一〇四〜一〇五頁）。

今西の友人の桑原武夫が一九四三年一〇月に聞いた「クワ、俺はやるぜ」という今西の言葉も、その決意だったのだろう。

しかし、わずか一年余りで今西の研究所は消滅してしまう。今西にとっては心残りだったろうが、次のようにも記す。

「それにしても戦争が、おもったより早くすんだので、研究所の所員もさいわいにしてみな生きのこることができたばかりでなく、その後それぞれの道で立派な業績をあげ、大部分の人は、大学教授にまでなってくれたということは、なにも私が手を貸したことではないのだけれども、それでもみなさんが西北研究所の思い出とつらなるかぎり、私にとってはやはりうれしいことなのである」（「蒙古思い出すままに」）。

フロンティア・インテリゲンチア

一九四四年四月に京都を発つ前に、今西は『生態学と生物社会』と題する翻訳集の出版について、渋谷寿夫に後事を託した。この本はついに日の目をみなかったのだが、今西の「序文への追加」原稿や手紙が残されている。(1)西北研究所への赴任の様子がしのばれるので引用する。まず、「序文への追加」。

大東亜戦争のはじまった日、われわれは期せずして一室に集まった。われわれはこれからどこへ行かねばならないかわからない。またいつ帰ってこられるかもわからない。計画中であった野心的な著述の実現も、当分は難かしかろうから、なにかここでわれわれの学園生活の思ひ出になるようなものを残しておきたいといふので、にわかにこの翻訳集にとりかかることとなった。

それからぐづぐづしてゐるうちに、もうまる二年以上たった。われわれはやはり別れわかれにならなければならなかつた。すでに前線へ出ていったものもある。これから出かけようとしてゐるものもある。そしてわたくし自身もまた初校を見了らないで、蒙古の方へ出かけることとなった。心ならずもあとの面倒を渋谷寿夫君におたのみして。

それにつけても三省堂の竹内淑雄博士が、過日卒然他界されたことは、われわれとしてまことに残念にたへない。この書発刊の暁きには墓前にささげて、あつく生前の御厚誼に謝したいものと思ふ。

昭和十九年四月　京都下鴨にて　今西錦司

手紙では、出発は二八日頃になることを伝えたうえで、本の体裁や、挿図、印紙の印、印税の届け出などを、渋谷に細かな指示をしている。そして、「ではご健康をいのる。ご家族の御多幸をならんこと併せていのり奉る次第である。まずはお別れに際しお願いまで　早々」と結ぶ。

さて、西北研究所のスタッフは、所長の今西のほか、次長は石田英一郎（民族学）。主任は第一課（理系）と第二課（文系）にそれぞれ、森下正明と藤枝晃。所員や嘱託として理系には中尾佐助、梅棹忠夫が、文系には磯野誠一（法社会学）・富士子夫妻、酒井行雄（心理学）、甲田和衛（社会学）らがいた。それぞれ戦後に研究者として名を成した顔ぶれである。

今西は、京都帝大旅行部の後輩で登山家として知られる加藤泰安を、協会の総務部長にと招いた。しかし前任者がいて、加藤は奥地旅行のマネジャーをつとめた後、北京に引き揚げることになる。梅棹らの仲間の和崎洋一（京大理学部大学院）も奥地旅行に参加した後、帰国している。また、吉良竜夫にも声をかけたが、病身だったため京都で留守本部の役目をさせる。「もちろん、ゆくゆくは立派な綜合研究所にするつもりやった」と、ほかにも学生

冬のモンゴル野営地で
（今西と左に加藤泰安，右に梅棹）

たちを嘱託のかたちで呼ぶことをかんがえたという（今西錦司他編『座談　今西錦司の世界』）。

このように西北研究所には理系と文系の少壮、若手の研究者がつどっていた。戦争のさなか、日本内地からみれば辺境といえる蒙彊の地にできた、まだ海のものとも山のものともわからない研究所は、いわば文理融合の研究者集団であった。また、フィールドワークの研究所であった。

梅棹は冬のモンゴル調査などによって牧畜に関する研究論文を書くことになるし、フィールド調査には参加しなかった藤枝でさえ、「何よりも自分の眼を信頼することを私はここで教えられた」（藤枝晃「半生を大きく分ける節目——西北研究所での今西錦司」『アニマ』第二四一号、平凡社、一九九二年）という。今西たちのフィールドワークの影響を受けたというのである。

内地から張家口を訪れた研究者たちは、よく西北研究所の宿舎にやってきた。東京の江上波夫や飯塚浩二、京都の水野清一や長広敏雄、北京の篠田統らが、一宿一飯のわらじを脱いでいった。宿舎のテラスに籐椅子を並べて、飲み明かし、おおいに議論をたたかわせた。張家口にはインテリの集団があると、北京でもうわさになるほどだった。

東京帝国大学教授で人文地理学者の飯塚は一九四五年三月一九日、西北研究所を訪れた印象を『満蒙紀行』（筑摩書房、一九七二年）に記している。

「日本が狭過ぎて、居心地の悪そうな連中が、ここでは、……寛ろいでいた。水に放された魚、といったところである。私も魚の仲間に飛入りして、……

夜は、今西一門の少壮学者、それに江氏（実。言語学者で、蒙古政府の蒙古文化研究所長）、東洋史の藤枝晃氏らと、かっての隊商宿（西北研の宿舎のこと）の一室で、すき焼をつつきながら歓談。論客、梅棹忠夫君たちを相手に生態学の方法論を中心に大いに、議論の花を咲かせた」。

梅棹も、「まさに、フロンティア・インテリゲンチアのたまり場だった」と語っている。大いに語り、かつ飲んだようだ。江上波夫にいわすと、「今西さんは、朝から酔っぱらっていた」というほどの、今西の飲みっぷりだった。

今西には「フロンティア・インテリゲンチア」（『遊牧論そのほか』あとがき。『全集』第二巻、三八二頁）という思いがあった。

張家口は古来からモンゴルと中国との貿易の関門である。万里の長城が両側の山から迫ってくる城門（大境門）のすぐ外側に宿舎が、城内に研究所があった。

今西は、ここを拠点に学術探検を繰り広げるつもりだった。まず冬季のモンゴル高原へ奥地旅行を敢行する。さらに中央アジアも視野に入れて。

2　前人未到の調査行

冬のモンゴル

西北研究所で今西がまずねらったのは、「冬の奥地旅行」だった。今西にとっては三回目のモンゴルになるが、前二回で果たせなかった奥地まで入る。しかも、冬季というきびしい調査シーズンを選んだ。

最初のモンゴルは自動車旅行。駐蒙軍の調査に、ＡＡＣＫを中心とする京都帝国大学の学術調査隊（木原均隊長）

が便乗して、内モンゴルを広く廻った。今西は草地でクオドラード（方形）の枠を広げて草の種類や数を調べ、木原均編『内蒙古の生物学的調査』（養賢堂、一九四〇年）となる。

二回目は、森下と二人で、京大にできた興亜民族生活科学研究所から派遣された。張家口から馬車で北方に向かったが、目的としたグンシャンダーク砂丘を越えることはできなかった。その記録を『草原行』と題して執筆し、五年後の第三回目の調査に出かける直前に、張家口で脱稿する。

五月に張家口に到着した今西は、研究所づくりと並行して計画を練った。調査項目とともに、まだ経験したことのない草原の冬の寒さに備えての装備まで、加藤を中心にして準備をすすめた。そうして、今西は旅行に出発前、「草原の自然と生活」と題して研究所で次のように話している（『遊牧論そのほか』巻頭。『全集』第二巻）。

まず、生態学の立場から草原学というものが成立でき、「そういった草原学をうちたてるべき研究機関として、蒙古草原のどこかに、ひとつりっぱな草原研究所を、つくってみたいと願望しているものであります」と述べる。つづいて、自然とはいかなるものか、それに対する人間の働きかけを論じる。そして、蒙古草原における自然と生活の間の交互関係について、植物的立場から動物的立場をへて、人間的立場へと移っていくときにみられる変化を、生態進化史的に説く。

どのような立場から蒙古草原をながめ、調査でどこに重点をおくべきかにふれつつ、人間も視野におさめた生態学というものを宣言している。新たな今西の学問の展開といえよう。

九月六日に張家口を発ったメンバーは、今西、加藤、中尾、酒井、和崎、梅棹の六人と通訳のモンゴル人の青年二人とコック。トラックで張北まで行って、あとは借用した牛車に荷物を積み、隊員は馬に乗った。馬がラクダにかわることもあったが、いずれも途中の部落で借りて駅伝式にすすんだ。調査用のトラックもガソリンも補給できなかったからだが、かえってじっくりとモンゴル人の集落を訪れることができ、ゆっくりした旅行は稔りの多いフィールドワークとなった。

一行はまず、親日家で知られる満州族の名門、粛親王家の牧場に立ち寄った。梅棹が乗馬とモンゴル語の習得のために住み込んでいたところである。ついで、グンシャンダークの砂丘越えにかかった。ここはゴビ砂漠とか東ゴビとも呼ばれるが、砂漠のいわゆる荒涼さはなく、ステッペと今西が呼ぶ草原地帯のなかにある。

この砂丘地帯は、馬を飛ばせば四日間ほどの距離だが、粛親王牧場から一六日間かけて、ゆっくりと横断した。草原が砂丘によって切れ切れになっていて、馬群の放牧などには適さないが、人が住み、牧野もあった。立派なラマ廟もいくつか建っていた。

砂丘地帯を越えると、タルチン・タラと現地で呼ばれている大平野があらわれた。まるで海のような広がりで、水がないために無人地帯になっていた。そこを、十分に準備をととのえたうえで、月明りを利用し、まる一日分の水と燃料で、計画どおりに二日間で突破した。

そこは、野生の世界だった。日が落ちるとともに、オオカミの鳴き声が聞こえてきた。大型の野生獣である黄羊の大群にも出会った。そして、人間の手がくわわっていない原野で、珍しい植物に出会った。ハネガヤよりも背の低い種類の草で、仮に「ヒメハネガヤ」と名づけた。これまで見慣れてきた草原とは、まったく型を異にする草原だった。

出発時は緑そのものだった草原は、緑から茶色に変わり、急速に白い雪原となった。厳冬のモンゴルの風にさらされ、中尾にとっては「その風の強さは私の旅行前の予想を超え、もう逃げ帰ろうかと思った程だった」(中尾佐助「厳冬のモンゴル高原」『梅棹忠夫著作集』第二巻月報、中央公論社、一九九〇年。『中尾佐助著作集』第三巻、北海道大学図書刊行会、二〇〇四年、四七五頁)。

タルチン・タラを越えるあたりで出発以来すでに二カ月も経過し、加藤、酒井、和崎が先に引き返していった。きびしい寒さのなか、今西、中尾、梅棹らはさらに長駆して、外モンゴルとの国境にまで至った。

帰路は、やや西よりにとって、ふたたびタルチン・タラを渡った。雪におおわれ、さながら凍れる海のようだった。こんどはラクダを一九頭そろえ、有明の月のなかを早出して南へ縦断し、夜がくるころに〝対岸〟のザレンスームに着いた。

ここで二週間ほど滞在し、記録類の整理をしたのち西スニトまで南下。それから東にコースをとってチャハル盟に入り、粛親王牧場をへて張家口に帰ったのは翌四五年二月二六日のことだった。

寒風ふきすさぶ冬のモンゴルの調査は、それまでは夏にトラックで行うという常識を破る、画期的なものだった。梅棹はのちに、今西を追悼する文中で記している。

「その結果は大成功であった。いままで冬のモンゴルをみた日本人はだれもいないのだ。まさに前人未到のくわだてだった。そのおかげで、いままでしられていない事実がおびただしくわかった。常識に反しての意表をつく発想がこの成功をもたらしたのである」（梅棹忠夫「ひとつの時代のおわり——今西錦司追悼」『梅棹忠夫著作集』第一六巻、中央公論社、一九九二年、四七五頁）。

今西フィールドノート

国立民族学博物館の梅棹資料室に「冬のモンゴル」調査時の今西のフィールドノート（野帖）が保管されている。梅棹が敗戦後に西北研究所から天津や北京を経て、京都に持ち帰った資料類のなかに含まれていたものである。零番から四八番まで、番号を振った同じサイズ、装幀のノートがあり、三六番から四六番までの一一冊が今西のもの。(2)ノートは、横約一〇センチ、縦約一六センチの Level Book で、横書きで記されている。署名はないものの、まさしく今西の筆跡である。いつものように鉛筆書きの。

行動記録や天候にはじまり、観察や聞き書きの調査記録がきっちりと記されているだけでなく、日々の思索も何ページにもわたって長々と綴られている。「遊牧論」などの下書きもあり、「遊牧論」は一月五日に「脱稿」と記している。

旅行中に出会った在留邦人との会話や、その立場からの蒙古自治政府についての意見、満州国との比較など、政治的な問題にもふれている。持参した本の読後感想も記している。刊行されたばかりの『ポナペ島』が届いたことを喜び、『山岳省察』（一九四〇年）や『生物の世界』（一九四一年）につづくものだが、著書を一〇冊にするまでにはまだこれからだと感慨も記す。

また、調査の無事終了を知らせる、「二六ヒオクチチョウサタイゼンインキカンセリ　イマニシ」との電報原稿も納められるなど、内容が多彩な野帖である。

さらに、興味深いのは、俳句も載っていることだ。

一〇月一七日、キャンプ地での「天幕内ニオケル調査」の聞き書き記述の後に、縦書きで五句が書かれている（三七番のノートに）。

うす青き曠野の空を鳥渡る
生れたちし子等したがえて鳥渡る
天の河あふぐ夜更けの立小便
候鳥が旅の宿りの塩湖かな
着ぶとりて跨ぐに高し蒙古馬

三八番のノートには、「十月二十六日作句」として横書きで

腹みちて武勇伝聞く炉ばたかな
雲ひくく地のはて見えず冬来る

霜白き枯野に食める駒一つ
(○を「雲ひくく」の前に印していて、秀句のようだ)

今西が発句をするなんて、おもいもよらなかったことだが、俳人でもあった加藤泰安が同行していたから、すすめられたのだろう。

ただし、一一冊のノートのなかで、この二ヵ所だけである。このとき、どういう心境で、今西が句をひねったのか、その渋面ぶり(?)を想像してしまいそうになる。

なお、この後には、今西の俳句の類に出会うことはない。

遊牧論

この「冬のモンゴル」調査によって、今西は先に提唱した、禾本《かほん》草原—ヨモギ草原—ニラ草原という内蒙古草原の類型を修正することになる。新たに「軽草原」「重草原」という概念を打ち出して内蒙古草原の地理的位置づけをする(「内蒙古草原の地理的位置づけ——とくに軽草原を中心として」『遊牧民族の社会と文化』一九五二年、一一九～一七五頁。『全集』第四巻)。

そして、遊牧の起源は動物の群れと人間の家族との共生にあり、人間が動物につき従って移動するものだという「遊牧論」も展開される(『遊牧論そのほか』一九四七年。『全集』第二巻)。

この「遊牧論」は、奥地旅行の途中に西スニトでしたためている(日付は一九四五年一月五日とある)。遊牧の起源について、次のようにいう。農耕生活者が家畜化したヒツジやウマを農耕地域外に連れ出したところから遊牧生活がはじまったという従来の説に反対して、もともとヒツジもウマもその野生状態では一定地域内を遊動しており、そこへ人間が入りこんできて遊動する動物と共棲し、動物の遊動に従って人間もまた遊動するようになったのが、遊牧生活の始まりであると。つまり、遊牧は人間が動物につき従って移動するものだというのである。

今西は、この論を導きだすにあたって、動物社会学への関心をはっきりと述べている。まず、熱帯地方の森林にすむサルの社会生活の詳細な観察報告（C・R・カーペンターによる）から示唆を受けたことを紹介。熱帯林のサルと、ステッペの有蹄類とが、おなじような遊牧という生活様式をとっていることを不審がることはない。それは、持続的な群れ生活というものに結びついているのだから、と。

そこから、さまざまに論を展開し、モンゴルでの調査にもとづいたのが「遊牧論」となったという。「遊牧ということが、いかに発生のふるい、人間的特質の少ない生活様式であるかということを明らかにするのが、この遊牧論の主目的であった」と結んでいる。

さらに、この「遊牧論」への注釈として、北京で書きくだしたのが「遊牧論への注釈」である（日付は一九四六年一月三一日）。注というかたちをとりながら、前文の不備を補い、考えの発展を明らかにしようというもので、「遊牧論」よりも長文になっている。

ところが、この「遊牧論」は、梅棹が冬のモンゴル調査のなかで着想したものだという（梅棹忠夫「回想のモンゴル」『梅棹忠夫著作集』第二巻、中央公論社、一九九〇年、五〇頁）。

「遊牧の起源は動物のむれと人間の家族との共生にある、というこの仮説は、草原においてわたしがはじめて着想したものである。それを仲間にはなして、旅行中、さまざまな角度から議論して、わたしたちの共通の見解となっていったのである。張家口における報告会でも、わたしはこの説をのべている」。

草原の生態学的分析に精力をそそいでいた今西は、「草の経済」に鍵を求めていて、梅棹の「共生説」には、はじめは、むしろ抵抗をしめしたが、討論をかさねていくうちに、同意するようになった、という。

寒風が吹きすさぶ冬のモンゴル草原のキャンプ地で、さかんに論議しているさまが目に浮かぶようだ。

梅棹は、次のように結んでいる。「戦後、今西さんは『遊牧論そのほか』という本をあらわして、なかでこの説をのべられた。それで、以後、この説は「今西説」ということになっている。今西さんと学説のプライオリティーをあらそうつもりはないが、事実をしるしておく」。

梅棹はこの「回想のモンゴル」以前は、今西の「遊牧論」については、ほとんどふれることはなかった。『今西錦司全集』第二巻（一九七四年）の「解題」で、次のように記したのみであった。

「この第三次モンゴル調査行には、わたし自身も同行した。北京、張家口、そしてモンゴル草原の日々については、わたし自身のおもいではつきないし、この『遊牧論そのほか』をめぐっても、かきたいことは山ほどあるが、いまは一切ふれないでおく」。

このように、「遊牧論」をめぐっては、梅棹にとって複雑な思いがあったのだろうが、いまとなっては、今西と梅棹の共同のセオリーであるとすべきだろう。

3　草原をあとにして

敗　戦

西北研究所のあった張家口は、モンゴルへの口（入口）の一つである。外長城線に沿っているが、その内側にあり、まだモンゴルそのものとはいえない。今西のいう「蒙古」とは、張家口から外長城線を越え、さらにその先に続く漢人の耕作地帯を越えたうえで、はじめて広がるモンゴルの草原地帯である。そして、そこは、モンゴル人の遊牧地帯だった。

張家口はその地理的な条件もあって、ソ連が一九四五年八月八日に対日宣戦布告し、満州や内モンゴル、朝鮮、樺太に攻め込んで来た際にも、在留邦人はかろうじて脱出できた。今西たち西北研究所のメンバーも、奥地に調査に出かけていてソ連軍に捕まった磯野誠一や徴兵されていた森下正明と中尾佐助らを除いて、北京や天津に避難す

所長時代

ることができた(3)。

ソ連が参戦し、内モンゴルに攻め入ってくるというのを耳にしたとき、今西は西北研究所の所長室で原稿を書いていた。前年秋から冬にかけての半年間の内蒙古奥地エクスペディションの報告書づくりを急いでいた。

そのころ、京城帝国大学の大陸資源科学研究所の一行が張家口にやってきて、奥地に出かけようとしていた。この大陸資源科学研究所は、学術探検に熱心だった京城帝国大学で、泉靖一（一九一五〜一九七〇、のち東京大学教授）らがアジアの自然と文化を総合的に研究するためにと奔走してこの年六月に官制化されたばかりだった。西北研究所よりももっと大がかりな、大陸での学術探検のための研究所になるはずで、さっそく七月から蒙彊の各地で調査を始めていた。そのなかの一隊が張家口にきて、明日にもトラック二台をチャーターして出発することになっていた。機動力にあふれた調査隊だった。

それにひきかえ、今西たちは奥地旅行でトラックを使えなかった。張家口からわずか半日行程の張北までしか、トラックに乗せてもらえなかった。計画を立ててはみたものの、調査期間中の通しの輸送機関をもてないとわかった。そこで、駅伝式に、適当な場所で、馬（場合によってはラクダを）と牛車を、必要な数だけそろえ直して進むしか手がなかった。そのために、どれだけよけいな気苦労をし、無駄な時間をかけねばならなかったことか。現地にいながら、調査の足の確保に苦労していた今西は、くやしがって記している。

「われわれだって自由にトラックが使えるなら、もっとしっかりした仕事もできるのだ。それに現地の人間になって仕事をしようとしているものを踏みつけておいて、他所からきた人間ばかりをちやほやするなんて、どう考えてみても腑に落ちぬ」(『遊牧論そのほか』)。

ソ連の参戦は、五万人いたという張家口の在留邦人にとって、「青天のへきれき」だった。ソ連軍のいる外蒙(モンゴル人民共和国)はそう遠くないから、ショックは大きかった。だが、それまでは戦時下とはおもえぬほど落ち着いた街だった。内地と同じように配給制だったが、物資は豊富だったし、漢人やモンゴル人の店でいくらでも買えた。空襲などの心配もいらず、安定した「疎開地」のおもむきさえあったという。

西北研究所では、冬の奥地旅行の後に森下や中尾が現地召集になっていた。藤枝や甲田は教育召集として張家口近辺で数週間の訓練を受けたりしていたが、日常はあまり変わりなかった。原稿を書いたり、資料を調べたり、本を読んだりという、研究所生活だった。今西は、宿舎から出勤してくると、昼間は所長室にこもり、机いっぱいに地図やメモ、資料を広げて、執筆に余念がなかった。内地のころと同じように、もっぱら鉛筆で書きすすめた。書き損じはあまりなく、一枚ずつきちっと完全原稿にしていく書きっぷりは、あいかわらずだった。

それでも、夕方になるときまって、執筆を切り上げた。きちんと取り片付けて宿舎に帰っては、毎晩、飲むことにしていた。白乾児《バイカル》という、きつい地酒を欠かさなかった。「もし日本が負けなかったら、蒙古にいた私はとっくに胃かいようでバテていたかもしれない」(「私の履歴書」)と、のちになつかしむほど。

また、梅棹は蒙疆博物学会をつくろうと、はりきっていた。研究所開設の披露にもつかい、講演会などの会合によく利用していた「遠来荘」で、その日は今西もかつぎ出して設立の相談をしていた。学会をつくることに決まり、会合を終えて外に出たとき、梅棹はソ連参戦のニュースを聞いた。

今西もソ連参戦の直後、防衛召集に引っぱりだされる。在留邦人の男はほとんど防衛召集になったが、今西は予備役の工兵少尉だったから(兵役は大学卒業の翌一九二九年にすませている)、第二大隊の副官をおおせつかった。

軍服や軍刀はもっていたが、半長靴は航空兵のはく短いのしかなかった。駐蒙軍の前の広場で、今西たち新規の召集兵が訓示を受けるのを見にいった梅棹は、老兵ばかりなのに驚いた。もっとも、梅棹は現役軍人であったから（兵庫県加古川の戦車隊所属。ただし、入営は八月からの予定だった）召集されなかった。

書きかけの原稿をそのままにして、今西は防衛隊にかかりきりになった。ひょっとしたら、この蒙彊の地で死ぬことになるかもしれない。しかし、なんとか自分たちの仕事だけは、のこさなければと、気になっていた。

内モンゴルに攻め込んだソ連軍の機甲部隊は、またたく間に張北に迫った。もう、張家口と目と鼻の先である。日本軍は張北を捨て、外長城線の陣地である野狐嶺まで退いて防衛体制をとった。ここは、昔からの要衝だから、いくら機甲部隊でもそうかんたんには突破できないはずだった。

八月一五日正午、今西は第二大隊の宿営地の北支開発の講堂で、「玉音放送」を聞いた。敗戦を痛烈に感じる。ここ、蒙彊の政府（蒙古聯合自治政府）も終わりだ、と。

それでも、日本軍が撤退し、ここの政府が解消してしまっても、一般居留民は当分はいままでどおりの生活をつづけられるのではないかと、今西はかんがえた。召集が解除になったら、もう一度研究所に戻って、原稿のつづきを書こう、と。

張家口落ち

ところが、居留民はすべて引き揚げることになった。さらに、防衛隊も引き揚げ邦人の列車の警護につきながら、いっしょに撤退するという駐蒙軍指令部の命令が、急に決まった。今西はあせった。研究室も宿舎も、そのままにして防衛隊に入ったから、引き揚げの準備はまったくしていない。夜半に近かったが、今西は、剣付き鉄砲の護衛をひとり頼んで、部隊の宿舎から大境門外の研究所宿舎に、飛んで帰った。

召集されなかった梅棹が、研究室を片付けたり、洗濯屋から所員のものを全部取ってきたり、留守を守って、ひとりで後始末をしていた。梅棹はまず、夫の出征後ひとりのこっていた病身の森下夫人に妻淳子を付き添わせ、最初の引き揚げ列車に乗せた。その際、荷物は二つだけしか持てなかったので、妻には着物などの持ち物は捨てさせ、研究用の書類を詰めこめるだけリュックサックに入れて、持たせた。

「着物なんか、日本へ帰ったら、いくらでも買うたる」と梅棹がいったのを、妻はおぼえていて、引き揚げ後、その約束をなかなか果たせず、恨まれることになる。

宿舎には、召集されていた藤枝や甲田も荷物を取りに戻ってきた。停電していたので、それぞれ、ランプや蝋燭をつけて、おそくまで荷造りをつづけた。今西の荷物は、リュックサック、スーツケース、軍用行李それぞれ一個ずつ。くらいランプの下とはいえ、チッキに出すつもりの軍用行李と、身の周りに置くリュックとスーツケースにうまく入れわけたことを、北京についてからわかった。

翌朝、宿舎の門前の二本のドロの木や裏山の斜面のニレの老孤木、さらに対岸の長城をのせた山の斜面で草をはむ山羊の群れを眺めながら、今西は愛飲してきたパイカルを口にした。仮の宿となったとはいえ、一年余り住み慣れた宿舎と、蒙古につづくなつかしい眺めに、別れを告げた。

今西の乗った汽車は、二一日正午すぎに張家口をはなれた。

梅棹は、今西を部隊まで送った後もさらに宿舎で、森下や中尾の荷物を整理した。二人は張家口で現地召集になって山西省に回されていたから、部屋はそのままになっていた。森下は蒙彊で骨を埋めてもいいつもりで、内地での研究資料なども持ってきていたから、ノート類だけでも膨大なものだった。どれがもっとも大事なのか、判断する余裕はなかったが、梅棹はとにかくかき集めた。中尾の部屋からは、奥地調査で採集した種子を入れた小さな袋を持ち出した。

研究所には本や文献カードをおいていたが、取りにいく余裕がなかった。のちに北京で、今西から「文献カードがない」と叱られる。

後事を、奥地旅行の忠実な従者でもあったボーイの王に、また帰ってくるような感じで頼み、ヤンチョー（単車）を呼んでこさせた。二台のうち一台に梅棹が乗り、もう一台に荷物を乗せ、宿舎の中庭から出たら、もう群衆が門の外まで押し寄せてきていた。日本人がいなくなった家々から、火事場泥棒のように略奪するつもりなのだろう。

「どけ、どけー」と、怒鳴り散らして外に出た。暴徒をかきわけるようにして、ヤンチョーを走らせた。駅までの道は、群衆でいっぱいだったが、危害を加えられる感じはしなかった。略奪はすでにはじまっているようだった。きっと盗んだものにちがいない畳を担いで運んでいる男がいたのを、梅棹ははっきりおぼえている。

書類でも焼いているのだろうか、あちこちで煙がまっすぐに上がっていた。いよいよ落城か、とおもった。

蒙古政府は、あっけなく崩壊した。「徳王公司」とも在留邦人から呼ばれていた蒙古聯合自治政府は、まったく日本の後押しで維持していた傀儡政権だったのだから。引き揚げの前日には、邦人の蒙古政府関係者は三カ月分の給料を支給されていた。そして、政府や日本大使館の辺りから黒煙の上がっているのがよく見えた。書類を焼いているのだ。直前までいちおう機能していた一国の中央政府が、目の前で崩れさる姿だった。だが、意外に静かな日に感じた。

梅棹の乗った列車は、張家口を出る最後から二つめの便だった。最後の便は華北交通の邦人従業員とその家族だったから、梅棹のは一般人の最後のものだった。この、総引き揚げのころには張家口の邦人は、約二万五〇〇〇人ほどに減っていたようだ。

それにしても、前日の二〇日まで、列車は定期運行していた。この日は臨時便ばかりだったが、この運行ぶりはみごとなものだった。無蓋貨車に荷物を抱えてギューギュー詰めになり、転轍機の上にやっと座れた梅棹だが、通過する駅駅で、現地系の駅員がプラットホームで敬礼して見送ってくれるのに、感動した。

汽車は一方通行だった。包頭や大同から東へ東へ、そして張家口から北京へと、次々に列車を増設してやってくる。延々と列車がつづき、よく停滞した。梅棹は途中で妻の乗った有蓋貨車を見つけたが、森下夫人を看病しており、そのまま手を振って別れた。ふつうなら半日行程のところを、四日がかりで天津に着いて、再会する。張家口からの在留邦人の撤退は、奇跡的ともいえるほど見事なものだったと、梅棹たちは語っている。

「張家口落ち」した今西は、北京で、翌年五月まで過ごすことになる。

張家口からの今西の乗った貨車は二三日朝、北京の西直門駅に着き、そこで召集解除をうけた。張家口からの引き揚げ組は天津に集結することになっており、雑軍生活を約二週間ともにした連中はみな、家族たちが先に行っている天津へ、そのまま同じ列車で行くというので別れた。

北京には、朝鮮銀行の支店長をしていた叔父斎藤茂一郎（加藤泰安の岳父にもあたる）がいるので、あいさつをしておこうと、数日ほどの途中下車のつもりだった。だから、軍用行李はそのまま列車に残してきていた。

ところが、国策会社の重役である叔父の豪壮な公館に落ち着いてみると、ここで仕事のつづきをやらねばと思った。(4)

張家口からの惨めな撤退ぶりを思いおこし、自分ひとりでもよいから残るというだけの勇気を持ち合わせなかったことを悔やんだりはしたものの、とにかく自分たちの調査の記録は書き残しておこう。書かねばならない、と。

奥地旅行の旅行記としては、その最初の部分の「粛親王牧場にて」を旅行途中の一九四四年一〇月二七日付で牧場で書き下ろし、「砂丘越え」と「タルチン・タラ」を同年一二月にザレン・スームで、さらに「チャハル印象記」を張家口に戻ったのち一九四五年八月六日付で書いていた。

北京（当時は北平と呼ばれた）ではまず、「張家口落ち」を書く。脱稿の日付は一〇月六日になっている。これは、張家口からの敗走のすがたを描いたものだが、張家口で今西が思いをよせていた回教徒の娘のこともでてくる。

「私はさらに許されるならば、彼女と一緒に生活してみたいとも考えた。混血を私は欲していたのである」と。

しかし、これは現地に根をおろそうとしてあせっているときにでっちあげたつたない論理だったかもしれない、張家口に心をつなぎとめる現地人がひとりもいなかったことを残念がる。

さらに、この回民の娘の顔が、三〇年も忘れていた小学校時代の女生徒の顔となってあらわれたのに驚き、フロイト流解釈も試みている。

張家口で書きかけていた論文は、年末から年始にかけて続々と脱稿していく。

まず、一九四四年までの調査で得られた知識を整理して、「内蒙古草原の類型づけ」をまとめ、末尾に（一九四五・一二・一二北平にて）と書きいれる。その二週間後には、いよいよ一九四四年から四五年にかけての奥地旅行の調査の結果を詳細に綴った「内蒙古草原の地理的位置づけ——とくに軽草原を中心として」を書き上げる。さらに、「遊牧論への注釈」を一月末にまとめる（奥地旅行中に書いた「遊牧論」よりも長文となる）。

草原にのこしてきた問題

いずれも、日本にいつ帰れるか、はたして原稿など持って帰れるかどうかがわからない状況のなかで、とにかく文字にしておかねばと書いたものである。そのなかに、「草原にのこしてきた問題」と題した、四百字詰め原稿用紙で一〇枚ほどのエッセイ風の文章がある。[5]

「わたしたちは、生態学の立場から、蒙古の牧野と、そこで営まれている牧畜と、その牧畜のうえに立った蒙古人の生活との相互関係を、しらべてみたいと思っていた。しかし、わたくしたちのおもわくの、何分の一かよりできないうちに、調査をうち切って帰ってこなければならなくなった」

と書きだしたあと、すぐに

「しかしながら、確信のもてる一つの帰結をえた」とつづける。遊牧という生活様式は、

「草原で家畜になった動物にはじめからそなわっていた生活様式で、人間の方はそれを追い、それを求める必要上、動物にしたがって、かれの方でもその生活様式を、この遊牧という生活様式に、適応さしていったのである」

とする。

そのうえで、「ではどうして、これらの動物は遊牧するのであろうか」と述べて、「遊牧という現象が、直接、食生活と結びついたものではなく、それをひきおこさせるほんとうの原因は、むしろほかのところにあるのでないか」とも考える。

また、草原における遊牧民の蜂起や周辺への侵冦についても、気候変化説に対して家畜増加説をうちだしている。気候の乾燥化によって牧野が悪くなって草の不足から遊牧民がよい牧野を求めて周辺部へあふれ出したというのではなく、家畜の数が非常に多くなった場合を考える。増加によって急激にすすむ牧野の汚染に耐えかねて移動をおこすようになる、と。そして、次のように文を結ぶ。

「遊牧民がどこまでもその畜群の行動にしたがうものなら、歴史に現れた遊牧民の行動から推して、この二つの仮説のうちどちらがより有力であるかに対して、わたくしたちはこんどは、史学者が彼の立場から判断をくだしてくれることを期待する」。

この「草原にのこしてきた問題」の他にも、「のこしてきた」ものがあった。

「蒙古は私にとっての第二の故郷である、といってもいいすぎではないかもしれない」と、今西は『善隣協会史』(一九八一年)に「蒙古思い出すままに」と題して書いたエッセイでなつかしんでいる(『自然と進化』。『全集』第一一巻)。

湿度がすくなく、その空気がいつでもカラッとしている蒙古が、わが国とくらべたら、なにからなにまでまるで正反対であるところに、かえって強くひかれたのだ。

「あの外蒙ざかいまでいって、はじめてたくさん生えているのを発見し、われわれはかりにこれをヒメハネガヤと名づけたままで、とうとうその標本をもちかえれず、したがっていまだにその学名が同定できていない植物の、生えているところへもう一度いって、それを採集してきたい」という調査旅行以来、果たさねばならないと思いつづけてきた宿題があるばかりではない。

「いまの私が蒙古をおもう心のなかには、あの調査旅行の苦労をわかちあった、ブレンライ・ジャムソやバトウに、も一度あいたいという切な気持ちも、うごいているのである」と、案内人兼通訳をつとめてくれたモンゴル青年たちへのおもいがつのるのである。彼らは親日のかどで戦後に処刑されたかもしれないと心配する一方で、広い蒙古のどこかにいまでも生きているのではないだろうかと。

ヘディンがタクラマカン砂漠の横断をしたときの案内人と老後になって「さまよえる湖」の近くでめぐりあったり、ウスリー探検のアルセニエフもデルスウ・ウザーラと再会しているのを、今西は思い出す。彼らの例は、偶然というには舞台が広すぎるので、今西はヘディンやアルセニエフに、再会を求める心があったから再会できたのだと。そして、先輩の大探検家のように

「私にも、もう一度彼らに出会う機会が、めぐってこないものだろうか」

と、(一九七七・一二・二六) の日付をいれて結ぶ。

この今西の思いには、さらに後日談がある。その数年後に、このモンゴル青年たちの消息がわかったのだ。

一九八〇年夏、兵庫県自然保護協会訪中団長の朝日稔・兵庫医科大教授が内モンゴルを訪問するのにあたって、今西の意を受けて、内蒙古自治区科学技術委員会に、彼らのその後を知りたいと書状で打診しておいた。そして、内蒙古自治区の区都フフホトで面会できたのである。

それぞれ、内蒙古自治区の要職についていた。今西の第二次蒙古行の通訳兼案内役だったブレンライは、内蒙古人民出版社副総編集長で、清代の長編小説「紅楼夢」をモンゴル語に翻訳するなど編集や翻訳にたずさわっていた。奥地旅行をともにしたサインエルブは、戦後、革命運動に参加し、旗長から盟長をへて、内蒙古自治区農牧業委員会副主任という要職にあり、バトウも黄旗の第一書記と、立派にやっているというのだ。

これを聞いた今西は、「ずっと、心配していたのに」と、その喜びはひとしおだった。

その直後に、日本交通公社の旅行団の顧問にとの依頼を受け、筆者は今西を「内蒙古へ行きませんか」と誘った

ことがある。

「考えてみるわ」と、高齢と健康が心配なのにもかかわらず、乗り気になったようだった。が、数日後の返事は「まだ、日本の山をのぼらんならんのや。残念やけど、今年の夏の予定が詰まってる」だった。

惜しいことに、今西の四度目のモンゴル行は実現しなかった。だが、蒙古への、よほどの思い入れがあるのだと、おもった。

西北研究所は、わずか一年四ヵ月しか存続しなかった。『遊牧論そのほか』など、その成果や報告の類は、戦後まもなくに発表されたためか、あまり世に知られていない。しかも、西北研究所そのものについては、ほとんどふれていない。むしろ、意図的に書かなかったのかもしれない。

今西たちのモンゴル行は、日本の大陸進出にのっとったものであることは、否定できない。西北研究所という組織は、その進出の一端をになわされるはずだったことも、確かである。だが、当時の状況のなかで、今西は、自らのやりたい道を、ためらわずにやったというべきだろう。

そして、西北研究所は、戦後の今西たちが内外にフィールドワークを展開する出発基地となったといえるだろう。

4　足跡を追って

張家口

二〇一二年夏は、ちょうど今西の没後二〇年、梅棹の三回忌にあたった。その面影があざやかなうちに、足跡をたどっておきたかった。筆者は今西の海外での足跡のうち、すでに樺太、ポナペ島、ヒマラヤ、アフリカは、たどってきた。二〇一一年夏には大興安嶺を巡ったので、次は張家口と内モンゴルということになった。

じつは、西北研究所についての聞き書きをしたころ、張家口に行きたかったのだが、当時は外国人の立ち入りが禁じられていた。軍事的な理由によるものらしい。一九八一年に梅棹夫妻が内モンゴルを訪れた際にも、張家口には入れず、郊外の張家口南駅のプラットホームに立って往時をしのんでいる。

もちろん、今日ではその立ち入り制限はなくなっている。じっさいその後、西北研究所に関心をもつ中生勝美（和光大）は、一九九五年に張家口を訪れ、藤枝らの回想録を手に研究所の跡など関係施設を現地調査した。そして、「内陸アジア研究と京都学派――西北研究所の組織と活動」（中生編『植民地人類学の展望』風響社、二〇〇〇年）を著した。

さて、筆者の張家口・内モンゴル行。二〇一二年六月二四日、関西空港から北京首都国際空港に着き、地下鉄の空港線と二号線を乗り継いで長椿駅で下車。路線バスで六里橋長距離バスターミナルへ。北京から張家口へはバスが便利だ。張家口行きバスは、ほぼ三〇分ごとに出ていた。

バスは、八達嶺高速道路で「万里の長城」辺りを抜けて張家口市に入った。現在の同市は南側に新市街が広がっている。さらに北上し、旧市街地にあるバスターミナルまでは六里橋から三時間半かかった。外国人の泊まれるホテルは限られていて、張家口では最高級という四つ星ホテル、国賓東昇大酒店。

翌日は終日、かつて西北研究所があったころの街の面影をさがしてまわった。まず、張家口駅。ホテルから歩いて一〇分ほど。四角い箱のような駅舎は新しい。五、六人が待合室にいるだけで、駅前も閑散としてる。中国の多くの駅でみられる、あの雑踏ぶりがまったくない。現在では、街の南外れにある張家口南駅がメインになっているのだろう。無人のホームと線路を眺めながら、この張家口駅で繰り広げられた一九四五年八月二〇、二一両日の在留邦人の総引き揚げのありさまをおもった。

長距離バスターミナルまで路線バスで行って、周辺を歩いてみた。藤枝談話録にある当時の地図によると、西北研究所はその近くにあったはず。しかし、それらしき古い建物は見つからず、辺りはほとんど新しいアパート群になっていた。「隆昌港」という当時の地名もわからなかった。

途中で、中国銀行のＡＴＭを利用したが、中生勝実によると、この場所はかつての蒙彊銀行跡だという。それも、高層ビルに変わっている。筆者ももっとよく探索すべきなのだろうが、張家口の街じたいが戦後にすっかり変わってしまったことを知って、蒙古聯合自治政府の首都当時のことをしのぶのは、アナクロニズムのようにおもわれてきた。

張家口の大境門（筆者撮影，2012年６月）

あきらめて、張家口のシンボルの建造物である大境門に行ってみた。明の時代、一四八五年に築かれたものだという。張家口は現在は河北省にあって、山西省と境界を接しているが、古くから周辺の遊牧民族に対する華北の防御拠点として重要なところ。市街地の北側を東西に伸びる太平山に沿って築かれた長城が清水河と交差する位置に、関所として、大境門が設けられていた。それは、モンゴルと中国をむすぶ連絡口であり、ここまで北の草原からラクダのキャラバンがやって来て、また引き返して行くのだった。

西北研究所の宿舎は、大境門を出たところにあった。今西たちは、この門を通って宿舎から研究所に一時間ほどかけて通勤していた。梅棹は、ラクダの列が鈴の音を響かせながら北の彼方へきえていくのを、宿舎の前のニレの木陰で見送った思い出を記している。

その宿舎をさがそうとしたが、大境門の外側にも新たな高層のアパートが立ち並んでいる。宿舎のあった辺りにも、住宅が広がっている。さがしに行ったところで、もう宿舎は残っていないだろうと、道端の木陰で休憩していたら、大境門小学校の下校時間とぶつかった。子供たちのにぎやかなありさまに、ラクダの隊列や今西らの通勤姿がダブってくるおもいがした。

道沿いには、すこし古そうな民家が残っているが、昔のままなのだろうか。前にそびえる元宝山の山容は変わっていないはず（宿舎のテラスで元宝山をながめながら飲んだ思い出を、今西は記している）。

大境門は、巨大な扁額「大好河山」を掲げた、往時のままだという。もっとも、観光開発に力を入れているのだろう。門の南側には、昔の街並みを再現したという店舗街がほぼできあがっていた。北側には広場と駐車場を整備中だった。広場には展示施設があり、古い写真が掲示されていた。そのなかには、邦人が脱出した直後の八月二三日、張家口駅に展開する解放軍（八路軍）を撮影したのもあった。張家口の歴史がよくわかる写真パネルになっていて、なかなか見応えがあった。

入場券を求め、大境門の上にのぼった。きれいに修理されている。長城もそうだ。新しい石畳を上部へと登ってみた。対岸にも長城が連なっていて、はるかな往時がしのばれた。そうして、西北研究所の探索を終えることにした。

内モンゴル

さらに、「冬のモンゴル」の足跡をたどりたい。どうしようかと思案していたら、張家口から北に向かってモンゴル国境のエレンホト（二連）まで、長距離バスが通っていることがわかった。一日一便、早朝に出て、半日がかりで到着するという。現在の中国ではバスの路線が全土に網の目のようにあるそうだが、内モンゴルでも草原地帯に点在する町を結んでバスが通っている。

二六日午前五時にバスターミナルに行ったが、まだ開いていない。付近を歩きまわって、また西北研究所のころをおもったりした。やがて、モンゴル人の乗客もあらわれ、バスはほぼ満席になったが、前から二列目の席をとれた。六時過ぎに出発。郊外まで地道を行ってから、張北高速に乗った。張北まで二七キロとの表示。やがて山地になって、野狐嶺との表示があらわれた。荒涼として要衝の趣がある。戦時中、この辺りに丸一陣地があって、駐蒙軍がソ連軍をくい止めたところなのだろう。

張北はかなり大きな町のようで、バスターミナルは新しい市街地にあった。ここから北西へ向かう。高速道路はいつの間にか終わった。それでも、いい道が伸び、バスは時速八〇キロを越えて走る。化徳まで七五キロとの表示。もうすぐ内モンゴルに入る。霧もようのなか、しだいに耕作地が少なくなって、高原風になってきた。

八時過ぎ、張北／康保界を越えた。畑が見えなくなり、植林も背丈の低いのを散見するだけ。草地が広がってくる。バスのチェックポイントがあって、線路をくぐって、人工的な一角に着いたとおもうと、化徳の真新しいバスターミナル。乗客が入れ替わった。

内モンゴルの草原（筆者撮影，2012年 6 月）

風力発電の風車があらわれる。丘陵地にズラリと並んでいる。北のほうに遠く、低い山なみが見える。陰山山脈だろうか。道路は、まっすぐに伸びている。一〇時前、黄旗で運転手と助手が交代した。もう、グンシャンダークの西端の砂丘越えにかかっているはず。広い範囲でいえば、いわゆるゴビ砂漠の一角になるのだろう。それほどきつい丘陵ではなさそうで、バスはぶっ飛ばしていくが、今西隊の牛車ではノロノロとしか進めないなあ。
やがて、平原になった。一一時過ぎ、広い道路に合流した。ウランチャップ（集寧）からエレンホトへ、ほぼ南北にまっすぐ、内モンゴルを縦断する街道だ。ポリスが乗り込んできたが、チラッと車内をながめただけ。トラックは荷物をチェックされている。ほどなく、スニト右旗に着いた。

地平線までまっ平らなところに、ポツンと開かれた街のようだ。新開地の端っこに立派なバスターミナル。発着を示す電光掲示板もある。運転手は食堂へ行ってしまい、三〇分ほどの昼食休憩となった。今西隊のルート図と照合すると、隊が帰路にしばらく止まった「西スニト」はもっと南になるようだ。ここはタルチン・タラの大平原になる。

スニト右旗を出て間もなくに、高速道路の出入り口。エレンホトと集寧を結ぶ高速で、新しくて、まだ一部しか使われていない。二車線で、緑色のガードレールが鮮やか。エレンホトまで一一九キロとの表示。その間に、料金所が二ヵ所あった。

草丈の低い草原。ただただ、広いだけ。ヒツジの群が、遠く、近くにポツン、ポツンと見える。ゲルは、ほんの少ししか見なかった。それも、新しそうだった。エレンホトの手前二五キロにも料金所。ヒツジを乗せたトラックが停まっていた。空港への標識もあった。

もうそろそろエレンホトの市街が見えるだろうと待っていたら、道路の両側に、大きな恐竜が立っている。長い首を、道路の上をアーチ状におおって。よく見ると、道路脇の草原にも、大小いろいろな恐竜の像が散在している。もちろん、張りぼての像だ。近年、モンゴルは恐竜の発掘地として知られるから、観光用にも売り出しているのだろう。恐竜の背後には、風力発電の風車が並んでいる。エレンホトの市街に入って、午後一時半過ぎにバスターミナル到着。張家口から七時間半かかった。料金は一三〇元（約一八〇〇円）だった。

門構えの大きなターミナルで、内部は国際線と国内線に分かれ、国境越えのウランバートル行きを待つ欧米人の若者のすがたを見かけた。国内線は、北京、フフホト、大同、集寧行きなどがある。乗り場の案内板は、中国語、モンゴル語のほか、英語とロシア語で記されている。まわりの商店でもロシア語が目立った。なお、町外れの駅からの列車は、フフホト行きが午前と午後に一本ずつ、北京とウランバートル・モスクワを結ぶ国際列車も毎日一本あるそうだ。

梅棹の「回想のモンゴル」によると、調査隊は国境線ぞいにしばらく行進したという。町や集落らしい記載はなく、「外モンゴル側では点々と監視哨が立っている、ということであった」という。当時の国境の緊張ぶりがつたわってくる。内蒙古と外蒙古のモンゴル人どうしの行き来や交易などなかったようだ。それが今日では、国境の交易地として、ビルやアパートも立ち並び、大きな町になっている。

ここまで来られた。駆け足だったが、今西隊「冬のモンゴル」ルートの一端をたどることができたので、きれいな食堂を見つけて、ビール（それも、生ビールがあった）で祝った。

帰路もバスで、スニト右旗から、朱日和、集寧へと、線路と並行する街道をまっすぐに南下。地平線まで広がる草原を、ずっとながめていた。草原といっても、草丈や種類がすこしずつちがっていくのが、よくわかった。今西がおこなった「草原の類型化」が、納得できたのだった。

注

（1）挿図を担当した牧野四子吉の関係者のもとにコピーが残されていた。また、今西は戦後、『日本動物記』（全四巻、一九五四〜一九五八年）の刊行に際しての「光文社出版案内」で次のように記している。「いまから一〇年も前のこと、わたくしは『生態学と生物社会』という、一冊の本を編集した。アメリカで出版された単行本や学術雑誌のなかから、適当な論文をえらび、数人の仲間が手わけして訳出した、翻訳ものだった。初校のゲラが半分ほど出たところで、不幸なことに、その出版は立往生してしまい、終戦前後のどさくさにまぎれて、かえってこない原稿もできたから、この本はついに生まれるべき機会を失ってしまった」。

（2）小長谷有紀「ゆるやかな転身のはじまり――モンゴル研究」（特別展「ウメサオタダオ展」実行委員会編『梅棹忠夫――知的先覚者の軌跡』財団法人千里文化財団、二〇一一年）。

（3）森下と中尾は一九四五年四月に現地召集を受け、はるか西の山西省で兵隊生活を送った。敗戦後、一〇月に召集解除になり、天津までたどりついて、張家口から引き揚げてきていた研究所の仲間と合流する。

（4）斎藤茂一郎は重要物資管理組合の理事長をつとめていて、年末に天津から移ってきた梅棹も寄寓する。今西とともに別棟の一室を与えられ、モンゴル調査の資料の整理をおこなった（梅棹「回想のモンゴル」一九九〇年）。

（5）文の末尾には、（一九四六・一・四）とあり、脱稿の日付とみるべきだが、今西は「遊牧論への注釈」のまえがきのなかで、帰国後に筆をとった「草原にのこしてきた問題」も注釈のつづきとして参照してほしい、と書いている。この文章は、大東亜学術協会（のち東方学術協会に名称変更）が一九四四（昭和一九）年六月から一九四七（昭和二二）年四月まで四巻で通算二九号だしていた『学海』の第三巻第六号に載ったものだが、単行本や『今西錦司全集』には未収録である。なお、『学海』での今西の肩書は、理学博士とだけあり、所属は記されていない。

第七章　生物社会の論理

1　野外調査の真価を

京大に復帰

中国から今西錦司が帰国したのは、敗戦の翌年、一九四六年五月のことだった。北京で九ヵ月ほどいた間にも書きつづけた原稿を後生大事にもち、天津から米軍のＬＳＴ（上陸用舟艇）に乗せられ佐世保へ、梅棹忠夫や斎藤一家ともども帰ってきた。(1)

佐世保から列車で京都への帰郷の際、神戸付近の戦災の跡を見て、今西はおもった。

「この調子では、これから金のかかる実験的な仕事を始めてもとうていアメリカに勝てるはずがない。そうとすれば親譲りの身体を動かし、あとは鉛筆とノートと望遠鏡さえあればできるフィールド（野外）の仕事で、太刀打ちする以外にはない。いままではよく実験室のなかで白い実験服をきて顕微鏡をのぞいているのが研究で、われわれのようにきたない身なりをしてフィールドを駆けまわり、望遠鏡をのぞいているのは研究でないかのように取り扱われがちであったが、そろそろわれわれの仕事もその真価を問われるときがきたのではないか」（今西錦司「私の履歴書」『そこに山がある』。『全集』第一〇巻、四六六頁）と。

その思いから、ウマやサルの野外調査、そしてアフリカへと展開されていく。

下鴨の家にのこしていた、妻と四人の子は元気だった。(2)

京都帝国大学理学部講師（嘱託）のままで西北研究所に赴任していたから、以前と同じように講師（無給）として理学部動物学教室にもどった。

しかし、帰国したその日から金に困ることになったという。西陣の家の土蔵にあった屏風や什器類を売って生活費に充てたり、そのうえ財産税の支払いのために貸家を次々に処分したと、その窮状を「私の履歴書」に記している。インフレはものすごく、園子夫人が織物の錦の端切れを手回しミシンでネクタイにして売ったり、祖父の珍しい相撲コレクションや、書架からかなり本を処分したという。

そのころ、占領軍のGHQ（連合国最高司令官総司令部）から軍国主義者や戦争協力者の公職追放の命令が出ていた。大学にもその方針が及び、何人かが辞めさせられたり、自ら辞めたりしていた。大興安嶺探検は満州軍の協力や国防科学研究所の後援で行ったもので、「今西は大物やから追放になるのと違うか」とうわさされたが、今西は「ちょっと待ってくれ。われわれが大興安嶺へ出かけたといっても、あれは軍の守りの外へ出ていったのである。軍に利用されたのではなくて、こっちが軍を利用したのだ」と主張して結局はウヤムヤになって追放されずにすんだ、と「私の履歴書」でふれている（『全集』第一〇巻、四六四頁）。

これに関しては、今西の京都大学勤務記録カードに、「昭和二一年九月一一日、教員適格判定（京都帝大教員適格審査委員長）」と記されている。無事にパスしたのだった。

疑心暗鬼を生みがちな時代だったとはいえ、今西は無給講師なのに、〝大物〟だとみられていたのだろう。帝国大学の枠をはみ出した今西たちの探検行だったが、学内でも注目されていたことになる。

GHQからは、大興安嶺探検の資料を求められたりもした。その要求に対して今西は、「これは学術調査のつもりで行ったのだから、公のものにしたい。軍の秘密にされてはせっかくの努力が報いられない」と申し入れたという（「私の履歴書」）。やがて、米国地理学会誌『ジオグラフィカルレビュー』に一九五〇年、地図の入った今西の論文 “Ecological Observation of the Great Khingan Expedition” として掲載される[3]。

戦争直後の混乱や生活苦もあったが、今西はもっぱら書くことに集中した。大陸で書きためてきた原稿に加えて、発表しておかねばならない考えが次々にあふれてきた。

京大理学部構内の四階建てのいかめしい動植物学教室の北側に、二階建ての別館があり、そのなかに今西の研究室が与えられた。

この別館は、動物学科の講師をつとめた寄生虫学者の山口左仲（一八九四〜一九七六、のちに岡山医科大教授）が一九三四年に寄贈していたもので、「寄生虫」とか「特研（特別研究室）」と呼ばれていた。今西や徳田御稔（北海道大学出身）など理学部動物学科の出身でない、いわば〝外様〟の教室員の部屋が多かった。教授室はもちろん本館にあり、別館には顔をみせることはない。「寄生虫」の別館は、一匹オオカミのたまり場のようなところだった。

その別館のなかでも、今西の部屋は一階の北向きで、狭かった。実験室用につくられたコンクリート床なので、寒々としていたうえ、陽がさしこまない。今西は家から畳を一枚持ちこんで床に敷いた。その上に小さな机を置き、下半身から胸まで寝袋にくるまって、火鉢ひとつで冬をしのいだ。もっぱら書きものに集中し、『生物社会の論理』（一九四九年）や『人間以前の社会』（一九五一年）などが生まれていく。

のちに今西が教授に就任した自然人類学講座が動物学科に設けられると（一九六二年一〇月）、一九六三年四月から、この別館がそっくり同講座の研究室となった。もっとも、今西は人文科学研究所教授との兼任にしたから、人文研から教授室を移さずに、助教授室が二つ設けられ、今西が昔いた部屋は解剖室として使われた[4]。

一九四八年夏、京都大学理学部一回生の伊谷純一郎が今西を初めて訪ねたのは、この別館の部屋であった。「広大な蒙古のステッペとはまことに対蹠的な、蟄居というにふさわしい狭い部屋で、若かった私は、何か粛条とした印象を、この部屋とこの部屋の主から受けた」（伊谷純一郎「解題」『全集』第六巻、四九五頁）。

伊谷は、その秋に今西が予定している九州での調査に連れていってくださいと頼んだ。答えは、「来たかったら、来たらええやろ」だった（伊谷純一郎「今西錦司先生との山行」『伊谷純一郎著作集』第六巻、一九九六年。三九一頁。「回想今西先生」『自然がほほ笑むとき』平凡社、一九九三年、一二三頁）。霊長類学のパイオニアとなる師弟の出会いであった。

また、この部屋で、今西は読書にも余念がなかった。動物学教室の大学院に復帰した梅棹によると、「わたしは今西が理学部の自室で黙々と読書をしている姿をおもいだす。あるとき、大部の本をつみあげてよんでいるので、なんだろうとのぞいてみると、それはトインビーの『歴史の研究』の原本であった。それはこの書物がでてから、あまり日がたっていないころであった」（梅棹「ひとつの時代のおわり――今西錦司追悼」『梅棹忠夫著作集』第一六巻、一九九二年）。今西も記している。

「私がトインビーを読んだのは、終戦で蒙古からかえって間もないころだった。どういうきっかけで読む気になったのかは、よくおぼえていないけれど、拾い読みというような器用なことのできぬ私は、第一巻から刻明に読んでゆき、そのころ売っていたザラ紙の大学ノートを何冊もつかってメモをとった。

私はおそらく、人類の歴史と生物の進化史とのあいだに、なにか共通した理論がありはしないかといった、漠然とした期待に支えられながら、トインビーを読んでいたのであろう」（今西「推薦のことば――トインビー『図説・歴史の研究』」『自然と進化』、一九七五年。『全集』第一一巻）。

この大著の第一～三巻は一九三四年に、第四～六巻は一九三九年に刊行され、戦中か戦後早くに京大図書館に入庫していた。友人の東洋史学者貝塚茂樹も、今西が「これを図書館から借り出して文字通り精読していた」という。[5]

論文や著作が次々に生まれていったが、なかなか出版のメドはつかなかった。それでも、とにかく書いていくうちに、すこしずつ陽の目をみるようになる。帰国後に最初に出た『草原行』（一九四七年）は、福井県武生の府中書院からだった。[6]

このあと、『遊牧論そのほか』（一九四八年）は大阪の秋田屋から、そして『生物社会の論理』を毎日新聞社、『山と探検』（一九五〇年）を岡書院から刊行、『人間以前の社会』は岩波新書となって世に出た。

自然史学会

京都探検地理学会は戦後すぐに解散していた。今西と一緒に帰国した梅棹忠夫は次のように記す。「京都へかえってみると、京都探検地理学会はすでに解散していた。おもに外地で活動していたから、侵略に協力したなどと言いがかりをつけられてはたまらない。会員にめいわくがかかるのをさけるために、留守をまもっていた吉良竜夫が会員に回状をまわして、解散してしまっていたのである」（梅棹忠夫「ＡＡＣＫとともに」『梅棹忠夫著作集』第一六巻、一九九二年、三一〇頁）。

中国で現地召集された中尾佐助も復員後に、ＧＨＱ（連合国最高司令官総司令部）から追放指定団体にリストアップされそうだとうわさになったと聞いて、「ずいぶん買いかぶってくれてる」とおもったそうだ（中尾から筆者が直に聞いた）。

今西は西北研究所で一緒だった藤枝晃や中尾に働きかけて新たに「自然史学会」をつくった。その最初の例会は一九四八年二月、藤枝が帰国して復帰していた東方文化研究所（四九年四月、京大人文科学研究所に統合される）でもった。そのときの会則は、「毎月一回、必ず例会を開くこと」のみであった。会員は、その例会に集まった者であるとした。

二年後に学会誌として『自然と文化』を刊行する際に、会長には京大農学部教授の並河功がなって会の組織を整えたが、当初は今西や藤枝、中尾、梅棹らで切り回していた。それも当然のことで、西北研究所時代のフィールドワークはじめ、今西たちの戦中の学術調査の成果を発表するために組織した学会であった。

今西は自然史学会がめざすものを、『自然と文化』（ＮＡＴＵＲＥ＆ＣＵＬＴＵＲＡ）第一号（一九五〇年五月）の「刊行のことば」でいう。

「学問のコムパートメンタリズムとか、学会のセクト主義などの言葉が近頃しきりに言はれる。実際その通り、学界では、部門部門の凸凹が甚だしく、且つ、部門相互の連携の手薄なことは致命的と言ってもよいほど目立ってゐる」。「日本の学会の弱点は、いわゆる『講座』なる制度に具現せられた学問の一つの既成の部門の周辺部、乃至はさふいふ枠のまだ設定せられない分野に現はれるものであって、とくに自然科学と人文科学の接触領域にいちぢるしい。われわれはかふいう分野における具体的研究の促進を意図して行動するものである。これによってコムパートメントの壁をうち破り、学問を健全に発展させることをめざしてゐる」。

会創設の意気ごみを、会を組織して二年余、二〇回を越す例会を開いて実績を積み、会誌『自然と文化』を世に問うた際の「刊行のことば」から、うかがうことができる。

例会には、AACKや京都探検地理学会の会合にいつも使っていた楽友会館が進駐軍に接収されていたので、藤枝のいる東方文化研究所（のち人文科学研究所の本館になる）を使った。一九四八年二月の第一回例会の発表者は中尾佐助（当時、木原生物学研究所）で、話題は「ユウマイ文化圏」。これがのちに、中尾の栽培植物起源論や照葉樹林文化論につながっていく。

例会を月一回の割合でもち、第二回は今西錦司（京都大学理学部）の「遊牧論」であった。(7)

翌年秋の第二〇例会は自然史学会第一回大会として、毎日新聞大阪本社の講堂で催し、今西錦司が「遊牧社会の系譜」を、宮崎市定（京都大学文学部教授、東洋史）が「二つの歴史観」を講演した。

例会の研究発表は、大陸での学術調査など戦中の成果が多かった。出席者から歯に衣をきせない批判や検討を受けた。そのうえで会誌の『自然と文化』に論文として発表するのを原則とした。今西は、その第一号（一九五〇年五月一〇日発行）の巻頭に、「F. E. CLEMENNTS——その学説の批判」を載せた。

「戦争のあいだ見ることのできなかった、外国の雑誌を、東大の図書館へいってみてきた。そしてFREDERIC EDWARD CLEMENNTSが、一九四五——終戦の年——になくなったことを知った」と書き出している。「この一文は、美辞麗句をつらねたCLEMENNTSへの追悼文ではない。二〇年にわたる、わたくしとCLEMENNTSとの取りひきの総決算を示す、勘定書の一つである」と、学生時代から取りくんできたクレメンツのセオリーと真正面から対決する。

サクセッション（遷移）とクライマックス（極相）の学説をまとめあげたクレメンツの功績を、ダーウィンにも比したうえで、「学説は批判されねばならない。そして学説はおそらく書き改められるべきときがくるであろう」と、その単極相説を批判し、自らの多極相説を展開する（『全集』第四巻）。

この『自然と文化』（NATURA＆CULTURA）第一号には、今西論文のほか、川喜田二郎の「農業林業の北限及び馴鹿飼養の南限などを画する気候的境界線について――地理学的に拡張したシュミット線・宮部線の意義」、三木茂の「鮮新世以来の本邦産遺体植物の研究」、時岡隆の「深海動物の眼の問題と矢虫類」、上野実朗の「牡丹と勺薬――中国に於けるその沿革」、中尾佐助の「ユウマイ文化圏――穀類の品種群からみた東北アジアに於ける新しい一つの文化類型」、梅棹忠夫の「乳をめぐるモンゴルの生態1――序論および乳しぼりの対象となる家畜の種類について」、磯野富士子の「死人に助けられた話――『オルドス口碑集』第一部伝説・説話・逸話集より」が載っている。まさに、自然科学と人文科学の境界領域をカバーする、さまざまな論考である。

ふたたび山へ、フィールドへ

大陸でやりたいことは、いくらでもあった。そのほんの一部しかやれなかった。だが、いつかまた、いけるようになるかもしれない。そんな思いが、北京で送還される日を待つ間の精神的崩壊をある程度まで支えていたのだが、帰国してきびしい現実に直面してみると、それは夢だということが今西にもよくわかった。

とはいっても、このままの蟄居のような状態には耐えられなかった。京都の家に帰った今西は、地図を開いてみた。十数年来座右から離したことのないオックスフォード世界地図帳は張家口に置きざりにしてきたが、いまはどんな地図でもよかった。内地の五万分の一や二〇万分の一の地図を、改めて眺めいった。地図をみているうち、登ってみたい山が次々にあらわれた。今西はうれしくなった。まだ、こんなにも日本に登るべき山があるのか、と。ざっと、二五〇ほどあった。

これまでの登山記録を調べてみると、探検に熱中した時代はあまりかせいでいないが、すでに二五〇ほどの山に登っていた。そこに、これから登るべき二五〇山を加えた。「よしわたくしは一生かかって、わたくしの登った山が、五〇〇座に達することを、一つの念願としよう」(「山の数をかぞえる」『山と探検』、一九四六年。『全集』第一巻)。

山を離れて久しく探検に打ちこんできた今西に、ふたたび山が戻ってきた。そして、この「日本五百山」は、中学時代の「山城三十山」の延長でもあった。

山に目標をみつけただけではない。大陸から日本国内に閉じ込められ、〝篭の鳥〟になってしまったが、いつなんどきでも海外に飛び出せる準備は、しておこうとおもった。そのために、登山だけではなく、国内でもなるべく京都から遠いところへ出かけることにした。

その考えと結びついたのが、北海道か九州でやろうとおもった、放牧馬の調査だった。これはまた、モンゴルでの調査のつづきでもあった。

モンゴル奥地への調査旅行では、ウマやウシ、ヒツジ、ヤギ、ラクダなどの家畜の放牧や野生カモシカ(黄羊)の群れと毎日のようにゆきあった。モンゴル人から馬群のなかのウマの家族構成の話などをフィールドノートに聞きとってきた。そのなかで、群れというものに関心をもっていた。それは、今西が動物社会学を構想するうえで、はっきりさせておきたかったテーマでもあった。

帰国した翌年の一九四七年の春は、農業技術研究所の渡辺兵力から、奈良県での農村調査に誘われた(8)。調査費用は向こうもちで、「農村にゆけば白米が腹いっぱい食えるし、酒にもありつけるかもしれない」と、梅棹忠夫や吉良竜夫、川喜田二郎、和崎洋一らを伴って大和平野の真んなかの平野村に出かけた。この調査は大興安嶺の狩猟生活者やモンゴルの牧畜生活者の調査につづくものとして、日本の農耕生活者のなかに入っていったのだった。

報告書として、『村と人間』（新評論社）が一九五二年に出版される（『全集』第六巻）。これは、各人の報告書が一五〇〇枚にもなって今西のもとに集まったが出せる見通しが立たず、やむなく今西がダイジェスト版に書き直したものである。

伊谷によると、「快刀乱麻というべきダイジェストぶりもさることながら、それを可能にしたこの調査のチーム・ワークの完璧さも実に見事というほかはない。この書物は、日本の農村を対象にした数少ないインテンシブなコミュニティー・スタディーの、一つの完結したものであり、日本の農村が農村クライマックスとして自然村でありえた時代の今となっては得がたい記録である」（伊谷純一郎「解題」『全集』第六巻）と、生態学から社会学へ、さらに人類学へという今西の志向が展開されているという。

もっとも、今西は「正直なところ、農耕民の世界には狩猟民や遊牧民の世界ほどに私をひきつける魅力がない」と、のちに「私の履歴書」に記すのだが。

そのころ、たまたま『朝日グラフ』（一九四七年一一月五日号）に宮崎県の都井岬のウマの紹介記事が出ているのをみた。それまでは、北海道の日高地方に冬でもウマを放牧しているところがあるというので、そちらへ行くつもりだったが、方向を変えて一九四八年春、とりあえず九州に向かった。大陸での仕事のつづきとして、動物社会学のフィールドワークに。

2　ウマとサル

都井岬

一九四八年四月、今西は理学部講師（常勤）になり、京都大学（四七年一〇月一日付で、京都帝国大学から改称）で初めて給与をもらえる身分になった。無給という嘱託制度が廃止されたためであった。一二級一号俸だった（なお、一九六五年三月の停年時には一等級一八号俸になっていた）。

今西は、動物学教室に復員してきたばかりの学生、川村俊蔵（一九二四〜二〇〇三）と、宮崎県南那珂郡都井村の先端にある一軒屋のひなびた宿屋「清水茶屋」を拠点に、四月一八日から月末まで、御崎馬と呼ばれる放牧された半野生のウマの観察に打ちこんだ。研究費は乏しく、昼食はカライモで我慢したが、「健康と知恵とに満ちた一一日間」の調査だった（今西錦司『都井岬のウマ』二〇八頁。『全集』第六巻）。

都井岬では、毎朝、起きるなり顔も洗わないで、宿を飛びだした。用足しも、外でするのだが、そのほうがすがすがしかった。草付きに出ているウマをひととおり確かめ、ノートに記して帰ってくると、八時か九時になっていた。それから朝飯だった。

昼食は、金がないので、当初は抜くことにしていた。宿にも役場から交渉してもらって、お菜はひと品ぐらい少なくてもいいから安くあげてほしいと頼んでいたから、三度三度、米の飯を食おうなどとの料簡はもっていなかった。とはいえ、野外調査というのに二食だけでは心もとなかった。すると、宿の人が、カライモでよかったらお安いことだ、うちでとれたのがどっさりある、とただでくれた。そのときのうれしさ。イモを五つ六つ風呂敷に包んで腰にぶらさげ、勇んで出かけていった。

調査をはじめて三日目、ウマに名前を付けることにした。すでに、あらわれてくるウマを、だいたい見まちがえることがなくなっていた。年齢がはっきりしないが、どこか老将軍といった感じの精彩のとぼしいタネオスに「ショーグン」。そのお気に入りのメスに「アマゾン」。さらに、体格雄偉なメスに「アンデス」、また気品のある「エリザベス」などと、次々に命名していった

この調査で初めて採用した、「個体識別」の方法である。これによって、ウマの行動を、正確に記録できる。こうして集めた記録を整理し、分析していくわけだ。これは社会学的なアプローチでもあった。この「個体識別」は、すでに米国のカーペンターがアカゲザルの研究で採用していたが、今西も独自にこの方法をとったのだった。

鉛筆とノートと望遠鏡さえあれば、身体をつかって野外でいくらでも研究ができるフィールドワークを、今西は見直させようとおもった。まだ戦後の復興のめどさえつかない日本である。実験室で乏しい器材をつかって仕事をするよりも、野外でなら戦勝国のアメリカの連中に負けない仕事ができるだろう、と。

また、これには時間をかけてやるつもりだった。ウマのそれぞれの群れに栄枯盛衰があるだろうから、それを追求していきたいとおもったが、そのためには、ずっと記録をつけて、追っていくよりほかに手がないからだ。個体識別から始まる仕事は、成果がでるまでに時間がかかる「長期観察」になることを覚悟していた。それに、アメリカは業績主義だから、このような「長期観察」を要する仕事はしないだろう。相手の裏をかいてやれとおもった。

伊谷によると、この最初の調査の記録には、のちの霊長類研究をも貫く指針がはっきりと示されている（伊谷純一郎「人類学の視点でサルを捉える」『自然がほほ笑むとき』平凡社、一九九三年、一三二頁）。まず、あくまでも比較社会学の調査だということ。比較というのは究極的には人間社会との比較を目標とすることである。第二に、この調査で初めて個体識別法が採用された。ウマに名前を付け、一頭ずつの行動を記録し、整理、分析していく。社会学的なアプローチであった。第三には長期調査の必要が説かれた。個体識別からはじまる仕事は、成果がでるまでに時間がかかる「長期観察」になることを覚悟するのだと。

都井岬での最初のフィールドワークを終え、宿の人たちに見送られ、ザックをかついで帰途についたが、まっす

ぐに帰洛したわけではない。宮崎県の尾鈴山（一四〇五メートル）や大分県の由布岳（一五八四メートル）などに、今西は登っている。その後も、都井岬を足場に九州の中部・南部の山を歩くのだった。

一九四九年九月には、京都山岳連盟からの派遣として、今西は梅棹らと屋久島にまで出かけ、九州の最高峰、宮ノ浦岳（一九三五メートル）に登った(9)。

サル学事始め

その一九四八年の秋の暮れ、半年ぶりに今西は都井岬を訪れた。今度は川村と、その一年後輩で理学部動物学科一回生の伊谷純一郎（一九二六〜二〇〇一）も伴っていた。

この二回目のウマの調査の合間に数日を割いて、サルがいるという隣村の市木村の幸島へ三人で渡った。岬から北約一二キロにある周囲三キロほどの小さな島である。島をひと回りし、深い森のなかで食痕や糞を見たが、サルに出あうことはできなかった。「しかし、この日、一九四八年一二月三日をもって、ニホンザル研究のスタートの日としたい」（伊谷『サル・ヒト・アフリカ――私の履歴書』日本経済新聞社、一九九一年、三八頁）、「これがまさに私たちの霊長類学の事始めの日だった」（伊谷「今西錦司先生とサル学事始め」『自然がほほ笑むとき』平凡社、一九九三年、一二八頁）と、伊谷は回顧する。

サルにも今西は、かねてから関心をもっていた。一九三〇年代の後半に生物社会学を構想していたころに、すでにアメリカ人学者のサルの野外研究の報告を読んでいる。

一九四五年にモンゴルで書いた「遊牧論」には、「熱帯地方の森林にすむサルの社会生活の、詳細な観察報告が、わたくしにすくなからぬ示唆を与えているとおもう」と記している。それは、C・R・カーペンターによる熱帯の森林にすむホエザルやテナガザルの研究論文であった。モンゴル草原でのウマやウシ、カモシカなど有蹄類の群れというものを、サルの群れから導きだしたといっている。

S・ツッカーマンによるマントヒヒ、H・C・ビンガムのゴリラ、H・W・ニッセンのチンパンジーなど、霊長類研究の先駆的な報告も読んでいた。さらに、類人猿のなかでオランウータンだけがまだ本格的に手がつけられていないのを知り、戦争中に日本軍がボルネオを占領したときには、オランウータンの調査も含めたボルネオ学術調査を考えたこともあった。

だから、都井岬の近くにニホンザルがいると聞き、さっそく幸島に渡ってみたのである。半年前のウマ調査の帰りにも、別府にある京大理学部の温泉研究所で世話になった際、川村は高崎山へニホンザルを見に行っている。このときはサルを見なかったが、今西たちのニホンザルへの関心は、ウマの調査をはじめた当初からあった。

四八年一二月、初冬の今西、川村、伊谷の幸島行は、最初の計画されたニホンザルの調査だったが、このときは、サルの姿を見ることができなかった。進駐軍の将校がサルを手にいれようとし、兵隊が追いまわしたので、サルは人を恐れているということだった。

ところが、幸島から都井岬に引き返した一二月五日、岬でサルの群れに出くわした。昼過ぎ、これというあてもなしに宿を出て、尾根に沿って歩いていると、前方の繁みが揺れているので、しのび足で近よったが、ウマはいなかった。気をゆるして、谷の見える斜面まで出ていったとたん、サルの群れが一斉に逃げだした。互いに呼び交わしながら、逃げるわ逃げるわ。たいした数だ。四、五〇頭はあるだろう。斜面が急で追跡できないでいるうちに、はるか下まで逃げてしまったが。

「はからずも双眼鏡のレンズに映った怪物がある。石ころの間をたった一匹で、小面にくいほど悠々せまらずにのぼっていく。両足で立ちあがりながら。広い肩幅、比較的長い腕。ゴリラだ。いまさきまでうろたえ騒いでいた、サルどもの姿と、どんなにしても結びつかない。群れのリーダーだろうか。それにしてもこんなのがいるとはすごい。サルの群れを見なおした」(今西『都井岬のウマ』一九五五年。『全集』第六巻)。

今西は「私の履歴書」(一九七三年)でも、その印象をあらためて記している。「その一群の中に飛び抜けて大きな一頭のフッタテ（劫を経たもの）がいて、その態度といい、動作といい、サルではなくてまるで原人を見ているような気がした。このとき私は、『これはサルをやらねばいかん』と心に決めたのである」。

また、伊谷もその印象を忘れることができないという。「互いにたわむれあい、呼び合い、しかもなにか不思議なまとまりをもって、数分間のうちに私たちの視野から消えてゆき、尾根の向こうはただ逆光の海が光っていた。このわずか数分間のサルたちとの出あいの中に、その後私たちが追い求めた、この社会のもつあらゆる要素が凝縮されていたように思う」（「サル学事始めの頃と今日の課題」『霊長類研究』第一巻、一九八五年）。

こうして、幸島への調査行とともに、都井岬での遭遇があって、ニホンザル研究がはじまった。

3 動物社会学から霊長類・人類学へ

『日本動物記』

ところで、都井岬のウマは今西が予想したような群れが、はっきりしなかった。単独で生活しているもののほうが、圧倒的に多かった。モンゴルでの「ウマは群れをつくって生活するもの」というイメージはくずれてしまった。そこで、ウマをやりながら、サルやシカにも取りくむことにした。

シカの調査は、奈良公園で川村がやり、うまくすすんだ。シカの社会では、その基本となる安定しかつ持続的な社会単位は、血縁によって結ばれたメスばかりからなる集団であるという、メスの群れを発見した。

もちろん、ニホンザルは「日本では、人間のつぎに高等な動物である。そして、彼らが、つねに一団となって社会生活を営んでいるという点でも、また、彼らがまさに、野生の真髄といってよい存在であるという点でも、私たちの研究の対象として、まったく異存のない相手であった」（伊谷純一郎『高崎山のサル』あとがき、光文社、一九五四年、二八〇頁）が、調査をはじめた当初は、ほとんど成果があがらなかった。

サルについては何もわかっていなかったから、とにかく、山のなかを歩き回ってサルを見つけねばならない。伊谷らは都井岬、幸島、高崎山、箕面、嵐山、比叡山、小豆島、帝釈峡、房総半島、遠く下北や津軽、屋久島など、サルの生息地を訪ね歩いたが、なかなかサルの群れに近づけなかった。

しかも、今西たちは貧乏だった。双眼鏡と野帳さえあればいい、といっても、旅費の工面もままならなかった。民俗学関係の理解者だった日銀総裁の渋沢敬三に旅費を出してもらったりした。野山を歩くための靴にしても、今西は裏には金具も何も打っていない廃品の兵隊靴しかなくて、滑らないようにするのに苦労したし、伊谷は草履だった。一九五〇年四月末に宮崎、大分県境の山系を縦走した際の今西と伊谷の写真をみると、まるで乞食のような姿をしている。このとき、伊谷がギボウシとまちがえて摘んだバイケイソウの芽立ちを食べた二人が中毒をおこしてのたうちまわった。そのうえ、昼飯に茶をわかそうとして火事をおこして、リュックも靴も焼いてしまい、伊谷は裸足にタオルをまいて、山越えをやった。

九州の山中で（伊谷と，1950年４月）

こんな苦労を重ねながら、サルに近づいていっても、警戒して逃げられ、ちらっと赤い顔が見えたら、いいほうだった。数年間、そんな状態がつづいた。

そこで、餌づけをやってみた。幸島の対岸でいつも世話になっていた冠地藤市さんから聞いたアイデアだった。冠地のじいさんは昔、イモを持っていくとサルがなついてきたというのだ。さっそく、サルの出没するあたりにイモやピーナッツをばらまいた。はじめはさっぱり反応

『高崎山のサル』（「日本動物記」第２巻）

がない。それでも、くり返しくり返し、イモをまいて待った。根くらべをするうちに、ぽつぽつ食べるようになった。そして、餌場をすこしずつずらしていった。とうとう、島で唯一の平坦地の浜にまいたイモをグループで食べるようになった。一九五二年八月一一日のことだった。こうして、伊谷と徳田喜三郎は、幸島のサルの餌づけに成功した。

深い常緑樹林と険しい地形で隠されてきた幸島のニホンザルの群れを、ついに目の前におびき出した。四八年一二月にサル調査を手がけて以来、五年目にしてはじめて、湾の奥の砂浜で群れの全貌を視界に収めたのだった。

このあと、川村、伊谷、徳田が連繋体制をとって、群れの観察をつづける。大きな一頭の雄に率いられた二〇頭の群れを、一つ一つ確実に区別（個体識別）し、それぞれに命名する。そうして、群れというものの内部にメスをいれていった。

この、個体を社会のなかに位置づけるという個体識別法が、このあと真価をみせ、欧米の研究者をしてジャパニーズ・メソッドといわしめるようになる。日本のみならず世界の霊長類学に、画期をもたらしたのである。

幸島では、夏から継続観察するうち一二月の末に、サルたちは突如として恋の季節を迎えることがわかる。この性行動も、きわめて重要な発見だった。霊長類の集団を保たせているのはセックスだという英国のザッカーマンの説に対する、これは決定的な反論になったのだ。

今西は、馬の研究をとおして種社会スペシアの概念を提出しており、前年五一年には『人間以前の社会』を、餌づけの五二年には「人間性の進化」（『人間』）を出版し、伊谷たちにとっては進路を示すものとなる。「私が一つ一つの種社会の構造を明らかにしてゆくという方向に梶をとるようになったのは、幸島での体験と今西先生の影響が大きかった」（伊谷「私の履歴書」『伊谷純一郎著作集』第一巻、二〇〇七年）。

つづいて、伊谷は高崎山で、餌づけを用いてニホンザルの群れの社会構造を、みごとに明らかにする。その経緯は、伊谷の名著『高崎山のサル』に詳しい。これは、今西錦司編『日本動物記』第二巻（全四巻だが、第二巻がまず最初に出た）として、一九五四年一二月二五日に光文社から刊行される。そして、翌年秋に第九回毎日出版文化賞を受けた。

都井岬で川村，伊谷，徳田と（前列中央が今西）

　じつは、この本の著者は伊谷である。だが、編者として今西が受賞したうえ、賞金は二人で分けたという。これは、伊谷から筆者が聞いたのだが、研究費の乏しい時代のエピソードであるとともに、リーダー今西の面目躍如といえよう。

　『日本動物記』全四巻は、一九五四年から五八年にかけて刊行される。第一巻（五五年刊）に今西の『都井岬のウマ』と河合雅雄の『カイウサギ』を収録。第三巻は伊谷・川村・徳田の『幸島のサル』、第四巻は川村の『奈良公園のシカ』と徳田の『動物園のサル』である。

　河合と徳田は、伊谷の一年後輩で、一九四九年に動物学科に入学した（旧制としての最後の入学であり、三年間で卒業する）。同年九月には今西の『生物社会の論理』が刊行され、その動物社会学に、川村や伊谷らとともに傾倒していった。

今西をまじえた、哺乳類社会の研究会をもち、卒業論文には、病弱だった河合は囲いケージで飼育したラビットの社会を、徳田は京都市動物園のサル島のアカゲザルとカニクイザルの群れ社会をテーマにした。その指導教官には、宮地伝三郎教授の計らいで、大阪市立大助教授の梅棹がなった。

今西編『日本動物記』は、各人に卒論を中心にした研究成果を一冊の本にまとめさせたものであったが、そのころ今西は理学部動物学科から人文科学研究所に転じていた。制度上の指導教官ではない今西だったが、これも、今西流の教育であった。

理学部動物学科では教授の宮地伝三郎を代表者にして、今西、間直之助、川村、伊谷、河合、徳田のメンバーで、霊長類研究グループが一九五一年六月にできる。ニホンザルという名称ではなく、霊長類という人間とサルしか含まれていない名称を、この時点で用いたところに、その後の研究の方向と意気ごみがうかがえる。(10)

そして、サルの社会を調べるために、つぎつぎに若手を加えながらグループの全力を結集させていく。サル学ともいわれる霊長類学のその後のめざましい発展はよくしられているが、わが国の研究者が世界をリードしていく、この分野の研究は、今西たちのフィールドワークから育ったのである。

しかも、わが国の科学の他のほとんどの分野のように、西欧に学んでそれを日本に持ち帰って精巧化させるというような道をとらなかった。土着の学問として、世界に向かって伸びていった。

一九五八年には、類人猿（ゴリラ）を求めて、今西と伊谷は最初のアフリカ調査を行うまでに展開する。そして、その足で欧米の研究者を訪ねた際に、「私たちは先駆者として遇せられていることを身にしみて感じた」（伊谷純一郎「人類学の視点でサルを捉える」『自然がほほ笑むとき』平凡社、一九九三年、一三五頁）という。まさに、今西たちはパイオニアであった。

人文科学研究所

今西が常勤の理学部講師になって一年後の一九四九年五月に、学制改革で京都大学に教養部が設置された。その際に、生物学（動物学）の教授に推薦される。しかし、今西は「人類学ならやりたいが、動物学はもうやりたくない。しばらくの間の腰かけなら話は別だが」といったところ、この話は立ち消えになったという（今西「私の履歴書」『全集』第一〇巻、四六七頁）。

ところが、大学の教官の定員規定が手直しされ、京大理学部では何人かの講師が定員からはみ出すことになった。これまでの無給講師というのはなくなったものの、理学部には講師（もちろん有給の）が増えてしまい、動物学教室では当時三人いた講師を一人減らすことになったのだ。しかし、誰も名乗りでなかったので、今西は自分からやめることにした。

このとき、人文科学研究所では逆に講師の空席ができていた。そのポストをよその部局に貸すことはせずに、今西を理学部からもらい受けて埋めることになる。こうして一九五〇年四月三〇日付で、今西は人文科学研究所の講師に移ることができた。所長の貝塚茂樹や桑原武夫の配慮であったと、今西は記している（今西「私の履歴書」『全集』第一〇巻、四六七頁）。

貝塚は京都一中からの今西の友人であり、人文研を共同研究「ルソー研究」で一躍有名にした桑原とも相談して計ってくれたものだが、人文研側でも、自然史学会の毎月の例会で研究所にやってきていた今西がただの生物学者でないことはある程度知られていた。

この人文科学研究所も、その一年前に新しいかたちで発足したばかりであった。旧来の人文科学研究所（一九三九年、京都帝国大学に設置）と、東方文化研究所（外務省の管轄で一九二九年創設）と民間の西洋文化研究所（ドイツ文化研究所として一九三四年発足）が統合され、一九四九年四月にできたのである。

日本部、東方部、西洋部の三部制で、講座としては一一講座あった。東方文化研究所にいた貝塚は、一九四九年

人文研で

（カラコラム隊の準備中。貝塚所長や梅棹，中尾，手伝いの学生らと。京大人文研「人類学の誘惑」より，1955年）

一〇月に人文研所長になった。実弟の湯川秀樹のノーベル物理学賞受賞はその年の暮れのことである。桑原は前年四八年一一月に東北大から着任しており、西洋部主任だった。

今西はモンゴルで調査していたから東方部でもよかったが、桑原が主任の西洋部に所属した。また、共同研究のどれか一つに入ることが義務づけられていたから、これも桑原が班長の「フランス百科全書の研究」班に加わった。ルソー研究で意気があがる桑原たちが、次のフランス百科全書に移ろうとしており、その客分のようなかたちであった。

もっとも、人文研の内部には、なぜ生物学者を採用するのかという意見もあって、「教授にはしない」との条件がついたといわれている。一九五〇年四月三〇日付で人文研講師になった今西は、ずっと講師のままだった。教授になるのは、新たに社会人類学部門ができた一九五九年六月のことである。このとき、五七歳になっていた。六三歳の定年まで、六年間足らずの教授だった。

今西が人文研に入って間もないころ、日本部の紀要として『人文研学報』の第一号が刊行され、その合評会があった。西洋部から出席していた今西は、巻頭を飾っていた日本部のある教授の論文に対して、「これは学術論文ですか、それとも報告ですか」と、いい放った。他人の説を引用ばかりしているのに、がまんができなかったのだ。座がしらけてしまって、司会役の桑原も困ったと、のちに語っている。

その後、今西も共同研究を主宰し、心理学者と組んだ「霊長類におけるカルチュアとパーソナリティ」（一九五七～一九六三年）や、人類学者を中心にした「人類の比較社会学的研究」（一九六三～一九六六年）の班長をつとめる。そうして、その研究会などでは、はっきりとモノをいった。ことに、他人の説をそのまま引用する発表者には厳しかった。相手が教授であろうと助手だろうとかまわずに、「それは、あんたのオリジナルですか」と、詰問した。

今西は人文研の紀要でも、数は多くはないが重要な論文を発表していく。「人間以前と人間以後――アーサー・キース卿の『人類進化についての新説』について」（『京都大学人文科学研究所紀要』第七号、一九五二年）や「トリ・サル・人間――アイデンティフィケーションを支える一般理論が可能だろうか」（『人文学報』第一二号、一九六〇年）、そしてダーウィンの進化論に論争を挑んだ「進化の理論について――正統派的進化論に対する疑義」（『人文学報』第二〇号、一九六四年）、さらに欧文紀要 *ZINBUN* 第七号（一九六四年）に“The Evolution of Personality”（パーソナリティーの進化）と、いずれも独自の見解やセオリーを出していった。

「人文研の空気はいつものびのびしていて、私には楽しかった」（今西「私の履歴書」）というが、文献研究よりも野外調査が今西の本領だから、野外調査を続行してもよいという了解のもとに、入所直後はよく都井岬に出かけた。サルの餌づけ成功も、人文研に移ってからのことだった。その後も、ヒマラヤやカラコラムへと、学術探検に熱をあげていく。長らく講師の身分にはかわりはなかったが。

まず、ヒマラヤのマナスル登山計画を京大グループで独自で立ち上げる。戦後の日本からの海外登山の先頭に立ち、ネパールから登山許可も得るが、これはオールジャパンでと日本山岳会に委譲。今西はその偵察隊を率いて一九五二年に日本人登山者として初めてネパール・ヒマラヤを巡った。

ヒマラヤ行の三年後の一九五五年、人文研を運営母体として、戦後日本の最初の総合的な海外学術調査隊である「京都大学カラコラム・ヒンズークシ学術探検隊」が組織された。これも、今西が音頭をとり、自ら支隊長になった。

さらに、ゴリラ調査（一九五八年）にはじまるアフリカでの霊長類・人類学調査など、京大を定年になるまでフィールドワークをつづけたが、そのアフリカ調査も人文研を事務局として開始したものである。

注

（1）梅棹は、原稿やフィールドノート、資料類の持ち帰りに苦心したことを、「回想のモンゴル」（『モンゴル研究』一九九〇年）に記している。

（2）敗戦後の今西の動静は家族のもとには伝わらず、やっと半年ほどして北京の親戚宅に寄寓していることがわかった。帰還した今西を、長男の武奈太郎氏が京都駅に迎えに行った。そして、「わが家に戻って玄関を入ったところで、父は待っていた母と抱き合ったのですが、それが私が目撃した両親の唯一の抱擁シーンです」という（「昭和・平成にっぽんの夫婦一〇〇人」『文藝春秋』一九九八年二月号）。

（3）米国の地理学雑誌に今西が投稿したのは、経済的な理由もあったようだ。
地理学者で日本山岳会終身会員の式正英が東大理学部地理学科の大学院生のころ、『大興安嶺探検』が刊行された直後に、学会誌『地理学評論』に紹介しようと一九五二年一二月、京都の今西宅を訪ねた。その際、今西は「ジオグラフィカルレビューに大興安嶺の記事を載せようと思っている。採用されれば原稿料三〇〇ドルが頂ける」と事もなげにいったという。当時の円の価値は低く、ドルは高嶺の花だった。ドル貨で収入を得る方法を考えるとは、発想に常人を超えたものがあると、その事だけでも尊敬に値する感を深くし、しばらく後に誌上で見たときに、思わず快哉を叫んだ（式正英「日本山岳会長とのご縁」『山岳』第一〇五年、通巻一六三号、二〇一〇年）。

（4）この別館が理学部の研究棟の建て替えで取り壊される直前に無人となった一九九五年に、そこに無断で入り込んだヒッピーらしき連中が、キンジ・ハウスと称して、「錦司亭」なる看板を掲げていた。

（5）貝塚「今西錦司の行き方」『全集』第九巻月報（第一二号）。「私は彼が人文科学研究所に入所した当初、しきりに挑戦という言葉を使ったが、私は彼がトインビーから得たものであることを、後になって悟ったのであった」とも記す。

（6）今西は「私の履歴書」で「当時福井県武生にいた友人の岩田久二雄の世話で、ようやく同地の彰考書院が引き受けてくれた」と記しているが、彰考書院は今西編著『ポナペ島——生態学的研究』（一九四四年）の出版元である。また、岩田は京大農学部農林生物学科で今西のすぐ後輩の昆虫学者で、一九三四年から三年間、福井県立武生高等女学校につとめていた。今西が岩田の最初の著作出版の世話をしたことは、第一章でふれた。岩田もまた『昆虫の生活と本能』を、『草原行』と同じく一九四七年に府中書院から刊行する。

（7）第二五回までの発表者の名前をたどると、森鹿三（東方文化研究所）、織田武雄（京都大学文学部）、山下孝介（木原生物学研究所）、江上波夫（東京大学文学部）、藤岡謙二郎（立命館大学）、梅棹忠夫（京都大学理学部）、藤枝晃（東方文化研究所）、石田英一郎（民族学協会）、三木茂（大阪学芸大学）、吉良竜夫（京都大学農学部）、篠田統（大阪学芸大学）、吉田光邦（龍谷大学）、内田吟風（神戸大学）、佐々木謙（島根県庁）、川喜田二郎（東海大学）、天野元之助（京都大学人文科学研究所）、上野実朗（大阪市立大学）、徳田御稔（京都大学理学部）、永井進（大阪市立大学）となっている（『自然と文化』第一号による）。

（8）渡辺は東大のスキー山岳部出身の登山家でもあった。一九六三年、東大最初の海外遠征登山、バルトロ・カンリ隊の隊長をつとめる。

（9）梅棹忠夫は、この調査をもとにして「ヤク島の生態」（『思想』一九五一年九月号）を発表した。これを読んだ柳田国男は興味をもち、梅棹を東京の自邸に招いて話を聞いた（梅棹忠夫『行為と妄想——わたしの履歴書』日本経済新聞社、一九九七年）。

（10）この霊長類研究グループは一八年後の一九六九年一月、第三九回朝日文化賞（昭和四三年度）を受賞する。受賞理由は「霊長類（特にニホンザル）に関する研究」。

第八章　ヒマラヤを語る・カラコラム

1　未知の八〇〇〇メートル峰マナスル

ヒマラヤへの道

伊谷純一郎たちがニホンザルの餌づけに取りくんでいたころ、今西はサルどころではなかった。若き日のヒマラヤへの夢を、五〇歳にして実現させようとしていた。

一九五二年八月二五日、日本からネパールへ初めて登山に向かう、日本山岳会（ＪＡＣ）マナスル踏査隊の隊長として、今西は羽田から飛び立ったのである。幸島での最初の餌づけの二週間後のことだった。

年末に帰国した今西に、不在中の餌づけ成功などの成果を、伊谷たちは目を輝かせて報告。すぐに幸島へとって返し、観察に没頭する。

今西はウマやサルを追いながら、ヒマラヤ遠征計画をすすめていた。サルの調査を動物学科の学生・大学院生らを指導してすすめたように、ヒマラヤ行も新制の京都大学山岳部ＯＢら若きアルピニストを先導して。

若手からわき上がったヒマラヤ登山への情熱を、生物誌研究会という学術団体をつくって具体化し、最終的にはオールジャパンでと日本山岳会に委譲することによってネパールに一番乗りする。今西ならではの実行力であった。

しかも、今回のネパール行は翌年の本隊のために登路偵察が目的だったが、今西にとっては探検が先だった。すぐにはマナスルに向かわず、広くネパールを歩いた。六二〇〇メートルの山にも初登頂。それからマナスルの登路を発見し、使命も果たした。探検と登山と、今西はともにおこなったのである。

京大山岳部

戦後のヒマラヤ登山を担うことになる京都大学山岳部は、今西らがつくった第三高等学校山岳部や京都帝国大学旅行部とは、べつのかたちで一九四五年に誕生する。

旅行部は、戦争末期からほとんど活動していなかった。また、できる時代でもなかった。それでも、今西たちのころから収集してきた山岳図書や登山装備をそなえたルーム（部室）や笹ヶ峰ヒュッテは、無事に守られていた。そして、一九四五年入学の池田孝蔵（大阪高校出身）たちが、もとの旅行部のルームをつかって山岳部を発足させる。京都帝国大学旅行部やＡＡＣＫのメンバーたちがあずかりしらないところで。

池田たちは学徒動員から九月に大学に復帰し、また山登りをはじめようとおもった。そのためには仲間とのたまり場がいるので、旅行部長の木原均（農学部教授）の研究室を訪ねたところ、旅行部のルームを提供してくれたのである。はじめは、山もスキーも同居していて、スキー山岳部の名前で部員募集した。

まもなく、山岳部とスキー部に分かれ、山岳部では戦争末期に入学していた伊藤洋平（第八高校出身）や藤平正夫（富山高校出身）、舟橋明賢（学習院出身）など、三高山岳部ではなく、他の旧制高校の山岳部出身者が中心になった。(1)

また伊藤は、京大山岳部の活動と並行して、一九四七年の春に、山岳雑誌『岳人』を誕生させている。実家が大阪の有数な毛織問屋である池田が営業面を、詩の同人誌も手がけている伊藤が編集を担当。京大の北門の向かいの臼井書房の机を使わせてもらい、「岳人社」の表札を掛けた。関西の主だった登山家に原稿の依頼にまわり、用紙の配給割り当て申請や広告の手配、校正を、二人でやった。表紙には、ドイツ・ナンガパルバット隊の写真を複写し、赤く抜いた「岳人」を掲げた。

A5判、わずか三二ページ、発行部数は一〇〇〇部。巻頭には旅行部OB・鈴木信の「一つの構想」。今西錦司も「〃岳人〃に寄す」のメッセージを贈った。

鈴木は旅行部で活躍してきており、新参の山岳部を白眼視しがちなOBのなかで、伊藤たちの理解者だった。巻頭言でヒマラヤの巨峰をねらえ、という。

「斯様な時機に、ヒマラヤ遠征の如きを云々するのは、痴人の夢として一笑に付せられるかも知れない。しかし地上に烈風は吹きすさび、吹雪は巻き上り、枯木は寒風に泣き叫ぶ時、丈余の厚い積雪の下には、若い草の芽が積雪の重圧にもめげず、やがて来たらんとする春に備えて生々の営みを続けて居るのである。暗黒の中にも光明を求めて絶えず努力する若い岳人こそ、新生日本登山界のホープとなる人達でなければならない。そして光明にそなえて先づ基礎を組立てることこそ、目下の第一の課題ではないだらうか」。

翌月の第二号の巻頭は、高橋健治の「登攀より得たもの」。中尾佐助も「タルハン・オーラ」を書き、卒業したばかりの藤平正夫が「剣岳東面」の記録を綴った。同人誌のようなスタートだったが、京都の戦後派アルピニストの存在を示し、戦後の日本登山界における先駆的な活動となる。日本山岳会の『山岳』でさえ、一九四三年を最後に途切れて戦後に出るのは『岳人』の翌四八年である（その戦後第一号には、吉良の「北部大興安嶺縦断紀行」が今西の紹介つきで載る。もとの原稿はその五年前に東京空襲で出版元で失っていたが、書き直して）。

『岳人』は原稿料なしだが、もちろん赤字。池田が自腹を切って発行を続け、類書がないとあって二〇〇〇部にもなったが、一四号から発行は中日新聞に移る(2)。

いっぽう、三高山岳部は京大の真向いの三高の構内にルームがあり、新制大学として京大に合併されるまで独自に山行をしていた。そのOBの京大生も、すぐには京大山岳部に入ろうとはしなかったが、一九四九年ごろから合同の機運がおこってくる。五〇年ごろには、名実ともにオール京大の山岳部になっていく。この間に、京大山岳部(旧旅行部)ルームは、一九四七年一二月八日、近くの食堂の火事の巻添えをくって、日本一といわれた山岳図書もろとも、全焼してしまったのだが。

その前に、一九四六年の終わりごろ、伊藤や藤平たちは北アメリカの最高峰、マッキンレー(六一九一メートル)を考えたことがある。ヒマラヤに行きたいが、世間の情勢はちょっと無理だ。マッキンレーだと、夏休みに貨物船にでも乗っていき、現地で車を借りたらやれるのではないかと、そう大げさな考えではなかった。

この計画を、どこで聞いたのか、梅棹忠夫の耳に入った。梅棹は現役たちに面会を求めた。伊藤たちが京大に入学したころ卒業した梅棹は、旅行部の最後、すなわち戦前のAACKの最後のメンバーである。その旅行部とは切れたかたちでスタートした京大山岳部の立役者との初面談となる。ところは、大学のそばのベーカリー「進々堂」。梅棹に対して、伊藤・藤平・舟橋・林・池田の顔合わせだった。

梅棹は、マッキンレー計画を聞いて、言い放った。「ヒマラヤの無念を、ヒマラヤで果たさずに、どこで果たすんだ」。

梅棹は戦前のAACKのヒマラヤ計画には加わってはいないが、今西たちのくやしさはよく知っている。だが、伊藤たち現役は、自分たちの登山に対する梅棹の見方に違和感を感じ、反論した。自分たちはクライミングをやっている。その程度の山登りが世界レベルの先鋭とは思ってはいないが、氷雪と岩の基本的技術がなければ、ヒマラヤは登れない。ヤブ山ばかりの先輩とはちがうんだ、と。

すると梅棹が返した。「そんなら、雨の中でタキ火ができるか」。

「戦争中も山登りやってたから、どこででも焚けますよ」。

ヒマラヤと登山観の二つが、からみあって白熱した議論となる。梅棹は、なぜヒマラヤでなければならないのかを説いた。講和条約ももう成立しそうだ。日本の占領状態もまもなく終わる。すぐにでも出られるチャンスがくるではないか、とも。

四時間に及ぶ論戦だった。山岳部の現役たちは登山論では自信があったが、ヒマラヤ論では梅棹だった。現役は、ヒマラヤはまだ先のこと、もうひと山むこうのことと考えていたのに対して、梅棹は現実のものとしてつきつけた。伊藤たちは、マッキンレーをおろし、ねらいをヒマラヤに向けるようになる。そうして、やるならジャイアントだ。ある程度の資料のあるカンチェンジュンガに目を向ける。

一九四七年春、藤平の下宿で伊藤は、カンチのヤルン氷河からの登攀の可能性を説いた。これは、五五年に英国隊が初登頂するルートと一致している。のちにＡＡＣＫのチョゴリザ初登頂者となり、日本山岳会長もつとめる藤平はいう、「あの混乱期のなかでもヒマラヤを考えている人間はかなりいただろうが、伊藤は実際に行動をおこし、京大グループを結集させるきっかけをつくった」と。

生物誌研究会

一九四九年になると、それまで鎖国状態だったネパールが、登山の門戸を開きはじめた。翌年六月、フランス隊がアンナプルナ（八〇九一メートル）に初登頂し、「人類最初の八〇〇〇メートル」を記録する。イギリスも戦前から試みていた世界最高峰エベレスト（チョモランマ、サガルマータ）を、それまでのチベット側からネパール側にかえて再開。いわゆる、ヒマラヤン・オリンピックのはじまりであった。

一九五一年夏、人文科学研究所に移っていた今西の研究室を、伊藤が訪れた。講話条約が大詰めをむかえ、日本人も自由に外国に出られそうになっていた。「そろそろ、鳥かごを出ませんか。来年は、たぶん晴れますよ」。米ソの東西関係は、なんとかよくなりそうだ。この晴れ間をつかまえてやろう。

中尾と細かいことを相談をしてこいとけしかけられた伊藤は、その足で中尾を訪れ、さらに梅棹もまじえて、ヒマラヤ行を考える。梅棹も今回は熱心に相談にのった。そこで、木原をかつぎだすことで一致した。

ＡＡＣＫの創設時からの会長であり、京都帝大旅行部長もつとめた農学部教授・木原均は、湯川秀樹と並んで京大を代表する学者である。小麦の細胞遺伝学的研究で日本学士院の恩賜賞（一九四三年）や文化勲章（一九四八年）を受賞している。一九四八年七月に、民間人としては戦後おそらく初めての外国旅行として、ストックホルムでの国際遺伝学会に招かれていた。湯川が米プリンストン高等研究所に招かれたのは、その年の九月のことである。

中尾、梅棹、伊藤、それに毎日新聞の京大詰め記者、三好修が、農学部の木原研究室をたずねた。三好はこの一月ほど前に、経済学部教授・豊崎稔を隊長に今西、梅棹、藤岡喜愛らの奥吉野調査（毎日新聞後援）に同行しており、梅棹が今後のスポンサーのことも考え、三好に声をかけたのだった。

木原は、「わかった。具体的なプランをもってこい。力になろう」といった。こうして、京大のヒマラヤ計画が動きだした。

ところが、戦前にヒマラヤ計画のために今西らがつくったＡＡＣＫは、戦後はまだ活動を再開していなかった。しかも、ヒマラヤ登山の実動部隊となる山岳部の若いＯＢたちを、今西はまだあまり知らなかった。

そこで、登山とともに探検を考えていた今西は、学術探検のための組織をつくることにする。生物誌研究会(Fauna & Flora Research Society）である。

一九五一年秋に発足し、自然史学会長をしてもらった農学部教授・並河功を会長に、木原や今西をはじめ、主に生物系の教官（講師以上）を会員にした。事務局を理学部動物学教室においたが、そこは大阪市大の生物学教室設立準備のための部屋で、同大の教官になる梅棹や吉良竜夫らがつめていた。ここに、伊藤洋平らも出入りする。伊藤は医学部微生物学研究室に籍をおいて、大学の近くの自宅を診療所にしていた。

ヒマラヤ計画のスポンサーとして、木原や今西は毎日新聞を考えていたが、伊藤から話を聞いた朝日新聞大阪本社の藤木九三が巻き返しをはかり、毎日と朝日が激しく競り合った。一〇月中旬に広島で開かれた遺伝学会と動物学会に木原、中尾、梅棹らが出席するとあって、毎日と朝日の担当者がそれぞれ広島に乗り込んで直談判に及んだ。

このため、都井岬でのウマの調査に引きつづいて伊谷や徳田と幸島でサルの餌づけを試みていた今西が、木原から「すぐ広島へ来い」との電報で呼び出された。しかし、広島では決着がつかず、木原が一〇月一六日から東京での日本学術会議に出席する後まで持ちこされた末、毎日に決定する。

ヒマラヤ・エクスペディションを決めた。スポンサーもついた。さて、登る山はどれにするのか。

中尾や梅棹、伊藤ら主なメンバーが集まった席上、今西は、日本山岳会第三代会長で晩年はヒマラヤ研究に没頭した木暮理太郎が『山岳』に載せたヒマラヤのジャイアンツの高度表を、みんなの前に広げた。「世界に十五座ある八〇〇〇メートル峰のうち、十座がネパールにある。資料はこれだけや。この中から、さがせ」。

エベレストは英国隊が何回も挑戦しているから遠慮をしよう。アンナプルナ（八〇九一メートル）は去年登られたから、それより高い山がいい。高度表をたどるうち、マナスル（八一五六メートル）が目についた。ただし、誰かが鉛筆で「データなし」と書きこんである。そんなことおかまいなしに、今西がいった。「データなしか。それや」。

マナスルがどんな姿かたちの山か、写真さえみたことがない。難しい山かもしれない。だが今西は、未知なほうがいい、と考えた。ダウラギリはフランス隊がアンナプルナの前にさぐっているし、ゴザインタンはチベット側で無理、マカルーやチョ・オユーはエベレスト山群にあるからイギリス隊が目をつけているだろう。探検の対象になるのはマナスルぐらいなものだ。

「まだだれも試みたことのない山であるから、ルートが見つかるかどうかは、行ってみたうえでなければわからないが、これならどこの国にも気がねがいらぬ。これならわれわれの目標として、申し分ないじゃないか。よし、やろう。目標はマナスルだ」（『ヒマラヤを語る』。『全集』第三巻）。

今西の「データなし。それをやろう」は、まさに探検家の決断だった。これは、マナスルの発見でもあった。こうして、五年後に初登頂される、日本人最初の八〇〇〇メートル峰への歩みが、京都でスタートする。

西堀をネパールへ

理学部動物学教室の梅棹らの研究室をヒマラヤ計画の本部として、生物誌研究会（略称、FF）の活動がはじまり、もと大興安嶺探検隊員の土倉九三が、専従の事務局員として詰めた。計画の準備のため、当座の金が必要になると、スポンサーの毎日新聞の京都支局に、土倉が自転車で取りにいった。数万から一〇万円単位で、封筒にいれて、自転車の前カゴにつんで帰った。エクスペディションが成立したあかつきには、いちおう一〇〇〇万円という暗黙の了承があったようだと、土倉は語っている。

ヒマラヤへの夢はふくらむが、ネパールとは正式に連絡がとれていない。どうしても、直接交渉の必要がある。そのとき、木原がインドに行くことになった。

一九五二年一月にカルカッタで開くインド科学会議に、木原が招待されたのである。インドならネパールに大いに顔がきくだろう。しかも一流の学者を集めた国際学術会議だ。これを機会にインドとコネをつけて、ヒマラヤ学術登山をやろう。

木原に誰かを同行させてインドと交渉しよう。それなら、西堀栄三郎だ。その交渉役に、今西は西堀を派遣することをかんがえる。

西堀は白頭山遠征直後の一九三六年に京大理学部助教授から東京電気工業（のちの東芝）に移り、戦後は東京でコンサルティング・エンジニアをしていた。英語もできる。ずっと民間にいたから、京大の学者よりも交渉能力があるにちがいない。なによりも、その気心と実力は、今西はじめ京都の仲間がよく知っていた。

電報で京都に呼び出され、今西たちの説明を聞いた西堀がいった。「わかった。要するに君たちをヒマラヤに行けるようにすればいいんだな」。

西堀は日本学術会議の会長亀山直人に直談判し、正式の日本学術会議の代表ではないが、インド科学会議への紹介状をもらった。費用は毎日新聞もちで木原に同行した。年末も大晦日にインドに着き、大車輪で交渉や調査にあたった。

ネール首相に木原とともに直接面会して、「日本インド合同ネパール学術探検計画書」を手渡して、賛同を得た。しかし、担当のインド科学教育省との交渉は、なかなかはかどらず、結局、合同計画は実現不可能だとの返事がきた。

あきらめかけた西堀が「トリツクシマナシ」と打電すると、今西も打ちかえした。「ネバレルダケネバレ」。

そこで西堀は、帰国する木原とわかれ、ひとり残って、ネパールに向かった。ネパール体育協会副会長のクリシュナ・バハドール・バーマあての竹節作太（毎日新聞運動部長）の紹介状を頼りに。

カトマンズに着いた西堀は、歓迎を受ける。王宮には何度も招かれ、コイララ首相の晩餐会はじめ園遊会や建国記念の観兵式などと。だが、誰もマナスルという山を知らない。西堀の資料は藤木九三に借りてきたP・ランドンの『ネパール』だけで、飛行機からみても、マナスルはわからなかった。学校の地理の教師にたずねても、知らないという。これでは登山申請のしようもない、と困っていると、親日家のカイザー・ラナ将軍が蔵書の地図を見せてくれた。そのなかからインド測量局の百万分の一の地図を何枚もひっくり返して、やっとマナスルを見つけた。

次の日、王宮でゼネラル・カイザーが、「マナスルは、わが国の山で……」と説明してくれた。すると、国王が「登れるまで、日本に許可するように」、と、ありがたいお言葉をたまわった。

西堀は、マナスルへの踏査隊の許可申請を京大の生物誌研究会（ＦＦ）の名で提出して、一九五二年三月一四日、帰国した。

京都の仲間に、西堀はヒマラヤの感動を語る。そして、ネパール側は、学術探検よりも登山だけのほうを歓迎していると報告した。そうなると、生物誌研究会（ＦＦ）だけでは手におえない。学者はたくさんいても、現役の登山家がいないのだ。

そのときすでに、今西はＦＦだけではヒマラヤをやれないと考え、中尾にＡＡＣＫ再建の会合を設定させるなど、手を打っていた。今西による両面作戦である。

西堀が帰国する前に、三高会館でＡＡＣＫ再建の準備会が開かれ、桑原武夫を再建委員長に、工楽英司を事務局長にして動き出していた。一九五二年春、人文科学研究所の本館での会合でＡＡＣＫが正式に再発足する。

2　ヒマラヤ初登山

マナスルを日本山岳会に譲る

帰国した西堀の話を聞くと、マナスルは手ごわそうだし、ネパール側は日本のナショナル・チームが来ることを望んでいるようだ。

ここで、今西はおもいきった主張をする。京大だけでなく、もっと広く日本の登山界をあげての仕事にしようではないか。ナショナルなパーティーで来てほしい、というネパール側の要請をふまえて日本山岳会（ＪＡＣ）に譲ろう。日本初の八〇〇〇メートル峰を京大だけで独占すべきではない、という大義名分論である。学術探検でなく登山ということになったから、学術探検のためにつくったＦＦは表面から降りて、この計画は日本の山岳界の総力をあげてやるべきではないか、そのためにはＡＡＣＫではなくてＪＡＣに母体になってもらおう、というのだ。

ＦＦやＡＡＣＫには反対も多かった。だが、西堀にとってもＪＡＣに譲ることは不自然ではなかった。木原も同意する。ＡＡＣＫの再建委員長、桑原も賛成する。このため、三高山岳部以来の仲間で、今西の妹の夫でもある四手井綱彦（理学部教授）は、再建委員長としての背信行為であるとして「切腹せよ」と桑原に迫った（桑原「解題」『全集』第三巻）。

今西にとって、ＡＡＣＫはいちおう再建されたものの、まだ山岳部の現役や若いＯＢの実力がわからなかったこともある。また、ＪＡＣに譲っても京都からイニシアチブをとれる、とみたのかもしれない。

四月、木原と西堀らはＪＡＣ会長の槇有恒を東京に訪ね、ＪＡＣ役員の藤島敏男が監事をしている日本銀行の日本橋の本店で会った。

西堀がこれまでの京都の努力と成果を説明したうえで、これをＪＡＣがひきついでマナスルに登ってもらいたいと話す。毎日新聞がスポンサーになっていることも。

「京大の学術探検派遣計画の主体となった生物誌研究会は科学調査と登山を柱としたが、登山一本に絞ることがより効果的とみて、この計画をＪＡＣに移譲する。ついては毎日新聞社との関係はじめ、これまでの調査・連絡の成果も無条件でＪＡＣに提供する」との覚え書きが交わされた。

登山については無条件でＪＡＣに任すことになる。ＪＡＣでは槇を委員長とするヒマラヤ委員会を組織し、隊員の選考などにかかる。その事務局は東京・八重洲の辰沼病院に置かれ、東京在住のＡＡＣＫ会員、加藤泰安が仕切っていく。偵察隊と、本隊の学術隊は、京都側の意向が尊重され、偵察隊長はいうまでもなく今西がなる。

引き渡しが済んで間もなくの初夏のある日、ネパールから入国許可の手紙が木原の研究室に届いた。足跡のような紋章が入った国王からのパーミッションであった。

手紙は、じつはもっと早くに京大に来ていたが、学内を転々として、木原のところにたどり着いたのだった。というのも、Fauna & Flora Research Society（生物誌研究会）という名前がまだよく知られていなかったから。

西堀はネパールで一九五二年秋の偵察と一九五三年の本隊の申請をしてきた。国際情勢はどうなるかわからない。ＪＡＣは毎日新聞の後援でさっそく秋に、偵察のためのマナスル踏査隊を出す。今西を隊長に、田口二郎（東大ＯＢ）、高木正孝（同）、中尾佐助（ＡＡＣＫ）、林一彦（同）、竹節作太（毎日新聞）。

メンバーは今西を中心にして選ばれた。田口と高木は、ヨーロッパのアルプスで氷雪の技術をきたえた数少ない日本人クライマー。英語もできる。田口は甲南高校で伊藤愿（ＡＡＣＫ）のすぐ後輩にあたり、今西も知っている。

インドと取引のある岸本商店につとめており、インドに詳しい。中尾は科学調査の隊員を兼ねる。ネパールとの交換留学生の一環でもある。林はドクターでもある。毎日新聞東京本社運動部長の竹節は、立教大ナンダ・コット隊の隊員で、登頂もしている。

隊のドクターには、東京では慶応OBでもある辰沼広吉が、京都では伊藤洋平と林一彦の名があがっていた。日本の山できたえて京大山岳部をリードしてきた林を選んだ今西には、アルプスの本場の技術を持つ田口や高木と、ヒマラヤでくらべてやろうという気持ちがあった。

中尾は、梅棹と伊藤の三人でこのヒマラヤ計画を最初から進めてきたのだが、あまり林を知らなかった。林には若手からの支持があり、伊藤はいつのまにか外れてしまった。梅棹は結核と診断され、療養を余儀なくされていた。

今西と大島亮吉

今西がJAC委譲を主張した背景には、大島亮吉（一八九九～一九二八）との交流があったと、踏査隊員の田口二郎は、四〇年後に著した『東西登山史考』（岩波書店、一九九五年）で述べている。

「マナスルの登山許可書を胸に抱いて日本山岳会への移譲を叫んだ今西の姿から、『死せる大島、生ける今西を走らす』と思った」と。

田口は、作家でJAC理事もつとめた近藤信行から、大島から今西への書簡を教えられたという。この書簡は今西が長年手元においていたもので、一九八六年になって近藤に、「日本登山史の得難い資料として」「どうか末長く大切に保管してくださるようお願いします」と託したという（近藤「今西錦司と大島亮吉」『図書』五二八号、岩波書店、一九九三年六月号）。

一九二七年一月から二八年三月まで、大島から今西に宛てた一一通（うちハガキ三通）があり、今西の大学生後半から卒業にかけての時期である。大島は慶応義塾山岳会のリーダーで、わが国の積雪期登山の先駆者だったが、今西に最後の書簡を送った直後、前穂高北尾根で墜落死する。

京都帝大旅行部を率いてアルピニズムに邁進していた今西は、三歳年上の大島に胸をかりるつもりで積極的な交際を求め、大島も熱く応えていることが、書簡からうかがえるという。そこには、「大きなことを考えている。学校やグループなど、どうでもいいことだ」との文章もあり、田口は記す。

「私はわかったような気がした」「おそらく今西の頭には、二十代の青年期に大島と交わした書簡の一句一句が深く刻まれていたのだと思う」。

その可能性は、ありうることである。今西たちが三高山岳部をつくったとき、大島のいう「山岳部はひとつの精神団体である」に影響を受けるなど、今西は大島を尊敬していたことは確かであるから。

たとえば、今西が大島に言及した文章には、『三高山岳部報告第二号』（一九二四年）の「（山岳書）紹介」で大島亮吉「我が国に於ける岩登りの前途にまで与う」（『山とスキー』三四号）にふれているほか、『同三号』（一九二五年）の今西「新雪の甲斐駒ヶ岳」では次のように記している。「また『登高行』に、『山とスキー』に、慶応の大島君やその他の先覚者たちが未熟なる自分をいかばかりか山々に対する深き愛へと導いて下さったことであろう」。

今西の最初の著作『山岳省察』（一九四〇年）においても大島に言及している。収録されている「白頭山遠征について」（一九三五年）では、「このわが国における近代登山の黎明期に最も大きな役割を演じた学生登山界の急激なる勃興には、槇有恒氏のアイガー東山稜の初登攀がいろいろな意味で刺激になったのはいうまでもなかろう。それとともに大島亮吉氏の文章による影響もまた見逃しがたい」と。また、「山・登山・登山者の相互関係」（一九三八年）では、学生登山界が貧困になったとして、「大島亮吉氏の山に対するあの全面的な熱情にまでかえって、もう一度出直さなければならぬように思われるのである」という。

「そしてもし大島氏がいままで生きていて、いまでもあの情熱を持って山へ登りつづけているとしたら、氏ははたしてどのような登山を試みていることであろうか」とも。

また、冒頭に掲げる「初登山に寄す」(一九三一年)には、大島への直接の言及はないものの、大島ら「ＫＥＩＯ」への対抗心とともに、大島の遺著『山──研究と随想』(一九三〇年)の「山への想片」などの影響が明らかにみられる。

さらに、大島の雪崩の研究にも注目しており、今西は「雪崩の見方に就いて」(『山岳』一九三一年)や「風成雪とその雪崩に関する考察」(『山岳』一九三三年)でふれている。これらを収録した『日本山岳研究』(一九六九年)では、「四〇年の回顧」(一九六九年)において、あらためて大島をしのんでいる。

近藤氏は、今西と大島は書簡だけでなく、相まみえたかどうかなど、二人の交流を追跡しており、その件で二〇〇四年夏に入洛した。近藤氏を筆者は今西邸に案内し、今西武奈太郎氏と面談したのだが、二人が対面したかどうか、そのときには確認できなかった。

踏査隊、山も探検も

今西を隊長とするＪＡＣのマナスル踏査隊は一九五二年八月二五日、羽田を出発した。「まだ来年の本隊という大きな仕事がのこっていますが、計画はたしかに実現するところまできたのです。個人や小人数の力では、とうていここまでもってくることはできなかったにちがいない。これは日本山岳会だからこそはじめてなしえたことであると思い、わたくしは、いまこのことをみなさんとともに喜びたいのであります」。

「出発の言葉」を今西は『毎日新聞』に載せた(『ヒマラヤを語る』一九五四年。『全集』第三巻)。この先発隊が探検隊とも登山隊ともいわれていることに対して、今西は自分の考えを述べる。山登りというものは、四つの段階を経て発展する、と。

第一は山の発見、第二はその探検、第三はいよいよその頂上に登る。第四の段階は、初登頂のすんだ山へ今度はバリエーション・ルートから登る。

ネパール・ヒマラヤはまだ第二の段階である。一九五〇年にいきなり登頂してしまったフランス隊のアンナプルナはヒマラヤでは例外的なことであって、普通は、まず探検をやって、登路が見つかれば、早くてその翌年に登頂をめざすことになる。マナスルは山であり、第二段階の探検が済めば、今度は第三段階の登頂ということになり、それが来年の本隊の仕事である。これまで戦前の京大はじめ日本でヒマラヤ計画を立てた場合は、登頂という第三段階からはじまるような山登りしか考えなかったが、今回はちがう。探検からはじまる山登りをやろうというのだ。

今西を隊長とするマナスル踏査隊は、ヒマラヤをおもいたってから四半世紀、五〇歳にして実現させた夢だったが、もう一つ今西にうれしいことがあった。出発直前の七月、大興安嶺探検の報告書が毎日新聞社から出版されたのだ。(3)

ヒマラヤへ羽田を出発（1952年）

探検行からすでに一〇年経っていた。そして、当時学生だった隊員の何人かは、吉良が大阪市大教授をつとめるなど、もうひとかどの学者になっていた。(4)

カルカッタ、ダージリンをへてカトマンズについた今西は、二年前のプレ・モンスーンにイギリスのH・W・ティルマンがとったルートをたどる。ティルマンは一九三六年にナンダ・デビィ（七八一六メートル）に初登頂するなどヒマラヤの先駆者である。彼が開国直後のネパールに入り、アンナプルナを試登した際の報告が載った『アルパイン・ジャーナル』を、今西はタイプして持参していた。

アンナプルナとマナスルは距離が近いから気候など似た条件にあると考えた。アンナプルナⅣ峰（七五二五メートル）をティ

踏査隊とシェルパたち

ルマンのとおりにやって、そのプレ・モンスーンと今西たちのポスト・モンスーンのコンディションを比較して、マナスルの場合のプレとポストの優劣の判断にするつもりだった。サーダーに雇ったガルチェンは、ティルマン隊のサーダーをつとめており、山のコンディションだけでなく、今西隊の実力を知るにも都合がいい。

今西たちはみんなヒマラヤは初めて。いきなりマナスルにかからずに、まず先駆者の物差しのついたアンナプルナⅣ峰で、ヒマラヤ・ジャイアントの大きさを体得しよう。そのためにアンナプルナに三週間、それもベスト・シーズンをあてる。それから、マナスルにかかる。

カトマンズでは、ドクター西堀はどうしている、なぜ来ないのかときかれる。いかに西堀が人気があったのか、日本のヒマラヤ計画のために実によく頑張ったのかを、あらためて知った。

九月一四日、七四人のポーターに荷物を担がせ、カトマンズを出発した。ポカラに向かう街道をゆく。日本なら東海道といったところだが、山道あり谷道ありで、いたるところで渡渉をくり返し、行李に忍ばせていったわらじをつけたりした。雨も降る。田口や高木、林はおしきせのビニロンのマントを着て、蒸し暑くてかえって余計に汗をかいたが、今西と中尾は熱帯のポナペ島の経験から、こうもり傘をさした。このほうが快適でかつ実用的だった。

やがて街道をはずれ、マルシャンディの谷に入って、マナスル三山を目の前に仰いだ。朝日は、まずマナスルの

踏査隊員（左から林，高木，今西，中尾，田口）

頂にさし、その瞬間、まっ赤に染まる。ついでＰ29、ヒマルチュリ。稜線に雪煙がたなびいている。マナスルまで六〇キロも離れているのに、はっきりと見える。八〇〇〇メートルとは、いかに高いものであるかを、まざまざと感じた。

ここで、いったんマナスルに背を向けてアンナプルナへ向かう。『アルパイン・ジャーナル』の写真で見覚えのあるアンナプルナⅣ峰があらわれ、カトマンズ出発から二二日目の一〇月五日、ベースキャンプを設けた。

キャラバン中からティルマンより速度が遅いと不満をもらしていたが、いよいよティルマンとの対決である。タイプにうってきたティルマンの報告を読み返してとりかかった。ところが記述が簡単すぎて、キャンプの位置などはっきりしない。高木、田口、林が前進するが、なかなかティルマン隊のようにすすまない。荷物が多すぎたうえ、雪の状態も悪い。

計画どおりにいかないとわかると、今西はあっさりとアンナプルナⅣ峰をあきらめる。とりかかってわずか八日目のことだった。ヒマラヤの高所に慣れたティルマン隊と初めての日本隊ではペースがちがった。

それよりも、今西は自分でどこかピークを踏むつもりだった。ベースキャンプをそのままにしてアンナプルナと反対側の六〇〇〇メートル級の山に登ろうと、今西はいった。中尾は賛成したが、会社の仕事があって引きあげる田口は早くマナスルへといい、高木と林はなにもいわなかった。

それでも、今西は先頭に立って対岸の山に向かった。ヒマラヤの山に初登頂してやろうという、今西の執念である。

その山の名はチュルーというらしい。二日かけて登った。バロメーターは六二〇〇メートルを示した。名前や高さが地図に載っていないからといって、今西は決して卑下しない。簡単に登れたからといって、はずかしがりもしない。ヒマラヤにきて、こんなにもやさしく初登山できたことを喜んだ。

五〇歳でヒマラヤ初登山だった。しかも、日本アルプスでは求められなかった地形的影響のない万年雪を見つけた。チュルーの上半分をおおった万年雪が五五〇〇メートルの高さで切れている現場を押さえて、「剣沢の万年雪」以来の懸案を解決できた。

入国の遅れた竹節が追いついてきて、びっくりした。まだ、こんなところにいるのか、道草をくわずに早くマナスルへいこうといった。

マナスル周辺に着いたときには、もう秋風が吹き、冬も近かった。西面をさぐったのち、ヤクに荷物をかつがせ、北側の五二〇〇メートルのラルキヤ・ラ（峠）を越えた。もう、チベットのすぐそばである。裸足のネパール人ポーターは雪の峠で難渋した。今西はこの間もずっとマナスルを見つづけ、登路のめぼしをつける。マナスルは頂上から四つの尾根を張り出し、その尾根に囲まれた四つのフェイス（面）をもつが、このうち東北面が有望だ、と。

サマの部落からはマナスル氷河を試登したが、二日目に高木がクレバスに落ちて負傷したため、ノース・コル（鞍部、七一〇〇メートル）をあきらめる。そこで東尾根を五二〇〇メートルまで登らせ、マナスルの登路を確認して終わった。

今西や中尾はこの間も氷河や雪崩、植物などの調査をつづけ、サマの部落では人類学の調査もやったりしたから、竹節は不満だったようだ。とうとうカトマンズへの帰路、衝突する。

焚き火を囲んで酒を飲んでいるうち、文句をいった竹節を今西が殴りつけた。と、おもう間もなく、今西は膝をついて、「すまん、手を出して。許してくれ」。あっさりとあやまられたので、竹節の胸のモヤモヤも晴れたという。

このヒマラヤ行はマナスル偵察が目的だった。しかも、マナスルの登路は東側にあるだろうことは、ティルマンの報告で予想がついていた。ところが、今西は悠々とティルマンの足跡をたどって西側から回りこみ、おまけにアンナプルナまで登ろうとした。まず先縦者にしたがい、そのとおりにくり返すことによってヒマラヤを見る目をつくり、そののちに自分の課題に取りくんだ。そして、マナスル登路発見という所期の目的も、ヒマラヤ探検もやってのけた。登山のための探検だったが、今西は探検にウエイトをかけてヒマラヤをひろく歩き、探検家としての存在を示した。

登山家・探検家の今西

四ヵ月間に及ぶキャンプ生活最後の日に首都カトマンズを見下ろす尾根でキャンプした。ここで、今西と中尾は黒々とした森を目にした。それは、常緑カシが主体の照葉樹林だった。「これはずっと東ヒマラヤに続き、中国南部から日本の南部までつづいている森林帯。これが東アジアの温帯の大構造だ」と、中尾にとって照葉樹林を認識する最初となった。(5)

のちに今西が主宰する人文科学研究所の共同研究会で、中尾が提唱する「照葉樹林文化論」の原点が、このときに形成されたのである。(6)

今西は、ヒマラヤに探検の足跡をきざんで、その年も押し詰まった一二月二八日、羽田に帰ってきた。西堀が飛び立って、わずか一年しかたっていなかった。

3　海外遠征のリーダー

ＡＡＣＫヒマラヤ初挑戦

「生物誌研究会のみなさま、十一月十日、ラルキヤ・ラを越えて　今西錦司」。マナスルの麓の村サマから、今西は京都の仲間に手紙を出している。チベット的な峠の風物にはじまり、植物や氷河の調査はかなりすすんでいるが、人類学のはまだで、サマ部落でロールシャッハ・テストをやるつもりだ、などと報告したのち、来年のことにふれる。

「主力が登山になるとサイエンティストは継子になりがちで問題があるが、サイエンティストだけで別なネパール・エクスペディションをやるのはむつかしい。やはり登山隊にくっついてネパール入りして、別動隊としてもっと東へ、今年の隊の入らなかった地域へ足をのばしたらどうか。三人ぐらいでポーターを十五人ぐらいつれて歩くのは、いちばん快適なトラベルです。アンヒビアン（両生類的）はよろしくありません」。

もうすでにヒマラヤ遠征の主体は生物誌研究会（ＦＦ）を離れて日本山岳会（ＪＡＣ）に移っているので、ＦＦに発言権がないかもしれないが、サイエンティフィックを含ませるべきだ、と結ぶ。

今西がヒマラヤにいるころ、東京では本隊の準備がすすみ、隊員の候補者も絞られていく。東京勢が中心になることは明らかで、京都でつくった計画なのに、登山の本隊にＡＡＣＫがほとんど入れないことがわかるにつれ、若手のおさまりがつかなくなる。

だが、すぐにＡＡＣＫだけでヒマラヤを、というわけにはいかない。その前に、国内でエクスペディションをやろう。

一二月一一日、京都から夜行列車「日本海」に、伊藤洋平を隊長に若いＯＢと現役の山岳部員の一行が乗り込む。

装備や食糧にはヒマラヤを想定して準備。日本列島の北の端、知床半島に向かう。毎日新聞の記者とカメラマンも同行し、まさに遠征隊だった。同日の夕、今西たちマナスル踏査隊が羽田空港に帰ってきた。

「知床遠征隊」は、厳冬の知床岬から知床岳への未踏の山稜を踏破。硫黄山と羅臼岳にも登り、一月の中旬、京都に帰った。一行を迎えての祝賀会に、今西も顔を出した。伊藤は、「おい、今西さんも来たぞ。きっとわれわれの力を認めてくれたんだ」。ジョッキを手に、うれしそうに部員に耳うちした。戦後初のオール京大隊による「遠征」の成功は、若手を大いに元気づけ、先輩らも現役の実力を認識する。

マナスル本隊の人選結果が『毎日新聞』二月九日付朝刊に載った。三田幸夫隊長以下、報道二人を含めて計一五人。AACKからは加藤泰安と、科学班に中尾佐助と川喜田二郎が入った。科学班と報道を除く出身大学は、慶大四人、東大三人、早大、北大、日大、京大が各一人。隊長はじめ、明らかに慶応を中心とする東京勢となった。三月四日と一八日の二隊にわかれて羽田を飛びたった（だが、この隊は登頂できなかった。五四年の二次隊も、山麓の村人に阻止される。槇が隊長になった第三次隊が五六年五月九日、初登頂に成功する。その初登頂者はAACKから唯一参加した今西寿雄だった）。

今西は、三月二六日のFF委員会に「一九五四年度ヒマラヤ遠征計画案」を提出した。京大がやるヒマラヤ遠征だから「純登山でなく学術を唱えること」にするが、FFは遠征の事業主にならず、AACKを登山の実動部隊にして後援しようという。四月一日、京大工学部の四手井研究室に、今西錦司、四手井綱彦、工楽英司、鈴木信、そして今西寿雄が集まり、AACKとしてのヒマラヤ計画が本格的に動き出した。

だが、目ざすべき山は、なかなか見つからない。データが少ないのだ。若手は、ダウラギリやチューレン・ヒマール、ヒムルン・ヒマール、さらにカラコラムまで、いろいろと名をあげるが、これといった決め手がない。

そのとき、ネパールから中尾の手紙が京都に届いた。中尾と川喜田の科学班は本隊とはカトマンズを出発してすぐにわかれてポカラに向かい、アンナプルナの南山麓を歩いていた。

「アンナプルナⅡの南面、アイス・フォールからの攻撃可能のようだ。飛行機はポカラまで飛んでいる。ポカラから五日間で山麓に達せられる。アプローチは短い」と、旅のようすを知らせる私信の一節にあった。

中尾はアイス・フォールをくわしく見たわけではなかった。アンナプルナが見え、あのへんが登れそう、という程度の連絡のつもりだった。手紙を読んだ今西は、五月一五日、AACKの会合で、アンナプルナⅡ峰（七九三七メートル）かⅣ峰（七五二五メートル）を南面からどうかと提案する。時期は、その年のポスト・モンスーンにと。

今西は昨年の偵察で、アンナプルナの北面はかなりの傾斜があり、意外にきついと感じていた。ポストは日が短くなるが、南面からならその不利もカバーできるだろう。ポストならば出発まで三カ月余りしかない。ただちに、アンナプルナⅡ峰の計画書がつくられ、三日後のFF委員会にかける。

AACKの計画としてのヒマラヤ登山隊が承認される。ここで、FFとAACKの関係が、すっきりした。ヒマラヤ登山の実行部隊は、あくまでもAACKであり、FFはそれをバックアップする。

この年のプレ・モンスーンはヒマラヤ登山にとって、画期的なシーズンとなった。イギリス隊は最初の挑戦から三三年目にして、五月二九日、ついにヒラリーとテンジンがエベレストに初登頂。つづいて「魔の山」ナンガ・パルバットも、七月三日、ドイツ・オーストリア隊のヘルマン・ブールが頂上に立った。

このように、おもな隊はいずれも春、すなわちプレ・モンスーンに登っている。プレとポスト・モンスーンとの登山時期の比較は、なかなかむつかしいが、AACKはあえて目前のポストを選んだ。準備も間に合うかどうかわからない。それでも踏み切ったのは、おさえがたいヒマラヤへの情熱に加えて、戦前に二回も計画倒れに終わった苦い経験があったからだ。このチャンスを逃すな。

AACKのヒマラヤ委員会が設けられ、木原が委員長、四手井綱彦が準備委員長となった。ただちに隊員の選考。まずAACKの全会員から参加希望者を募った。次にその自薦、他薦の立候補者から、誰が適当かを投票でアンケートをとった。

これをもとに、六月一四日、ＡＡＣＫ総会の当日、ヒマラヤ委員会で隊員を検討する。当初から隊長候補の今西寿雄のほか、藤平正夫、伊藤洋平、舟橋明賢、藤村良の五人が選ばれる。伊藤は候補者の投票では必ずしも上位ではなかったが、ヒマラヤ計画への実績などから、今西寿雄が推した。さらに、若手から脇坂誠が加わり、京大山岳部出身の中日新聞記者・立平宣雄が報道員として入る。

松方三郎（共同通信専務理事）の世話で、中日、京都、神戸の三新聞社の後援がついたが、マナスル隊のように全面的にスポンサーの新聞社におんぶはできない。七七二万円の予算を組み（最終的にはそれを一〇〇万円も上回る出費となる）、このうち半額強をスポンサーに、残りは募金で集めることにする。

京大の前総長・鳥養利三郎を会長にヒマラヤ遠征隊後援会をつくり、大阪など関西を中心とする企業や自治体などに寄付を申し込む。京大ＯＢや有力教授などのつてを頼りに、手分けしてまわり、一万円から一〇万円ほどまで、コツコツと募金活動を続ける。

ネパールからの入国許可が七月一四日、届いた。西堀のネパール入り以来の京大とのつきあいや日本に留学中のクリシュナの添書もあって、いい見通しをもっていたが、やはり吉報だ。外貨使用の割り当てはまだ出ないが、荷物の準備など、はずみがつく。

京大図書館の裏の古い建物に本部を設けて隊員や若いＡＡＣＫ会員、現役の京大山岳部員を総動員。鴨沂高校などの生徒も協力してくれた。食糧や装備を集め、パッキングを急ぐ。費用の関係でできるだけ多くの荷物を船荷で送りたい。その船出は七月末である。

外貨の使用許可も待たずに、積み込むことにする。大胆だが、そうしないと間に合わない。七月末に神戸港から大阪商船銀光丸に二トンの荷を載せた。

休む間もなく高所用の装備にかかる。東京で、東洋レーヨン寄贈のナイロンを使い、テントなどの製作にかかる。帰国したばかりのマナスル隊から、その装備のぐあいや、食糧、現地の情勢など、こまめに聞いて、参考にする。

八月に入って、大蔵省にいる伊藤愿らの努力が実って、ついに外貨使用の許可がおりる。会社員の藤平と舟橋はやっとのことで渡航手続きを間に合わす。東京での荷物二トンも、学習院大山岳部の協力で、羽田から月末に飛び立つことができた。

八月二五日夜、京都駅から今西寿雄隊長以下関西在住の隊員が、盛大な見送りを受けて出発。三〇日、先発の伊藤と舟橋、続いて九月五日、本隊が羽田を飛び立つ。

このころ京都の準備本部では、募金がやっと本格化したばかり。借金のまま、あわただしい旅立ちだった。若手とOBが協力し、オール京大としてAACKの総力をあげてのヒマラヤ挑戦。今西錦司たちが結成して以来、二二年目にして、AACK長年の夢、ヒマラヤ行が実現した。

アンナプルナ隊が京都を出発した同じ二五日に、AACKをアンナプルナに向かわせるきっかけの手紙をネパールから送った中尾と川喜田が羽田空港に帰ってきた。本隊より遅れること一月余り後の科学班の帰国だったが、一四日間にわたる旅行の成果は、植物標本五〇〇〇点、昆虫標本一〇〇〇点、民族標本五〇〇点などの収集品やフィールドノートにびっしりと詰まっていた。

しかし、二カ月後、AACK宿願のヒマラヤ・エクスペディションは、アンナプルナⅣ峰の頂上を目前にして冬の到来に阻まれる。強烈な偏西風に七一〇〇メートルに張ったアタックテントを破られ、撤退を余儀なくされた。無事であったのが何よりであった。

カラコラム・ヒンズークシ学術探検隊

AACKアンナプルナ隊（一九五三年ポスト）のあと、京都では西ネパール学術探検計画など、ヒマラヤをめざしていろいろなプランが検討される。その企ての中心になったのが、やはり今西錦司だった。

「AACK二十五周年の記念事業として、カラコラムをやらへんか」と、一九五三年秋のAACK総会で、今西が口火を切った。

カラコラムは、戦前、一九三八年にＡＡＣＫでＫ２に向かおうとして以来の、今西の夢である。イタリアのアブルッジ公が一九〇九年バルトロ氷河に入ってＫ２とチョゴリザに試登した際の記録には写真家セラのすばらしい写真が添えてあり、それをながめながらヒマラヤへの夢をかきたてたものだ。

ふたたび「カラコラムを」、といいだした今西の腹づもりは、当然、山登りよりも探検にウエイトを置いていた。カラコラムは登山としても未踏の巨峰がゴロゴロしている処女地だが、今西がやりたいのは、誰も入ったことのない氷河を探り、その奥にある高い峠を越せるかどうかをためしてみるといった、クラシックな地理的探検だった。しかも、今西はＡＡＣＫをたきつけただけでなく、ＦＦ委員会にもカラコラム計画を提案していた。そして探検と登山、つまりＡＡＣＫとのかね合いを計っていた。

カラコラムの山をいきなり打ちとるだけの準備はできていない。やはり、はじめは偵察が必要だ。それなら科学者を多くしていきたい。でも、せっかくカラコラムへいくのなら、一人でも二人でもよいから登山家を入れておきたい。が、ごく少数の登山家では使いものになるだろうか、と迷う。考えたあげく、登山をあっさりとあきらめる。それは、ＡＡＣＫを切ることを意味した。

今西には登山よりも学術探検のほうが資金を集めやすい、との読みもあった。世間も不景気だし、カラコラム登山では、なかなかスポンサーもつきにくいだろう。ここは一つ、本格的な学術探検でやってみよう、と。

だが、ハシゴをはずされたＡＡＣＫでは、カラコラムをいいだしながら学術探検に乗りかえた今西に対し、四手井綱彦らが反発する。今西と四手井は、ＡＡＣＫの創設メンバーだ。京大卒業も同期で、同じＦＦのメンバーである。しかも四手井夫人千鶴子は今西の妹でもある。ＡＡＣＫの会合で、四手井は今西をきびしく追及し、出席していたＦＦ会長並河をオロオロさせる場面もあった。

四手井たちには、マナスルの権利をむざむざ日本山岳会に譲り渡した残念な思いがある。情勢をみて「転向」する今西にはついていけなかった。

この対立は、南北朝にたとえられた。登山の正統を錦の御旗にするのは南朝で、四手井が後醍醐天皇。一方、探検を押し進めていく実力者の今西は足利尊氏である。このとき、ＡＡＣＫの登山派には、計画をすすめる力がなかった。逆に、今西は、ＦＦをフルに使ってカラコラム計画の実現のために、次々に手を打った。

四手井を武士とするなら、今西は町人といえよう。町人の感覚で実利を得ていくわけだ。ちなみに四手井は山科の郷士、今西は西陣の織元の出身である。

まず、隊長に木原均をかつぎ出した。世界的な遺伝学者であり、コムギの起源の研究の第一人者だ。現在の普通のコムギ（パン小麦）の祖先の一つはタルホコムギであることを戦争中に京都の実験室で明らかにした。このタルホコムギはパキスタン、アフガニスタンからイラン、外コーカサスに分布している。木原はこの分布の状態を調べ、コムギ発祥の地をさぐりたいので、弟子の教養部教授・山下孝介を伴って、この計画に乗る。隊長としてネームバリュー満点である。

同時に、ＦＦの計画を京都大学あげての計画に仕立てあげる。そのために京大総長滝川幸辰をトップにすえる必要があった。京都探検地理学会の会長であった元総長の羽田亨に滝川を口説いてもらい、委員長になった。

難問題の資金も、木原のネームバリューや京大当局の熱意を得て、文部省から六〇〇万円という大金を取ることに成功する。これは、学術探検に国が金を出す、最初のケースとなった。この前例もあって、翌年の第三次マナスル隊に五〇〇〇万円、そして、南極観測や海外学術調査費（これには今西や伊谷のアフリカ学術調査も世話になる）が設けられる導火線になる。

国費のほかにスポンサーに朝日新聞がついて六〇〇万。トヨタからランドクルーザー二台をはじめ一般企業の募金もうまくいって、本決まりになったときには、カラコラム計画は、氷河のカラコラムから木原のコムギを含めてさらに西へ砂漠へと広がり、「カラコラム・ヒンズークシ学術探検計画」になっていた。本隊は木原たちのヒンズークシ隊でパキスタンから西に向かう。カラコラムは支隊ということだが、今西は気にしない。とにかく、行けるのだから。人文研所長、貝塚茂樹が実行委員長になって、研究所の一室に事務所を設けて着々と準備がすすんだ(7)。

一九五五年五月一四日、羽田を出発し、カラチを経て、ラワルピンディで、本隊と支隊が分かれた。今西たちはギルギットからラカポシ（七七八七メートル）の北をまわって、まずヒスパー氷河に入る。氷雪の峰に囲まれた氷河を歩いて、雪におおわれたヒスパー・パス（五三三五メートル）に立った。ここからビアフォ氷河に向かって大雪原をスキーですべりおりる。今西は三〇年も前の流行おくれのスキー術テレマークで心ゆくまま楽しんだ。

カラコラムで（1955年）

若いころにはスキーに熱中し、登山のために「短スキー論」を主張したり、わが国の深い雪に適した山スキー術「インナー・リーン」を編みだした今西だが、戦後はまったくスキーをしていなかった。それでも、わざわざスキーを持参し、〝伝家の宝刀〟のスキー術を披露した。まるで、この日のために、若いころ熱心にスキーをやったかのように思われ、幸福なひとときだった(8)。

その後、アスコーレにもどって他の支隊員と合流して、バルトロ氷河へ入る。七月四日、久恋のK２を真正面にあおぐコンコルディアに達して、引き返した。

この京都大学カラコラム・ヒンズークシ学術探検隊は、くしくも、二〇年近くも前に、ＡＡＣＫが計画したカラコラムの最高峰K２登山、さらにその数年後のエルブルズ山脈最高峰デマベント遠征が、かたちを変えて、同時に実現した、ともいえる。

ヒマラヤ計画のために今西たちが一九五一年秋につくった生物誌研究会（FF：Fauna & Flora Research Society）は、まさに京都探検地理学会の戦後版のようであった。名前は「生物誌」だが、生物系以外の有力教授が名をつらねていた。その中心に今西がいたのである。

FFはその後、京大からの学術探検計画の元締めのような存在となる。FFが企画立案し、実行は別部隊がするかたちで、フィールド・サイエンスにたずさわる教官のほか、総長や大物教授も会員にした実力ある団体だった。また、マナスルの先発隊や本隊の科学班（中尾佐助と川喜田二郎）が採集した動植物標本をそれぞれの専門家に研究してもらい、その成果などを立派な英文報告書三巻にして、木原均編、京大生物誌研究会の名で日本学術振興会から刊行する。(9)

探検部の誕生

カラコラム・ヒンズークシ学術探検隊は、京大山岳部の学生たちを刺激する。当時山岳部の部員は三〇人をこえ、国内山行で力をつけてきた。そして海外遠征の熱がたかまっていた。

翌一九五六年三月、探検を志す部員たちが山岳部から分封し、探検部をつくった。今西や梅棹らの応援をうけたもので、日本の大学で最初の探検部となる。直ちに、本多勝一と吉場健二が、藤田和夫（大阪市大教授）を隊長にして、パキスタンのパンジャブ大学との合同で東ヒンズークシに出かける。学生主体で遠征を組織したことは内外に大きな影響を与えた。

さらに五七年には同じパンジャブ大学との合同でスワートヒマラヤに出かけた。当時は厳しい外貨制約のために海外にでるのは容易ではなかったが、パキスタンとの合同となると、その制約はなくなる。意気揚々と出かける探検部の活動を横目で見て、ＡＡＣＫの若手や山岳部の連中は切歯扼腕した（京大探検者の会編『京大探検部』新樹社、二〇〇六年)。

この、探検部の旗あげのころ、カラコラムから帰ったばかりの今西の門をたたいた若者たちに、今西はいった。

「京都駅から日本アルプスに向かうような荷物と服装で出発して、そのまま貨物船に便乗すればええんや」と。

その約七ヵ月後の六月二日朝、京都駅から旅立った本多と吉場の二人はビブラム底の登山靴にカッターシャツ姿でキスリングを背負っていた。電車が動き出すと、今西が音頭をとった、見送りの「ヤッホー」が響きわたった。

Ｋ２を望んで（中央が今西，1955年）

活発なＡＡＣＫ

マナスルは一九五三年のＪＡＣ隊は七七五〇メートルで撤退、五六年の第三次隊で初登頂する。登頂者の一人はＡＡＣＫの今西寿雄であった。南極観測隊もその年に出発し、ＡＡＣＫからは西堀（越冬隊長）と北村泰一（越冬隊）、伊藤洋平（夏隊）が参加した。身近な仲間がどんどん海外にいくのを見て、大学院生を中心とした若いＡＡＣＫ会員は、なんとかヒマラヤへ行きたいと、今西ら長老に働きかけるなど、懸命だった。

一九五七年にアンナプルナⅡ峰をめざし、四手井綱彦教授を隊長とする計画がたてられる。しかし、スポンサーがつかずに計画は頓挫する。それならばとカンジロバ・ヒマールやシスネ・ヒマールなどへ小人数でいく計画がいくつか作られる。いずれも実現に至らなかったが、若手は何度も今西に相談に行った。

そこで、カラコラム・ヒンズークシ学術探検隊の経験をふまえて、カラコラムをやろうとなった。そして一回で登れそうで、立派な山だという今西の助言もあって、チョゴリザ（七六五四メートル）に決める。今西がK２をあおいだコンコルディアのすぐ奥にある「花嫁の峰」である。

パキスタン政府から許可の返事が来たのが、一九五八年一月だった。隊長に目された四手井綱彦は京大原子炉設置の問題で出られない。アンナプルナを登頂できなかったAACKは、今度こそはと必死だった。スポンサーを見つけるためにも、ネーム・バリューのある隊長が必要だった。桑原しかない、と今西は判断する。

今西は「日本モンキーセンター第一次ゴリラ調査隊」で、初めてのアフリカへ出発直前だった。京都を立つ一日前の夜、伊谷を伴って桑原宅を訪れて、いきなり「今度は、君が遠征隊長や」と直談判し、決める。

桑原はまさに京大の切り札的存在であった。桑原が出るならと、隊は大きくなり、朝日新聞と日映新社の後援も得て、隊員一〇人となった。

隊はさまざまな困難をのりこえ、一九五八年八月四日、藤平と平井一正が初登頂に成功した。この成功は、AACK創設以来、四分の一世紀ぶりに果たした夢であった。また、ナンダ・コット（立教大学隊）、マナスル（日本山岳会隊）につづく、日本隊による三番目のヒマラヤ初登頂となった。『朝日新聞』は一面をさいて報道した。同行した日映新社カメラマンによる映画『花嫁の峰チョゴリザ』が全国上映される。

この一九五八年には、今西はアフリカにはじめて類人猿の調査に出かけ、西堀は南極越冬を成功させ、そして桑原隊がチョゴリザ登頂に成功した。また、川喜田はFFと日本民族学協会の後援で西北ネパール学術探検を行い、中尾はブータンに単独で入って探検を行っている。

チョゴリザに引きつづいてAACKは、六〇年にノシャック（七四九二メートル）、六二年にサルトロ・カンリ（七七四二メートル）と、一年おきに三つの初登頂をする。京大山岳部も六二年にインドラサン（六二二一メートル）、六四年にはガネッシュ（アンナプルナ南峯、七二五六メートル）に初登頂したほか、ニューギニアのスカルノ峰（五〇三〇メートル）に、FF隊として登頂した。

まるで、ヒマラヤ・オリンピックの先頭を、AACKは走っているようだった。

やがて、ヒマラヤも鉄の時代に入り、初登頂の夢をかなえられる高峰は次第に減り、より困難な登攀を求め、スポーツ的になる。しかし、AACKは初登頂主義をかかげたまま、ジャイアントに挑んだ。未踏の世界最高峰、八五〇五メートルのヤルン・カンに、AACKは一九七三年、仲間一人の犠牲と引き換えに初登頂する。これは、日本人初登頂の最高峰の記録となって、今後も破られることはない。

この隊の総隊長は西堀栄三郎がつとめた。七〇歳の西堀は、自らベースキャンプまで登って、隊員を鼓舞した。その西堀をヒマラヤに赴かせたのは、いうまでもなく、今西錦司であった。

注

（1）　なかでも伊藤は八高時代から山稜会で活躍し、一九四三年京大医学部に入学。もう山どころではない時代に、医学生なので戦場には駆り出されずに、世間から身をひそめるように登山ができた。一九四四年一〇月、山稜会の大野嶺夫と穂高屛風岩の正面岩壁を初登攀。一九四八年三月の積雪期登攀まで四年間にわたって伊藤たち山稜会は、戦争と戦後の混乱をよそに、この岩壁に情熱をかけた。

（2）　八高と京大山岳部で伊藤の後輩でもある立平宣雄（一九四八年、京大法学部卒業）が中日新聞に入社。同社が山の雑誌が欲しいといってきたので、版権を四万円で譲った。

（3）　この出版を通して今西は、毎日新聞の出版局長だった取締役（労務・総務担当）森正蔵と懇意になっていた。森は戦前に奉天やハルピンの特派員をつとめ、戦後は論説委員長にもなった。今西の戦後すぐの代表作『生物社会の論理』（一九四九年）や編著『人間』（一九五二年）は毎日新聞社からであった。

（4）　今西は「編集はほとんど吉良君の手をわずらわしたものです」「ぼくも十年間の悩みがこれで解消、安心してヒマラヤへ行けます」と安江安宣への七月二四日付書信でふれている（安江安宣「書信にみる『今西錦司語録集』」『全集』第九巻月報）。

（5）中尾佐助「探検と私――照葉樹林を認識するまで」『自然』六月号、中央公論社、一九八〇年。『中尾佐助著作集』第三巻、北海道大学図書刊行会、二〇〇四年、五四一頁。

（6）佐々木高明「探検と学術調査」『中尾佐助著作集』第三巻、北海道大学図書刊行会、二〇〇四年、五六九頁。

（7）京大カラコラム・ヒンズークシ学術探検隊隊員名簿。いずれも京大教官（非常勤講師を含む）で、AACK会員は木原、今西、中尾、梅棹、藤田、原田と半数を占めていた。

隊長　農学部教授　木原　均（植物班長）
隊員　理学部教授　北村四郎（植物班）
　　　教養部教授　山下孝介（植物班）
　　　人文研教授　岩村　忍（人類班長）
　　　文学部講師　山崎　忠（人類班）
　　　人文研講師　梅棹忠夫（人類班）
　　　人文研助手　岡崎　敬（人類班）
カラコラム支隊長　人文研講師　今西錦司
隊員　理学部教授　松下　進（地質班長）
　　　理学部講師　藤田和夫（地質班）
　　　農学部講師　中尾佐助（植物班）
　　　医学部講師　原田直彦
他に朝日新聞記者と日映新社カメラマンも同行した。

（8）その後も今西はスキーをはくことがなかったが、一度だけ披露した。一九八〇年三月二一日、岐阜県郡上郡白鳥町の日岸山（一六六九メートル）に登った際、雪上のキャンプ地で、同行した岩坪五郎（京大農学部教授、AACK副会長）や筆者たちに、幻の「インナー・リーン」を見せてくれた。カラコラム以来二五年ぶりとのことだった。これが今西の最後のスキーになった。

（9）「カラコラム・ヒンズークシ学術探検隊報告」で、京都大学生物誌研究会は秩父宮学術賞の第四回（一九六七〔昭和四二〕年度）の特別賞を受ける。第一回（一九六三〔昭和三八〕年度）の受賞につづく表彰である。

第九章　人間社会の形成

1　セオリー・メーカー

『人間以前の社会』

今西は戦後しばらく、講師をつとめる理学部動物学教室の別館にある狭い研究室で、執筆にいそしんだ。『生物社会の論理』（毎日新聞社、一九四九年。『全集』第四巻）につづいて、『人間以前の社会』（岩波書店、一九五一年。『全集』第五巻）を書く。

戦死した可児藤吉に献じた序を記して九月に刊行したときには、研究室は理学部から人文科学研究所に移り、フィールドではウマからサルへと研究対象を展開していた。

この『人間以前の社会』の序のなかで、「わたくしの書くものには、仮説がはいりすぎるとか、実験的な裏づけにとぼしいとか、いうひとがあるが、この批評はなんら本質をつくものではない。仮説のないところに科学は成りたたない。仮説は科学をデザインするものである」という。また、「科学の建設には、その基礎工事として、観察時代も必要なら、起原論もまた必要なのでなかろうか。基礎工事のしっかりできていないことも忘れて、わが国の学者は、とかくあちらの人たちのいうことすることを真似たがるが、それではいつになっても科学の植民地から、脱けでることができないであろう」と述べている。そうして、大胆な仮説を出した。

まず、動物の社会を、「同種類の生物の個体が、その働きあい（interaction）をとおして成りたたせている、一つの生活のオーガニセーション（組織）である」とする。社会というものは、個体の集団というものではなくて組織であると、動物における社会の存在をみとめるのである。そこから、人間社会の起原を、人間以前の動物社会（昆虫や哺乳類など）からみていく。

そして、人間社会の起原を、人間の家族の起原によって説明しようと、人間の家族を他の生物の社会と比較し、検討する。人間の家族が、いかにしてサルの群れから導きだされたか、という試論を展開していく。最後には、テナガザルの群れを、人間の家族と結びつける。

同書には、着手したばかりのニホンザルにもすこしふれており、つづいて出る今西錦司編著『人間』（毎日新聞社、一九五二年）の「人間性の進化」（『全集』第七巻）とともに、初期の霊長類研究のバイブルのような存在になる。

霊長類の研究を今西とともに開拓していった伊谷純一郎は、のちに今西が没するころ、次のようにふり返っている（伊谷「人類学の視点でサルを捉える」一九九二年）。

「『人間以前の社会』、「人間性の進化」と、それに続く「霊長類研究グループの立場」（一九五七年）、「ニホンザル研究の現状と課題――とくにアイデンティフィケーションの問題について」（一九五七年）、「人間家族の起原――プライマトロジーの立場から」（一九六一年）などの各著作は、私たちへのガイドラインの提示であり、将来への理論的展望であり、ときには警告であり、あるいは理論の再検討を内容としているのである。明らかに先生は、ご自身の役柄を、新しい理論の構築者をもって任じておられたのである」。

今西の著作からみても、野外のニホンザル研究を開始したときに、はやくも人類の起原についての考えをめぐらせていたことが、よくわかる。いまはウマ、そしてサルなどを手がけているが、この研究を必ずや人間社会の形成の解明にもっていこうとの決意というものが、はっきりとよみとれる。そうして、研究の進展とともに、今西はつねに理論に検討を加え、さらに深めていった。

人間家族の起原を問うことは、今西にとって、人間社会の形成の解明のために、避けて通ることのできない関門だった。そうして、『人間以前の社会』の最終章で、テナガザル説を打ち出したのだが、そのための苦心というか、本音ともいうべきことを、アフリカに乗り出したころになって、はじめて明らかにする（『ゴリラ』文藝春秋新社、一九六〇年。『全集』第七巻）。それは、『人間以前の社会』から九年後のことだった。

「いままでに誰れも――カーペンターさえ――こんな試みはやっていない。信頼するに足る資料が、あまりにもすくなすぎて、とうていやれたものでない、というところがほんとうなんだが、それを大胆にも、エイッとばかり試みてみたのである」とか、「とにかくその試論で、私は、このテナガザルの群れを跳躍台にして、人間の家族に飛びつこうとした」、と。しかも、そろそろ『人間以前の社会』を絶版にしなければとまでいう。ゴリラをモデルにしての新説を考えながら。

その後もしばらく、支えとなる資料はなかなか得られず、一九六一年に『民族学研究』に発表した論文「人間家族の起原――プライマトロジーの立場から」（『全集』第五巻）では、人類とその家族の起原を一応切りはなして、その間に時間的なズレをはさむように修正する。テナガザルの単婚の社会から人間社会へという、今西のテナガザル説は、新たにゴリラをモデルにした「人間家族の起原」の類家族説になる。

これに関して、伊谷はチンパンジーをモデルにしてプレバンド説を、一九六六年に提出する。(1)

いっぽう同年、今西は『人間社会の形成』（日本放送出版協会、一九六六年。『全集』第五巻）で、また自説を書き改めることになる。それは、『人間以前の社会』の出版から一五年後のことであり、そのころやっとゴリラやチンパンジーの社会の実態が明るみに出はじめたのだった。

いずれにせよ、今西はニホンザル、さらにアフリカで大型類人猿の野外研究を開始するにあたって、『人間以前の社会』や「人間性の進化」を著すなどして、まず理論を示していたのである。

『人間社会の形成』の「はしがき」では、「私の生物社会学には二つの方向がある。一つは地理的方向づけであり、もう一つは歴史的方向づけといってよいであろう。そして、前者を代表する著作が『生物社会の論理』であり、後者を代表したのが、『人間以前の社会』である」という。

これについて、『人間以前の社会』や『人間社会の形成』を含む『今西錦司全集』第五巻の「解題」をした上山春平は、『生物の世界』(一九四一年)を空間的な社会構造論の観点からとらえる方向へ発展させたのが前者で、時間的な歴史論ないし進化論の観点からとらえる方向へ発展させたのが後者だとする。(2)

「人間性の進化」

一九五二年五月、「毎日ライブラリー」の一冊として、今西錦司編著『人間』が刊行された。このシリーズは、戦後の知的荒廃からの脱却をうたった啓蒙的な企画として、五〇年に発刊されていて、二三巻目が『人間』だった。「だれでも自分は、自分のことを一ばんよく知っていると思うように、人間は人間のことを、一ばんよく知っていると思っている。しかし、酸素や水素や小麦のことを知っているほどに、人間は、はたして人間のことを知っているだろうか」と、今西はあとがきに記す。同書は、作家の伊藤整はじめ何人かで各章を分担していて、第二章が今西の「人間性の進化」である。

戯曲風のかたちをとって、「はち」や「さる」や、「人間」といったキャラクターにそれぞれの立場を存分に発言をさせながら、今西は「進化論者」となって、自らの考えを自由に語っている。それは、じつにユニークなエッセイといえる。

最初にいきなり「本能とカルチュア」をとりあげて、進化論者(今西)が「いままでただなにかなしに、動物の行動はすべて本能であると見なしていたのも独断であれば、人間の行動だけがカルチュアであると見なしていたのも、また独断であったということが、おのずから暴露されてくるであろう。それがまずわれわれの第一のねらい」、といったぐあいに展開していく。そうして、霊長類の社会にカルチュアの存在を予言するのである。

これは、文化は人間だけのものではないという、当時誰もおもいもつかなかった、今西ならではの発想であった。それを、野外でのニホンザル研究がはじまったころに（執筆時には、まだ開始していない）、今西が考えていたのである。もちろん、この「人間性の進化」には、ニホンザルのことにはふれられていない。「野外でのニホンザル研究以前に、というよりもそれとは一応無関係に、醸成されたモルト」と伊谷はいう。「独創的な理論の上に立った十分な洞察をもっておられ、何に遠慮することもないのびのびした筆致で書いている」と（伊谷「解題」『全集』第七巻）。

伊谷は「人間性の進化」を、「人間に関するある意味での革命的な視点の基礎を据えた著作であり、その光彩は将来とも色あせることはないであろう」といい、「動物の中に人間性の萌芽を見いだしてゆくことが可能であるという、はっきりとしたストラテジーを打ち出されている」。

今西の数多くの理論的な著作のなかでも、「一つの予見が、あたかも絵に描いた虎がそのまま本当に虎になったかのように、見事に具現化したその最たる例」が、「人間性の進化」であるという（伊谷　同）。

このころ、今西は学生にもカルチュアについて語っている。一九五一年四月から京大吉田分校（教養部）で「人類学」の講義を担当し、その冒頭で、自らのカルチュア論にふれたのである。それを、民族植物学の阪本寧男・京大名誉教授から筆者は聞いた。

農学部農林生物学科の学生（二回生）だった阪本は、先輩でもある今西の講義を期待して受けたところ、いきなり「動物のカルチュアって、なんや知ってるか」と問われ、度肝を抜かれた。登山から帰ったばかりのような姿で教室にあらわれた今西は、教壇のうえに座って山靴を履いた足を学生の机に投げ出して、聞いてきた。何人かの学生に尋ねたが、誰もまともに応えられなかったそうだ。阪本はすっかり今西に魅せられてしまった。

今西は『人間以前の社会』や「人間性の進化」を執筆したばかりだったのだろう、それをすぐに学生たちに語ったのだと、のちになって阪本は納得した。

カルチュア論の展開

前章でふれたように、この今西編著『人間』の刊行から間もなく、今西はヒマラヤに出かけている。一九五二年八月二五日から年末まで、四ヵ月間の留守であった。帰国後、餌づけなどの成果を今西に報告した伊谷たちにとって、やらなければならない数々のテーマの一つに、カルチュア理論の実証という夢があった。

じっさいに、伊谷や川村、河合たちによって、今西の理論が確かめられ、開花していくのである。その経緯を、伊谷の記述でみていく（「伊谷純一郎著作集」第一巻『日本におけるインフラヒューマン・カルチュアの研究』一九七七年。「カルチュアの概念――アイデンティフィケーション論その後」一九九一年、伊谷「解題」『全集』第七巻など）。

まず、「人間性の進化」が発表された五二年には、八月に幸島の群れ、一一月に高崎山の群れの餌づけに成功し、ニホンザルの研究が軌道に乗りはじめる。

一九五三年九月に若いメス一頭がサツマイモを小川の水で洗って食べるのを地元の人が目撃し、一一月に川村と河合は一歳年上のオスがイモを水で洗うようになっているのを観察する。彼らは今西の「人間性の進化」に触発されてニホンザルの文化の問題についてよく議論していたので、この新しい行動はカルチュアに結びつくのではないかと話し合った。

そして、この（イモ洗い）行動の他個体への伝播の追跡が開始される。また、伊谷は高崎山で、サルにとっては新しい食物としてのキャラメルの伝播の分析にとりかかる。

幸島、高崎山についで、箕面、帝釈峡、高梁、嵐山、都井岬、小豆島などの群れが次々に餌づけされ、川村がその比較研究に没頭する。すると、同じサルでありながら、それはまさに今西の予言通り、群れごとに食性が違い、いろいろな行動にも群れによる違いが見いだされていった。

ところが、サルのカルチュアについての実証的なデータを学会などに発表すると、論争が巻き起こった。一九五五年秋の日本人類学会・日本民族学会連合大会で、川村は「ニホンザルの社会に見られる文化現象について」を発表する。今西と連名であった（今西は同年五月から九月にかけての京大カラコラム・ヒンズークシ学術探検隊から帰国したばかり）。サルがカルチュアをもつか否かという議論になって、反論が多く、嘲笑さえあったという。

一九五六年の同大会は、日本モンキーセンター設立直後のことだった。川村が「ニホンザルのカルチュア」を、伊谷が「ニホンザルのコミュニケーション」を、それぞれ今西との連名で発表すると、「サルが文化をもち、音声で伝達しあっているとなるとただでは済まなかったのである。質疑の時間は大延長し、私は演壇でサルの鳴き声の実演をやらされた」（伊谷「私の履歴書」一九九一年）のだった。

今西の「カルチュア」は、川村の「サブカルチュア」になったり、河合の「プレカルチュア」になったりするが、群れごとの行動の比較と、野外における分析的な研究から、カルチュアの研究が実っていった。一九六五年に河合が幸島のサルのカルチュアについて総括する。

伊谷は「日本におけるインフラヒューマン・カルチュアの研究」（一九七七年）において、「ニホンザルの研究は、今西のカルチュアに関する仮説に始まり、今日まで二五年間にわたって続けられてきた」と、ふり返る。「もちろん、若い学徒のすべてが、彼のセオリーに従ったというわけではない。しかし、今西の深層に発した問題提起と理論が、つねにニホンザルの研究を推進し続けてきたことには間違いはない。カルチュアのセオリーは、そういった働きをなしたいくつかの回転軸の中の重要な一つだったのである」。

その後、文化の概念はより広いものとなり、いまや霊長類の社会に文化や言語の原初的なものを認めうることは当然とされるようになった。しかも、カルチュアは日本では当初は抵抗はあったのだが、欧米ではすんなりと受けいれられたようだ。

ニホンザルの野外での研究は、今西が海外に探検に出かけたりしている間も、動物学教室の霊長類研究グループや若い研究者たちのフィールドワークが繰り広げられた。サルの社会構造が解き明かされ、カルチュアを見いだすなど、めざましい成果をあげていった。そして、今西は日本にいても、もっぱら、フィールドからの報告をもとに、もうひとつ次元の高い立場で、理論的な考察に精力を注いでいく。

今西は「歴史主義的立場に立った比較社会学」をとなえ、ニホンザルを材料として、基礎的なセオリーを次々に出していったのである。

人文科学研究所では、心理学の牧康夫や藤岡喜愛らと組んだ共同研究「霊長類のカルチャーとパーソナリティ」で、サルにもプロト（原）とかプレ（前）というべき、ある程度の文化現象が認められていい、との考えをさらに強めていった。これは、幸島での「イモ洗い」や、高崎山での「キャラメル嗜好」の伝播の発見などにはじまる、ヒト以外の霊長類のカルチャー（文化）について理論的に考察したものだった。

また、パーソナリティー（個性）の問題にも強い関心をもった。これは、「人間性の進化」でもカルチュアとともに提起した課題でもあった。

しかし、パーソナリティー論は、カルチュア論のようにすっきりとはいかなかった。心理学的な面から考察を深めていって、フロイトの影響もあって精神分析学でいうアイデンティフィケーション（同一視）の仮説を展開するようになる。

伊谷は、これも今西の最晩年のころに、次のように記している。

「今西先生と私たちとの、理論と実証という分業体制を、いつまでも万全の体制で持続させることは難しかった。今西先生の問題提起としてのカルチュア論は大きな成功を収めたのだが、先生はそれだけでは満足されなかった。新しい食物や芋洗いなどは、所詮サルたちの生計維持にかかわる、つまり個体中心的な知識の範疇を出るものではない。「人間性の進化」の後半はパーソナリティー論になっている。しかし、言語を介しての内省法を用いることのできる人間を対象にしてさえ至難な人格論の、サルを対象とした方法論的基盤も確立しないままに、今西先生はアイデンティフィケーション論を遮二無二推し進められた。

「ニホンザルの行動と二因子学習説」（一九五七年）、「ニホンザル研究の現状と課題―とくにアイデンティフィケーションの問題について―」（一九五七年）、「トリ・サル・人間―アイデンティフィケーションを支える一般理論が可能だろうか―」（一九六〇年）という一連の論文で、群れ中心的な社会的行動、さらに社会構造の伝承の機構を解明に導こうとされた。いまにして思うのだが、先生は明らかに、自らのハードウェア論つまり社会構造論と、ソフトウェア論つまり文化論との統合を目指しておられたのである」（伊谷「人類学の視点でサルを捉える」一九九二年。『伊谷純一郎著作集』第六巻、二〇〇九年）。

だが、それらをフィールドで立証していくのは、なかなかむつかしかった。ことに、今西がたいへん興味を示したパーソナリティー（個性）研究は、その後はほとんど手がつけられていないのが実状のようだ。

「そういう深い思考に基づいて立てられた理論に対して、先生はけっして安易な妥協はされなかったし、自説に対してまことに頑固だった。あの頑固さは、自らの理論に対する真摯な態度の表明であり、教えるということはこういうことなのだとおっしゃっていたように思われてならない。

カルチュア論、アイデンティフィケーション論、そして最晩年の帰属性と原帰属性もそうなのだが、今西先生は種社会とそれを構成する種個体とのあいだに、群れ生活者の根源的な主体性を求め続けておられたのだと思う」（伊谷　同）。

2　アフリカの毒にあてられて

日本モンキーセンター

理論の構築とともに、今西は研究体制づくりにも取りくんだ。これも、登山や探検のための組織づくりと同じように。しかも、その手腕もたしかなものだった。

カラコラムから帰った一九五五年秋、今西は名古屋で開かれた人類学民族学連合大会に出かけたところ、ニホンザルの研究に注目していた名古屋鉄道の土川元夫副社長から、木曽川の日本ラインの左岸に以前いたニホンザルを復原したいと、もちかけられた。

今西は、サルの世話は引き受けてもいいが、その代わりに研究のスポンサーになってほしい、と話を向けた。世界のサルを集めた施設を作ったらどうか、と。じつは、その少し前から京大動物学教室では研究費を得るためもあって、実験動物用のニホンザルの世話をしていて、それを兼ねる腹づもりもあった。この今西たち京大側の意向を、名鉄側が全面的に了承する。

霊長類研究グループと東大の実験動物研究グループが協力し、名鉄がスポンサーになって、愛知県犬山に財団法人の研究施設ができることになる。

高崎山にいた伊谷が呼ばれ、一九五六年二月に犬山に出かけたところ、建設予定地というのは、一面の大根畑と桑畑だった。しばし、あ然としたそうだ。それでも、伊谷は給料をもらえる身となり、待たせていた婚約者と五月に結婚する。仲人は今西夫妻である。

兵庫農大から河合雅雄を引っ張り込むなど、陣容を整えて計画をすすめた。研究所の建設、サルの群れづくり、寄付行為書の作成など、サルを野外で追跡してきたのはまったくちがう事業に邁進して、文部省所管の財団法人日本モンキーセンターが一〇月に発足する。会長は渋沢敬三、理事長は田村剛・国立公園協会長で、土川は理事としてバックアップする。

民間の尽力で、日本の霊長類学の最初の研究拠点ができたのである。この官制でない立場でのスタートが、いかにも日本のサル学にふさわしい。

国立大学共同利用研究機関として京大霊長類研究所が犬山に設置されるのは、その一一年後のことになる。これも、今西が仕掛けたものだった。

日本モンキーセンターの動物園は、世界に約二五〇種いるサルを集めることになっていた。センター設立の二年後、そのサル類を集めることも一つの目的にして一九五八年二月、今西と伊谷が羽田からアフリカへ、さらに欧米に向けて飛び立った。

その出発の直前、今西はＡＡＣＫのチョゴリザ遠征隊長に桑原武夫を口説き落としたことは、さきにふれておいたが、このアフリカ行がなければ、ＡＡＣＫ遠征隊長に今西がなったことだろう。今西はアフリカを優先したのである（桑原隊長のＡＡＣＫ隊は今西がアフリカ・欧米の旅から帰るころ、一九五八年八月四日に、チョゴリザ初登頂する。ＡＡＣＫ創立以来四半世紀にしての、ヒマラヤ初登頂の夢の実現だった）。

ゴリラ調査

今西と伊谷の「日本モンキーセンター第一次ゴリラ調査隊」の目的は、なんといっても類人猿だった。ニホンザルの調査をはじめてから、ちょうど一〇年目。ニホンザルから飛躍して、もっともヒトに近いというゴリラの調査を手がけよう、と。

アフリカでの調査とともに登山があり、欧米の研究者への訪問も今西が綿密に練ってと、じつに欲張りなアフリカ行の計画だった。当時のきびしい外貨枠をもらうために、ゴリラ輸入時の下調査ということで伊藤忠商事の嘱託

メルー山頂で（1958年）

にしてもらったりしたが、日本からアフリカへの最初の計画的な科学調査隊となった。

まだ英国の植民地だったケニアのナイロビの空港に降り立ったとき、今西は「ああ、ええ風が吹いてるな、これ蒙古で吹いてる風とおんなじやないか」といって、うれしがった。

モンゴルとちがってアフリカはカラフルだったが、じつは今西は、中国大陸から帰ったときからひそかに、アフリカにいきたいと思っていた。

モンゴルはステップで、アフリカはサバンナという、生態的なちがいがある。だが、「どちらも遊牧民が住んでいる以上はまた、必ず広々とした天地が開けているだろうということが、当時の私にアフリカを選ばせた単純だが相当根の深い理由だったに違いない。そして、アフリカは私を裏切らなかった」（『私の履歴書』）。

また、アフリカで欧米の連中と勝負してやろうとも思った。モンゴルでは欧米から遠すぎるが、アフリカならヨーロッパに近いから、連中をライバルにして研究を競うことができる、と。

そう思ったものの、アフリカの前に、若いころの夢だったヒマラヤやカラコラムが入ってきた。それがまた、好都合となった。その間に、ニホンザルの研究がよくすすんだ。その成果のうえに立って、類人猿をやることができる。

今西と伊谷は、ケニアを振り出しにタンザニアに行き、ウガンダに入り、さらにベルギー領コンゴ、カメルーンと、アフリカを赤道に沿って東から西へ横断した。

ゴリラはウガンダのムハブラ山で、初めて自然状態のを観察して、その敏速な行動に目をまわした。各地でナショナル・パークをいくつか見たり、サル類もかなり観察したりと、盛りだくさんの旅だったが、今西は山にも挑戦した。

ケニアに着いてすぐにメルー（四六〇〇メートル）に一日で登った。キリマンジャロはアフリカ一の高山だが開けすぎていて、富士山のようなものだからと敬遠した。ウガンダではムハブラ（四二〇〇メートル）に登頂し、さらに、キリマンジャロやケニア山と並ぶアフリカの名山ルエンゾリをめざした。

まだ四五〇〇メートル級の未踏峰がのこっているというルエンゾリ山群に挑んだのだが、悪天候と氷河に阻まれて登頂できなかった。それでも、山にかけるファイトは依然、衰えをみせなかった。

アフリカを東西に横断した大旅行につづいて、ヨーロッパとアメリカを訪れる。おもだった研究者と会見し、主要な動物園も見て回った。

パリの動物学者ブーリエール、チューリッヒの形態学者シュルツと行動学者ヘディガー、アントワープの人類学者ヴァン・デ・ブロック、ケンブリッジの心理学者チャンス。米国では野生霊長類研究の草分けのカーペンターはじめ、クーリッジやウォッシュバーンら霊長類学のボスたちのほか、文化人類学者ミードとクラックホーン、昆虫学者シュネラ、心理学者ハーロウとメイスンなど、と。じつに丹念に訪ねている。

これもまた、きつい日程の旅だったようで、今西はよく飲んだ。あんまり酔っぱらうので、しんどくなった伊谷は、泥酔した今西をロンドンの街のまん中に置いてホテルに帰ったこともあった。

この欧米の旅は世界の霊長類学におおきな意味をもっていた。二人はニホンザルの研究成果の資料や高崎山や幸島で写したフィルムも持参していったから、これは、日本の霊長類学の欧米の学界への見参でもあった。また、やがて伊谷たちのライバルともなる、欧米の若手研究者との初顔合せともなった。

ゴリラを追って（右端は伊谷，1958年）

人類の祖先を探る

ヒマラヤ、カラコラム、アフリカへと、日本からの学術探検では、今西が一番乗りだった。しかし、ヒマラヤも、カラコラムへも、その後、今西は出かけることはなかった。

今西は中学、高校では長距離（当時は一五〇〇メートル）ランナーだったが、まるで、トップでゴール・インしたあと、すっと「いち抜け」して、つぎのコースを走り、またトップになったようだ。パイオニアのパイオニアたるゆえんだろうか。

だが、アフリカはちがった。一九五八年の最初のアフリカ行ののち、一九六一年から、京都大学を定年退職する前年の一九六四年まで、毎年、アフリカを訪れる。

このアフリカへの執着を、今西は「私は一度で広々として、しかもカラフルなアフリカという大陸に魅了されてしまった。一度行ったらぜひもう一度行きたくなるアフリカ、これを我々の間ではアフリカの毒にあてられたという」（「私の履歴書」）のだが、今西には「人類の誕生」をさぐるという、大きなテーマがあった。そのためのアフリカだった。

アフリカには、ヒトに最も近い生物であるゴリラやチンパンジーがいる。また、牧畜民や農耕民のほか原始的な狩猟生活者もいる。さらに人類の祖先の骨が続々と発掘されている。だから、人類の研究とその誕生の謎に迫る、最適のフィールドというわけだ。

「類人猿と狩猟民族、牧畜民族、農耕民族の生活、集団の様式、社会などを調査し、これらを比較することによって、主として人類の家族制度や社会の生まれ来たった道筋をあきらかにしよう」（『人類の祖先を探る』）という、今西の壮大なプランだった。

日本モンキーセンターのゴリラ調査は、一九五八年の今西・伊谷の第一次ゴリラ調査のあと、引きつづいて一九五九年に河合雅雄と水原洋城、一九六〇年に伊谷純一郎によっておこなわれる。この三次にわたるゴリラの予備調査は、今西の『ゴリラ』や伊谷の『ゴリラとピグミーの森』、河合の『ゴリラ探検記』となって世に出る。多くの読者を得て、注目された。しかし、コンゴ動乱や棲息地、群れの数の少なさなどから、調査対象をチンパンジーに切り換えることになった。

調査の主体も日本モンキーセンターから京都大学に移る。第一次ゴリラ調査の三年後に、文部省海外学術調査補助金を得て、今西隊長の「京都大学類人猿学術調査隊」（一九六一〜一九六二年）となる。

このとき、今西は教授になっていた。人文科学研究所に社会人類学部門が新設され、一九五九年六月一六日付で、教授に昇任したのである。

二六年前の一九三三（昭和八）年三月三一日付で京都帝国大学理学部講師（無給、常勤）を嘱託されて以来の「万年講師」に、ピリオドを打ったわけである。しかも、三年後には理学部動物学科に新設された自然人類学講座の教授も併任する。

無給時代を含めて講師に長く甘んじて、あえて教授街道を歩まなかった今西が、定年前とはいえ、二つの講座の教授を兼ねるのを、誰が予想しただろうか。

京都大学のアフリカ学術調査は、まず人文科学研究所を中心に、文部省海外学術調査補助金を得てすすめられた。今西の京都大学在職中に、三次にわたってアフリカ学術調査隊が出た。「京都大学類人猿学術調査隊」につづく、「京都大学第二次アフリカ類人猿学術調査隊」（一九六三年度）と同三次隊（一九六四年度）である。

今西の定年後は、推進母体は理学部自然人類学教室に移る。伊谷が中心になって第六次（一九六七年度）までおこなわれる。その後も精力的に、伊谷たちのグループによって、途切れることなく、霊長類社会学、さらに生態人類学などの調査がつづけられる。その実績もあって一九八六年、京都大学にアフリカ地域研究センター（センター長、伊谷純一郎教授）が設置される。(3)

カボゴ基地で（1962年）

最後のフィールド

今西が率いるアフリカ学術調査隊は、類人猿班と人類班の二本立ての隊を組織し、大がかりに開始された。それは、かつての地理学的な探検隊のようでもあった。当時はじまって間もない南極観測隊の影響もあったかもしれない。そのために、当初は一般企業からの募金も募った。それまで、登山や探検隊のための資金集めでは、講師という肩書なので肩身の狭い思いもしていた今西だが、今回は教授になっていたから陣頭指揮した。

類人猿班の伊谷たちは、ゴリラからチンパンジーに調査対象を切りかえ、タンガニイカ湖畔の無住地カボゴに基地を設けた。ニホンザルで実績をあげた「個体識別」を用いて「長期観察」するためには腰を落ち着けてやれる基地が必要だと、東アフリカ鉄道の貨車で何両分もの資材を運び、寄付してもらったセキスイハウスの鉄骨プレハブも建設。そして、今西は還暦の日（一九六二年一月六日）を、このカボゴ基地で迎えた。

また、人類班は、今西がかねてからやりたかった遊牧民を対象に、タンザニアのサバンナの最も辺境地帯といわれるエヤシ湖の近くに基地を設けた。京都一中の出身で北海道大学にいた富川盛道（のちに東京外国語大学教授）が中心になって遊牧民ダトーガ族とその周辺に住む狩猟採集民ハザッピ族の調査にあたった。

一九六〇年前後から、アフリカは野生霊長類研究のフィールドとして、世界的に注目を集める。ゴリラではアメリカのＧ・シャラーが一九五九年に、チンパンジーでも一九六〇年には、オランダのＡ・コルトランド、イギリスのＪ・グドー、そして伊谷らが調査に着手した。これは、一九二〇年代の終わりにアメリカの心理学者Ｒ・Ｍ・ヤーキスが、Ｈ・Ｗ・ニッセンに仏領ギニアでチンパンジーを、Ｈ・Ｃ・ビンガムにベルギー領コンゴでゴリラの調査にあたらせて以来のことだった。

第２次調査隊（1963年）

しかし、伊谷たちの類人猿班は、しばらく苦難がつづいた。なかなかチンパンジーの群れに接近できず、まるでニホンザル調査の初期のような状況だった。しかも、今回のチンパンジー調査にはライバルがいた。

みめ麗しい若きイギリス女性、Ｊ・グドーが、タンガニイカ湖畔のゴンベ・ストリームで、いち早く餌づけをした。しかも、その観察から「チンパンジーには母親と子供の結びつき以外には社会構造はない」といって、今西や伊谷たちの「群れ」の考えとはまったくちがう見解を出してきた。

それにくらべて、なかなか芽が出ない京都勢にごうをにやした今西は、「誰か、グドーと結婚したらどうや。グドーのデータも、餌づけされたチンパンジーも、こっちのものでっせ」と冗談を飛ばした。また、「貧鉱にいくら資本や労力をかけても貧鉱が富鉱にはならへん」といって、調査地の選定に疑問をはさんだりもした。

伊谷たちは、チンパンジーを求めて必死で原野を駆けめぐり、群れの輪郭を少しずつとらえていった。そのうち、鳴物入りでつくったカボゴ基地を捨て、さらに、いくつか基地を設けたのち、ついに一九六六年、タンガニイカ湖畔のカソゲ基地で、西田利貞（のちに京大理学部教授）が餌づけに成功した。その生態と社会構造の解明に本格的なメスがくわえられる(4)。

3 多士済々の共同研究

自然人類学講座

西田は、理学部動物学科自然人類学講座が創設されたばかりのころの学生だった。この自然人類学講座ができたとき、人文科学研究所では、今西が古巣の理学部へ移るだろうとみる向きが多かった。学生のいない研究所よりも、講座制のはっきりした学部のほうを選ぶだろうという、ある意味での学部コンプレックスが、人文研にはあったようだ。しかし、今西は移らずに、理学部は一年区切りごとという併任にした。それよりも、専任の助教授を二人にした。伊谷を日本モンキーセンターから、もう一人は人骨が専門の池田次郎を新潟大学から迎えた。

池田は東京大学の人類学出身だが、どちらかといえば主流ではない。だから、今西が選んだようだ。そのために今西は新潟に出向いて、三顧の礼をとった。

これは、国立大学の人類学の講座としては、明治二六年設置の東大理学部人類学講座と戦後に東大教養学部に新設の文化人類学講座に次ぐものだった。そして、ゆくゆくは京大に人類学科を設けようとの構想も秘められていた。

今西は人類進化の問題を研究室の最大のテーマとして掲げ、ヒトの起源につながる化石を自分たちの手で発掘することを期待した。池田は一九六七年にエヤシ湖畔を訪れて調査を行った(5)。

二年後に今西が定年になり、その後は池田が教授になり、二〇年間つとめる。伊谷は、今西のアフリカ調査を引き継ぎ、一九八一年に人類進化論講座が設けられると、その教授に就任する。

京大自然人類学研究室からは、西田をはじめ続々と研究者が育ち、アフリカを主なフィールドにして、世界の霊長類学をリードする研究成果をあげていった。また、アフリカでの調査のやり方も、当初の探検隊スタイルから、できるだけ軽装で原野を歩いたり現地の人の村に住み込んだりという簡素なものにかわる。アフリカの原野での長年の体験や、具体的な研究目的の達成に集中するという方針の積み重ねから、「探検」を「野外研究」にかえていった。

しかし、伊谷たちは「探検」時代の最後の姿を体験することによって、今西の探検の精神的伝統を継承したことになる。そして、アフリカの自然と人を相手にして人類社会の進化の解明に取りくんでいった伊谷に、やがて一九八四年度のハクスレー記念賞が贈られる。イギリスの王立人類学協会の最高の栄誉である。人類学のノーベル賞といわれ、日本ではもちろん、欧米以外では初の受賞だった。

いっぽう、人文科学研究所の今西の研究室はアフリカ調査だけではなかった。共同研究「人類の比較社会学的研究」も活発だった。メンバーは、梅棹忠夫（当時、大阪市大助教授）や岩田慶治（同）、川喜田二郎（東京工大助教授）、中尾佐助（大阪府大助教授）、上山春平（人文研助教授）、飯沼二郎（同）、藤岡喜愛（同助手）、加藤秀俊（同）、谷泰（同）、佐々木高明（立命館大講師）、米山俊直（京大農学部助手）、和崎洋一（天理大助教授）などのほか、さらに大学院生も加わった。

発表するテーマは、人類に関することならなんでもよかったが、本人が自ら調査したことや独自のセオリーがないと、たたかれた。「学界の定説は否定する」、「書物の知識は軽蔑する」ことが尊重され、各人の報告をめぐって活発な議論を交わした。たとえば、中尾は、世界の農耕文化の原型を、根栽農耕、サバンナ農耕、地中海農耕、新大陸農耕の四つにわけ、そこから独自の農業起源論を展開した。これは、栽培植物からみた新しい文明論でもあった。ここから、のちに「照葉樹林文化」論も生まれてくる。また、梅棹の「文明の生態史観」につづく「比較宗教論」も研究会の話題になった。

この共同研究班の成果は、今西が定年になった一九六五年に出た『人文学報』第二一号が特集号「社会人類学論集」となる。(6)

また、今西は「京都大学アフリカ研究会」（KUARA）を立ち上げ、アフリカ調査隊の組織の母体としていった。これは公的なものではなかったのだが、研究所の空き地にプレハブづくりのオフィスをかまえるという、豪腕もみせたのだった。ここには、アフリカ行きを志す学生たちも集ってきた。

このころ、梅棹のもとには人類学を志す若者たちが集ってきていた。梅棹は京都・北白川の自宅で、若者たちと「金曜サロン」を開いていたのだが、これが発展して一九六四年秋、京都大学人類学研究会が誕生する。毎週の例会の会場にした楽友会館が、近衛通りにあることから、「近衛ロンド」と呼ばれる。その会長は今西であった。

かつて三高の学生だったころに梅棹たちは今西の門をたたいたのだが、今度は梅棹が門をたたかれる役目をになった。梅棹は今西定年後の人文研の社会人類学部門を引き継ぎ、「重層社会の人類学的研究」共同研究班をつくる。この研究班や近衛ロンドが、やがて国立民族学博物館をつくる実動部隊となる。

『人類の誕生』

チンパンジーの餌づけ成功のころ、今西はすでに京大を定年退職していた。退職金は、教授の期間が短かったこともあり、三〇〇万円足らずだった。そして、京大よりも定年が二年遅い六五歳の岡山大学に、教養部の教授として招かれ、京都から月に一、二回通って文化人類学を集中講義していた。

そのころ、今西のもとに、『人類の誕生』の執筆依頼がきた。河出書房が出す、全二五巻の『世界の歴史』の第一巻である。たいていの世界史は文字の記録のある歴史の記述だから、第一巻は「文明の始まり」というのが通例だったが、このシリーズはその前に、あえて一巻を設けて、歴史学者でない今西を起用した。また最終巻の第二五

巻は『人類の未来』と題して梅棹が担当するなど、意欲的な編集だった。(7)

今西は『人間以前の社会』（岩波新書、一九五一年）や、「人間家族の起原」（一九六一年に『民族学研究』発表）などを著していたが、今回は本格的な人類起原論である。すでにニホンザルでの研究成果があがり、アフリカではチンパンジーの社会構造も明らかになりつつあった。中尾の農業起原論も出ていた。一方、アフリカでは、化石人類も続々と発掘されてきた。今西は、池田次郎（当時、京大理学部教授）、河合雅雄（同、京大霊長類研究所助教授）、伊谷純一郎（同、京大理学部助教授）に、もとになる原稿を書いてもらった。それに手を加えて、書き上げた。

アフリカのフィールドから新しい資料を持ちかえって意気あがる伊谷たちとも、論議をかわしながら筆をすすめ、この『人類の誕生』をめぐって、今西たちのグループは、人類史を書き変えようとの意気ごみだった。

この本で、「人類とはなにか」の問いかけに、今西は「人類とは、直立二足歩行するようになったサルである」と定義したうえで、一四〇〇万年におよぶ人類の歴史の未知の領域に切りこんでいる。そのやり方は、歴史の分野に、「自然科学では仮説という、推理による事実のさきどり」をもちこんだものであり、その立場は『人間以前の社会』と同じだった。

だから、今西の独自の見解が強く反映されている。たとえば、アフリカで発見されていた人類化石はオーストラロピテクス・アフリカナスとパラントロパス・ロブスタスという二種類あって、オーストラロピテクスが現在の人類の直系の祖先で、パラントロパスはオーストラロピテクスによって滅ぼされたというのが、当時の定説だった。これは、今西にとってはダーウィン流の生存競争説を認めることになるので、あえてその定説を無視している。

今西錦司著で一九六八年三月に初版が出て、やがて二五万部のベストセラーになった。のちに、『今西錦司全集』第二巻（一九七四年）には、そのうちの今西が自ら書き下ろした「農耕はじまる」「牧畜はじまる」「文明への序曲」というこの本の最後の三章分が収録された。

一九八九年に『人類の誕生』が文庫本になった際には、著者名は今西、池田、河合、伊谷の四人が明記された。

初版から二十余年、『人類の誕生』が文庫本に収録されるにあたって、今西に原稿を渡して以来初めて読み返したという伊谷は、もちろん新しい事実の発見はあるものの、当時の記述を修正する必要のないことに驚いている。そして、病床の今西に代わって書いたあとがきで、「この本には、京都大学の若い研究者の、アフリカの無人の原野を彷徨した日々の、汗の結晶と、歓喜とが、いまもなお生き生きとした光彩を放っている」と記す。

若手の研究者を養成する自然人類学講座が京大に設けられたのにつづいて、今西は研究所づくりも考える。定年になるまでにめどをつけておこうと。そこで、民間の日本モンキーセンターでは、なかなか研究機関にするのは難しいので、国立のものを計画する。

そのためにまず、この研究機関設置の必要性を、一九六五年に日本学術会議から文部省に勧告してもらう。ほどなく、一九六七年に、国立大学共同利用研究機関として、霊長類研究所が京大に付置されて発足する。霊長類の社会学や生態学だけでなく、形態や心理、生理、脳生理、生化学など幅広く霊長類の基礎研究をするため、全国から出身学部も理、農、医、獣医、文学部などさまざまな研究者が集まってきた。場所は、日本モンキーセンターの隣接地である。

そして同じ一九六七年の六月、研究所からそう遠くはない岐阜大学に、今西も学長として迎えられる。

注

(1) 「私は、ニホンザルの研究からアフリカの大型類人猿の研究に駒を進めていたのだが、その最大の動機は、ニホンザル社会では見つからなかった人間家族の萌芽を、その社会に見出すことができるかもしれないと思ったからである」という。そして、「結論的にいって、ついにそれは見つからなかった。しかし、家族が形成されるとするならばこれ以外にはないだろうという、その器を見出した。チンパンジーとピグミーチンパンジーの父系の単位集団というのは、そういう器であって、私はそれにプレバンドという名を与えた」(伊谷「下鴨界隈そして家族起源論」一九九二年)。

(2) 「本尊の『生物の世界』の左右に『生物社会の論理』と『人間以前の社会』を脇侍として配する三尊仏を中央に据え、

四方に分極する体系の網の目に豊富なディテールを取りこみながら展開される理論マンダラの全貌は、かって空海が唐土から招来した両界マンダラに匹敵するスケールと豊かさを示しているように思われる」（上山「解題」『全集』第五巻）。

（3）現在は、アジア・アフリカ地域研究科のアフリカ部門。

（4）この間の調査の進展とその成果は、伊谷純一郎『チンパンジーを追って』（一九七〇年）や西田利貞『精霊の子供たち』（一九七三年）、伊谷純一郎編著『チンパンジー記』（一九七七年）に詳しい。その後の京大グループの調査で、チンパンジーに単位集団があることや、メンバーが離合集散する社会構造、メスの単位集団間の移籍などが次々に明らかにし、グドーの説に反論する。また、カソゲ基地周辺での調査は今日まで休むことなく続けられている。さらに、日本からの研究者の長年の努力によって、チンパンジーの住むマハレ山塊にタンザニアの国立公園が設定される。

（5）池田「霊長類の化石を求めて」『全集』第二巻月報（第五号）。しかし、すでに長年調査を重ねているケニアや南アフリカの研究者らとハンディキャップを考え、池田たちは西アジア地域に調査地を求めた。一九七三年からイランで発掘をはじめる。

（6）内容は次のとおり。今西「序」、梅棹「比較宗教論への方法論的おぼえがき」、藤岡「パーソナリティーの進化」、上山「工業社会の組織原理」、中尾「農耕文化の要素とアレライゼーション」、飯沼「アジアにおける〝明治農法〟の位置」、佐々木「焼畑農耕地の村落の形態と構造――東南アジア・南米の事例を中心に」、米山「家族と家の社会人類学的研究序説」、和崎「地域社会の研究」、加藤「アメリカ社会における tall-tele について」。

（7）河出書房新社編集部は当初、『世界の歴史』第一巻『人類の誕生』を今西錦司と梅棹忠夫の共著で予定していたが、今西の返事は「共著でなければ引き受ける」。そこで、新たに最終巻として『人類の未来』を設けて梅棹に引き受けてもらったという。「人類の誕生から悠久の未来まで全人類史を二十五巻におさめ」（監修者桑原武夫のことば）と広告されたが、最終巻はついに未刊のままで終わる。目次と八〇〇枚の予備原稿を残して（特別展「ウメサオタダオ展」実行委員会編『梅棹忠夫――知的先覚者の軌跡』二〇一一年）。

第一〇章　自然と進化

1　そこに山がある

岐阜大学長

一九六七年六月一日付で、今西は岐阜大学の学長に就任した。「そこに山があるから私は岐阜大学へ行くのである」（今西「私の履歴書」）と言って。

山があるからというのは、もちろん登山のためである。その山登りは、敗戦で帰国してまもなくに目標を設けた「日本五百山」をめざして、ヒマラヤやカラコラム、アフリカ行の合い間をぬってつづけていた。京都大学の定年後に二年間つとめた岡山大学の教授時代にも、集中講義にいくたびに、京大昆虫学教室の後輩の安江安宣（当時、岡山大学農業生物研究所教授。一九六三〜一九六四年の京都大学西イリアン学術探検隊副隊長）を誘って、中国山地の山々によく登っていた。

戦後に登った日本の山の数は、京大定年前の一九六四年九月四日に北山の小野村割岳（九三一メートル）で、ざっと一五〇になり、戦前からのを合わせると四〇〇山を数えていた。「日本五百山」の目標達成まで、もう時間の問題だった。そして今西は、美濃の山々にもこころをひかれていた。

それは、ふるさと京都の北山に似ているからだった。山なみが重畳と重なりあっていて、似たような山がたくさんあるというのは、岐阜や大垣の背後にそびえる美濃の山々も、そっくりだった。

登山と学長は、とくに関係あるものではない。たしかに、登山や探検だけでなく、研究の面でも、今西はリーダーの経験は豊富だった（リーダーだけしかしなかったというべきかもしれないが）。しかし、学長という官制の大きな組織のトップは、はじめてである。意外な人選とみる向きも多かった。また、今西自身にしても、岐阜大学についての予備知識はあったわけではないし、とくに魅力を感じていたのでもなかった。だから、「山があるから」といったのだろう。

学長就任を求められるとまず、なにが岐阜大学にとっての課題であるかを、今西はたずねた。

統合問題だという。それは、新制大学によくあった、〝タコ足〟の解消である。教育学部（旧、師範学校）、医学部（旧、県立医科大学）、工学部（旧、県立大学工学部）、農学部（旧、高等農林専門学校）というそれぞれ由緒も校地も異なる、いわば寄り合い所帯の四学部を統合することである。

名実そなわった総合大学にすることが、岐阜大学にとっての最大の懸案だった。しかし、それぞれの学部だけでなく、その校舎のある岐阜市や各務原市などの自治体の思惑もからんで見通しがたたず、積年の課題になっていた。

今西はまず、県知事や副知事をとおして自治体には統合についての協力を取りつけた。各学部には候補地の選定については学長に一任させるようにする。土地を選んだところで、文部省から低湿地帯ということでクレームがつき、頓座しそうになったが、川の流路をかえてポンプをつけるという建設省の木曽川上流工事事務所のアイデアを得て、乗り切ることができた。統合に向けて、これらを一つひとつ手順をふんでいった。学長を二期六年間つとめるあいだに、統合計画の大筋をまとめた。

かなり手間どったようにみえるが、この間は全国的に大学紛争の嵐に見舞われたのだから、かなりの手腕だといえよう。しかも、岐阜大は紛争の程度は全国の国立大のなかでは軽かった。今西学長の個性と力量によるものだと

いう。(1)

京都から単身赴任し、官舎ではもっぱら自炊だった。買い物かごを下げて市場に通う姿が新聞にでたこともあった。

学長の二期目も終わりに近づいた、一九七二年一〇月、文化功労者に選ばれる。選考理由は「国内各地のニホンザルの生態を究明するとともに、数次にわたり、アフリカのチンパンジー、ゴリラの社会調査をして業績をあげ、霊長類学を高い水準に引き上げた」であった。

日本山岳会長

学長をつとめている間も、山登りはあいかわらず熱心だった。念願の「日本五百山」は、一九六八（昭和四三）年九月一五日、京都・北山の無名峰（九五一メートル、地元ではカマクラと呼んでいる。鎌倉谷山の字をあてることもある）で達する。若い山仲間も多数同行して、祝ってくれた。そして、さきにふれたように、『日本山岳研究』（一九六九年）が刊行される。「本書を出版することによって、また一つ、私の若いころにたてておいた計画が、実現する」（自序）と喜んだ。

六〇〇山目が、一九七一年四月二五日に、学長としての地元の美濃の小津権現山（一一五八メートル）。七〇〇山目は、学長を退任して四月余後の一九七三年一〇月一一日、青森県八甲田の白地山（一〇三四メートル）で数えた。登山の回数が、次第にピッチがあがっていく。

今西は岐阜に赴任してきたのち、日本山岳会の岐阜支部設立を、地元岐阜だけでなく京都のメンバーにも呼びかけた。一九七一年一〇月に発足し、初代支部長をつとめるなど、日本山岳会の活動もしていた。そして、七三年五月、会長に選ばれ、就任する。ちょうど、岐阜大学長を任期満了するときだった。

三田幸夫（慶応ＯＢ）のあとをうけ、小島烏水の初代会長（一九〇五年の創立から一九三一年までは会長をおかず）以来一〇人目、第一二代の日本山岳会会長を、一九七三年四月から七七年まで、二期四年間つとめる。

この時期に日本山岳会の会長になったことは、今西にとって願ってもないことだった。登りたいと考えている山がある地方には、たいてい日本山岳会の支部があるのだから、これほど好都合なことはない。

次の第一三代会長には西堀栄三郎を推して退くのだが、歴代会長のなかで、今西ほど熱心に各地の支部を訪れた会長はいなかった。おそらくその後もないだろう。とにかく、今西はひたむきに、各地の山を登っていたのだから。

会長がじきじきに、地元の山に登りにくるというので、各支部では道案内をかってでてくれた。今西は暇をみて、というより、山登りを優先して、年間のスケジュールを組んだ。まず、登るべき山を決めるのである。そうして、これというめぼしをつけた山に出かけていった。

公職を離れたあとだから、これまでのように暇を盗んでの山登りではなく、思う存分に登れるようになった。「日本五百山」は突破したから、次は「日本一千山」だって夢ではない。

この間に、『今西錦司全集』全一〇巻が、一九七四年九月から翌年六月にかけて、講談社から刊行された。その編集委員は、伊谷純一郎、上山春平、梅棹忠夫、吉良竜夫、桑原武夫、森下正明の六人で（五〇音順）、それぞれ分担して「解題」を書いた。

2　今西進化論

進化論に取りくむ

新たな、山登りの目標とともに、時間的にも余裕ができた今西は、進化論にあらためて取りくんだ。退職後の悠々自適どころではなかった。むしろ、その逆に張り切っていた。長年の懸案に、やっと取りかかれるのだから。

進化論については、すでに『生物の世界』（一九四一年）の最終章の第五章「歴史について」で論じていた。歴史論ははじめての試みだったが、この本の中心だという社会論（第四章）を書きあげた余力で、一気に書き下ろした、「ある程度まで自信のもてる未完成」だった。

「私の世界観が立脚する進化論と、現在伝統的に正統視せられている進化論との、基礎的な相違を明らかにすることによって、この小著の結論に代えたいのである」と。

『生物の世界』を戦後すぐに科学書らしく書き改めた『生物社会の論理』（一九四九年）では進化論についてはまだふれる余力はなかったが、進化についての基本的な考え方は、かわることはなかったという。だが、『生物の世界』のときも、その後にも、自分の意見に賛成してくれる人はあらわれなかったと、こぼしている。

進化論について、今西が「本ものの研究者」と認める徳田御稔（一九〇六～一九七四）が理学部動物学教室にいたのだが、なにもいわなかったようだ。本ものというのは、今西によると、単に欧米での研究の取りつぎや受け売りをするのではなく、進化についてのいろいろな学説を比較検討したうえで、邪をすて正をとるだけの批判能力を身につけているという、意味である。

その徳田が戦後に書いた『生物進化論』（一九四七年）や『進化論』（一九五一年）、『改稿進化論』（一九五七年）では、今西の自然淘汰説批判には、ふれていない。最も身近にいた「本ものの研究者」から、今西は無視されたことになる。(2)

今西の進化論は生物学というよりも、思想と見なされていたのかもしれない。その独自な発表の仕方もあって、専門家は論議をさけたようだった。(3)

もっとも、徳田との関係には複雑なものがあった。戦前の無給講師のころ、大津臨湖実験所から動物学教室（第二講座）に配置転換になった今西は、第一講座（主任、駒井宅教授）の講師、徳田と一部屋おいて隣の研究室になった。よく付き合い、可児藤吉などもまじえて、さかんに論議をした。進化論については、今西は徳田から教わることが多かったという。京都探検地理学会の世話役を当初は徳田と二人でやったし、戦時中には『生態学と生物社会』と題する翻訳集を渋谷寿夫をまじえてすすめたこともあった（未刊に終わる）。

ところが、戦後になって、疎遠になった。今西は理学部から人文科学研究所に移ると、一九七四年に徳田が亡くなるまで会うことがなかったという（徳田著『生物進化論』講談社学術文庫本への今西の「解説」）。

今西にしても、進化論を自然科学の問題であるとともに、思想の問題としてもとらえていた。そして、思想の問題ならば、思想としての進化論には、いくつもの考え方があってもいいはずである、と。

「私にいわせるならば、進化という大問題が、そうあっさりと解決されてしまうはずのものでもないし、逆にいうなら、未解決なところが多いからこそ、私はいまでも進化という問題に、一方ならぬ興味を抱いているのである」と記した、「進化の理論について――正統派進化論への疑義」を、人文科学研究所の紀要『人文学報』第二〇巻（一九六四年）に発表する。[4]

これは、京都大学を定年になる前年のことで、「本稿はまだ不十分で、いわば覚書程度の未定稿にとどまるが、機会をえてまた書かねばならぬと思っている」ともいうが、進化論について論じるのは、『生物の世界』以来久しぶりのことだった。

正統派と今西がいうのは、ダーウィンが進化の要因とした自然淘汰を、その後の遺伝学の発展でわかってきた突然変異によって説明するものである。最も広くうけ入れられている進化論をさしている。それに対して今西は、その突然変異と自然淘汰という二本柱を攻撃した。

「ここに二つの進化論がある。その一つは、ランダムな突然変異に基礎をおいた進化論であり、これがいわゆる正統派進化論である。もう一つは、方向性をもった突然変異に基礎をおいた進化論であって、私が二〇年以上まえから、主張してきたものである」とし、両者には二つの重要なちがいが含まれていると主張する。

その一つは、正統派は個体間にはたらく自然淘汰をもってこなければならないが、今西のは「それ自身のうちに理論的な完結性をもっている」という主張であり、もう一つは正統派は個体の変化から種の起原や生物の進化を説明しようとするのに対し、今西の進化論は「種」の立場から説明するのだ、と。つまり、進化とは、はじめから種レベルでおこる現象だというのである。

そして、これだけ大きなちがいがあるのだから、簡単に統合されることはない。まだどちらも証拠固めは十分でない、といって自信たっぷりだった。

つづいて、「ダーウィンと進化論」を、一九六七年九月に出た中央公論社の『世界の名著』全六六巻の第三九巻（第一九回配本）ダーウィン「人類の起原」（池田次郎・伊谷純一郎訳）の解説として書く(5)。

ここでは今西はまず、ダーウィンは「生物は神によって造られた」という絶対真理を疑うところから出発したのだから、われわれはダーウィンの自然淘汰という相対真理を疑いうる自由に恵まれた境遇を喜ぶべきだとする。もちろん、「ダーウィンの生涯」「進化論の形成過程」「『種の起原』以後」「ダーウィン以後の進化論」と一応、項目ごとに順を追って解説していくのだが、最後の項の「進化論はどこまで完成しているのか」で、自らの進化論を展開する。しかも、それには多発突然変異説と名づけている。

「生物の種は環境の変化に対応するため、まず突然変異の頻度を高める。次には現れてくる突然変異を、適応の方向に沿うようにする。……適応の道にのって、同一方向にむかい、小きざみながらも突然変異を重ねてゆくうちに、種の個体は次第に新しい適応型に変わってゆく。……かくして適応に達すれば、突然変異の頻度は落ちるが、このときすでに、種はその個体もろとも新しい種にまで変化していないものにもかぎらない。これを多発突然変異による進化というのである」。

この多発突然変異による進化は、種の立場にたち、種のレベルで考えた進化であるとして、「正統派進化論とは、これで完全に袂をわかつことになった」と踏みこみ、「ここにおいて私には、多発突然変異をいだいて、ラマルキズムの陣営に投ずるべきときがきたのである」と、言いきっている。

このラマルクの再評価は、ラマルクの進化論が、環境の生物に対するはたらきかけよりも、むしろ生物の環境に対するはたらきかけを重くみていることを、見直したものだった。

『私の進化論』（一九七〇年）

こうして今西は、進化論について論を深めていく。第一線の仕事をしているあいだには取りくむ暇がなかったが、進化論こそ、現役を離れたのちにのこされた仕事として強く意識する。

そのためには多数の文献を読む必要があった。すぐにというわけにはいかないから、それまでのつなぎとして、進化論についてのエッセイを集めて出したのが『私の進化論』（思索社、一九七〇年）である。

「私の」と銘うった著書は、その四年前に『私の自然観』（筑摩書房、一九六六年）を出していたが、これから本格的に取りくもうとしているテーマに、このような題名をつけたことにも、その意気ごみがうかがえる。

『私の進化論』には、「進化の理論について」が「正統派進化論への反逆」に、また「ダーウィンと進化論」が「ダーウィン、その進化論と私の進化論」に題名をかえて収められているが、「あとがき」も長くて力のこもったエッセイである。

この「あとがき」はのちに、「パラントロパスの行方」として、『人類の進化史』（PHP研究所、一九七四年）などに収められるのだが、人類の進化について論陣を張ったものである。最も古い化石人類というパラントロパス・ロブスタスが同じく化石人類オーストラロピテクス・アフリカナスに滅ぼされたという定説は、正統派進化論をふまえた人類進化史だとして、今西は退けた。そして、パラントロパスがオーストラロピテクスにかわっていったのだという自説を出した。

今西にいわせると、「人類ははじめからただ一種類で進化してきた、生物として例外的なユニークな存在であって、その進化の途中で二種類にわかれたり、絶滅種を派生したりしなかった」という人類進化史への見解だった。

さらに、一九七四年九月から刊行されていた『今西錦司全集』全一〇巻の最終配本（第一〇巻、一九七五年六月）

に間に合わせたのが、「私の進化論の生い立ち」である。

ここでは、まず自らの理論の立て方から説明する。資料と結論の関係を、一＋一＝二というきゅうくつなものではなく、一＋一＝三とか五というふうに、資料を飛びこえて理論をさきどりするのだ、と。資料集めをしているときから、どこかで理論に飛躍できないものかと、たえず考えている、ともいう。自分は広い世界を求める閉所恐怖症の人間だと称し、「棲みわけ」の現象を説明するために「種社会理論」を考えた例を出してくる。そうしておいて、突然変異に見切りをつける。

「突然変異というものの存在はこれを認めるけれども、突然変異などというものがもとになって、種が変わったり、進化したりするものではない。そのような証拠はどこにもあがっていないではないか、ということによって、これを進化理論の構築材料から、あっさりはずしてしまうことにしよう」。

また、「種社会理論」の立場から「その種に属する個体のすべてに甲乙があってはならない」として、自然淘汰も否定する。

しかも、進化という事実と、種社会の現状維持の性質は矛盾しないとしたうえで、

「変わるべきときがきたら、種社会も種の個体も、またその個体のなかにしまいこまれた遺伝物質も、みな時を同じうして変わるのでなければ、システムがこわれてしまう」というのだ。まさに、理論のさきどりである。飛躍することをすこしも躊躇していない。

これは、『ブリタニカ国際大百科事典』参考文献（一九七五年）に「私の進化論」と題して書いたものだったが、「この一篇がはいることにより、これでこの全集が、現時点における私の名実ともにそなわった全集になったことを、うれしくおもうしだいである」（「全集刊行の完結にあたって」一九七五年五月二〇日）という、このとき七三歳の今西の進化論だった。

『ダーウィン論』（一九七七年）

進化論への今西の精進は、とどまらなかった。『ダーウィン論』（中公新書、一九七七年）と『主体性の進化論』（同、一九八〇年）がつづく。

『ダーウィン論』は、「私の進化論は、現在まだ完成したとはいいがたいけれども、もし私の進化論に対比さすべき進化論があるとしたならば、それはネオ・ダーウィニストの安直な進化論ではなくて、やはりダーウィン彼白身の進化論でなければならないであろう。そうおもえばこそ、私はいま一度ダーウィンの古典『種の起原』を読みなおし、そこから出発しなおそうとしているのである」（講談社学術文庫『進化とはなにか』序、一九七六年三月二九日）と記したように、原著で『種の起原』を読んで、その読後感として執筆したものである。

このころ、今西の目の病気はかなりすすんでいた。緑内障によって右目の視力はひどく落ちて、山登りにも苦労していた。そこで、岐阜大学図書館のマイクロフィルムをゼロックスで拡大してもらった。

原著で『種の起原』を読むのは、三高生のころに購入して以来のことだった。当時は生物学を志す学生としてアンダーラインをひきながら読んだものだが、今回ははっきりした目的があった。「ダーウィンのセオリーと私のセオリーとが、どこまでおなじで、どこから別れるようになったのか、その分岐の原点を押さえてみたかったのである」。そして、声をだして、読んでいったという。

今西は二ヵ月足らずで読みあげた。そして、カード作りをはじめようとした矢先の一九七六年五月、妻園子が病気でたおれた。その後いったんよくなったが、翌年二月に再び入院する。そして、六月二日、肝臓がんのために京都市左京区の石野外科病院で亡くなった。六八歳だった。

妻の発病や入院という、心が落ち着かないなかで、今西は起稿をおもいたった。心をまぎらわすというよりは、なにかそこに精神を集中するものがほしくて、机にむかって、「『生物の世界』のように、本書も私は遺書のつもりで執筆するだろう」と、憑かれたように書きはじめた。しかし、その途中で妻は他界した。

『種の起原』のなかには、進化とは「棲みわけによる生物の分化発展であり、棲みわけの高密度化である」とする今西の進化論にとっての、ダーウィンの進化論との分岐点はなかったという。

「ダーウィンは棲みわけという現象のあることも、また環境のあり方によっては種の個体がみな同じように変わっても不思議ではない、ということも、みなよく承知していたにもかかわらず、それらのことにはあまり関心を示さなかった。極端にいうなら、むしろそうしたことを無視したところに彼のドクトリンの基礎をおいた」から、自分のドクトリンとは原点がちがう、と。

また、進化をみる眼も、「ダーウィンは進化を自然現象とみたから、生物進化の法則を求めようとしたのであるけれども、進化を歴史の一貫としてみる私は、かならずしも法則性には拘泥しない」という、大きなちがいがあるのだとした。

この、進化を歴史と見なそうという立場は、もはや生物学の立場ではなく、思想家といわれることも辞さない、とまで言及する。

「さき立ちてこの世を去りし妻園子のみたまにささぐ」、この『ダーウィン論』は、今西にとってダーウィンとの訣別を宣言する書になった。

『主体性の進化論』（一九八〇年）

『ダーウィン論』（一九七七年）で、三〇年以上にわたって温めてきたという自分の進化論とダーウィンの進化論とは、「もともとちがった土壌のうえに育った、いわば異質の進化論である」ことがわかったとして、今西は次の作業にかかった。

それは、ダーウィン以外の諸家の進化論に、自分の進化論のルーツが見いだせないか、という探索である。学者なら当然踏まねばならない手続きだと考えたのだが、緑内障がさらにすすんで右目がほとんど見えなくなっていた今西にとって、それぞれの進化論についての原書に、いちいち当たるということは不可能に近かった。そこで、翻訳書や解説書、これまでの研究をもとに、取りくむことにする。

まず、最近までその考えに賛同してきたラマルク（一七四四〜一八二九）を取りあげた。ラマルクの「獲得形質の遺伝」という考えは、その後の遺伝学では否定されているが、今西は「獲得形質の遺伝こそ、生物進化の大前提であって、これを否定することは、進化そのものの否定に通ずる」と、高く評価する。しかし、ラマルクの「用・不用説」は、「適応というあいまいな概念にもとづいている」として、ダーウィンの自然淘汰説とも「同じ穴のむじなである」だといって、退けてしまう。

今西自身も適応という問題で思案してきたが、ここにいたって、「適応ばなれ」をしてしまう。そして、「一九世紀の進化論、そのいずれもが適応という得体の知れないものを中心においた、ラマルクの進化論とダーウィンの進化論に、ここで退場を宣言する」といって、ラマルクやダーウィンとも、はなれることにする。

つづいて、ダーウィン流の自然淘汰説とはちがう進化論として、隔離説と定向進化説をとりあげた。

隔離説は、一九世紀の偉大なナチュラリストであるM・ワグナーによって出されたもので、種の起原や新種の形成には、生物の自由な移動を妨げる障壁が、原因になっているという。これは地理的隔離説ともいわれ、のちに魚類分類の大家、D・S・ジョルダンによって再評価された。

この説は、今西の「棲みわけ」説とも似ている。しかし、隔離説はたとえば二つの近似種が隣りあった地域に分布しているといっても、そこには障壁が存在することが前提になっており、「棲みわけ」にはそのような障壁がなくてもいいと、今西はいう。だから、ワグナーらの隔離進化論は、「私の棲みわけ進化論の、特殊なケースにすぎず」、「彼の進化論が私の進化論のなかに、完全に吸収されている」ことを見いだしたとした。

つぎの定向進化説は、古生物学や地質学者らによって、かねてからいわれてきた。進化は一定の方向に向かって進むという考えは、なによりも化石がその事実を示しているからである。

今西も定向進化説に、自分の進化論のルーツを見いだせるのではないかと期待していたようだ。しかし、これでは種の起原をうまく説明できなかった。この説も個体にウエイトをおいているから、今西のいう「同種の個体はみな同じようにかわる」という考えが出てこないという。逆に今西は、「獲得形質の遺伝」と「同種の個体の一様化」があれば、定向進化がおこるのだとした。あとは定向進化のおもむくままに、進化はひとりでにすすむだろうと。

ついに、今西は進化の要因は考えなくてもいいことにする。環境とか適応とかは無視してしまって、次のひとことに集約する。進化ということは、要するに、こういうことなんだと。「変わるべくして変わる」。まるで、禅問答である。とうとう、ここまできたのかの感がする。が、本人にいわすと、なかなかの名文句だという。以後もっぱら、これを唱えるようになった。

また、種というものには、自己同一性（アイデンティティ）がそなわっていると考える。「私も種も、自己同一性を維持しながら変わってゆく」、と。そして、「自己同一性をもちながら、変わるべくして変わってゆくもの、あるいは自己運動によって変わってゆくようなもののことを」、主体性をもったもの、と定義する。

ここまでくると、自分の進化論を、ついに主体性の進化論、もしくは主体性を前提とした進化論だと位置づける。以上が、一九八〇年七月に中公新書として出した、『主体性の進化論』のあらすじである。

「ダーウィンの進化論は、私にとっては若いころから、眼のまえに立ちふさがった大きな障壁であった。いま人生の晩年に達して、私はようやくこの壁が苦にならなくなった」と記す。

ダーウィンとは勝負がつかないことがわかったのだという。進化という大事実を一つの大きな山にみたてると、そこにはいろんな登山路があってもよく、どれが正しいとかまちがっているとかはいえない。ダーウィンはそのなかの一つを選び、自分はダーウィンのとらなかった別の登山路を選んだ。これでは競争にもならないし、勝負のつけようもないではないか、と。

若いときに生態学をかじったから、適応とか環境とかいう考えから抜けきれずにいたが、『ダーウィン論』を書き終えて、そうした借りものの考えを清算できたという。自然淘汰や突然変異とかいう色眼鏡をはずして、視力が弱っているとはいえ、もう一度自分の眼で、ありのままの自然を眺めつつ、与えられた余生を過ごしたい、と。しかも、『主体性の進化論』を、長大な随筆として書いた、これからもこのジャンルをつづけるつもりだといって、まだまだ意欲は十分だった。

こうして、主体性を前提とする進化論となった今西の進化論は、「自然学」へとすすんでいく。

3　華やかな晩年

ハイエクと対談

ノーベル経済学賞の第一回（一九七四年）受賞者、フリードリヒ・A・ハイエク（一八九九〜一九九二）が来日し、京都で今西と三日間にわたって対談したのは、『ダーウィン論』と『主体性の進化論』の間のころ、一九七八年九月のことだった。

ハイエクはオーストリア帝国の貴族の家系の出身で、ウィーン生まれ。ロンドン大、シカゴ大、フライブルク大の教授を歴任。経済学のほか、文化人類学、法学、哲学などに幅広い学識をもつ思想家でもあった。日本の独創的な思想家としての今西錦司との対談を望んだという。これには、ハイエクと親交があり、また今西の「すみわけ」論に共感する、田中清玄（一九〇六〜一九九三）の仲介があった。[6]

この対談は、事務局をつとめた京大教授、米山俊直が解説を書き、二人の共著でNHKブックス『自然・人類・文明』（一九七九年）となった。そこでは、今西は種社会論をはじめとする自説をじっくりと語っている。ハイエクも今西の説を理解しようとつとめていたのだが、ダーウィンについては「マルクスやフロイトとはちがって、その後に進歩があり、進展があるという点で、私は両者の違いを見る」といって、今西には譲らなかった。

今西は「ダーウィニズムの批判は、この本のなかでやっていますので、進呈します」と、『ダーウィン論』を手渡して、対談は終わった。

対談最終日の二日後（一九七八年九月二八日）には、今西の「日本千山登頂祝賀会」が京都ホテルであり、ハイエク夫妻も招かれたので、筆者もその風貌に接した。

その三年後、一九八一年一〇月二一日と二二日、再びハイエクとの対談が京都でおこなわれ、筆者も傍聴することができた。今回も田中清玄の仲介によるものだった。(7)

このとき、ハイエクは八二歳。傘をステッキ代わりにして、長身を折り曲げるようにあらわれたが、前回よりは弱々しい感じがしたのは、来日後に体調をこわしたためばかりではなさそうだった。今西は二歳下の七九歳だったが、日焼けして元気だった。三年前（一九七八年八月一三日）に釈迦ヶ岳（一八〇〇メートル）で「日本一千山」を達成したのちも、いっこうに衰えずに山登りをつづけていたから。しかも、『主体性の進化論』を前年（一九八〇年）に出していた。

司会を京大教授、上山春平がつとめ、今回はダーウィン論がより中心的なテーマになった。今西はハイエクのダーウィンの進化論についての考えに前回から変わりはないかを確認したうえで、「私の進化論は、私の自然観を完成させるための試金石である」と最初に念を押した。そうして、自分の自然観のもとになっている「種社会」と「すみわけ」について、自説をより詳しく説いていった。

議論は、最後は「文明の将来」にまで及んだのだが、両者は歩み寄ったかとおもうと、離れていき、横綱相撲を土俵下で見ているような気がした（米山も前回の様子をそのように記している）。しかし、全般的には大きなすれちがいのような印象だった。上山も『毎日新聞』への寄稿（一九八一年一一月九日夕刊）で次のようにいう。

「ところがハイエクさんは、おそらく、その頑固なまでに徹底した自由主義の根底に個人主義があるためだろうか、もしくはダーウィン的進化論に深くなじんできたためだろうか、今西学説の礎石ともいうべき『種社会』の概

文化勲章受章祝賀会で（桑原と西堀，1979年）

念にたいして、ほとんど絶望的といってよいほどの拒否反応をしめした」。

「それでは、生物社会の単位を種社会と見て、種社会が具体的に地球上に分布する姿を想定する今西さんの基本的な前提が、ハイエクさんには全く通じない、というほかはあるまい」。

文化勲章

今西は文化勲章を、一九七九年一一月三日、皇居で伝達された。(8)国立大学の学長をつとめて、勲二等瑞宝章（一九七二年春）を受け、文化功労者（同年秋）になり、そして文化勲章である。発表された業績は次のようであった。

「同氏は、国内各地のニホンザルの生態を究明するとともに、数次にわたり海外学術調査団を組織してアフリカのチンパンジー及びゴリラの社会を調査し、顕著な業績をあげた。同時に生物社会の進化の理論についても、ダーウィン以来の適者生存の考え方に対して、種全体が適応するという考え方を示し、進化論にあらたな展開を与えるなど霊長類の社会進化を生物進化の一環としてとらえ、その解明に精力的な努力を傾注した。このように、同氏が、我が国の霊長類学を比較的短期間に高い水準と体制に到達せしめ、我が国の学術、文化の進展に尽くした功績は大きい」。

「学問的野人」（『生物の世界』序）とか、「学界の無法者」（『生物社会の論理』再版へのあとがき）と自ら名乗り、「学界の匪賊」と呼ばれたこともあるというなど、野人のポーズをよくとってきた今西からは、想像もできない公の世界の評価である。

世間的には最高ともいえる栄誉をうけるに至ったのは、その実力があったからなのだろうが、それにしても、今西の後半生の華やかさには、目を見張るものがある。ことに一九七〇年代に入ってからは、なにかにつけて話題になることが多くなった。

一九八四年秋には、入洛した首相中曽根康弘に招かれて会食する。

「秋野不矩展」にて
（右は妹四手井千鶴子，左は日本画家の秋野不矩。大丸京都店，筆者撮影，1985年３月）

中曽根は文化視察を名目に、一〇月二四日に一泊二日で入洛した。京都国立博物館や友禅作家の工房、和歌の冷泉家を訪れたのち、その夜は南禅寺のそばの野村別邸で、京都の学者たちと懇談したのだった。今西、桑原武夫、梅棹忠夫、上山春平、梅原猛の五人と。

五人は互いにたいへんよく知っている間柄だが、今西をのぞく四人には今回の中曽根との懇談には、魂胆があった。国立の日本文化研究所を京都に創設するための〝手打ち〟をしようという。京都の著名な学者たちが首相に直談判し、首相も賛同するという手はずになっていたようで、じっさいにそのようにすすんでいった。[9]

今西は、そのような生臭い話とはべつに、中曽根と語り、きげんよく酒と料理を楽しんだという。この懇談の前に今西から筆者は、「中曽根には前から、いっぺん、食事にでも、いわれたんやけど、わざわざ東京まででていくこともあらへん。京都に来るというので、呼ばれにいくんや」と、聞かされていた。懇談の内容には関心はないようで、「野村別邸というから、どこから料理をとるんか、尋ねてやったんや」と、味にうるさい今西ならでは言いぐさだった。

「今西進化論」論争

今西の『主体性の進化論』はその後、序章でふれたように『自然学の提唱』(一九八四年)となって、「進化論研究の締めくくり」をするのだが、その翌一九八五年一〇月、英国の総合科学誌 *Nature* に、"Anti-darwinian theory in Japan"(日本における反ダーウィン説)と題する、英国の古生物学者、B・ホールステッド(一九三三~九一)の評論記事(Comentary)が載った。「今西錦司の著作の日本での人気から日本社会に対する興味ある洞察が得られる」という、*Nature* 編集者による見出しがついていた。[10]

ホールステッドは、一九八〇~一九八一年に *Nature* 誌上で進化論論争を巻きおこすなど、闘争的なダーウィン主義者として名をはせていた。[11]

彼は、分子生物学者の柴谷篤弘(一九二〇~二〇一一)が英国の学術誌 *Journal of Social and Biological Structure*(JSBS)に一九八三年に出した「今西錦司の反淘汰説と、日本における社会的反ダーウィニズム」で、今西の名を知ったという。[12]

そして、その直後に京都大学に招聘されたので、一九八四年九月から三カ月間来日した機会に、今西について精力的に調べたのだった。今西にも最終的に会っている。[13]

ホールステッドの *Nature* 評論記事は、今西は現代日本の有名人の一人であり、進化に関する独自の反ダーウィン的な見解を述べた多数の著作でよく知られると紹介。今西のもてはやされぶり(学界からの無視も含めて)に日本的なものをみて、ホールステッド自身の日本論を展開したうえで、「今西の進化論は詩的なヴィジョンであって、瞑想するときは美しい。だがそれは夢であり、その非現実性において日本的である」という。

「だが、今西説の基盤はもはや成りたたないことは、彼の考えの声価や大衆の受けとり方にはほとんど影響をおよぼさないだろう」ともいう。「活発な論争というものは日本の文化的伝統のなかにはない」のだから、と。

この評論に対して、反響があいついだ。同誌のレター欄に、柴谷などからの八通の投書が次々に掲載された。今西の『生物の世界』を翻訳中のカナダのパメラ・アスキスのもあった。うち、日本人からのは四通だった。一九八七年三月にホールステッドによる応答の手紙が同誌に載って、議論がひとまず終わった。

ホールステッドの滞日中の面倒をみたうえ、『「今西進化論」批判の旅』を世に出した田隅本生（一九三四～二〇一二）は、今西の没後すぐにふり返って、次のようにいう。「ホールステッドの今西批判は、はなはだ不備ではあれ外国人専門家によってなされた唯一の同時代批評」であって、「明快な反対者の努力により自説がかろうじて国際的討論にさらされた点では、今西氏も幸運だったと言わねばならない」[14]。

注

（1）学生との団交の席では、「学長とは孤独なものである」といい放ち、「そんなこと、でけへん」「あかへん」「そんなこと俺は好かん」と京都弁でどなり返したという。学生が一寸でも身体にふれたら、マイクでなぐりつけて、学長はすぐ辞職するつもりだったという（館正和「岐阜大学長今西錦司」『全集』第五巻月報）。
（2）一九五一年七月に徳田の『進化論』が岩波新書として刊行されたが、動物学教室での合評会で、梅棹忠夫はきびしい批評をした（河合雅雄『伊谷純一郎著作集』第一巻の解題「霊長類学の夜明けの素描」二〇〇七年）。「引用原書を机の上に積み、間違いを指摘し論理の弱さを突いた。鋭利な論法で小次郎（佐々木）と異名をもつ梅棹さんの斬りこみの冴えに、論客として知られた御稔さん（とこう呼んでいた）も散々に打ちすえられ、顔面蒼白になって敗退した」。同書には「棲み分け」という語は可児藤吉による創意だとあることなどが、梅棹の逆鱗にふれたのだという。
梅棹も『行為と妄想――わたしの履歴書』（一九九七年）で、徳田の名をあげていないが、次のように記している。「わたくしは全教室員の研究会でその原典をつみあげて、この先生の全面的批判を展開した。著者ご本人も目のまえにおられるのである。ご本人は反論もできずに顔面蒼白となられた。気の毒なことをしたものである。このとき以来、この先生とわたくしとの関係は、はなはだきまずいことになった」。

（3） 京大理学部の一九六七年度の徳田の講義を、筆者は聴いたのだが、今西についての言及はなかったと記憶している。

（4） のち、『私の進化論』（思索社、一九七〇年）に「正統派進化論への反逆」と題して再録する（『全集』第一〇巻）。

（5） のち、『私の進化論』（思索社、一九七〇年）に「ダーウィン、その進化論と私の進化論」と題して再録する（『全集』第一〇巻）。

（6） 田中は、戦前に共産党の指導者だったが転向。戦後は、国際的な石油の利権や政界などで大物フィクサーといわれ、一九七六年に総合人間科学研究会を設立していた。ハイエクが一九四七年に組織した自由主義者の国際団体モンペルラン・ソサエティに一九六一年に入会。ハイエクのノーベル賞受賞の際には、スウェーデン国王の晩餐会でハイエクとソルジェニツィン（文学賞）の間の席に招かれたほど親しかった（田中清玄・大須賀端夫『田中清玄自伝』ちくま文庫、二〇〇八年）。

（7） 田中の今西への傾倒は並々ならぬものがあった。この後すぐ、今西の考えを西欧の学者に読ませるためにと、まず、「進化とは何か」を英訳するプロジェクトを立ち上げた。「棲み分けという平和共存の今西理論で、ノーベル平和賞をとらせたい」と語っていた。

（8） 他の受章者は、中村歌右衛門、沢田寅吉、高橋誠一郎、堀口大学であった。桑原武夫もこのときに文化功労者になった。

（9） 斎藤清明『京大人文研』（創隆社、一九八六年）。その年末の予算編成のなかで、文部省の「国際日本文化研究センター」（仮称）の設立調査費二〇〇〇万円が認められる。そうして、三年足らず後の八七年度に大学共同利用機関として国際日本文化研究センターが創設され、初代所長に梅原猛が就任する。

（10） Halstead, B., *Nature*, 317：587-589, 17 Oct., 1985.
訳文は、ベヴァリー・ホールステッド著、中山照子訳『「今西進化論」批判の旅』（築地書館、一九八八年）による。

（11） 田隅本生「今西進化論と対決したホールステッド」『アニマ』一九九二年一〇月号。

（12） この柴谷論文（前年にも一編）が、今西進化論の海外への紹介の最初だとみられる。柴谷は『今西進化論批判試論』（朝日出版社、一九八一年）と、今西との対談（司会、米本昌平）『進化論も進化する』（リブロポート、一九八四年）を著している。

（13）　帰国の際に、この間のレポートとともいうべき英文原稿を、京大理学部動物学科の田隅本生助教授に託した。これが、田隅の監修によって『「今西進化論」批判の旅』（築地書館、一九八八年）となった。
（14）　田隅本生「今西進化論と対決したホールステッド」『アニマ』一九九二年一〇月号。

第一一章　わが山の美学、わが地図の美学

1　登りつづけて

生涯一登山家

少年時代から老年にいたるまで、今西はずっと山に登りつづけてきた。登山は、今西の生涯を一貫している。まさに、生涯一登山家だった。

今西は文化勲章を受けた学者ではあるが、明治三五年生まれのひとりの登山家としてみても（日本山岳会長もつとめたが）、その歩みは、日本の近代登山史そのものになっているといえよう。

わが国で近代的な登山が（信仰のための山登りといったものではなく、個人のいわば趣味として）はじまったのは一九〇五（明治三八）年の日本山岳会（当初はたんに山岳会と称した）設立のころとされる。今西の誕生間もないころである。

京都は西陣生まれの織元の長男は、昆虫採集が好きな、自然に親しむこどもに育ち、京都一中に入学間もなくの遠足で、郊外にそびえる愛宕山（九二四メートル）に登った。次は、中学二年の夏に富士山。これは、学校から有志が参加した団体登山だった。

日本山岳会創設のあと明治末から大正初めにかけて各地に山岳団体が生まれ、京都一中にも博物・地理担当教師が音頭をとって山岳部ができたばかり。このころの登山は夏山シーズンに日本アルプスの稜線を案内人を雇って行くのが多かった。そのような山歩きもしながら、今西は同級生の仲間たちと地元の未知の山々にも踏み入った。陸軍参謀本部陸地測量部の地図を広げて三角点のある高い山を選び出し、誰が先に登るかを仲間と競いあった。登山道もなく、ヤブをこいで登った頂上に三角点を見つけて、仲間の登った印のないときの初登山の喜びが原点になる。

ヤブ山歩きからはじまったのが、第三高等学校に入学した一九二一年、目を開かされる。世界最高峰エベレストをめざしてイギリスが最初の遠征隊を派遣したこの年に、登山の本場ヨーロッパ・アルプスで、今西より八歳年長の槇有恒がアイガー東山稜を初登攀した。今西は新聞で知って驚く。帰国した槇を迎えた慶応はじめ早稲田や学習院、ひと足遅れて今西たちの三高、さらに多くの高校、大学生たちが、それまでの夏山にかわって岩登りや雪山をめざした。

三高に山岳部をつくり、日本アルプスでの岩登りや雪山登山に情熱を燃やす。剣岳の岩尾根に初登攀をねらうため、京都帝国大学は夏休みに実習のある理学部ではなく農学部に進んだ。大学院では学問にも身を入れつつ、ヒマラヤ登山を夢見る。二度にわたるヒマラヤ登山計画は戦争のために実現しなかったが、朝鮮半島の白頭山冬季登山や中国東北部の大興安嶺探検、冬のモンゴル調査など、海外登山や学術探検のパイオニアであった。

戦後は、マナスル登山計画を京大グループで立ち上げてネパールから登山許可も得るが、これはオールジャパンでと日本山岳会に委譲。日本の登山界をヒマラヤに向かせた。今西はその偵察隊を率いて一九五二年、日本人登山者として初めてネパール・ヒマラヤを巡った。つづいて、カラコラム・ヒンズークシ学術探検（一九五五年）、ゴリラ調査（一九五八年）にはじまるアフリカでの霊長類・人類学調査など京都大学を定年になるまでフィールドワークにいそしんだ。

こうした華々しい登山や探検ばかりでなく、今西は山に登りつづけた。四〇歳前後は戦時中でもっぱら探検だったが、敗戦で大陸から引き揚げてきたとき、「山の数をかぞえる」との一文を記し、「日本五百山」の念願を立てる。「地図をみているうちに、わたくしがまだ登ったことのない山は、どれもこれも登るに値する山のように思われてきた。かたわらの紙片にメモをつけつつ見てゆくと、わたくしがこれから登るべき日本の山が、はじめの予想以上にたくさん出てくることを知って、ちょっと驚いた。しかしそれと同時に、わたくしは心の中で、うれしく思ったのである。もうふたたび大陸へ渡れぬ最悪の場合でも、わたくしの一生は、内地の山登りをつづけてゆくことによって、夢と実践とのバランスを、どうにかうまく保ってゆくことができるであろう。そして、わたくしは一介の登山家としての一生に、幸福と満足をみいだすであろう」（『山と探検』、一九五〇年。『全集』第一巻）。

こうして、登った山の数をかぞえはじめ、六六歳で「日本五百山」を達成する。その後は、いっそう熱心になる。五〇〇山から一〇〇〇山までは一〇年がかりだったが、一〇〇〇山から一五〇〇山までは七年強でかせぎ、老年になってもピッチは衰えなかった。

日本列島には山と名のつくのが一万三〇〇〇もあるという。今西は、「遠くからみて姿かたちのええ山にしか登らへん」という条件をつけた。「畳のほこりと同じで、たたいたらなんぼでも山がでてきよるけどな」といいながら。

「日本一千山」釈迦ヶ岳

今西の一〇〇〇山目は、一九七八年八月一三日、奈良県の大峰山系の釈迦ヶ岳（一八〇〇メートル）となる。前日本山岳会長の「日本一千山」ということで、にぎにぎしい山登りになった。地元の「新宮山の会」が世話役を引き受けて、京都や岐阜、三重、東京などから山仲間が駆けつけ、総勢はざっと五〇人。山麓にある役行者ゆかりの前鬼の宿坊「小仲坊」での前夜祭は、飲めや唄えやの大宴会だった。

1000山（釈迦ヶ岳）山頂で（筆者撮影，1978年）

「流れ流れて落ちゆく先は　北はシベリヤ　南はジャバよ　いずこの土地を墓所と定め　いずこの土地の土とかわらん……」。「流浪の旅」を合唱する今西のかん高い歌声は、哀調を帯びていた。

翌朝はみな二日酔いぎみだったが、五時間ほどで登頂した。「バンザーイ」の合唱が、大峰の山々にこだました。

その登山中のことだった。途中で休憩したときに、今西は森林生態学の荻野和彦（当時、京大農学部助教授）にいった。「おいヤンボー（ＡＡＣＫでの荻野の愛称）、頂上にシラビソがあるかな。賭けへんけ。わしはあるほうに賭けるけど」。

かつて日本アルプスで「山岳学」の時代につくった、垂直分布の物指しをあてることを忘れなかった。

この大峰山系では五〇年ほど前に登った、山上ヶ岳（一七二〇メートル）と大普賢岳（一七八〇メートル）では、頂上までブナやウラジロモミが分布していてシラビソが出てこなかったが、弥山（一八四〇メートル）と仏経ヶ岳（一九一五メートル）では、シラビソがトウヒとともに出てくるのを見ていた。だから、前者は亜高山帯には達していないが、後者で亜高山地帯に足を踏みいれたとしていた。さて、一八〇〇メートルの釈迦ヶ岳ではどうか。

はたして、頂上直下に至って、シラビソがあらわれた。その絶妙な自然観察に、筆者はおそれいった。

「生態学を離れたのちも、私は山登りをつづけて今日に至っているのだから、私ほど日本の自然をよく見ているものは、あまりおらないだろうと自負している」（「混合樹林考」一九八五年）という、今西ならではの自然観察だった。[1]

この「混合樹林考」は、日本の文化を育んできた自然について、それは照葉樹林ではなく混合樹林だという見解である。その主張は、照葉樹やブナの極相林ばかりに気を取られるな、クヌギやコナラやクリといった雑木林に目を向けよ、これまで二次林といわれてきたが「混合樹林」と呼ぼう、そして「混合樹林」の自然保護を、というものであった。

今西は、日本列島の極相林として、東北日本のブナ林と西南日本の照葉樹林のほかに、この二つの極相と重複してもう一つ、混合樹林を認めたというのである。そして、「日本文化にかぎらず、日本の自然を育んできたのもまた混合樹林であったことを知る必要がある」とする。

「照葉樹林文化」については、「中尾佐助氏の唱えるアジア半月弧などというものは、その半月弧のよって立つ本質から遊離した、架空の産物にほかならない」と、批判するのである。

直弟子でもある中尾とは一九五二年のマナスル踏査隊で、カトマンズ郊外のカカニの丘でキャンプしたときに常緑カシの「照葉樹林」に気づいている。これが、中尾が照葉樹林を認識するきっかけになり、「照葉樹林文化」へと展開するのである。それにたいして厳しくいえるのは、今西にも自信あってのこと。

「日本の自然についてどうしてもいっておかねばならないことがあるので、あえて筆をとることにした」と、今西が「混合樹林」を言い出したのは、山登りをつづけて日本の自然をよく見ているという、自負心からであった。

地図の赤線

今西の登山は、晩年には登った山の数を気にするようになったのだが、やはり、山のすがたかたちという品格を大切にしていたと、筆者はおもう。そして、もう一つ欠かせないことがあった。赤線をどう書き入れるかという、

白髭岳の偵察行で（筆者撮影，1985年９月）

鋸山で（筆者撮影，1979年12月）

地図の美学である。

今西は五万分の一や二〇万分の一の地図に、登った山道だけでなく車で走ったところも、通ったところすべてに赤線を入れていく。そして地図に赤線がまんべんなく入るように、行動する。登る山も、姿かたちを見て目をつけておくだけでなく、地図のうえでどこにあるのかが大切である。

地図に赤線が輻輳《ふくそう》してくるのをきらう。なるだけ、赤線が入っていないところへ行きたいのである。たとえ、地図に登っていない山が残っていても、もう、その地図の山には登らないことがある。その山に登るために入れねばならない赤線によって、地図がきたなくなるのがいやなのだ。

赤線を入れるために、その地図の地域に何度も通わねばならない。しかも、ちがったルートをとって。そして、その登山から帰ると、赤線を書き入れるために、じっくりと時間をかける。線引きをしながら、次の計画も考える。それは、探検家のこころがまえというものだろう。

「日本一千山」の前に筆者は今西宅を訪れ、「千山にいどむ」という記事にまとめた。そのときである。はじめて「スミ（済み）」にした地図を、見せてもらったのは。

ちょうど三日前に登った九九九山目の地蔵（七九〇メートル）が載っている、五万分の一図「北小松」であった。戦後に発行のものだが右書きの定価三五円という古い地図の右肩に、「スミ」と書き入れていた。「五〇〇山登山」とその同行者のサインや、「九九九山」もはいっていた。

それよりも目をひいたのは、縦横に書きこまれている赤線である。登山路だけでなく、街道筋などの通ったルートも含めてあるとのことだったが、まるで網の目のように密に入っていた。登った山には三角形の囲いがしてあり、日付もついていた。

「日本五百山」を達成した一九六八年九月一五日の無名（カマクラ、九五一メートル）の後にも、無名（ヘラダニ奥、八九二メートル）やシラクラ（九五〇メートル）などと、地蔵まで五山が加わっていた。筆者も「北小松」のヘラダニ奥やシラクラは、一九六四年に登っている。はじめて北山らしい山に登った三角点で、今西よりも先に登っていることがわかって、ひそかにうれしくおもった。

グミノ木で
（筆者撮影，1981年２月）

この「北小松」では今西は二一山に登っている。北東隅にある蛇谷峰（九〇一メートル）の東側に、「もう一本赤線があったらええんやけどな」としながらも、「これは、これで済みや」といった。

この地図では、登るべき山はすべて登ったという「赤線の完了」である。「スミ」にしたのは、この地図が最初であるともいった。

赤線の立場からだと、全国ほとんどの二〇万分の一図は完了させてきたという。もっとも、地元の二〇万分の一「京都及大阪」は余りにも細かくなるので、五万分の一図に赤線を入れている。日本アルプスのある二〇万分の一「高山」は、かなり赤線が輻輳していて好みの地図ではないともいった。

「日本千五百山」白鬚岳

一〇〇〇山から七年余りのちの一九八五年一一月三日、奈良県吉野郡川上村の白鬚岳（一三七八メートル）で、今西は「日本千五百山」に挑んだ。

五〇〇山から一〇〇〇山までは一〇年がかりだったのを、一〇〇〇山から一五〇〇山の直前までを七年強で済ませてピッチもあがった。それでも、寄る年波のせいか、弱気をみせるようになっていた。

八〇歳の一九八二年四月一八日、三重県の総門山（九四九メートル）での一三〇〇山目のあとには、「もうそうそう私の登るべき山は、たくさん残ってはいない。北海道・関東周辺などにちょいちょい残っているけれども、併せて百になるかどうか、疑わしい」（『千三百山のしおり』）といい、八二歳の一九八四年一月一五日、宮崎県・高千穂峰（一五七三メートル）での一四〇〇山登頂後には次のように記している。

「とうとう一四〇〇山まで来てしまった。一五〇〇山までがんばれ、という声も聞こえないわけではないが、人のことだと思ってよくそんな無責任なことがいえるな、といいたい。……あとにいくつ山が残っているであろうか。数えるのはなんだかこわい気がする。……北海道や東北にゆけば、まだ登っていない山があっても、それはいまの私の体力ではどうにもならない山で、もっと若いときに登っておけばよかった山であるにすぎない。……この『千四百山のしおり』が最後となって、『千五百山のしおり』は未完成に終わるだろうという予感のもとに、この小著をあえて刊行することに踏みきった次第である」。

それでも、こう記してからわずか一年半のうちに、一五〇〇山に達したのである。

今西の一三〇〇山と一四〇〇山のころは、筆者はいずれもＡＣＫのチベット登山に参加して京都を留守にしていたが、一五〇〇山には、その準備や登頂後の祝賀会などの裏方に加わった。

この白髪岳は、七年前の一〇〇〇山に登る前日、大台ヶ原の主といわれた田垣内政一を山頂の大台教会に訪れたときに、北側にそびえる白髪の立派な姿を見て、こころに決めていたそうだ。すでに戦後間もないころ、大台の東側の大杉谷から台高山系をこえて三之公川（吉野川の源流）に下ったときに、真正面に白髪岳を見て感激していた。以来、いつか登ろうとおもっていたのを、いよいよ実行にうつすことになった。

もっとも、それよりずっと前の一九二三年、三高山岳部時代に白髪岳の裾を流れる北股川（吉野川の源流）を遡って池木屋山（一三九六メートル）をめざしたものの撤退したとき、白髪岳のすぐ北東の大鯛峠《おおたい》をこえている。しかし、あまりに近すぎたせいなのか、今西は白髪岳には注目しなかったという(2)。

いよいよ一五〇〇山までいけそうになった一九八五年一月、その年の干支の名前のついた山に登る恒例の十二支会山行で愛媛県の牛ノ峯（八九八メートル）に登った際の前夜祭で、今西は一〇〇〇山でも世話になった和歌山県新宮市の玉岡憲明に、白髪岳のルート調べを依頼した。

白髪岳には西側の集落、神之谷からは尾根道があるが、今西は東側の大鯛峠から登りたいといった。大台ヶ原からみえる立派な尾根を登って、赤線を入れたかったのだろう。しかし、玉岡らの「新宮山彦グループ」の偵察の結果、大鯛峠への山道は使われなくなって久しく、すでに消えてしまっていた。そこで、北側の中腹までついている林道の終点から北尾根をたどるルートを調べて、頂上までの高度差は最も短い約五三〇メートルだから最適だと、今西に提案した。

どんな山登りでも自分でルートを決めて所要時間も設定している今西は、これをありがためいわくや、と思ったらしい。九月二三日には自ら偵察に出かけていった。筆者も同行して、白髪岳の南側にどこまで林道が入っている

1500山（白鬚岳）山頂で
（筆者撮影，1985年11月３日）

のかと、あくまで所期のルートをとれないかを調べたが、こちらの林道終点から頂上までは高度差が約八〇〇メートルもあることがわかった。

「二〇年前に登るつもりやったけど、そのときならなあ」と、気落ちした様子の今西に、「尾根の途中にテントを張って、二日がかりなら、どうですか」と、筆者はたずねてみた。

「いやあ、きついな。きょうの偵察で、ちょっと自信がのうなった」。

ずいぶん気が弱くなったように感じたが、右眼は緑内障でほとんど見えない今西にとって、たしかにしんどい登山である。

このとき今西は、すでに一四九五山を登っていて、一〇月中旬には九州での山行を予定していた。そこで五山登り、宮崎県の扇山（一六六一メートル）で一五〇〇山にしようかと思ったそうだ。しかし、白鬚岳は前から目をつけている山だし、新宮山彦グループが道をつけてくれるというのに心をうごかされ、やっぱり白鬚岳で一五〇〇山にすることに決めた。

九州で四山登って二〇万分の一図「延岡」の赤線を完了させ、必ず天気がいいと信じて山行の日にきめた「文化の日」（今西にいわせると天長節）に、白鬚岳の北尾根のルートから挑んだ。

その日、まだ満天の星があふれる早朝に、山あいの集落、柏木の朝日館を出発。夜が明けるころ、林道の終点へ。

午前六時半に登攀を開始。途中で朝食をとったりして、登頂は午後零時四〇分。

「ああ、おいしいな。酒はいつでも、山の上ではうまいにきまってんのや。お天気がよいのも、なによりけっこうやな。

ようしかしまあ、千五百まできたもんや。えらかったぜ、ええ。きょうでももう、助けてもうて登ってんのやからな。

もう、こんなアホなことしやへん」。

快晴、紅葉に彩られた二等三角点の白鬚岳頂上で、今西は上機嫌だった。

下山の途中で、夕闇が迫ってきた。目が悪い今西は、ＡＡＣＫの後輩、森本陸世に終始片手を引かれながら、ゆっくりと下った。途中で休憩し、すこし食べたあと、あたりがすっかり暗くなってから、ふたたび歩きだし、午後七時半に降りきった。予定どおりだった。

その夜の宿は、登頂を祝しての大宴会となった。この宿、朝日館には、六一年前に泊まったことがあり、「ひいばあさんのころでしたね」という女将が差し出す色紙に、「千五百山登頂記念　一九八五・一一・三　錦司書」としたためた。

2　陰謀をもって生きよ

日本山岳会京都支部

一五〇〇山登頂祝賀会が一九八六年四月一二日に京都ホテルで、今西からの招待というかたちで催された。これまでの今西の祝賀会はいずれも会費制だったが、今回は長年お世話になったといって、そのお礼をしたいとのことだった。

1500山登頂祝賀会（1986年４月）

その直前の三月一五日、日本山岳会京都支部の設立総会が、京大会館であった。これは、今西が前年の秋、登頂後すぐに呼びかけていたものだった。(3)

組織づくりの名人ともいえる今西の有終の美を飾る企てだと、設立に参加した筆者はおもった。今西は、中学で青葉会を、高校で三高山岳部を、大学で京都帝大旅行部山岳班を、卒業後はＡＡＣＫ、さらに京都探検地理学会、戦後は自然史学会、生物誌研究会……。さまざまな組織をつくってきた。同志と語らって、鮮明な目標を掲げ、それを実現するための結社のようなものであった。今西は中心メンバーであり、今西抜きには成りたたなかった。

しかし、今西はたいてい、その組織のトップにはすぐには就任していない。まずは実行部隊長であり、事務局長だった。つまり、実務を取り仕切り、自らが実行していたのである。

一五年前に岐阜支部をつくって初代支部長になり、その後に日本山岳会長をつとめた今西が最晩年になって、音頭をとり支部を設立するには、それなりの思いがあったはずだ。

今西が一九八六年一月一三日に記した「支部設立の構想」（日本山岳会京都支部「支部だより」二七号、一九九二年）によれば、「ひそかに登山界の将来を憂い」「京都という都市を地盤として、現在の沈滞のなかからもう一度往年の意気を恢復」「京都市民の中から、伝統の護持者、後継者を創成することを念願としている」という。

それには、六〇年前に開花した学校山岳部の時代のような意気ごみが必要だという。「一〇年以内に京都支部からヒマラヤ遠征隊がでるよう、支部を育ててもらいたい」と。

「ヒマラヤ遠征隊を出すということは、昔から一種の陰謀であった。AACKもそうであった。私は京都支部を一種の陰謀団体に育てあげたいと思っているのである」

「陰謀を持ち大目標を秘めて生きてゆく人生のいかに生き甲斐あるかを、私は身をもって経験してきた」、と檄をとばすのである。

1985年の「納め山」
（畑山，529メートル，筆者撮影，12月29日）

納め山

今西の生前最後の著書ともいえる『自然学の展開』（講談社、一九八七年）に、「わが山の美学――日本千五百山登頂を果たして」が収められている（『全集』第一三巻）。「日本千五百山」を達成したのち、『中央公論』八六年一月号に発表したものである。この文章は、筆者がインタビューしたものだが、今西が自らの山登りについて語った、最後の文章になった。(4)

次に登る山をスケッチする

この登山のあと、今西宅でまた、赤線を「スミ」にした地図を見せてもらった。

「これで満足がいく、という赤線が全部はいったとき、その地図をみるのがうれしゅうてな。その地図にはおれの精神がこもっているのや」と、顔をほころばせながらいった。「今西美学の最たるものは、地図の赤線や」。

白髪岳頂上での、「もう、こんなアホなことしやへん」は、登った山の数をかぞえるようなことは今後はしない、ということだった。

それでも、あいかわらず、山登りはつづいた。東北や北陸へも、残した山に登りに出かけた。ほぼ登り尽くした関西の山では、最低限の山の高さにしていた標高四〇〇メートルを切ってもかまへん、車道が頂上までついていても結構なことやと、もうなりふりをかまわないかのような登りかただった。

それは、もはや「登るべき山」を求めるというよりも、生きている限りはいつまでも山に登りつづけたい、巡礼者の姿のように、筆者にはおもえた。

一九八七年一二月二〇日、丹波の篠山で猪肉を買って帰る、年末恒例の「納め山」として、高丸山（三六六メートル）に次男の宇治日出二郎夫妻らと登った。これが今西の最後の山行きとなる。年が明けてからはほとんど外出がなくなり、二月一七日、尿道閉塞のために入院したからである。

そのまま入院がつづき、四年後の一九九二年六月一五日、大往生する。九〇歳だった。しかし、入院中に、「さあ、行こか」とつぶやくことがあった。いつまでも、山に登りたいとおもっていたのだろう。

思い出の山々

東日本大震災の直前の二〇一一年三月八日、国土地理院（つくば市）の「地図と測量の科学館」で、企画展「今西錦司　三角点を巡る――1550山登頂の記録」がオープンした。今西愛用の登山地図がならび、日本列島で登った山々の位置も示されていた。

今西が登山に用いた地図は、国土地理院（もとは、陸軍参謀本部陸地測量部）の五万分の一地形図や二〇万分の一

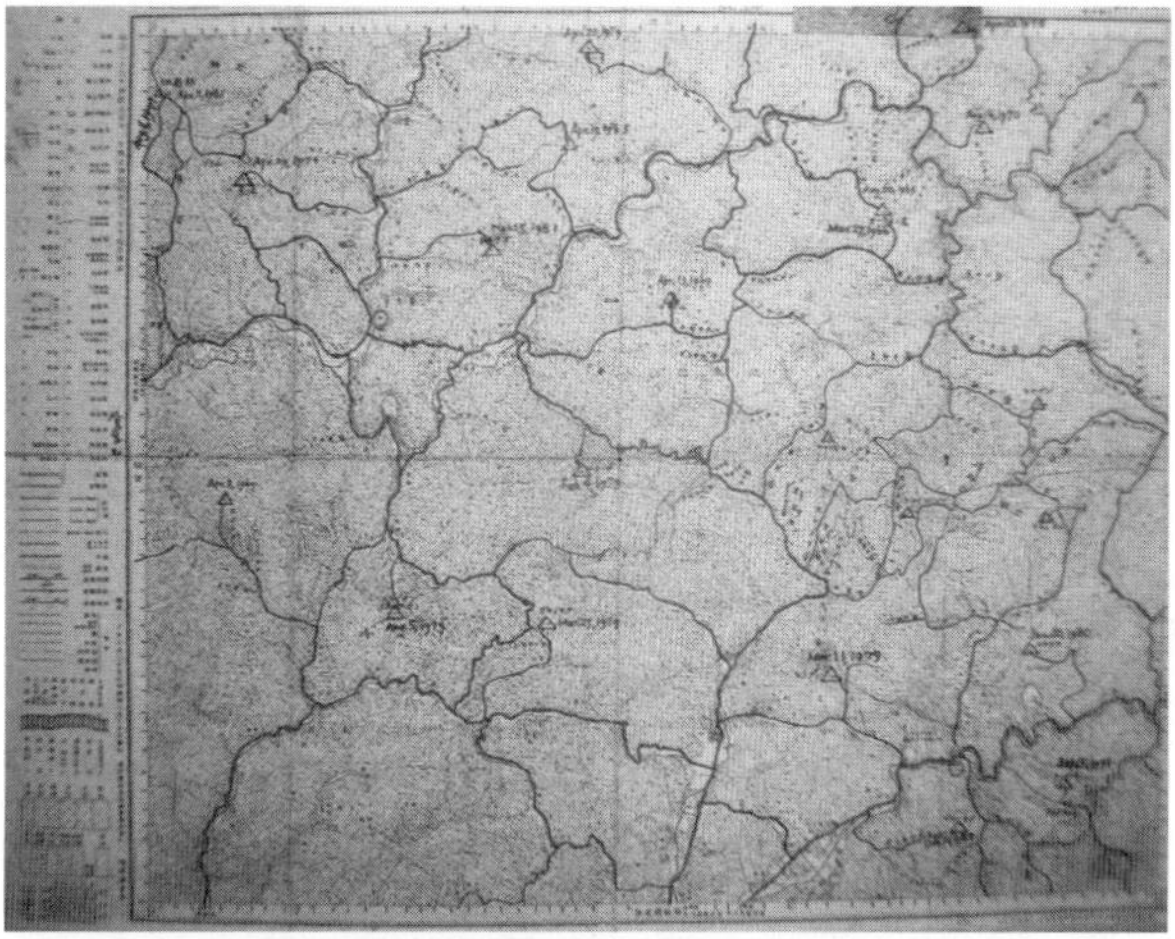

赤線の入った地図（五万分の一，四ツ谷）

芦生の京大演習林で（筆者撮影，1986年11月）

地勢図など。その地図には通ったルートの赤線が入り、黒鉛筆での書き入れや、裏面には山のスケッチ画が入ったのもある。今西は地図の改訂版が出るたびに購入し、赤線を書き写していたから、地図の赤線は生涯一登山家の歩んだ道である。

これらの地図は、晩年まで使われていた状態で没後も自宅の木製地図ケースに収められていたが、長男今西武奈太郎から国土地理院に寄贈された。その数は一二八七枚。それらを紹介する企画展であった。

会期は五月八日まで二カ月間のはずだったが、地震で展示場の天井やガラスに亀裂が入り、補修が終わる四月二二日まで休館。予定された今西武奈太郎の講演「父——今西錦司を語る」も中止、一八日間だけの展示となったが、余震がつづくなかで延べ入館者は二二七六人もあった。

国土地理院の依頼で筆者は展示用の今西紹介の一文を書き[5]、地図の赤線をたどりながらあらためて今西の山登りをおもった。

今西の千山登山から最晩年の登山まで、筆者は度々同行させてもらった。幻のスキー術「インナー・リーン」を披露してもらった雪の山もあれば、途中でテント泊した白石山（一一一九メートル、奈良県）や、頂上近くまで林道のあった低山もある。一九八六年の納め山の秀ケ辻山（四〇三メートル、兵庫県）まで、二十数回を数える山行は、いずれも楽しかった。中学生になった娘を久しぶりに連れていくと、「この子、グミノ木（五万「園部」、六九二メートル）のとき来てたやろ」と最初に同行した幼稚園児のときの山行を覚えていてくれた。子供や女性にやさしい老先生であった。

そうして、自宅で地図を見つめていた姿が思い出されるのである。

注

（1）「混合樹林考」は、『季刊人類学』第一六巻第三号（一九八五年）に発表し、生前の最後の著作となった『自然学の展開』の巻頭に収録。『全集』第一三巻。

（2）今西、西堀、佐島の三人で踏査し、「吉野川水源北股川地図」と「吉野川水源地概念図」を作製し、これを『三高山岳部報告』第一号とした。

（3）支部長には斎藤惇生（ＡＡＣＫ）が就任する。サルトロ・カンリの初登頂者で、日本山岳会・エベレスト隊などにも参加。のちに日本山岳会長をつとめる。今西の晩年の主治医。

（4）『自然学の展開』の今西の口絵写真は、「日本千五百山」の際に筆者が撮影した。

（5）今西錦司（一九〇二～一九九二）は生態学や生物社会学、霊長類学、人類学のほか、登山や探検など、わが国のフィールド科学分野での先駆者であり、リーダーだった。戦中は中国大陸での学術探検、戦後はヒマラヤ登山の先遣隊長としてネパールへ一番乗りし、続いてカラコラム探検、そしてアフリカへ類人猿の調査に。また、「棲み分け」論や独自の進化論などの理論でも知られる。そして、その生涯で特筆すべきは、いつも新しい山を求めて、登山を継続してきたことだろう。一三歳で登った愛宕山に始まり、若き日には先鋭的な登山家としての活躍。中高年でも、さらに老年になっても、登山への意欲は衰えなかった。最晩年まで登り続け、その登頂数は日本国内では一五五二山に達した。まさに終生登山家だった。晩年には「自然学」を提唱するが、これは登山を抜きにしては語れない。
　京都に生れ育ち、京都大卒。京大で長く講師を勤めたのち、五七歳で教授。定年後に岐阜大学長、日本山岳会会長。霊長類研究の功績で一九七二年、文化功労者。一九七九年に文化勲章。『山岳省察』、『生物の世界』はじめ著書多数。『今西錦司全集』がある。（斎藤　清明）

第一二章　自然学の展開

1　最期

最後の著作

『自然学の展開』（講談社、一九八七年）は、今西が目の黒いうちに出た最後の著書となった。なお翌年、入院中に今西編『ヒマラヤへの道――京都大学学士山岳会の五十年』（中央公論社、一九八八年）が出ているが、これはAACKの五〇年史として本文の執筆を筆者が担当し、「序」を今西に聞き書きしたものである。

『自然学の展開』には、インタビューや聞き書きもかなり入っているが、今西が最晩年に思索をめぐらせた、執念のこもった文章がある。

「プロトアイデンティティ論」（一九八三年）は書き下ろしで、「混合樹林考」（一九八五年）、「『生物の世界』への回帰」（同）、「自然学の一つの展開」（一九八六年）、「群れ生活者たち」（一九八七年）は、『季刊人類学』に掲載されたもの。「生態学と自然学の間」は『中央公論』（一九八六年三月号）に載った。いずれも、自ら命名した「自然学」を展開しようとの努力だった。

いっぽう、進化論についてはもうふれることが少なくなって、正面からとりあげているのは「『生物の世界』への回帰」(『季刊人類学』第一六巻第四号)ぐらいである。これは七三歳の一九七五年、『今西錦司全集』完結に間に合わせた「私の進化論」を、一〇年後の一九八五年に書き直したものである。(1)

一九七五年からの一〇年間のうちに、大進化と小進化の問題について、J・グールドらの「区切り平衡説」という激変説の影響を受けて、かなり変わったことを明らかにしている。また、生物の主体性についても、創造性こそ主体性のもっともたるものだとする。そして、文章を次のように結ぶ。

「そもそも東海の孤島に生をうけた彼が、異なる伝統の人たちを相手どって、生物の地位向上のため、彼らにも主体性を認めよといいだしてから、いつの間にか四十年が過ぎ去った。いま顧みると、彼の払ってきた努力は、かならずしも無駄であったとは思われないにしても、その努力のわりには報われるところがすくなかったと、いえないこともないであろう。彼はべつにそれを苦にしているわけではないが、生物たちをまえにすると、相すまなかったような気持ちがしないでもないらしい。生物たちよ、何億年という長いあいだ、よくぞ耐え抜いてきてくれたものだ、ありがとう、ありがとうというねぎらいの言葉をのこして、彼はこの世を去ってゆく」。

今西が最後にしたためたのは、「群れ生活者」であった(『季刊人類学』第一八巻第一号、一九八七年四月)(2)。

プロト・アイデンティティ(原帰属性)とは生物に本来そなわった、生物の一つの属性であるとして、さきの「プロト・アイデンティティ論」を再説し、群れ生活者の真相を知りたいと迫っている。とにかく、この問題には見通しをつけておかねばならないという執念が感じられる。しかし、そこには、あせりが読みとれると、伊谷はいうのだが(3)。

今西は「群れ生活者」を、「一度アフリカの自然を体験したものにとっては、あの群れ生活者の与える豪奢な生活をけっして忘れることはできないであろう」と、アフリカを例にして終える。

「この群れ生活者の存在は人間以前の生活者をそのまま現在にとどめた、その意味では現在見るところの最高レベルの社会の一つである。その辺にいくらでもいる自由個体をとりあげて、それからポピュレーション論を組みたてるのに汲々たる人たちよ、あなた方も一度はひろいアフリカの自然を訪ねてみたら、どんなものだろうか」。『自然学の展開』の「あとがき」は一九八七年四月に、秘書と編集者に口述したもので、筆者も拝聴した。その際に、今西は幻覚に見舞われた話もした。「ある日、ボクはシュラフザックでベッドに寝とったんです。そしたらその部屋にトンボがたくさん飛んできたり、そのうち舟でどんどん川を遡って北支へ連れていかれたりしましてな……」といったふうだった。しかし、テープ起こしの原稿から、自らその部分をカットした。(4)

この「あとがき」を、今西は絶筆の辞にするつもりだったようだが、「まだまだ、書かんならんや。自然学を」といった。「早く良くなって山へも行きたいし、書くこともあるし、きっと良くなると思っていろいろ準備しているところである。一九八七・四・十」と結んだ。

入　院

ところが、翌一九八八年二月一七日、京都市北区の富田病院に入院する。その直前に尿管閉塞をおこしたためである。このとき、医師が導尿すると、ほとばしるように尿が出て、「これで、また酒が飲めるな」と気分をよくしていたのだが。

入院二五日目に伺うと、「そろそろ退院しよかとおもとんや」。意欲を示していたのだが、そのまま、次第に寝たきりの状態になっていく。もちろん、執筆はおろか、聞き書きさえもなくなった。

入院三ヵ月後に、刊行となった今西編『ヒマラヤへの道』を病室に届けた際には、ベッドに寝たまま本を手にとって、「ほう、立派なもんやな」。本の重さを確かめているかのようで、喜んでもらえた。

今西の入院中に、友人らが先に旅立っていった。一九八八年四月一〇日、桑原武夫。一九八九年四月一三日、西堀栄三郎。

一九八九年五月三日、私が北山・八丁平からの帰りに病室に伺うと、「よう、きてくれたな」。登山界の先輩である槇有恒の死去（五月二日）を伝えると、「えらいこっちゃな」。ゆっくりとではあるが、応えがあった。

しかし、その後は、病室に伺ってもたいてい眠っていた。年末に、拙著『今西錦司――自然を求めて』（松籟社）が刊行となって、第一冊を自宅に届けて、その足で病院へ。「斎藤オチヨコですー」と大きな声であいさつすると、かすかにわかってもらえたようだった（一時間後に長男の妻、今西和子さんが病室で本の説明すると、「昨日きてたな」といわれたそうだ）。

一九八九年一月には、今西の「棲み分け」の原点から研究の現状までを第一線の研究者たちがまとめた、柴谷篤弘・谷田一三編『日本の水生昆虫――種分化とすみわけをめぐって』（東海大学出版会）が出た。また、九〇年一〇月、これまでの今西についてのエッセイや論じた文章を集めた、川喜田二郎監修『今西錦司――その人と思想』（ぺりかん社）も出た。そして、同年八月には今西へのインタビューも含まれる、立花隆『サル学の現在』（平凡社）が刊行された。

今西の指導を若いころに受けたことがある生態学者の伊藤嘉昭（一九三〇〜）は、一九九〇年横浜で開催された第五回国際生態学会議で、プレナリー講演「Development of ecology in Japan, with special reference to the role of Kinnji Imanishi」をおこない、「日本の生態学――とくに今西錦司の評価と関連して」として、『生物科学』第四二巻第四号（一九九〇年）に載せた。

しかし、ほとんど眠っていた今西は、これらを知ることはなかった。

大串龍一『日本の生態学――今西錦司とその周辺』（東海大学出版会、一九九二年九月）と、丹羽文夫『日本的自然観の方法――今西生態学の意味するもの』（農山漁村文化協会、一九九三年四月）は、それぞれ今西が存命中に発表していた文章をまとめたもので、昆虫学を専攻した立場から今西の生態学を真摯にとらえている。今西の没後すぐの刊行となった。

逝　去

一九九二年六月一五日午後七時三三分、鴨川べりの病院で、今西は静かに息をひきとった。今西和子が付き添っていた。最期がくるまで、ふつうに寝ていて、大きな便をしたかとおもうと、九〇歳と半年間の人生を終えた。老衰だった。

その夜、筆者は帰宅間もなくの午後七時四五分に、勤め先の毎日新聞大阪本社から電話を受けた。「今錦《いまきん》さんが死なはった」。AACK（京大学士山岳会）の会員でもある後輩記者からだった。長く入院中だとはいえ、危ないとは聞いていなかったので、本当なのか。高知支局にいる、孫の今西拓人から第一報が入ったから、まちがいないという。息をひきとってからまだ一〇分間ほどしか経ていない。とりあえず、今西錦司死去の予定原稿に日時を入れ、出稿してもらった。

京阪電車八幡市駅へ走り、入ってきた電車に飛び乗った。出町柳駅までの約三〇分間がじつに長く感じた。下鴨の今西宅に駆けつけると、亡がらはまだ病院とのこと。京都大学の広報課長などに連絡した後、九時過ぎに和子さんとともに病院へ。きれいに拭かれた寝顔は、頬がくぼんで見えた。長女の上田麻棠子、次女の河村皆子、次男の宇治日出二郎や親戚のみなさんが顔をそろえ、伊谷純一郎夫妻もみえた。深々と頭を下げて合掌されるのが印象的だった。

伊谷に新聞への追悼原稿を依頼。明朝、学芸部記者に渡してもらうこととする。人文研の谷泰、上山春平（当時、京都市立芸術大学長）も病院にみえる。「伊谷さんに原稿を頼んだ、それはいい」と上山はうなづいた。

一〇時頃、今西は入院以来四年四ヵ月ぶりに自宅に帰った。谷さんの車で後を追い、そのまま今西宅で、マスコミとの応対や電話番を、深夜までつとめた。

翌一六日。弔問に来られた吉良竜夫が葬儀委員長を依頼され、熱帯生態学会（吉良会長）の東京での開催と日程が重なるが、引き受けられた。土倉九三をまじえて、告別式で弔辞をいただく人選をすすめ、直弟子の伊谷純一郎、人文研からは谷泰（前所長）、山岳界からは今西寿雄（前日本山岳会会長、AACK評議員）の各氏を考える。夕方から通夜。梅棹夫妻が来られる。梅棹は顔を近づけ、師の寝顔を見入っていた。葬儀委員長や弔辞者については「それで、結構。ほかに、葬儀委員がいるな。立礼する役や。森下、梅棹、川喜田、上山でどうや」。その通りになる。

通夜の受付は、京都大学のアフリカ地域研究センター、自然人類学教室、山岳部や探検部の若い人たちがあたった。祭壇には今西の登山靴、愛用の木の杖、文化勲章が添えられた。

一八日に自宅で密葬がとりおこなわれた。戒名は、自然院壽山萬壑錦峰居士。[5]

そのあと、柩は自宅をあとにした。そのとき、庭の木陰で、長男武奈太郎さんが、「獰猛の意気熱烈の……」と、父子の母校京都一中の応援歌を高らかに歌った。「今西の森」にも、永遠の別れを告げているようだった。

柩は、門前からすぐに霊柩車に乗せるのではなく、次男日出二郎さんや孫、親戚、若い友人たちに担がれ、住宅地を抜けて目の前の鴨川堤に出た。堤から見下ろす流れは、カゲロウの幼虫を調べて「すみわけ」を見つけた場所である。また、堤の上から、登山の原点となった北山の山なみがくっきりと見えた。

葬列は愛唱歌だった旧制三高の「紀念祭歌」をうたいながら、堤を北に向かって二五〇メートルほど歩んだのち、疏水跡の道に沿って堤を離れた。そして柩は、車道に待たせていた霊柩車に移された。ここで、武奈太郎さんは「父は存分な人生をまっとういたしました」とあいさつ。東山の火葬場へ。

今西にふさわしい、野辺送りだった。筆者も柩を担がせていただき、うたったが、思いがこみ上げてきて、涙声になった。[6]

葬儀および告別式は六月二〇日、京都市北区紫野の上品蓮台寺で営まれ、およそ二〇〇〇人が参列した。喪主、今西武奈太郎。葬儀委員長、吉良竜夫。葬儀委員は森下正明、梅棹忠夫、川喜田二郎、上山春平。実行委員は上田篤、岩坪五郎。

弔辞は、吉良と今西寿雄、伊谷純一郎、谷泰が述べた。

葬儀委員長の吉良は、今西の人柄をしのんで「先生の周りには多くの人が集ってきたが、それは門下生というのではなく、協力者であり、競争者であった。先生に接すると、新しいことに挑戦しようという意欲をかきたてられる。その存在だけで影響をあたえることができる希有の人だった」と述べた。

今西寿雄の弔辞の原稿は、筆者がつくらせてもらった。

今西錦司さん

山登りの後輩として、また会長を務められました日本山岳会JACと京都学士山岳会AACKの会員に代わり、送別の辞を述べさせていただきます。

錦司さんは日本の登山と探検のパイオニアでした。

京都一中の生徒のころに、西堀栄三郎さんたち同級生と青葉会をつくり「山城三十山」を登り始めましたが、この京都の北山を誰も登山の対象としなかった時代でした。

第三高等学校では西堀、高橋健治、四手井綱彦、桑原武夫さんたちと山岳部を結成。日本アルプスで剣岳源治郎尾根や三ノ窓チンネの初登攀など、岩登りや積雪期の登山に数々の記録を残されました。学生アルピニストとして我が国の近代アルピニズムの勃興期のリーダーでした。

卒業後、ヒマラヤを目指して京都帝国大学旅行部の仲間とAACKを一九三一年に結成。当時はイギリスはエベレストに、ドイツはカンチェンジュンガに遠征隊を送っていましたが、日本からはまだヒマラヤははるか遠い所でした。富士山大沢でのポーラーメソッドの訓練など日本でいち早くヒマラヤ行の準備をすすめましたが、戦争のために実現しませんでした。しかし、白頭山冬季登山や内蒙古調査そして地図の空白部に学生を率いて成功した大興安嶺探検など、学術探検を果敢に繰り広げられました。

戦後もいち早くネパールに目をつけ、西堀さんを日本人として初めて入国させてマナスルの登山許可を得たうえで、この計画をＪＡＣに譲られました。京都勢だけでなくオールジャパンで八〇〇〇メートル峰に挑むべきと考えられ、自ら踏査隊長としてマナスルを偵察されただけでなく、広くネパール中部を歩いてヒマラヤの生の情報を伝えてくれました。また、カラコラム学術探検隊を率いて氷河を探られました。

ＪＡＣはその後三度目の挑戦で一九五六年、マナスルに初登頂。ＡＡＣＫもアンナプルナ挑戦の後、一九五八年、桑原隊長隊がチョゴリザに初登頂。戦後日本のヒマラヤ登山の最初と二番目の成功でした。

さらにアフリカ探検など、まさに我が国の海外登山や探検のパイオニアでしたが、錦司さんほど、この日本の山を歩かれた方はいないでしょう。

ＪＡＣの歴代会長のなかで、これほど丹念に各地を回られ、支部の仲間と登られた会長はいません。

千五百山祝賀会で頂いた「千五百山のしおり」によりますと、最初の山は一三歳のときの愛宕山です。それ以来、四年半前に入院されるまで、長い人生で登りつづけられた日本の山は一五五二にのぼるそうです。まさに「生涯一登山家」でした。

もう錦司さんのような登山家はでないかもしれません。

お通夜の枕元には登山靴と杖だけが添えられていました。

幽明の境を越えられた今、「もう、登りたい山は少のうなった」といいながらも、まだまだ登り続けられるのでしょう。

さようなら錦司さん

日本山岳会前会長　　京都学士山岳会評議員　　今西寿雄

大阪に住む今西寿雄に、弔辞の下書きをファックスで送ったのだが、文章に手を入れられなかった。ただ一カ所だけ、ＡＡＣＫを京都大学学士山岳会ではなくて、京都学士山岳会と読まれた。

このほうが、歴史的に正しい表記なのである。今西錦司たちが一九三一年の結成時には「アカデミッシエル・アルペン・クルプ・キヨウト」と称しており、大学が入っていない。京都という地名だけなのだから。

さすが、寿雄（スシオ、と錦司やＡＡＣＫ仲間で呼んでいた）さんだ、戦前から活躍してきた方だと、感心した。ＡＡＣＫを結成した目的は、京大のＯＢ会をつくることではなく、ヒマラヤ遠征のための同志の結集だった。そのためには大学の枠にとらわれないという意気ごみがあった。寿雄は錦司の一二年後輩だが、その精神を継承し、まさに実践したのだった。オールジャパンのマナスル初登頂者となって。

2　追悼

訃　報

『毎日新聞』六月一六日朝刊の今西錦司死去の記事は、筆者の原稿だった。第一面と社会面に載った。一面は、今西死去の一時間後に国会で成立したＰＫＯ法の記事で占められたが、左肩に「『棲み分け』論　独創的な生物学」の見出しで、次のような本文である。

「棲み分け」理論に代表される独創的な生物・霊長類・人類学の業績で文化勲章を受章、わが国登山と探検のパイオニアでもある京都大学名誉教授、元岐阜大学長の今西錦司（いまにし・きんじ）氏が十五日午後七時三十三分、老衰のため京都市北区の病院で死去した。九十歳だった。葬儀・告別式の日取りは未定。自宅は京都市左京区下鴨中川原町九五。喪主は長男武奈太郎（ぶなたろう）氏。

京都・西陣に生まれ、京都一中、三高を経て一九二八（昭和三）年、京大農学部農林生物学科卒。戦後京大理学部講師、五〇年京大人文科学研究所講師、五九年同教授。六二年には新設の理学部自然人類学講座教授を兼任した。六七年から六年間岐阜大学長。七二年文化功労者。七九年文化勲章、京都市名誉市民。七三年から七六年まで日本山岳会長。理学博士。

今西氏は八八年二月に脳こうそくで入院。当初は「元気になって、また山に登る」とリハビリに励んでいた。

カゲロウの生態調査から、生物がよく似た種類ごとに環境に応じて生活の場を別にする「棲み分け」で共存を発見。さらに動物社会学の基本概念として種をひとつのまとまりでとらえる「種社会」の考え方を提唱。種の変化は競争ではなく、種が一体となった共存の原理で進んできたとする独特の平和共存的進化論で世界に知られるようになった。戦後、ニホンザルの生態に注目。日本の霊長類学の基礎を築く一方、六一年から三度にわたって京大アフリカ学術調査隊の隊長を務め、日本のアフリカ研究の基礎も築いた。

今西さんは京都一中で故・西堀栄三郎氏（元南極越冬隊長）らと登山を開始、日本の近代アルピニズムの先駆者となった。京大卒業後はヒマラヤ登山を目指して故・桑原武夫・京大名誉教授らと京大学士山岳会（ＡＡＣＫ）を創設。ネパールヒマラヤ（五二年）、カラコラム・ヒンズークシ（五五年）など、数多くの海外学術調査、登山を行った。

名著「生物の世界」をはじめ、「生物社会の論理」「ダーウィン論」「山と探検」など著書多数。「今西錦司全集」（講談社、一〇巻）もある。

社会面には、「自然に習うた学問」「登山、探検のパイオニア」「学問と表裏一体　83歳で千五百山」の見出しがついて、次のとおり。

「まだまだ山に登りたいし、自然学についてもいっぱい書きたいことがあるんやけどなぁ」。山、探検、そして学問を混然一体として楽しみ、しかもそれぞれの世界で常にパイオニアの道を歩んできた京都大学名誉教授の今西錦司さんが十五日、九十歳の生涯を閉じた。厳しい学者である半面、「生涯一登山家」として若者にも慕われた飾り気のない人格。現代ではまれな個性を失った（編集委員・斎藤清明）。

幼いころから昆虫が好きで、野山を駆け巡り、京都一中（京都府立洛北高校の前身）に入ると、同級生らと山登りのグループ「青葉会」を結成した。これが日本アルプスからヒマラヤへと続く今西さんの登山と探検の原点だった。

母親を中学時代に、父親を三高から京大に進む際に失い、「趣味と学問を一致できる」という昆虫学の道へ。「学問は人からでなく、自然から習うた」の言葉通り、卒業後の無給講師時代、最初の研究テーマも谷歩きしながら水生昆虫調査。その延長に、鴨川の石ころを一つひとつをひっくり返してカゲロウの幼虫の分布を調べる研究があり、有名な「棲み分け」理論につながる発見が生まれた。

戦争で軍に取られた時、遺書のつもりで一気に書き上げた「生物の世界」（一九四一年）は、生物界全体への深い洞察と鋭い直感を基礎にしたユニークな内容と学問方法で高く評価されているが、当時は学界の反応は冷たかった。五〇年春ようやく、友人の故・桑原武夫、故・貝塚茂樹両氏が教授を務める京大人文科学研究所へ。本人は「拾われた」と語っていたが、ここでもずっと講師のまま。

それでも今西さんのもとには、専門分野を超えて〝京都学派〟の多士済々の人材が集まった。同じ分野で師弟関係を築く日本の学閥では異例の〝今西山脈〟門下に梅棹忠夫・国立民族学博物館長、吉良竜夫・滋賀県立琵琶湖研究所長、川喜田二郎・東工大名誉教授、中尾佐助・大阪府立大名誉教授、伊谷純一郎・京大名誉教授らがいる。

〝弟子〟の研究論文には手加減なしに接し、「偉い先生がこう言うとるとか本に書いとるとか言うな。自分の目で見て、考えたことだけを信じろ」と厳しかった。五十七歳でようやく、新設の同研究所社会人類学部門の教授に就任した。

鴨川でカゲロウの幼虫を調べていた無給講師時代に、ヒマラヤを目指して京大学士山岳会を組織。「自然科学者でございい、と偉そうな顔をしても、自然の一部しかわからへん。これからは、山と探検の人生から教わった全体自然を相手にする」。晩年になって、生物学でも人類学でもない新しい「自然学」の考え方を提唱したのもそんな考えからだった。

八十三歳の八五年文化の日、奈良県・大台ヶ原山系の白鬚岳（しらひげだけ＝一三七八メートル）で日本の登山史上例のない千五百山登山を達成。「こんなしんどいこと、もうやめや」とつぶやいたが、その後もまた新しい山へ。頂上ではいつも酒盛りを楽しみ「酒は山の上でこそうまい」と言いながら、平地でも同じこと。「今の世界は非常に腐敗しておるけど世の中は善玉悪玉が半々くらいが面白い」「生物三十二億年の実績を人間が踏み外してるのが金権万能の風潮」など、ユニークな発言も。京都に拠って日本と世界を悠然と見渡しているあの姿はもう見られない。

伊谷の追悼文

その日の夕刊には、伊谷純一郎の追悼文が載った。(7)「等身大の世界への愛情——今西錦司先生を悼む」との見出しで。

伊谷は、今西死去の日、東京で「家族起源論をめぐって」と題して講演し、宿泊の予定を変えて京都に帰ると、戸口で妻から知らされ、病院に急行したのだった。

永遠の眠りについたばかりの師に合掌。夜道を家路につき、「先生に東京から呼び戻されたのだという思いが去らない」深夜に筆をとった。今西との最後の学問上での対話や、病院での京大停年退官あいさつを思いうかべる。「先生と学問のお話はできなくなっても、私は先生との対話を続けてきた。ある新しい観察事例に対して、またある新しい考え方に対して、先生はどうお考えになるのだろうかといった自問自答を繰り返してきたのである」。この追悼文で、印象的なのは次の一節である。

理論上の問題について、先生は私に殊のほか頑固な面を見せつけられた。やっとそれを、教えとして受けとめることができるようになったのだがと、今にして思う。先生も頑固なら、私も言うことを聞かぬ不埒な弟子だった。しかし、師弟でぎくしゃくしながら、やれ個体識別だ、やれ長期観察だ、熱帯林だ、サバンナだと、野外を流離いまわったそのあとに、日本の霊長類学や日本のアフリカ地域研究が育っていった。

私には、今西先生からいわゆる教育を受けたという実感があまりない。ただ調査を共にし、山歩きのお伴をしていて、貴重な多くのものを得た。議論をして突っかかれば突っかかるほど、先生には深い洞察に基づく筋金がずっと通っているのが見えた。棲み分け論や、カルチュア論や、アイデンティフィケーション論や、ホロスペシアや、変わるべくして変わる主体性の進化論や、自然学などは、今西先生の背骨に沿って伸びているそういう筋金だった。私はそれらの一つ一つを通して、安易な要素還元論に決して妥協することのない不屈のバックボーンを見、等身大の世界とその歴史への、愛情と真摯な姿勢とを知った。

ひとつの時代のおわり

梅棹忠夫は、弔辞を読めないからといって葬儀委員長を辞退した。しかし、葬儀委員はひきうけ、お通夜でも目が悪いのをおして会葬者に立礼した。

密葬と鴨川堤の野辺送りした翌日、筆者はカナダの北極圏に出かけ(8)、ひと月後に帰国して、最初に手にしたのが『中央公論』八月号掲載の梅棹の追悼文「ひとつの時代のおわり――今西錦司追悼」だった。思わず落涙した。今西への熱い思いが淡々と語られていた。梅棹がいちばん師とあおいだのは、やはり今西なのだとわかった。

「登山家が博士に」、わが目でみよ、行動する読書人、私講師、組織者、リーダーシップ、パイオニーア精神、自由なる市民、行動の美学、お銚子一本、二〇世紀人の時代。

この小見出しが示すように、今西について幅広く記しているのだが、いくつか抜き出してみる。いずれも、共感するところである。

「今西はつねにその（学術探検）リーダーだった。青年たちに対する今西の指導は徹底したものであった。つねに、自然を直接に自分の目でみよ、というのが基本であった。そして、直接の観察でえた事実をどう解釈するかを議論するのである。わたしたちは探検隊として行動しながら、夜にはキャンプで猛烈に議論した」。

「自分の目でみて、自分の頭でかんがえよ、というのが今西の青年たちに対する指導方針であった。しかし、今西は先学の学説や業績をかろんじていたわけでは毛頭無い。……今西自身はたいへんな読書家であった。……零下二〇度の草原で西北季節風がびょうびょうとふきながれるなかで、かれは泰然として読書をつづけていた」。

「読書指導のほかに、青年たちに対する文章の指導もまことにきびしかった。論文をかいてもってゆくと、徹底的になおされるのである。……このきびしい論文指導のおかげで、わたしは文章がかけるようになったとおもった」。

「生物学者としては、今西はながく不遇であったといわなければならないだろう。かれはずっと無給講師であった。わたしたち幾人もの青年たちがかれを師とあおいであつまっていたのだが、本来ならば、かれには公式には学生を指導する権利も義務もなかったのである。かれはこのような立場を『一私講師』と称していた」。

「今西の組織者としての活動ぶりにはおどろくべきものがあった。……（京都大学学士山岳会、京都探検地理学会、生物誌研究会）これらの組織はすべて海外へ登山隊や学術探検隊をおくりだすために今西がつくりだした装置である。しかも、かれは組織を創設しても、けっしてその長になろうとはしなかった」。

「かれはつねに年長者をたてて、そのしたで実力をふるった。……かれがきわめて実際的な戦略家であるゆえんだが、同時にこれは、かれ自身の人がらにもよるものである。かれには権力欲はみじんもなく、力で自分にしたがわせるということがまったくなかった」。

「かれはフィールドにおいては、ほんとうに比類のないリーダーであった。登山においても、探検においても、研究活動においても、つねにすぐれたリーダーシップを発揮するのである。若者たちはそのリーダーぶりに心服して、フォロワーとしてついていったのである。……かれのリーダーシップの源は……かれの判断のよさと、それに対するフォロワーたちの信頼のうえになりたっていたのである。まことのリーダーとはそういうものであろう」。

「今西は終生をパイオニアリズムでとおしたひとであった。登山においても、探検においても、学問研究においても、かれはつねにパイオニーアであった。……そのやりかたはきわめて慎重で正統的なのである。それでいて、結果が前人未踏のパイオニア・ワークになっている。今西はそういうひとだった」。

「（一九四四年の）寒風ふきすさぶ冬のモンゴル調査は、（夏にトラックでおこなうという）常識に反しての意表をつく発想が成果をもたらした」。

「（一九五二年のマナスル登山決定）『なにもわからないからこれをやるのだ』といった。わたしたちは、その強烈なパイオニーア精神に圧倒された」。

「今西は自由人であった。なにごとかにしばられることをもっともきらった。自分のやりたいことを、自分のやりかたでやりとげるのである。……今西はしばしば、自分でも野人と称していた。……しかし、今西は田夫野人のたぐいではまったくなかった。かれは京都というもっとも都市的な都市のなかで人間形成をおこなった、まったくの都会人である。……かれはうまれながらの自由なる近代的市民だったのである」。

「かれは青年たちのすることを、あたたかく見まもっていたのである。しかし『自分ことは自分でやれ』というのが方針であった。こうして、わたしたちの世代は、ひとりひとりが自力で戦闘をおこなうパルチザン戦士としてそだてられたのである」。

「今西グループは情によってむすばれた集団ではなかった。今西は情によってチームをひきいるリーダーではなく、いつでも、そのメンバーたちをつきはなしてみていた。その関係はきわめてドライであり、まことにさわやかであった。わかいメンバーのあいだでは、しばしば『団結は鉄よりもかたく、人情は紙よりもうすし』ということわざが流行した」。

「今西にはほとんど敵がなかった。なかには、今西の業績と名声をおとしめようとこころみたひとがなんにんかいたのを、わたしはしっている。しかし、どういわれようとも、今西のほうから応戦したことは一どもなかった」。

「今西は味覚にうるさいひとであった。……いわゆる美食家というよりは、味のわかるひとなのである。……うまい食事と酒は、今西の一生をつらぬく主調音であった。かれはエピキュリアンとしての人生をつらぬきとおしたのである」。

「老衰で死ぬるということは、人間にとってしあわせなことである。今西には病気はなかった。くるしみもせず、いたみをうったえることもなく、かれは消えたのである。生涯を通じて自由人であり、おもいのままに行動し思索したかれの人生は、まことにしあわせなものであったといわなければならないだろう」。

『今西錦司全集』の解題など、それまでの梅棹の今西論は、余りにも知りすぎた人物についての書きづらさなのか、期待が大きいだけに、この程度なのかと、物足りなく思っていた。たとえば、今西先生と呼んだかとおもうと、今西博士になり、ときには今西さんになって、まどろっこしかった。ところが、この追悼文では敬称を省いている。そのぶん引き締まった感じを与えているのだが、今西の本性と多彩な面が余すところなく語られている。今西と関係をもった人ならば、きっと思い当たる面があるとともに、想像もしなかった面も知るだろう。そして、梅棹の今西への思いを知るにちがいない。

師を語りながら、自らの生き方も語っていると、筆者はおもった。自分もそのように生きたい、いや生きてきたのだと。

梅棹の今西追悼の結びも紹介しておきたい。

「わたしが師とあおいだ先学はすくなくない。桑原武夫、西堀栄三郎、宮地伝三郎、貝塚茂樹、湯川秀樹の人たちである。かれらはみんなほとんど同年輩で、二〇世紀の初頭にうまれでて、この世紀をいきてきた人たちである。これらの二〇世紀人たちの手によって、日本の学問はおおきく展開した。……わたしたちの世代は、それをこの先人たちからひきついだのである。

しかし、みんないなくなってしまった。ひとりずつ消えて、そしていま、最後の巨星が消えた。ひとつの時代がおわったのである」。

文化勲章受章の記者会見で（1979年）

梅棹忠夫も一八年後の二〇一〇年七月三日、老衰のため自宅で死去する。今西と同じ九〇歳であった。伊谷純一郎は二〇〇一年八月一九日、肺炎のため京大病院で死去、七五歳だった。

今西の森

今西家の菩提寺は、京都市北区紫野にある真言宗の上品蓮台寺である。「千本（通り）の十二坊さん」と呼ばれ、北区とはいっても、今西錦司の生まれ育った西陣（上京区）のすぐ近くにある。船岡山や大徳寺、金閣寺にも近い。境内には土蜘蛛退治をし

「今西の森」といわれた

たという平安時代の武将源頼光の塚があり、その周りが墓地になっている。今西家の先代や先々代の今西平兵衛の墓も並んでいる。錦司が第四代目にあたる、西陣の織元「錦屋」の主たちである。

墓石はいずれも、上部が丸みを帯びた、ほぼ同じ大きさの夫婦墓である。今西錦司が亡くなって四十九日の命日に、一五年前に先立った園子夫人のお骨も一緒に納骨され、夫婦墓が封じられた。

墓石の表には「自然院壽山萬壑錦峰居士」と刻まれている。自然院という「自然学」にちなんだ院号は、長男の武奈太郎氏が寺側に伝え、付けられた。裏側には、「授文化勲章」とだけ刻まれている。家業を継がなかった今西錦司だが、先代までの誰も縁がなかった栄誉を得たのである。

文化勲章を今西が受けたのは一九七九年一一月三日のことで、受章にあたっての感想などを事前に聞く共同記者会見が、一〇月一七日に京都で行われた。当時、筆者は京都の大学記者クラブに詰めていた。今西の登山によく同行していたので、会見場所や日時の設定などを任された。とりあえず都合を伺うと、会見は自宅で、ということだった。応接室には、テレビ局も含めた各社の記者が入り切れないのにと心配したが、いわれる通りにすることにした。このときいっしょに文化功労者に選ばれた桑原武夫は、古巣の京大人文科学研究所で記者会見をおこなった。

約束の日時に各社の記者とともに今西宅を訪れると、「庭でする」といった。なるほど、これは恰好のスペースだ。何度も伺いながら、いつも室内だったので、ゆっくりと庭を拝見する機会はなかった。外で待ちながら、こんなにも木々に覆われた庭は、まるで林か森だと思った。

登山用の毛のシャツ姿であらわれた今西は、庭に出した椅子に座った。我々は立ったままだったが、昼過ぎの暖かい日差しが木の間からもれ、気持ちのいい戸外のひとときだった。きげんよく質問に答え、予定の会見が終わると、年配の記者が「うわさに聞いていた今西の森を、やっと拝見できました」。「そうか。ええやろ」と今西はほほ笑んだ。

伐採直後（1992年6月）

それ以来、今西宅に伺う度に「森」を見るのが楽しみだった。落ち葉の頃には、掃除が大変だなあ、などと心配もしたが。

この「今西の森」には、一九三二年に西陣の生家から下鴨に移ってきた当時から、ここに自生していたエノキなどもあった。加茂川（今西の表記のまま）は、まだ河川改修工事などおこなわれておらず、川原や淀みもあり、葦も茂り、しばしば氾濫もする、自然の河川だった。引っ越してきた翌年には、自宅の前の加茂川で「すみわけ」を発見したというほどの。

それから六〇年。一九九二年六月一五日、今西が息をひきとった夜も、「今西の森」はうっそうと茂り、満月が照らしていた。

その一年後、「今西の森」に悲運が見舞われようとは。重い相続税を課せられ、庭を割き、その土地を物納せざるを得なくなったのである。しかも、樹木が生えていては受け取らない、さら地にして差し出せ、と税務署はいった。規則であると。そして、ケヤキやムクノキ、エノキの大木など、森の中心部が消えてしまった。

その前に、記憶に留めておきたいので、その伐採作業に立ち会わせていただいた。そして、家人の心中は察するに余りあったが、せめて記録にと、その経緯を雑誌に紹介した(9)(『中央公論』一九九三年八月号、『サンデー毎日』同年九月三日号)。

この「今西の森」の記に、いささかの反響があった。折しも、税金を現金でなく宅地などで支払う「物納」が急増していたこともあり、その秋、大蔵・国税当局は緑地保護の観点から、さら地にしなくても樹木付きでも受け取るように改めたのである。

注

(1) 「わたしの進化論」(一九七五年)は『ブリタニカ国際大百科事典』「参考文献」三五〜五一頁。『進化とはなにか』(講談社学術文庫、一九七六年、一五九〜二〇七頁)に「私の進化論の生い立ち——そしてそのもっとも新しい展開まで」と題して再録。

(2) その後に出た『神々の彩　襟裳国定公園日高山脈　兼本延夫作品集』(京都書院、一九八七年七月一三日発行)の今西の序文は、依頼を受けて筆者が代筆した。

(3) 伊谷純一郎の「解題」『自然学の展開』講談社学術文庫、一九九〇年。

(4) その後、「サルがアマゴの背に乗って川を下りよるんや……」とか、いくつか幻覚症状がつづいた。これを、医師が「初期の老人性痴呆症」と見立てたのに対して、今西は憤然と反発している。

(5) 寺から当初に示されたのは壽岳院千山萬壑錦峰居士だが、喪主の要望で「自然」が入った。

(6) 一九九二年七月一日『毎日新聞』夕刊のコラム「憂楽帳」に、筆者は次のように書いた。

京都市街の北部に連なる北山は、頭抜けて高い峰もないが、ひとたび踏み入ると、奥へ奥へと広がっていく。この懐の深い山なみをホームグラウンドにして、世界に飛躍した人材が育った。そのトップバッターは京大名誉教授の故今西錦司さんだった。

「眼をつぶると小倉の服を着た中学生の姿にかへる。寒風の吹きすさむ荒神橋の上に立って」通学路の橋から北山を発見。北山から巣立った後も、「夕日が射して濃い陰影のついた北山を、加茂川のほとりに立って眺めるとき、その北山は中学生であった私を、はじめて山に誘い入れたときと、同じ迫力をもって、いまも私の心に迫ってくる」と記し、足跡はヒマラヤやアフリカへと連なった。

「北山の姿に僕の寄する愛情が変ろう筈《はず》はない」　今西さんは、亡くなるまでの四年余を、北山が間近に見える鴨川べりの病院にいた。私も川べりから北山を眺めるとき、いつも今西さんの元気な姿が励ましになった。

自宅を出た今西さんの柩《ひつぎ》は、弟子に担がれて鴨川の川岸を歩んでいった。好きだった歌声に送られて。すすむ川岸のはるか向こうに北山が見える。それは故郷に帰る野辺の送りだった。（明）

（7）『毎日新聞』一九九二年六月一六日夕刊。『文藝春秋』八月号の「新聞エンマ帖」欄で、中原英臣（山形医大助教授）は、各紙が文化欄で追悼文を載せているが、「毎日の伊谷純一郎の文章が一際光る。サル学の黎明期から今西氏と共に、文字通りサルを求めて歩き続け、日本のサル学を世界のサル学に発展させた伊谷氏の今西氏に抱いている気持ちが素直に伝わってくる」。また、「今回の記事から各紙の文化度を採点すると、毎日が独走で満点に近い」と評した。

（8）筆者も今西をしのんで、北極圏の島の小高い丘の頂に、ケルンを積んできた。そこは、雪が融けたばかりの褐色の大地を見下ろし、遠くに氷河や凍りついた海も見え、名も知らぬ鳥の糞とオオカミの足跡が散在する荒涼とした原始地球のような景色だった。このような極北の小山など誰も登ることはないだろう。ケルンも吹雪で倒されるかもしれない。でも、自然を求めて、ついに自然に帰った今西さんにふさわしいとひそかに思った。

（9）「『今西の森』の記」（『中央公論』一九九三年八月号）より。

ところで、先生の没後わずか一年で、「今西の森」の一部が姿を消すことになった。

この国の酷税を憤ったところで、最終的には自らの手で伐採せねばならない家人のつらさは、察して余りある。それを知りながら、「今西の森」のたたずまいをせめて瞼に焼き付けておきたいと、六月上旬、伐採作業を見させてもらった。

根こそぎ取り除かれた大木は五本。ケヤキとムクノキが各一本。エノキが三本である。ことにケヤキは、書斎からいつも眺められる位置にあり、今西先生が最も愛着をもっておられた。胸の高さで計ると直径八〇センチ、周囲二・五メートルもあった。出入りの植木屋さんは、「先生にしかられながら、お隣に出ている枝を揃定したのが思い出されて」といいながら、みごとな枝ぶりの先端部から伐り払っていった。最後に根元を輪切りにするまで、四人がかりでまる一日仕事だった。切り口からしみ出してくる樹液が、まるで血のように赤く見えてしょうがなかった。

根を掘り出すのに、小型ブルトーザーを使っても、さらに一日がかり。根は深くないが、石ころを抱いて広がっていたので大変な労力だった。地面の三十センチ下はもう石ころだらけで、川原になっていた。確かにここは氾濫原だったのである。ケヤキの年輪もざっと八十まで数えることができた。今西先生は六十年前にある程度育ったケヤキやムクノキを植え、手を加えることを嫌ったように、ここに本来の自然林を残されようとつとめられたことが、よくわかった。

終章　自然・人類・文明

生誕一〇〇年

今西錦司は二〇世紀に生きた人であった。そして、二一世紀になってすぐ、二〇〇二年一月六日は生誕一〇〇年、同年六月一五日は没後一〇年にあたった。その前後には、記念事業が京都大学などで催され、筆者もいくつかに関わった。

「二十一世紀へのフィールドワーク」と題した記念シンポジウムが、二〇〇一年一〇月六日、京大近くの京都教育文化センターで、満員の聴衆を集めておこなわれた。「今西錦司の人間像」を梅棹忠夫（国立民族学博物館顧問）が語り、聞き手を筆者がつとめた。今西らが創設したＡＡＣＫ（京大学士山岳会）の足跡をたどる平井一正（神戸大名誉教授、ＡＡＣＫ会員）の「ヒマラヤ初登頂」や、本多勝一（ジャーナリスト、ＡＡＣＫ会員）の「現代の探検を支えるのは誰か」などの講演があった。

開館して間もない京都大学総合博物館で、「今西錦司の世界」展が、二〇〇一年一二月から翌年四月まで特別企画展として催された。そのプロデュースを筆者が担当し、今西が残した多数の資料を紹介することができ、同館と梅棹とともに『フォトドキュメント　今西錦司――そのパイオニアワークに迫る』にまとめた。また、展示した今西のフィールドノートを活字化した『採集日記　加茂川　１９３５』も刊行した。[1]

出版物としては、筆者も編集委員の民族自然誌研究会発行『エコソフィア』八号（昭和堂、二〇〇一年一一月）で、「フィールドワークと初登頂の精神」と銘打った今西錦司特集を組んだ。[2]

『科学』第七三巻第一二号（岩波書店、二〇〇三年）は、「今西錦司——その思想と学問への志向」を特集した。梅棹、川喜田、吉良、藤田による座談会「今西錦司と私」や、川勝平太、日高敏隆、本多勝一による座談会「今西錦司が発信するもの」（司会はともに松原正毅）のほか、斎藤清明「自然を総合的にとらえたフィールド・ワークと思想」などの論文やコラムが多数あり、盛りだくさんな内容だった。[3]

「すみわけ」の現在

第二章「すみわけ」では、今西が生物（水生昆虫）の「すみわけ」という現象をどのようにして見つけたのか、また、その生物現象が「すみわけ」ということばで表わされるようになった経緯をみてきた。

この、生物学のことばとして今西が『生物の世界』で使いはじめた「棲み分け」（以後は「すみわけ」と表記する）が、現在では一般のことばとして用いられるようになったことを指摘しておきたい。その是非がどうのというのではなく、それほどに、今日の日本ではごく普通のことばになっているのである。

辞書類をみてみると、『広辞苑』（岩波書店）では、「生活様式が類似する複数の動物の個体または個体群が、生活の場を空間的または時間的に分け合う状態で生存する現象」と、生物の学術語・専門語としての説明をしたあとに、「今西錦司・可児藤吉の水生昆虫の研究から生れた概念。一般語としては単に生息場所が異なる現象をいう」とある。

なお、この記載は第四版（一九九一年）以降のものである。第一版（一九五五年）や第二版（一九六九年）やその補訂版（一九七六年）には、「すみわけ」の項目そのものがない。第三版（一九八三年）において、はじめて「すみわけ【棲分】」の項目が登場するが、今西や可児についての記述はない。今西は第一版の際の協力者として名前が記されているのだが、第三版まで「すみわけ」が項目にならなかったことは、戦後間もない『広辞苑』刊行当初のころからしばらくは、「すみわけ」が一般には認知されていなかったといえよう。『日本国語大辞典』（小学館）においても、第一版（一九七四年）には記載はなく、第二版（二〇〇一年）から登場している。また、『日本語大辞典』（講談社）には、「すみわけ【棲（み）分け】生物学者の今西錦司が提唱した語。互いに似た生活様式をもつ二種類以上の生物が、活動時間や住む場所をうまく分けあって共存している状態」とある。これらのわが国の代表的な辞書類からみても、「すみわけ」は今西の研究から生まれたことが周知されているといってよいだろう。

学界ではどうだろう。生物学の用語としての「すみわけ」の定義は、「相似た生活様式をもつ2種以上の生物において、それぞれの個体群が、各種単独で生活する場合の要求からいえば同じところにも住みうるのに、他種がいる場合に競争の結果生息場所を分けあっている現象」とされる（『岩波生物学辞典』第四版、岩波書店、一九九六年）。その例として、水温一三度の付近を境にして分かれて住むイワナとヤマメの渓流での分布があげられている。両種はそれぞれ他種のいないところでは、イワナはそれよりも水温の低い上流に、ヤマメは水温の高い下流にも広く分布するので、生息場所が分かれているのは、すみわけの結果であるという。

広義の用法もある。現時点では競争がない場合でも、過去に競争の結果として分布域がわかれて環境のちがいに適応した性質がそれぞれに固定されて種分化が起こったと考えられるときにも、それらの種はすみわけているという。しかし、単に生息場所の異なっている現象を指し示すだけの意味に誤用されることもある、と指摘する。以上の記述のうち、「競争」については、今西の考えとは若干ちがうのだが、ここではふれないでおこう。

ところで、『岩波生物学辞典』の「すみわけ」の後半は次のように記されている。

「すみわけの概念は古くC・ダーウィン（1859）の〝種の起源〟やGrinnel（1904）の論文に起原し、欧米では一九六〇年代～七〇年代の生態的地位の分化と競争種の共存の研究によって大いに発展した。日本では、今西錦司と可児藤吉の水生昆虫に関する研究から出発し、後に今西錦司（1949）は、生活のよく似た種（多くの場合は同属）は、相対立しているのですみわける関係にあり、その結果全体としてみれば、いろいろの場に対する適応から相補的な関係が生じるとして、すみわけ原理を独自に創始したが、今ではあまり顧みられていない」。

日本的な自然観

生物学辞典で「今ではあまり顧みられていない」とあるように、「すみわけ」は学界では厳密な用語ではないとして、あまり使われないようだ。生態学者の大串龍一（一九二九〜）は、学生時代に『生物社会の論理』を読んで、「すみわけ理論」を自らの指針としてきたが、「私はこれは世界の生態学の主流から外れた孤独な思想のように感じていた。当時の大学の生態学研究室の中でさえも、この説が話題にのぼることがほとんどなかった」という(4)。ところが、一九八〇年代になって、突然に「今西学説」が世間にもてはやされるなった。そして、「すみわけ」がマスコミにはよく登場し、普通に、ある意味では便利に用いられるようになった。

筆者は新聞や雑誌などで「すみわけ」ということばが目につくとスクラップしているが、じつにたくさん溜まっている。

たとえば、この原稿の見直しをしている今日の朝刊にも、参院選前の世論調査のなかに、「民主党は一部の１人区で、みんなの党などとすみ分けを行うなど野党共闘路線を模索してきた」と出ている（『毎日新聞』二〇一三年七月六日）。もっとも、選挙になると、「すみわけ」はよく使われる。「公明党が１、２人区で自民党候補を支援し、自民党は３、５人区ですみ分けをはかる」や、選挙区の定数減では「すみ分けが問題だ」とか。

他の例も一つだけあげておこう。大阪市阿倍野区に日本一の超高層ビル「あべのハルカス」（高さ三〇〇メートル）が建ち、同じ大阪市内の「キタ」や「ミナミ」にどう対抗するのか話題になっているが、「キタ、ミナミとすみ分けは可能」（『毎日新聞』二〇一三年六月七日朝刊）が見出しになった。「一極化ではない繁栄のモデルに」が添えられて。

今西は文化勲章を受けるなど、その生態学や霊長類学での業績は評価されている。しかし、「すみわけ」にはじまる今西独自の進化論になると、学界では評判がよくないようだ。その一方で、「すみわけ」ということばは、とっくに今西のもとを離れ、社会によく流布しているのである。

生物の「すみわけ」は、生物と環境との長い歴史のうえに成り立っていて、ある意味では生物どうしの競争の結果だともいえなくもない。ところが、わが国では生物の世界を離れて社会のありようによく使われている。しかも、できるだけ「競争」を避ける意味での「すみわけ」に用いられているようにおもわれる。

日本の社会は、「競争」を好まない傾向があるのだろうか。今西のいう「すみわけ」は、日本的な「すみわけ」であるとして好まれているのかもしれない。

生き物についてのことばを、人間についてのことばとして用いるにあたって、もともとの意味とはちがってくるのは、やむを得ないことだろう。そのうえ、そのことばにはわれわれ日本の社会のありようを反映しているのは当然のことである。そこには、日本的なもののみかた、かんがえというものがあらわれているにちがいない。「すみわけ」は日本的な自然観ではないかと、筆者はかんがえはじめている。

日本人はどうやら、「すみわけ」を好んでいるようであり、その「すみわけ」のありさまから、日本の社会がみえてくるようにもおもわれる。

自然学の未来

今西錦司の「自然学の提唱」で稿をはじめたのだから、「自然学の未来」[5]として締めくくりたい。

今西は『生物の世界』において、生物の世界の構成単位は個々の個体や集団ではなく、それらすべてから成り立った一つの統一体としての種であると考え、これを自らのセオリーの出発点にした。

学問においても今西は、自らの最も関心のおもむくところをめざしていった。「私は閉所恐怖症で、自分を限定せずに、たえずより広い世界へ挑戦してきた。自分自身は、「何の専門家とも思っていない。いつも自分のまわりの殻を破りたかった」のだと（『自然学の展開』一九八七年）、晩年に語っている。

「すみわけ」を発見したカゲロウはじめ、長年やってきた昆虫の研究も、学位をとった直後に見切りをつけた。昆虫に関する文献をすべて大学の図書館に譲るなど、徹底したものだった。新たな生物社会学をめざして、中国大陸に出かけていく。放牧されたウマや、野生のカモシカを見て、その「群れ」の研究にとりかかった。

しかし日本の敗戦によって研究は中絶。帰国後、新たなフィールドを求めて、宮崎県都井岬を訪れる。放牧されている半野生馬に取りくむのだが、そこで出会ったのがニホンザルである。その研究を伊谷純一郎たちを指導して展開させていった。

今西は最終的には人間社会との比較をめざすということで、人類社会の進化の解明という、大きな目標を掲げていた。そのための具体的な研究方法は、個体識別と長期観察だった。一つひとつのサルに名前をつけて、その行動や一生を克明に記録していったのである。

サルの調査と並行して、ヒマラヤ行も実現させる。そして、次第に第一線のフィールド・ワーカーの役割を伊谷たちに譲り渡していく。この後もカラコラムやアフリカへ、自ら先頭に立って出ては行くのだが、自分の役割を新しい理論の構築者と任じるようになる。人類の起原や進化論について自らの考えを深め、著作も次々に発表する。

やがて、晩年には自らの学問と人生をふり返る。昆虫学、生態学、生物社会学、人類学、進化論など、いろいろ手がけてきたが、「私が求めていたものは自然学だった」（『自然学の提唱』一九八四年）と結ぶ。そこには、今西の学問への強い意志を読みとれる。それは、より分析的であろうとする研究のすすめ方に対し、自らは総合をめざしてきたのだという宣言でもある。そこには、学問の細分化を嫌う強烈な意志も示されている。

最晩年にいたって自らの学問を「自然学」と名付けて総括する。「私は自然とはなにかという問題を、問いつづけてきたように思われる。それも何々学に代表されるような部分自然ではなく、つねに全体自然というものを、追い求めていたような気がする。私の求めていたものは自然学なのである。自然を理解しようとする学問であり、自然観の学問であると定義してもよいかもしれない」（『自然学の提唱』）。

今西の進化論は、自然学という自然観に昇華していったのだとおもう。進化の要因をかんがえないという今西だが、それではセオリー・メーカー(6)として、十分に応えたことにはならないのだが、自然観ということになれば、それはそれでいいのではないだろうか。

わたくしは、「すみわけ」から展開してきた、今西の「自然学」を〝追っかけ〟ている。この自然学はきわめて魅力的で、共感するところが大きい。今西自然学は「自然を理解しようとする学問」といえよう。そして、自然という豊かな対象を把握するには、〈全体自然〉というべきものを〈部分自然〉には切り離さずに、総体としてとらえるべきだという。自然の一部を自然科学的に解析するのではなく、まるごとの生きた自然を相手にせよ、と。自然を客観的（自然科学的な意味で）に扱うのではなく、「自然に対して自己のうちに自然の見方を確立すること」だと。

自然という豊かな対象をとらえるのに、自然を切り刻まずに、生きたままつかむ方法があるはずである。自然そのものをとらえようとする学知としての「自然学」はまた、文明の学問そのものだといえよう。

注

（1）梅棹忠夫他『フォト・ドキュメント　今西錦司』は、京都大学総合博物館編として紀伊国屋書店（二〇〇二年）。今西錦司『採集日記　加茂川　1935』は、石田英美編として京都大学学術出版会（二〇〇二年）。

（2）河合雅雄「今西錦司の源泉」、吉良竜夫「夜明け前のフィールドワーク」、谷田一三「すみわけ理論はこうして発見された」、松沢哲郎「パイオニア・ワークとは何か？」、斎藤清明「今西が遺した地図の美学」が載った。

（3）パメラ・J・アスキスは、筆者も作業に協力した「今西錦司アーカイブデータベースプロジェクト」を紹介した。この、カナダのアルバータ大学の「今西錦司ディジタルアーカイブ」http://tomcat.sunsite.ualberta.ca/Imanishi/は、二〇〇四年から公開された。その後、『生物科学』は二〇〇六年に（第五七巻第三号）、「今西錦司の遺産」を特集している。

（4）大串龍一『日本の生態学——今西錦司とその周辺』（一九九二年）の「あとがき」。

（5）伊谷の教えをうけた黒田末壽の『自然学の未来』（弘文堂、二〇〇二年）に依った。

（6）「私は学問のうえでのセオリー・メーカー」（「文化人類学の責任」一九七一年、『そこに山がある』一九七三年。『全集』第九巻）

参考文献

全体にわたり引用・参照している文献

今西錦司の自著など

今西錦司『今西錦司全集』全一〇巻（編集委員　伊谷純一郎・上山春平・梅棹忠夫・吉良竜夫・桑原武夫・森下正明）講談社、一九七四～七五年。

今西錦司他編『座談　今西錦司の世界』平凡社、一九七五年。

今西錦司編『ヒマラヤへの道——京都大学学士山岳会の五十年』中央公論社、一九八八年。

今西錦司『増補版今西錦司全集』全一三巻・別巻（編集委員　伊谷純一郎・上山春平・梅棹忠夫・川喜田二郎・吉良竜夫・桑原武夫・森下正明）講談社、一九九三～九四年。

今西錦司『初登山——今西錦司初期山岳著作集』（斎藤清明編）ナカニシヤ出版、一九九四年。

今西錦司『採集日記　加茂川　１９３５』（石田英実編）京都大学学術出版会、二〇〇二年。

川喜田二郎監修『今西錦司——その人と思想』ぺりかん社、一九九〇年。

京都大学総合博物館編、梅棹忠夫他著『フォト・ドキュメント——今西錦司』国際花と緑の博覧会記念協会、二〇〇二年。

伝記、特集その他

『アニマ』第二四一号（一九九二年一〇月号）特集「今西錦司の自然学」平凡社、一九九二年。

伊谷純一郎『伊谷純一郎著作集』第一巻（日本霊長類学の誕生）平凡社、二〇〇七年。

伊谷純一郎『伊谷純一郎著作集』第二巻（類人猿を追って）平凡社、二〇〇八年。

伊谷純一郎『伊谷純一郎著作集』第六巻（人類学と自然の旅）平凡社、二〇〇九年。

市川良一『今西錦司語録』柊風舎、二〇〇八年。

上山春平『日本の土着思想』弘文堂、一九六五年。

梅棹忠夫「ひとつの時代のおわり――今西錦司追悼」『梅棹忠夫著作集』第一六巻、中央公論社、一九九二年。

『エコソフィア』第八号、特集「今西錦司　フィールドワークと初登頂の精神」昭和堂、二〇〇一年。

大串龍一『日本の生態学――今西錦司とその周辺』東海大学出版会、一九九二年。

『科学』第七三巻第一二号、特集「今西錦司――その思想と学問への志向」岩波書店、二〇〇三年。

斎藤清明『今西錦司――自然を求めて』松籟社、一九八九年。

丹羽文夫『日本的自然観の方法――今西生態学の意味するもの』農山漁村文化協会、一九九三年。

『フロント』第五巻第九号、特集「今西錦司　自然の中で思索し続けた巨人」リバーフロント整備センター、一九九三年。

本田靖春『評伝今西錦司』山と渓谷社、一九九二年。

各章で引用・参照している文献

序　章

今西錦司『自然学の提唱』講談社、一九八四年（『全集』第一三巻）
今西錦司・上山春平対談「サル・ヒト・文明」『毎日新聞』一九八〇年一月一日特集。
環太平洋民族文化保存研究会『象形』第一号、一九七五年。
谷泰「洛北セミナーのこと」『アニマ』一九九二年一〇月号。

第一章

今西錦司「私の履歴書」『そこに山がある』日本経済新聞社、一九七三年（『全集』第一〇巻）
秋元せき「西陣の失業者対策（みやこの近代　54）」『京都新聞』二〇〇三年一一月二〇日。
岩田英彬・斎藤清明『ザ・京大』松籟社、一九八八年。

柴谷篤弘・谷田一三編『日本の水生昆虫』東海大学出版会、一九八九年。

武田清子『湯浅八郎と二十世紀』教文館、二〇〇五年。

西堀栄三郎『西堀栄三郎選集』第一巻（人生は探検なり　西堀栄三郎自伝）悠々社、一九九一年。

第二章

今西錦司『生物の世界』（初版）弘文堂、一九四一年。
K. Imanishi, "Mayflies from Japanese Torrents IX. Life forms and life zone of mayfly nymphs. I. Introduction"（日本渓流産カゲロウ類　第九部）『日本動物学彙報』Ann. Zoo. Jap. vol. 17, pp. 23-36 (1938).
K. Imanishi, "Mayflies from Japanese Torrents X. Life forms and life zone of mayfly nymphs. II. Ecological structure illustrated by life zone arrangement."（日本渓流産カゲロウ類　第一〇部）『京都帝国大学理学部紀要』Mem. Coll. Sci. Kyoto Imp. Univ. Ser. B. vol. 14, pp. 1-35 (1941).
K. Imanishi, *A Japanese View of Nature — The World of Living Things*, P. J. Asquith, H. Kawakatsu, S. Yagi, H. Takasaki (transl), P. J. Asquith (Edited and Introduced), London and New York, Routledge Curzon (2002).
斎藤清明「今西錦司の『すみわけ』発見と言語化」横山俊夫編『ことばの力』京都大学学術出版会、二〇一二年。

安江安宣『今西さんを想う』私家版、一九九二年。

第三章

今西錦司「山城三十山の修正と拡張など」京都一中山岳部部報『嶺』第二号、一九三四年（『全集』第一巻）。

今西錦司『千五百山のしおり』私家版、一九八六年（『全集』別巻）。

加納一郎『わが雪と氷の回想』朝日新聞社、一九六九年。

「吉野川水源北股川地図」『三高山岳部報告』第一号、一九二三年。

京一中洛北高校編『京一中洛北高校百年史』一九七二年。

京都府山岳連盟『北山からヒマラヤへ』（創立三〇周年記念号）一九七九年。

京都府立一中山岳部『山城三十山記』上編（大橋秀一郎編）一九三四年、下編（梅棹忠夫編）一九三五年。

桑原武夫「今西錦司論序説」今西錦司博士還暦記念論文集『人間――人類学的研究』中央公論社、一九六六年。

小島烏水『アルプスピニストの手記』あかね書房、一九六七年。

斎藤清明『京の北山ものがたり』松籟社、一九九二年。

『三高山岳部報告』第三号、一九二五年。

『三高山岳部報告』第五号、一九二七年。

『三高山岳部ルーム日記』。

三〇周年記念誌編集委員会『太郎平小屋』私家版、一九八五年。

日本山岳会京都支部編著『山城三十山』ナカニシヤ出版、一九九四年。

前田司「日本アルプスの〝発見〟」吉田光邦編『一九世紀日本の情報と社会変動』京都大学人文科学研究所、一九八五年。

第四章

伊藤愿「ポーラ・メソドに依る富士登山」『アサヒ・スポーツ』一九三二年二月一日号・二月一五日号。

今西錦司『山岳省察』弘文堂、一九四〇年（『全集』第一巻）

今西錦司編『白頭山　京都帝国大学白頭山遠征隊報告』梓書房、一九三五年。

斎藤清明「ヤルン・カン遠望」『AACKニュースレター』六五・六六号、二〇一三年。

「世界第二の高峰　ヒマラヤK２目ざし　勇躍の京大山岳部」『大阪毎日新聞』一九三七年一月一九日。

遠山富太郎「富士大沢口冬季登山」『山岳』第二七年第二号、一九三二年。

「登山界空前の快挙、厳冬の白頭山征服」『朝日新聞』一九三四年一二月一二日。

西堀栄三郎「雪山讃歌を作詞したころ」「樺太探検」『西堀栄三郎選集』第二巻（未知なる山・未知なる極地）悠々社、一九九一年。

「日本一のモダーンな山小屋」『京都帝国大学新聞』一九二八年一二月一日号。

パウル・バウアー著、伊藤愿訳『ヒマラヤに挑戦して』黒百合社、一九三一年（中公文庫、一九九二年）。

堀田弥一『ヒマラヤ初登頂　一九三六年のナンダ・コート』筑摩書房、一九八〇年。

第五章

今西錦司「三ヶ年の回顧」『京都探検地理学会年報』三号、一九四二年。
K. Imanishi "Ecological Observation of the Great Khingan Expedition" *Geographical Review* (vol. 40, pp. 236-253. 1950).
今西錦司編著『ポナペ島――生態学的研究』一九四四年。

今西錦司編『大興安嶺探検　一九四二年探検隊報告』毎日新聞社、一九五二年（朝日文庫、一九九一年）。

梅棹忠夫編「砂漠と密林を越えて」『現代の冒険』第一巻、文藝春秋社、一九七〇年。

梅棹忠夫・藤田和夫編『白頭山の青春』朝日新聞社、一九九九年。

梅棹忠夫「『大興安嶺探検』その後」『梅棹忠夫著作集』第一巻、中央公論社、一九九〇年。

可児藤吉『可児藤吉全集』（全一巻）思索社、一九七〇年。

木原均編『内蒙古の生物学的調査』養賢堂、一九四〇年。

吉良竜夫「解説――復刻版へのあとがき」今西錦司編著『ポナペ島――生態学的研究』講談社、一九七五年。

吉良竜夫「夜明け前のフィールドワーク」『エコソフィア』八号、二〇〇一年。

斎藤清明『メタセコイア――昭和天皇の愛した木』中公新書、一九九五年。

『探検』創刊号、一九四二年。

『探検』三号、一九四三年。

『淡水生物』第七三号、一九九八年。

本多勝一「輝ける青春の記録文学」『大興安嶺探検』朝日文庫、一九九一年。

宮崎武夫『蒙古横断』朋文堂、一九四三年。

森下正明「戦前・戦中の昆虫研究室と私」『森下正明研究記念館ＨＰ』(http://www.morisita.gr.jp)。

第六章

飯塚浩二『満蒙紀行』筑摩書房、一九七二年。

磯野富士子『冬のモンゴル』中公文庫、一九八六年。

今西錦司『草原行』府中書院、一九四七年（『全集』第二巻）

今西錦司『遊牧論そのほか』秋田屋、一九四八年（『全集』第二巻）。

今西錦司「草原にのこしてきた問題」『学海』第三巻第六号、一九四六年。

今西錦司「内蒙古草原の地理的位置づけ――とくに軽草原を中心として」『遊牧民族の社会と文化』一九五二年（『全集』第四巻）。

今西錦司「蒙古思い出すままに」善隣会編『善隣協会史――内蒙古における文化活動』日本モンゴル協会、一九八一年（『全集』第一一巻）。

梅棹忠夫「モンゴル研究」『梅棹忠夫著作集』第二巻、中央公論社、一九九〇年。

木原均編『内蒙古の生物学的調査』養賢堂、一九四〇年。

斎藤清明「西北研究所と冬のモンゴルを巡って」『AACKニュースレター』六三号、二〇一二年。

善隣会編『善隣協会史――内蒙古における文化活動』日本モンゴル協会、一九八一年。

中生勝美編『植民地人類学の展望』風響社、二〇〇〇年。

中尾佐助「厳冬のモンゴル高原」『梅棹忠夫著作集』第二巻月報、中央公論社、一九九〇年（『中尾佐助著作集』第三巻、北海道大学図書刊行会、二〇〇四年）。

藤枝晃・京大名誉教授談話記録「西北研究所の思い出」『奈良史学』第四号、一九八六年。

藤枝晃「半生を大きく分ける節目――西北研究所での今西錦司」『アニマ』第二四一号、平凡社、一九九二年。

第七章

伊谷純一郎『高崎山のサル』あとがき、光文社、一九五四年。

伊谷純一郎「解題」『全集』第六巻、一九九四年。

今西武奈太郎「私が目撃した一度きりの抱擁シーン」『文藝春秋』一九九八年二月号「昭和・平成にっぽんの夫婦一〇〇人」。

梅棹忠夫『モンゴル研究』『梅棹忠夫著作集』第二巻、中央公論社、一九九〇年。

梅棹忠夫「AACKとともに」『梅棹忠夫著作集』第一六巻、一九九二年。

貝塚茂樹「今西錦司の行き方」『全集』第九巻月報（第一二号）。

河合雅雄『わが〝サル学〟一代記』日本放送出版協会、二〇〇五年。

『山岳』第一〇五年（通巻一六三号）、二〇一〇年。

『自然と文化』（NATURE&CULTURA）第一号、一九五〇年。

谷泰・田中雅一編『人類学の誘惑』京都大学人文科学研究所、二〇一〇年

第八章

木原均編『砂漠と氷河の探検』朝日新聞社、一九五六年。

京大探検者の会編『京大探検部』新樹社、二〇〇六年。

京都大学学士山岳会『アンナプルナ日記』茗渓堂、一九五六年。

京都大学学士山岳会『チョゴリザ』朝日新聞社、一九五九年。

京都大学学士山岳会『ノシャック登頂』朝日新聞社、一九六一年。

京都大学学士山岳会『サルトロ・カンリ』朝日新聞社、一九六四年。

桑原武夫「解題」『全集』第三巻、一九九三年。

近藤信行「今西錦司と大島亮吉」『図書』五二八号、岩波書店、一九九三年。

佐々木高明「探検と学術調査」『中尾佐助著作集』第三巻、北海道大学図書刊行会、二〇〇四年。

田口二郎『東西登山史考』岩波書店、一九九五年。

徳岡孝夫『ヒマラヤ――日本人の記録』毎日新聞社、一九六四年。

中尾佐助「探検と私――照葉樹林を認識するまで」『自然』六月号、中央公論社、一九八〇年（『中尾佐助著作集』第三巻、北海道大学図書刊行会、二〇〇四年）。

西堀栄三郎「人生は探検なり（西堀栄三郎自伝）」『西堀栄三郎選集』第一巻、悠々社、一九九一年。

松下進編『スワート・ヒンズークシ紀行』三一書房、一九五八年。

村山雅美『地の果てに挑む――マナスル・南極・北極』茗渓堂／東京新聞出版局、二〇〇五年。

安江安宣「書信にみる『今西錦司語録集』」『全集』第九巻月報。

第九章

池田次郎「霊長類の化石を求めて」『全集』第二巻月報（第五号）。

伊谷純一郎編著『チンパンジー記』講談社、一九七七年。

伊谷純一郎「解題」『全集』第七巻。

今西錦司編著『人間』毎日新聞社、一九五二年。

上山春平「解題」『全集』第五巻。

河合雅雄『ゴリラ探検記』講談社、一九六一年。

京都大学人文科学研究所『人文学報』第二一号（特集「社会人類学論集」）一九六五年。

特別展「ウメサオタダオ展」実行委員会編『梅棹忠夫――知的先覚者の軌跡』国立民族学博物館、二〇一一年。

西田利貞『精霊の子供たち』筑摩書房、一九七三年。

山極寿一『家族進化論』東京大学出版会、二〇一二年。

第一〇章

今西錦司・柴谷篤弘・米本昌平『進化論も進化する』リブロポート、一九八四年。

上山春平「東と西の碩学　かみあわなかったダーウィン論」『毎日新聞』一九八一年一一月九日夕刊。

梅棹忠夫『行為と妄想――わたしの履歴書』日本経済新聞社、一九九七年。

河合雅雄「霊長類学の夜明けの素描」『伊谷純一郎著作集』第一巻解題、平凡社、二〇〇七年。

斎藤清明『京大人文研』創隆社、一九八六年。

柴谷篤弘『今西進化論批判試論』朝日出版社、一九八一年。

田隅本生「今西進化論と対決したホールステッド」『アニマ』一九九二年一〇月号。

館正和「岐阜大学長今西錦司」『全集』第五巻月報、一九九四年。

田中清玄・大須賀端夫『田中清玄自伝』ちくま文庫、二〇〇八年。

徳田御稔『生物進化論』講談社学術文庫、一九七七年。

F・A・ハイエク／今西錦司『自然・人類・文明』日本放送出版協会、一九七九年。

ベヴァリー・ホールステッド著、中山照子訳『「今西進化論」批判の旅』築地書館、一九八八年。

第一一章

今西錦司談（斎藤清明筆）「わが山の美学わが山の美学――日本千五百山登頂を果たして」『中央公論』一九八六年一月号（『全集』第一三巻）。

日本山岳会京都支部『支部だより』二七号、一九九二年。

第一二章

今西錦司『自然学の展開』講談社、一九八七年（『全集』第一三巻）

伊谷純一郎「等身大の世界への愛情――今西錦司先生を悼む」『毎日新聞』一九九二年六月一六日夕刊。

伊藤嘉昭「日本の生態学――とくに今西錦司の評価と関連して」『生物科学』第四二巻第四号、一九九〇年。

斎藤清明「『今西の森』の記」『中央公論』一九九三年八月号。

中原英臣「新聞エンマ帖」『文藝春秋』一九九二年八月号。

終　章

黒田末壽『自然学の未来』弘文堂、二〇〇二年。

あとがき

今西錦司先生の逝去（一九九二年六月一五日）から二〇年、生誕（一九〇二年一月六日）から一一〇年にあたった二〇一二年。筆者は六月一四日に、京都市北区の上品蓮台寺（千本の十二坊さん）の墓地にお参りした。境内の北の端、源頼光の塚の近くに、今西家の墓地があり、丸みを帯びた墓石が並ぶ。祖父の今西平兵衛（二代）や先代とは形は同じだが、刻まれた文字ですぐにわかる。法名には、自然（じねんと読む）や、山と壑（谷のこと）、錦峰が折り込まれている。山をこよなく愛し、登り続けた先生がしのばれる。裏側には「授文化勲章」とのみ記されているが、それだけでは表せない存在の大きさをあらためておもった。そして、やはり先生について知っていることを書いておかねば、と自らに言い聞かせた。

おもいかえせば、亡くなられた翌年から編集、刊行になった『増補版今西錦司全集』（一九九三年六月〜一九九四年七月、講談社）に協力し、著作目録と年譜を編ませていただいた。それは、一三巻の全集の別巻として、先生との共著になった。

もとの『今西錦司全集』（講談社）は全一〇巻で、一九七四年から翌年にかけて刊行され、ひろく読まれた。当時の先生は七〇歳代の前半で、たいへんお元気であった。とうぜんのことながら、全集には先生のつよい意志が感じられる。編集委員の梅棹忠夫先生も記されている。「この全集は、全集とはいうものの、実質は自選著作集なのである。著者自身のこのみにしたがって、素材が選択され、配列されているのである。そこで、ふつうの全集がつくられるときのように、完全な著作目録をつくり、年譜をつくるという作業が省略されているのである。」（「解題」

『全集』第二巻)。さらに「今西錦司先生は、いまはまだ、歴史的叙述の対象にするには、はやすぎたのだ。今西先生は、まだ歴史上の人物ではないのである。」とも。

その意味では、『増補版今西錦司全集』別巻の編集は、「歴史上の人物」とするための作業だった。とはいうものの、すでに先生が入院中に、筆者は『今西錦司――自然を求めて』(松籟社、一九八九年)を上梓していたから、はやまって「歴史上の人物」にしようとしていたのかもしれない。

それまでは、じっくりと先生について書いてみたいとおもっていたのだが、筆者が本文執筆を担当した今西錦司編『ヒマラヤへの道――京都大学学士山岳会の五十年』(中央公論社、一九八八年)を病室に届けると、手にとって喜ばれた。その姿をみて、お元気なうちに書いておこうときめたのだった。

筆者にとって、先生は少年時代からの憧れだった。上洛して先生の出身大学・学科に入学した(専攻は昆虫学ではなくて、木原均先生が初代教授の遺伝学になるのだが)。伝統のある山岳部に入り、卒業後はAACKに関係してきた。晩年には親しく教えていただいた。それだけに、知っていることを書いておかねばならない、と。

そのときには、直接に取材した際のや、座談会、会合、また酒席や、さらに山行のあとにメモしたものなどさまざまだが、三十数冊のノートやメモ帳、そして地図があった。そのときどきの表情が思い浮かべながら、執筆をすすめることができた。小著だったが、幸いにも、先生をよく知る方々からは、すこしは評価されたようだ。

そのあとも、『増補版今西錦司全集』を刊行中に、『初登山――今西錦司初期山岳著作集』(ナカニシヤ出版、一九九四年)を編集した。全集は先生が三〇歳以後に公表された著作によるものだが、少年時代から二〇歳代までに書かれた手記など未公刊のものをまとめたものである。

先生の生誕一〇〇年を記念する事業にも関わり、開館して間もない京都大学総合博物館での企画展示「今西錦司の世界」(二〇〇一年一二月~二〇〇二年四月)のプロデュースを依頼された。先生が残されたたくさんの資料を紹介することができ、同館と梅棹先生とともに『フォトドキュメント　今西錦司――そのパイオニアワークに迫る』

（紀伊国屋書店、二〇〇二年）にまとめた。また、カナダのアルバータ大学でパメラ・アスキス教授が「今西錦司ディジタルアーカイブ」http://tomcat.sunsite.ualberta.ca/Imanishi/（2004）をつくる際には資料を同大学まで携えていって協力した。

筆者は新聞記者を三三年間つとめたのちに二〇〇四年から六年間、文部科学省（のち大学共同利用機関法人人間文化研究機構）の総合地球環境学研究所に勤務し、そこでは「自然学」についてのささやかな研究会をもつことができた。日髙敏隆所長という今西先生のよき理解者がおられたからであった。また京都大学人文科学研究所の共同研究班「文明と言語」（班長、横山俊夫教授）に参加。今西論をいくつか発表し、横山俊夫編著『ことばの力――あらたな文明を求めて』（京都大学学術出版会、二〇一二年）に「今西錦司の『すみわけ』発見と言語化」を執筆した。

そのほか、今西先生の登山や探検、フィールドワークについての文章を、求めに応じていくつも書いてきた。そして、じっさいに先生の足跡もたどった。

大興安嶺探検のルートを二〇一一年夏に、西北研究所と「冬のモンゴル」調査ルートは二〇一二年夏に追跡することができた。すでに、樺太やポナペ島、ヒマラヤ、アフリカでも今西先生の行動の跡をたどってきた。それらの旅は追跡行というよりは観光のようなものだったのだが、今西先生（というよりも「今西さん」と呼ばせていただくほうがなじむのだが）のありし日の姿が目にうかぶようだった。残るカラコラムは今夏にでも行きたいものだ。

このように、先生の晩年から逝去後、そして今日まで、いろいろとかかわり、二〇年を経ての墓参を機に、これまで先生について認めた文章をあらためて見直し、私の今西錦司伝をまとめておこうとおもった次第です。

こうしてできた本書です。この間に、今西武奈太郎・和子ご夫妻はじめ、先生ゆかりの方々にはたいへんお世話になりました。お伺いしたことを、どこまで伝えられましたかどうか。また、できるだけ客観的にとつとめたのですが、筆者のおもいがですぎているとしたら、それは大目に見ていただければ、さいわいです。

最後に、くり返しになりますが、一九六四年春の京都大学入試合格発表のその日に、山岳部の部室を訪問。今西さんが身近な存在となった気がしました。それから、半世紀。ここに、本書を著すことができて、やっと卒業かな、との感慨です。ミネルヴァ書房の堀川健太郎さん、ありがとう。

二〇一四年四月八日　　古希を前に、孫の誕生日に、洛南にて

斎藤清明

今西錦司略年譜

和暦	西暦	齢	関係事項	一般事項
一九〇二	明治三五	0	1・6京都西陣の織元・錦屋、父平三郎（三代目平兵衛）、母千賀の長男として生まれる。従業者を含めた三〇人からなる大家族のなかで育つ。幼少の頃より祖父に連れられ、上賀茂の自然に親しむ。	日英同盟調印。
一九〇九	四二	7	京都府西陣尋常小学校入学。昆虫採集に熱中し、チョウの蒐集を始める。	
一九一〇	四三	8		韓国併合。
一九一五	大正四	13	京都府立京都第一中学校入学。西堀栄三郎と出会う。京都・愛宕山（標高九二四メートル）が登山の始まり。中学二年で富士登山。	日本が中国に二十一箇条の要求。
一九一八	七	16	北アルプスを縦走。同級生と青葉会をつくり、《山城三十山》を設定し、登山に傾倒する。	
一九二〇	九	18		日本が国際連盟に加入。
一九二一	一〇	19	一年浪人の後、第三高等学校（理科）入学。	
一九二三	一二	21		関東大震災。
一九二四	一三	22	立山でスキー登山。「薬師岳の新登路」［山岳］17。	

			「加茂川水源図」［三高山岳部報告］2	
一九二五	一四	23	京都帝国大学農学部農林生物学科入学。父平三郎を喪う。剣岳源治郎尾根初登攀。	
一九二六	昭和元	24	穂高・涸沢で負傷。	
一九二七	二	25	剣岳三ノ窓チンネ北壁初登攀。	
一九二八	三	26	京都帝国大学卒業。卒業論文は日本アルプスの渓流昆虫について。大学院へ。12・18鹿子木園子と結婚。	
一九二九	四	27	工兵隊（京都市伏見区）入営（2月～11月）。工兵隊曹長付きで、予備役編入。「剣沢の万年雪に就いて」［地球］11	世界恐慌はじまる。
一九三〇	五	28	長男武奈太郎出生。"Mayflies from Japanese Torrents I"［台湾博物学会会報］30	ロンドン海軍軍縮会議。
一九三一	六	29	陸軍工兵少尉。ＡＡＣＫ（京都学士山岳会）結成。極地法（ポーラーメソッド）による富士山登頂。ヒマラヤ遠征計画は満洲事変などの政情不安から中止。「雪崩の見方に就いて」［山岳］26	満州事変。
一九三二	七	30	樺太・東北山脈を踏破。秋、西陣から下鴨に移転。理学部大学院を終えて、研究嘱託になる。	五・一五事件。
一九三三	八	31	長女麻棠子出生。理学部講師嘱託（無給、常勤）。「棲み分け」を加茂川のカゲロウで「発見」。	
一九三四	九	32	京都帝国大学白頭山遠征隊を率いて朝鮮半島・白頭山（二七四四メートル）へ冬季登山（12月～翌年1月）。	
一九三五	一〇	33	「日本北アルプスの森林限界線について」［山岳］30	
一九三六	一一	34	次男日出二郎出生。	二・二六事件。

一九三七	一二	35	カゲロウ調査のため、北海道・日高山脈、樺太を訪れる。ヒマラヤK2登山を計画するが実現せず。「群聚分類と群聚分析」[地理学評論]13。「垂直分布帯の別ち方に就いて」[山岳]31	盧溝橋事件。
一九三八	一三	36	京都帝国大学内蒙古学術調査隊（木原均隊長）に参加。次女皆子出生。	国家総動員法。
一九三九	一四	37	京都探検地理学会を設立。興亜民族生活科学研究所所員になる（理学部講師嘱託は非常勤に）。内蒙古調査（森下正明と）。「日本渓流におけるカゲロウ目の研究」で理学博士の学位を受ける。	第二次世界大戦が始まる。
一九四〇	一五	38	『山岳省察』弘文堂（随筆集、処女出版）	
一九四一	一六	39	南洋委任統治領のポナペ島へ生態調査。『生物の世界』弘文堂（理論的著作第一集）	太平洋戦争が始まる。
一九四二	一七	40	大興安嶺探検隊を率いて北部大興安嶺を六三日間で縦断。	
一九四三	一八	41	興亜民族生活科学研究所が解散し、理学部講師嘱託（常勤）に戻る。	
一九四四	一九	42	西北研究所所長として張家口へ赴任する。内蒙古奥地調査（9月～翌年2月）。『ポナペ島――生態学的研究』彰考書院（編著）	
一九四五	二〇	43	敗戦。張家口を脱出し、北京へ。	日本がポツダム宣言を受諾。
一九四六	二一	44	6月に帰国。	
一九四七	二二	45	奈良県平野村で農村調査。『草原行』府中書院	
一九四八	二三	46	嘱託制度が廃止され、京都大学理学部講師（有給、常	

			勤）になる。自然史学会が発足。宮崎県都井岬でウマの調査を開始。ニホンザルの一群に出会い、サル調査を思い立つ。『遊牧論そのほか』秋田屋	
一九四九	二四	47	『生物社会の論理』毎日新聞社	湯川秀樹がノーベル賞受賞。
一九五〇	二五	48	理学部講師から京都大学人文科学研究所講師となる。「自然と文化」発刊。『山と探検』岡書院（第二随筆集）	警察予備隊発足。
一九五一	二六	49	生物誌研究会を設立。『いわなとやまめ』日本林業技術協会。『人間以前の社会』〈岩波新書〉。「ニホンザルの自然社会」「自然」6。「内蒙古草原の類型づけ——一九四四年までに得られた知識の整理」「自然と文化」2	サンフランシスコ講和会議。
一九五二	二七	50	AACKを再建。日本山岳会マナスル登山の先発隊長としてネパール・ヒマラヤを踏査。チュルー（標高約六二〇〇メートル）登頂。宮崎県幸島でニホンザルの餌づけに成功（伊谷純一郎らによる）。『大興安嶺探検』毎日新聞社（編著）。『村と人間』新評論社	
一九五四	二九	52	『ヒマラヤを語る』白水社。『日本動物記』光文社（編著、～五八）	ジュネーブ会議。
一九五五	三〇	53	京都大学カラコラム・ヒンズークシ学術探検隊のカラコラム支隊長として氷河を探る。『日本動物記』第二巻が毎日出版文化賞受賞。	バンドン（アジア・アフリカ）会議。
一九五六	三一	54	愛知県犬山市に財団法人日本モンキーセンター開設される。『カラコラム・探検の記録』文藝春秋新社	日本、ソ連と国交回復。

一九五八	三三	56	日本モンキーセンター第一次ゴリラ調査隊長としてアフリカ調査、ついで動物園のサル類管理の実情視察などで欧米へ。	
一九五九	三四	57	京都大学人文科学研究所に社会人類学研究部門が新設され、教授に就任。	チベット動乱。
一九六〇	三五	58	**1月**《十二支会》による登山始まる。子ノ泊山（子年、三重県、九〇七メートル）、以後七〇年まで、以下の山に登る。牛松山（丑年、京都、六二九メートル）、寅子山（寅年、滋賀・岐阜県境、一一八三メートル）、赤兎山（卯年、福井・石川県境、一六二九メートル）、龍門ヶ岳（辰年、奈良、九〇四メートル）、蛇谷ヶ峰（巳年、滋賀、九〇一メートル）、白馬山（午年、和歌山、九五八メートル）、羊蹄山（未年、北海道、一八九三メートル）、猿ヶ山（申年、富山、一四四八メートル）、鶏冠山（酉年、滋賀、四九一メートル）、犬伏山（戌年、広島、七九一メートル）、白猪山（亥年、三重、八二〇メートル）。『ゴリラ』文藝春秋新社	
一九六一	三六	59	京都大学類人猿学術調査隊長としてアフリカへ出発。タンガニイカ湖畔のカボゴ岬でのチンパンジー調査および、エヤシ湖周辺でのダトーガ族、ハッザ族調査。「人間家族の起原――プライマトロジーの立場から」[民族学研究] 25	
一九六二	三七	60	タンガニイカ湖畔のカボゴ基地で還暦を迎える。京都大学理学部に自然人類学講座が新設され、教授に就任	キューバ危機。

			（人文科学研究所との併任）。	
一九六三	三八	61	京都大学第二次アフリカ類人猿学術調査隊でアフリカへ。国際霊長類学会発足。『アフリカ大陸』筑摩書房（編著）	
一九六四	三九	62	モスクワでの国際人類学・民族学会議に参加。京都大学第三次隊でアフリカへ。『進化の理論について――正統的進化論に対する疑義』［人文学報］20。「未開と文明」［中央公論］一月号	
一九六五	四〇	63	京都大学を停年（六三歳）で退官し、岡山大学教養部教授になり、二年間つとめる。『人類の祖先を探る――京大アフリカ調査隊の記録』〈講談社現代新書〉。川村俊蔵・伊谷純一郎編『今西錦司博士還暦記念論文集2』中央公論社	日韓基本条約調印。
一九六六	四一	64	『私の自然観』筑摩書房（第三随筆集）。『人間社会の形成』日本放送出版協会	中国で文化大革命起こる。
一九六七	四二	65	岐阜大学学長になり、二期六年間つとめる。京都大学霊長類研究所（愛知県犬山市）発足。「ダーウィンと進化論」『世界の名著39　ダーウィン』中央公論社（責任編集）。森下正明・吉良竜夫編『今西錦司博士還暦記念論文集1』中央公論社	
一九六八	四三	66	「日本五百山」を京都北山のカマクラ（九五一メートル）で達成。『世界の歴史　第一巻　人類の誕生』河出書房新社（共著）	日本、小笠原諸島復帰。
一九六九	四四	67	朝日文化賞を霊長類研究グループで受賞。「渓流のヒ	アメリカ、アポロ一一号が月面着陸。

			ラタカゲロウ」「四十年の回顧」『日本山岳研究』中央公論社	
一九七〇	四五	68	『私の進化論』思索社。『山と探検』文藝春秋	日本万国博覧会。
一九七一	四六	69	『生物社会の論理』思索社（毎日新聞社版、陸水社版に加えて関連八論文を収録）。『自然と山と』筑摩書房（第四随筆集）	
一九七二	四七	70	勲二等瑞宝賞受賞。文化功労者。『生物の世界』〈講談社文庫〉。『動物の社会』思索社	札幌冬季オリンピック。
一九七三	四八	71	日本山岳会会長に就任し、四年間つとめる。岐阜大学学長退官。岐阜大学名誉教授となる。八甲田の白地山（一〇三四メートル）で七〇〇山登山達成。	
一九七四	四九	72	京都大学名誉教授となる。『人類の進化史』PHP研究所。『今西錦司全集　全一〇巻』講談社（～七五年）	
一九七五	五〇	73	『座談　今西錦司の世界』平凡社（［アニマ］の連載を収録）	ベトナム戦争終結。
一九七六	五一	74	『今西錦司博士古稀記念論文集』中央公論社（加藤泰安・梅棹忠夫・中尾佐助編、「1 山岳・森林・生態学」「2 形質・進化・霊長類学」「3 探検・地理・民族誌」「4 社会・文化・人類学」、～七八）。『進化とはなにか』〈講談社学術文庫〉。『私の霊長類学』〈同上〉	
一九七七	五二	75	妻園子死去。『ダーウィン論』〈中公新書〉	
一九七八	五三	76	「日本千山」を八月に奈良県釈迦ヶ岳（一八〇〇メートル）に登頂して達成。『自然と進化』筑摩書房	日中平和友好条約調印。

一九七九	五四	77	文化勲章受章。	
一九八〇	五五	78	『主体性の進化論』〈中公新書〉	イラン・イラク戦争。
一九八四	五九	82	『自然学の提唱』講談社	
一九八五	六〇	83	「日本千五百山」を奈良県白鬚岳（一三七八メートル）登頂で達成。［*Nature*］八五年一〇月一七日号〜八七年三月五日号に一〇回にわたり、ホールステッドらによる今西進化論に関する論文・投書が掲載される。	
一九八六	六一	84	「生態学と自然学のあいだ」［中央公論］三月号	ソ連、チェルノブイリ原発事故。
一九八七	六二	85	12月神戸市郊外の高丸山（三六六メートル）に登る。最後の山行となる。『自然学の展開』講談社	
一九八八	六三	86	2月入院する	
一九八九	平成元	88	6・15死去。享年九〇歳。葬儀は6・20、京都・上品蓮台寺にておこなわれる。戒名「自然院壽山萬壑錦峰居士」。墓所は上品蓮台寺。	昭和天皇崩御。中国、天安門事件。
一九九二	四	90		マーストリヒト条約調印。バブル景気終焉。

（注）「　」〝　〟は論文。〈　〉はシリーズ・文庫など、『　』は書籍名、［　］は雑誌・論文誌・報告書名。雑誌名の下の洋数字は号・巻数を表す。文中敬称略。

《著者紹介》

斎藤清明（さいとう・きよあき）

1945年　和歌山県生まれ。

京都大学農学部農林生物学科・教育学部卒業。京都大学山岳部で活動する。

1971～2003年　毎日新聞社勤務。大阪本社社会部，科学環境部，京都支局などの記者・デスク・編集委員・専門編集委員を歴任する。1982年，AACK チベット高原学術登山隊員。1997年，第39次南極観測隊同行記者。

2004～2009年　文部科学省大学共同利用機関・総合地球環境学研究所教授（2004年4月より大学共同利用機関法人人間文化研究機構）。

現　在　京都大学学士山岳会員。

著　書　『チベット旅情――カンペンチン初登頂』芙蓉書房，1983年。

『京大人文研』創隆社，1986年。

『今西錦司――自然を求めて』松籟社，1989年。

『京の北山ものがたり』松籟社，1992年。

『メタセコイア――昭和天皇の愛した木』中公新書，1995年。

『南極発・地球環境レポート』中公新書，2000年。

『ヒマラヤへの道――京都大学学士山岳会の五十年』（共著）中央公論社，1988年。

『増補版今西錦司全集』別巻（共著）講談社，1994年。

『初登山――今西錦司初期山岳著作集』（編著）ナカニシヤ出版，1994年。

『フォト・ドキュメント　今西錦司』（共著）国際花と緑の博覧会記念協会，2002年。

シリーズ・人と文化の探究⑩

今西錦司伝

――「すみわけ」から自然学へ――

2014年6月30日　初版第1刷発行　〈検印省略〉

定価はカバーに
表示しています

著　者　斎　藤　清　明

発行者　杉　田　啓　三

印刷者　坂　本　喜　杏

発行所　株式会社　ミネルヴァ書房

607-8494　京都市山科区日ノ岡堤谷町1

電話代表（075）581-5191

振替口座　01020-0-8076

冨山房インターナショナル・兼文堂

ISBN 978-4-623-07090-9

Printed in Japan

人名索引

あ 行

か 行

さ　行

た　行

な　行

は　行

ま　行

や・ら・わ行

事項索引

さ　行

た　行

や・ら・わ行

欧　文